W0015099

Wilhelm Eichner

JENSEITS DER STEPPE

Wilhelm Eichner

Jenseits der Steppe

Tagebuch aus dem Rußlandfeldzug 1942-1944

Mit 24 Tagebuchskizzen und 6 Lageplänen

Universitas

1991 erstmals erschienen unter dem Titel »Zurück in die große Freiheit«

7. Auflage 2001
Sonderproduktion der überarbeiteten Neuausgabe

Schutzumschlag: Marianne Hartkopf, München
Schutzumschlagmotiv: Archiv für Kunst und Geschichte, Berlin
Satz: Fotosatz Völkl, Puchheim
Druck: Jos. C. Huber KG, Dießen
Binden: Buchbinderei G. Frauenberger, Neudörfl
Printed in Germany
ISBN: 3-8004-1348-5

Inhaltsverzeichnis

Abgedreht nach Süden

5.7.42

Urlaub. Aber Sewastopol ist gefallen, und als ich wegfuhr, munkelte man diesen Namen. Vielleicht waren sie dabei, die Kameraden vom Regiment. Das Herz des Frontsoldaten ist immer geteilt zwischen dort und hier, zwischen Front und Heimat.
Die Ruhe, die man sucht, ist relativ. Auch die heimatliche Welt ist geprägt vom großen Krieg. Was man sucht, vielleicht nur zu suchen glaubt, ist ein Traumbild der Vergangenheit, der niemand mehr angehört. Das Verpflanztwerden in den unendlichen Raum, in dem auch die Zeit ans Unendliche grenzt, hat alles verwandelt.

Die Tage sollen zu neuen Wirklichkeiten Kraft und Mut geben. Die Menschen umher, Vater, Mutter, Geschwister, Bekannte und Unbekannte sind auf rührende Weise bemüht, die Zeit stillstehen zu lassen und uns dort wieder einzupflanzen, wo unsere Saugwurzeln vor Jahren abgerissen wurden, von uns selber oder wer weiß von wem. So erhalten die Tage die Patina der Vergänglichkeit, und hinter der Ruhe schwelt etwas von dem lauernden Bangen, das uns vertraut ist aus dem Warten zwischen Abschuß und Einschlag einer Granate.
Man verbringt den Morgen über Büchern, die man so lang entbehrt hat, blättert in Aufzeichnungen und lächelt über die eigenen Marginalien.
Aber da ist diese kleine Notiz am Rande des Vorlesungsheftes, in hybrider Laune einer langweiligen Stimme entgegengeschleudert:

> Ach ich bin noch nicht von dieser Stille,
> die wie Schwüle drückt am Sommertag.
> Herr, nimm dies Gebet und mach es Wille:
> Wirf mir noch einmal die Unrast nach!

Schuld? Hatte ich das gewollt? Tod und Schmerzen der anderen oder gar den eigenen Tod?

Aber da steht auch in den Notizen aus dem Geschichtsseminar das BOGHAZKÖY, groß geschrieben, um den inbrünstigen Klang der Stimme des Althistorikers anzudeuten, der mit diesem Zauberwort Jahrtausende hochhielt wie ein Juwel, um es in dieser kargen Sonne der Mainmetropole aufblitzen zu lassen vor unseren ungläubigen Augen. Traumstadt, weit weg in der Türkei, begraben im Sand einer gnadenlosen Nachwelt.

10.7.42

Doch die Zeilen aus dem Vorlesungsheft: War das etwa jene Stuart-Schuld ›Ach mein Verderben hab ich mir erfleht ...‹? Leben wir in Kreisen? Kommen die Stunden, in denen uns das Tragische bewußt wird, immer wieder? Sind sie der Schlüssel zur eigenen Existenz?
Ich fühle all die anderen Kameraden in diese Frage mitverkettet, das macht mir die Rückfahrt zur Heimkehr.
Aus dem Nachttisch hole ich das kleine Steckschach, diese Erinnerung an Helmut, dem ich die sterbenden Hände gehalten hatte bei zwanzig Grad unter Null in der verlassenen Hütte von Kalinowo. Wie lange ist das her! Zwanzigster Februar.

16.7.42

Abschied zwischen Schmerz und Freude. Immanentes Wandern zwischen zwei Welten. Ist nicht alles Zwischenspiel? Frage nur: Zwischen was? Was ist das Eigentliche, das zählt?

17.7.42

Fahrt in den Abend. Es ist einerlei, wo du deinen Koffer durchs Fenster schiebst. Die Stehplätze zwischen zweiter und dritter Klasse unterscheiden sich nicht.
Hinter Fulda wird es ruhiger. Ich bekomme sogar einen Sitzplatz. Jeder schläft so tief er kann, als gelte es etwas nachzuholen oder vorwegzunehmen.

20.7.42

Am Nachmittag kommt der begleitende Transportoffizier und läßt sich unsre Urlaubsscheine zeigen.
»Melden Sie sich beim Bahnhofskommandanten in Artemowsk«, sagt er.
»Tut sich da etwas?« frage ich vorsichtig.
»Es tut sich etwas«, bestätigt er.
»Und?« forsche ich weiter.
»Rostow«, flüstert er mir ins Ohr.
Ich bedanke mich und beginne zu träumen.

21.7.42

Am Abend erreichen wir Artemowsk. Ich gehe zur Kommandantur. Der Adjutant fertigt den neuen Marschbefehl aus.
»Gibt's große Änderungen?« frage ich.
»Ja«, sagt er, »die Division wurde abgedreht nach Süden.«
»Das heißt Rostow«, sage ich.
»Das heißt jetzt Rostow und später wohl Kaukasus«, bestätigt er.
Märchenhaft unwirklich klingt mir der Name im Ohr, und doch frage ich: »Und was hieße nicht abgedreht?«
»Wolga«, sagt er trocken, »Stalingrad – Ural.«
Mir schwindelt.
»Dort drüben steht Ihr Zug«, kommt er wieder zur Sache, »in zwei Stunden.«
Ich fühle mich wie beschenkt. Weite haben wir genug vom Jahr zuvor. Kaukasus. Noch kann ich's nicht fassen. Mythos ferner Zeiten klingt in mir auf: Prometheus. Felsen des Kaukasus. Durch die Monotonie des Wartens höre ich immer wieder den Satz: Abgedreht nach Süden.

29.7.42

Abenteuerliche ›Reise‹! Vom Zug auf die Straße bei sengender Sonne in endlosen Wolken von Staub. Alles ist im Aufbruch. Einen Tag und eine Nacht habe ich im offenen Kübelwagen verbracht. Ohne ihn läge ich noch dahinten irgendwo zwischen Sta-

lino und dem Mius. Wir sind durch weite Steppengebiete gefahren, deren trocken-gelbe Gräser im Staub der Vormarschstraße rechts und links ergrauen. Dörfer sind einsame Inseln in der Unendlichkeit von Braun und Grau. Hier haben wir nun den Krieg eingeholt. Hier haben wir Verbindung zur Front.
An allen großen Gebäuden klaffen Bombenschäden. Der Russe hatte die Stadt im Winter zur Festung ausgebaut. Meterdicke Steinmauern und Barrikaden durchziehen die Straßen, bunkerartige Kampfstände sind dazwischen verstreut.
In einer Seitenstraße mit fast ländlichem Charakter wasche ich beim Troß den Staub vom Körper und sinke todmüde in eine Ecke. Die Division ist schon voraus.

31.7.42

Das Regiment hatte den Don noch nicht überschritten, sondern war zur Flankensicherung bei Nowotscherkask eingesetzt, ist aber nun wieder in Rostow. Beim Bataillon hat sich einiges geändert. Ein neuer Kommandeur im Mantel persönlicher Unnahbarkeit empfängt mich und teilt mir mit, daß ich den erkrankten Adjutanten vertreten solle. Die Häuser liegen am Hang und haben Ausblick nach Süden auf das jenseitige Donufer. Ich richte mich ein, empfange Meldungen und mache Meldungen. Von der Stadt sehe ich nicht viel.
Gegen Mitternacht kommt vom Regiment der telefonisch durchgegebene Befehl, das Stadtviertel auf Partisanen hin zu durchkämmen. Bis zum Morgengrauen soll die Aktion beendet sein.
Es ist die Zeit des ersten tiefen Schlafes, das sehe ich ein. Wer läßt sich da schon gerne stören! Doch was ich nun am Telefon erlebe, ist neu. Üblich ist, daß ich hinüberbefohlen werde zum Empfang des Einsatzbefehles oder zumindest der Weisungen, die ihm vorangehen. Statt dessen schnarrt mich eine ärgerliche Stimme an, es sei meine Sache, den Einsatzbefehl zu geben, ich möge ihn in Ruhe lassen, was mir einfiele, ihn mitten aus dem Schlaf zu wecken.
Ich entschuldige mich für die Störung und hänge ein. Eine halbe Stunde später geht der schriftliche Befehl an die Kompanien, um 1.30 Uhr beginnt die Aktion.

1.8.42

In der Frühe kommt der Marschbefehl. Zum ersten Mal erlebe ich aus der Nähe, was ein Vormarsch alles in Bewegung setzt. Vorne erkennt man das kaum. Panzer und motorisierte Verbände drängen voran zur neu errichteten Pontonbrücke über den Don. Es ist verwirrend, alle diese Fahrzeuge vorbeiziehen zu sehen. Sie gehören zu den Vorausabteilungen, wir werden später folgen, um die Flanken zu sichern.
Am Donufer ist das Bild der Zerstörung vollkommen. Gesprengte Eisenträger und Brückenteile ragen wie Hilfe suchend aus dem Wasser, das stetig und unbeirrt dem Meer zueilt. Unter Stiefeln und Rädern donnern die Balken der Behelfsbrücke. Da Gleichschritt verboten ist, erinnert das Poltern der Nagelschuhe an Pferdegetrappel. Gegen Mittag marschieren wir auf der stark geschundenen Asphaltstraße nach Bataisk. Dann werden wir ausgegliedert und biegen rechts ab. Der Infanterie die Seitenwege, den Sand.

2.8.42

Als rechter Flügel des vorstoßenden Truppenkeils kommen wir dem Meer nahe. Wegweiser verkünden den Namen Asow.
Heller ist das Land, reicher die Dörfer und Häuser, sauberer, bunter die Menschen und stolzer. Kosakenblut. Sie empfangen uns wie ebenbürtige Gäste und teilen ihre Lebensgüter mit uns.

3.8.42

Ohne Feindberührung. Paradiesisches Land, in dem man verweilen möchte. Groß malt sich in unsrer Phantasie das Bild der sagenhaften Berge. Dennoch ist uns klar, daß dort Kampf sein wird, harter Kampf in ungewohntem Gelände.
Ich arbeite im Freien unter einem Mirabellenbaum. Die Bewohner haben die Früchte geerntet und trocknen sie auf dem Blechdach in der sengenden Sonne. Der aromatische Duft zieht uns an wie gefräßige Wespen. Wegen der Hitze werden die Märsche jetzt in die Nacht verlegt.

Die Abhängigkeit von diesem launischen, unberechenbaren Kommandeur, der so ganz anders ist, als wir es gewohnt sind, und dessen unstetes Wesen so gar nicht zu unsrer Truppe paßt, lastet stärker auf mir als die unmittelbare Nähe des Feindes vorne, und ich wünschte mir, wieder irgendeinen Zug zu übernehmen, um frei zu sein.

5.8.42

Seidene Halstücher werden Mode, wie sie bei Flaksoldaten üblich sind. Sie schützen nicht nur den freien Hals vor Staub, man muß sie auch gelegentlich vor Mund und Nase binden, um im Staubwirbel von Pferde- und Menschenfüßen und in den Staubfahnen der Motorfahrzeuge atmen zu können. Die Marschetappen werden jetzt nach Brunnen festgelegt, die manchmal ohne zugehörige Siedlung einsam aus der Weite ragen. Nur erkennt man in der Nacht ihre ragenden Balken erst spät. Aber die Wege sind nicht zu verlieren. Einheimische erzählen, daß oft deutsche Truppen und russische Fahrzeuge sich geradezu bei den Brunnen ablösten. Anfangs befürchtete man Brunnenvergiftung, doch ist das uralte Gesetz der Steppe bisher von keinem übertreten worden. Wasser ist tabu.

6.8.42

Endlich bin ich wieder Ordonnanzoffizier. Das bedeutet mehr Freiheit, mehr Bewegung im Raum. Als am Spätnachmittag das Bataillon antritt, erhalte ich Befehl, mit einem Kradmelder Verbindung zu einer Vorausabteilung aufzunehmen, die ostwärts unsrer Straße vorgerückt ist. Nach hergestellter Verbindung sollte ich wieder nach rechts abdrehen und das Bataillon erwarten. Der Weg, den wir einschlagen, ist noch sandiger und ausgefahrener als unsre Straße. An einer Weggabelung halte ich an und studiere im Abendlicht noch einmal die Karte. Um nicht zu weit von der eignen Einheit abzukommen, entscheide ich mich für den rechten Weg. Spuren gibt es viel, aber sie verraten nichts. Ein riesiges Stoppelfeld lassen wir links liegen. In der Nähe muß also eine Kolchose sein.

Schwer mahlen die Räder der Maschine im Sand und hemmen eine zügige Fahrt. Mühsam quält sich der Motor in den Abend. Hinter uns glüht eine gelbgraue Staubwolke im Schein der sinkenden Sonne rosafarben auf und zieht im Abendwind nach Westen.
Der Kradfahrer konzentriert sich auf den beschwerlichen Weg, ich spähe nach Süden und Osten, um Anzeichen des Vormarsches zu entdecken. Umsonst. Die Stoppelfelder gehen bald wieder in Steppenweite über, und dürre Büschel von Gras begleiten die Fahrspur.
Nach einer weiteren halben Stunde steigen zartblaue Rauchsäulen mit rosarotem Einschlag aus der Ebene. Wir halten an. Ich hebe das Glas und beobachte. Nichts deutet auf Kampf und Feindseligkeit hin. Großer Abendfriede liegt über einem Dorf, seinen Häusern und Gärten, die sich mit klaren Konturen der Dächer und Bäume aus der feingezogenen Horizontlinie abzeichnen. Kein Motorengeräusch, kein aufgeregtes Hundebellen, nur der stille Rauch der Kamine, der von Herdfeuern aufsteigt, wo Menschen sich ihre Abendmahlzeit bereiten. Sicher sind die motorisierten Verbände längst vorbei. Zügig fahren wir weiter. Die Dorfstraße ist breit, der Abstand von Haus zu Haus groß. Niemand erwartet uns, niemand bemerkt uns. Die Einwohner sind im Innern ihrer Lehmhäuser, wo es noch kühler ist als in der Hitze des Abends. Später werden sie herauskommen und im Freien schlafen.
Schon haben wir die Mitte des Ortes erreicht, wo eine Straße die unsere kreuzt. Von links her ziehen zwei Männer im erdbraunen Mantel ihre müden Pferde vor uns über die Fahrbahn. Sie achten nicht auf uns. Russen! Müde im Sand watend nehmen sie den Weg zum Brunnen, um den sich Menschen und Tiere drängen: russische Trosse. Auch auf der anderen Seite der Querstraße drängen sich Fahrzeuge und Menschen. Unverständlich ist mir, daß gerade die Hauptstraße menschenleer ist. Alles ist wie im tiefsten Frieden. Sie haben keine Posten aufgestellt, die uns aufhalten oder auch nur wahrnehmen könnten, um Alarm zu schlagen.
Nichts unternehmen, was auffallen könnte, weiterfahren wie ganz selbstverständlich!

»Geradeaus!« sage ich dem Fahrer halblaut ins Ohr. »Geben Sie Gas!«
Unbehelligt verlassen wir das Dorf. Sind wir jetzt unversehens hinter die russische Front geraten? Wenn die Weisung zutrifft, müßte zehn Kilometer weiter die Anschlußtruppe liegen. Bei Einbruch der Nacht finden wir dort tatsächlich den Stab einer Nachbareinheit.

7.8.42

Die Hitze hat den Sturm über der Steppe geweckt. Heißen Sand jagt er in Augen, Nase und Ohren. Dörfer sind seltener geworden. Zwischen den Fahrzeugen schwanken erbeutete Kamele.
Für 18.00 Uhr ist eine Kommandeurbesprechung beim Regiment angesetzt, das auf einer Kolchose zwölf Kilometer von uns entfernt einquartiert ist. Der Kommandeur befiehlt mir, mit einem Kradmelder vorauszufahren, und fragt mich, welchen Weg ich nehmen werde. Ich zeige ihm meine Fahrtroute auf der Karte. Er sucht einen anderen Weg, den er für kürzer hält, befiehlt mir aber, an meiner Route festzuhalten. Er meint, mit dem Kübelwagen bei gleichzeitiger Abfahrt früher dort zu sein. Ich weiß nicht, was das bedeuten soll, freue mich aber, allein fahren zu können. Die Karte weist spärliche Fahrwege aus, in Wirklichkeit sind es nur vage Spuren im Sand, Fährten, die sich kreuzen, treffen, trennen und verlieren. Ich ziehe den Marschkompaß hinzu.
Plötzlich beginnt der Horizont zu wogen. Eine riesige Pferdewelle galoppiert uns entgegen. Offenbar herrenlos, flutet sie durch die Steppe unaufhaltsam auf uns zu. Wir machen halt, um nicht mitten in die glänzenden, schwitzenden Pferdeleiber hineinzufahren und von den Hufen zertrampelt zu werden. Ein gewaltiger Wille, zur Masse gebändigt, unsichtbar gesteuert und ohne erkennbares Ziel. Wiehern erfüllt die Luft, und der Hufschlag Hunderter von Pferden erschüttert die Erde. Näher und näher braust der gewaltige Sturm, als wolle er über uns hinwegfegen. Uns stockt der Atem.
Fünfzig Meter vor uns bleiben die vordersten Tiere stehen, werfen die Köpfe hoch, blähen die Nüstern und schmettern ihr dröhnendes Wiehern in die Steppe, wenden sich nach Osten und ver-

schwinden enttäuscht, eine schwarzbraune Wolke von edlen Reittieren, in der dürren Steppe, aus der sie gekommen sind. Erleichtert und tief beeindruckt von dem gewaltigen Erleben tierischer Urkraft setzen wir den Weg fort und erkennen bald links am Weg Bäume und Gebäude eines alten Gutshofs, der zur Kolchose geworden ist.
Ich melde mich beim Regiment in der Meinung, der Oberstleutnant sei bereits eingetroffen. Gefehlt!
Der Oberst zieht mich in ein Gespräch über Land und Leute. Darüber vergeht die Zeit. Längst ist der vereinbarte Termin überschritten. Ungeduldig schaut der Oberst auf die Uhr. Das Gespräch verstummt. Unruhigen Schrittes geht die schlanke, hohe Gestalt im Raum auf und ab. Die Reitgerte peitscht an den Stiefelschaft, als wolle er sich selbst antreiben. Dann bleibt er vor mir unvermittelt stehen.
»Warum ist der Oberstleutnant nicht mit Ihnen gefahren?« fragt er. Ich weiß keine Antwort.
Wieder geht er ein paar Schritte, dann dreht er sich zu mir um. »Was halten Sie von diesem Mann?«
Ich fühle mich nicht wohl in meiner Haut, pariere aber doch prompt. »Es steht mir nicht zu, Herr Oberst, ein Urteil über einen Vorgesetzten abzugeben.«
Er kommt einen Schritt näher und legt mir die Hand auf die Schulter. »Ich frage Sie nicht als Vorgesetzter über einen Vorgesetzten, ich frage Sie als Mensch um Rat über einen Menschen.« Das schmale, scharf geschnittene Gesicht sieht mich erwartungsvoll, nicht fordernd an. Alle Selbstsicherheit, die das Wesen dieses Offiziers prägt, ist abgelegt. Er ist zu mir herabgestiegen, mir auf gleicher Ebene zu begegnen, und nun erwartet er mich.
»Vielleicht«, sage ich zögernd, »ist er etwas nervös.«
Der Oberst richtet sich wieder auf, schlägt mit der Reitgerte, von der er sich nie trennt, gegen den Stiefelschaft, daß es zischt wie ein Streifschuß, nickt und sieht mich bedeutungsvoll an.
»So kann man es auch ausdrücken«, bestätigt er im Weitergehen. »Wir sind derselben Meinung.«
Schließlich kommt der Oberstleutnant, wirft einen grimmigen Blick auf mich und entschuldigt sich beim Oberst mit den schlechten Wegverhältnissen. Dann erklärt der Oberst die Lage

und seine Pläne. Am übernächsten Tag will er mit motorisierten Vorausabteilungen Krasnodar angreifen. Dabei soll das Bataillon die Flanke sichern und später nach Erstürmung der Stadt als Angriffsspitze mit Schlauchbooten über den Kuban setzen, einen Brückenkopf bilden oder südwärts vorstoßen. Es folgt eingehendes Kartenstudium.
»Noch eine Frage?«
Wir sind entlassen.
Es geht gegen Abend. Heißer Sturm ist aufgekommen. Rot glüht der Sand im späten Licht. Wie eine Feuerwolke wirbelt der Staub hinter uns über die Steppe.
»Bleiben Sie dicht hinter mir!« befiehlt der Oberstleutnant. »Mein Weg ist der kürzere.«
Der Staub des Kübelwagens nimmt uns Sicht und Atem, aber wenn wir Abstand nehmen, holt uns ein unbarmherziges Kommando wieder nach vorn. Kleinlich sadistische Rache dafür, daß ich pünktlich beim Regiment war. So fahren wir blind vor Staub ins Ungewisse. Nach halbstündiger Fahrt hält der Kübelwagen an einer Wegkreuzung in der Steppe an.
»Wo sind wir?« fragt mich der Oberstleutnant barsch, als hätte ich ihn hierher geführt.
»Ich hatte im Staub des Kübelwagens keine Sicht und keine Orientierungsmöglichkeit«, sage ich. »Sie sind aber doch diesen Weg gekommen.«
»Natürlich!« schnarrt er. »Aber in der Dämmerung sieht er anders aus.«
Ich nehme die Karte aus der Tasche und versuche im Halbdunkel etwas zu erkennen, norde sie mit dem Marschkompaß ein. Noch ist meine Orientierung nicht abgeschlossen, herrscht mich die Stimme wieder an. Ich kann die Ironie der Tonlage nicht überhören.
»Sie haben das doch im Gefühl! Wie würden Sie jetzt fahren?«
»Rechts«, sage ich knapp und deute in die Richtung, wo ich das Bataillon vermute.
»Geradeaus!« befiehlt er seinem Fahrer. »Fahren Sie dreißig!« Und zu mir: »Sie bleiben dicht hinter mir!«
Nach zehn Minuten etwa hält der Kübel an einer Gabelung.
»Wo sind wir?« Wieder klingt es wie eine Prüfungsfrage. Einen

Augenblick überlege ich, ob ich links sagen solle, damit er rechts fährt. Es wäre ein dummes Spiel und könnte ins Auge gehn. Ein wirksameres Mittel fällt mir ein.
»Wir nähern uns der offenen Flanke im Osten. Das Bataillon muß im Süden liegen, also rechts.« Beim Sprechen knirscht der Sand zwischen meinen Zähnen. Wir haben uns die Taschentücher vor Mund und Nase gebunden, das hilft ein wenig.
Die offene Flanke hat ihre Wirkung getan.
»Fahren Sie – fahren Sie vor!« schnarrt es ärgerlich. »Fahren Sie vierzig, damit wir noch vor Mitternacht zurück sind!«
Nun habe ich also die Verantwortung. Ich werfe noch einen Blick auf den Marschkompaß, dann gibt der Fahrer Gas, und wir brausen los. Der Sandsturm hat sich wieder gelegt, im Fahrtwind wird die Kühle der Nacht spürbar.
Nach viertelstündiger Fahrt treffen wir ein einsames Troßfahrzeug der 73. Infanteriedivision. Ich lasse neben dem Fahrer halten. Wir haben dasselbe Ziel.
»Nächste Wegkreuzung rechts, dann noch drei Kilometer«, sagt der Obergefreite und läßt die Peitsche knallen.
Eine Stunde vor dem angesetzten Abmarsch sind wir beim Stab. Ich schlafe noch ein wenig unter einem Apfelbaum im Freien.

8.8.42

Mein Geburtstag in einer Nacht voller Sterne. Kurz nach Mitternacht erreichen wir den ersten Brunnen und rasten. Wüstenwanderung. Man fühlt sich um Jahrtausende zurückversetzt. Bilder wie aus dem Alten Testament zeichnen sich schattenhaft in milchiger Nacht ab. Das Dunkel macht die Weite noch endloser. Zwar fehlt die sengende Sonne des Tages, doch dunsten unsre Körper unentwegt salzigen Schweiß.
Unwirklich schmal hebt sich der goldene Streif des Mondes aus dem Sternentuch der Unendlichkeit. Manchmal duckt sich der abgewalmte Rücken eines Strohdaches vor soviel Weite stumm in die Steppe. Uralte Hirtenhütten, die sich der Zeit entziehen. Weit entfernt von allem Meßbaren, nur sich selber zugewandt. Oft klagt von dort die Stimme eines Hundes und hält die Erinnerung an das Entglittene fest, wenn wir schon lange vorüber

sind. Steppeneinsamkeit der Nacht. Alles in uns drängt über sie hinaus. Jeder lauscht in sich hinein, redet mit sich in alten Bildern oder döst dahin, weil der Bogen zwischen Vergangenheit und Gegenwart zersprungen scheint.
Den Rhythmus zwischen Steppe und Paradies bestimmen die Flüsse und Bäche, die westwärts ziehen ins nahe Meer: Kagalnik, Jeja, Sosyka, Bejsug.
Am Morgen erstirbt unser Marsch in den Gärten eines wohlhabenden Dorfes. Weißbrot wird uns gereicht und Milch. Dann schlafen wir in den Tag, der heiß und schwer am Himmel aufzieht.
Am Nachmittag werden wir wieder nach vorn gezogen. Der Angriff auf Krasnodar beginnt. Als Marschziel zeichnen sich die schwarzen Rauchsäulen der brennenden Öllager ab. Niemand weiß, wer sie angezündet hat. Vermutlich der Russe beim Abzug.
Vorausabteilungen sollen den Stadtrand schon erreicht haben.

9.8.42

Sonntagsrast im Grünen eines Gartens. Im Radio tönen Volksweisen. Um uns ist nicht nur Fülle, sondern Überfluß, wie wir ihn in diesem Land noch nie gesehen haben: Butter, Milch, Melonen, Äpfel, Birnen, Aprikosen.
Doch der Marschbefehl reißt uns schnell aus der Idylle. Ferne Schüsse und die rauchenden schwarzen Flecke am Horizont!

10.8.42

Das Bataillon bleibt als Reserve am Stadtrand liegen. Der klare Atem der Nacht vertreibt einen heißen Tag.

11.8.42

Am Morgen erhalte ich Befehl, mit dem Kradfahrer in der Stadt Quartiere vorzubereiten, in die das Bataillon am Nachmittag einrücken soll. Die südliche Sonne brennt heiß in den Straßen. Wir müssen die Stadt ganz durchqueren, um den laut Karte

zugewiesenen Bezirk auszumachen. Unheimliche Ruhe. Niemandsland. Die Straßen sind leer. Ungläubig wie Erscheinungen einer anderen Welt sehen uns die Einwohner an, wenn wir an die Türen klopfen, um die Unterkünfte zu sichten und festzulegen. Der Vorstoß zum Kuban war schnell und mit Bravour erfolgt, aber hier sind keine Truppen vorbeigekommen. Eine deutschsprechende Familie – der Vater, ein deutscher Kriegsgefangener aus dem Ersten Weltkrieg, hatte hier eingeheiratet und seine Kinder deutsch sprechen gelehrt – warnt uns vor versprengten Teilen, die sich noch in den Häusern verstecken und in der Nacht durch die Straßen streifen. Eine Frau polnischer Abstammung, die uns ebenso freudig empfängt wie die Deutschen, wiederholt die Warnung. Sie bittet uns im Freien zu Tisch und trägt zur Erfrischung Melonen auf. Eine Krone goldgelber Flechten gibt ihrem Aussehen königlichen Glanz bei aller Bescheidenheit des abgetragenen Sommerkleides.
Ich habe meine Mission erfüllt und fahre zurück.
Noch immer ist die Straße ausgestorben.
Kaum haben wir die Maschine gewendet, klatschen Garben von Maschinenpistolen neben uns aufs Pflaster und pfeifen uns um die Ohren. Der Fahrer dreht auf. Das großkopfige Steinpflaster schüttelt uns durch. Neue Garben zischen an meinem Stahlhelm vorbei. Ich klammere mich am Soziusgriff fest, um nicht wie von einem scheuenden Pferd abgeworfen zu werden. Eine Seitenstraße bringt Sicherheit. Wir fahren Zickzack, kreuz und quer die Straßen und Gassen, um nie lange ein Ziel für Heckenschützen zu bieten. Dann endlich wieder deutsche Landser. Sie schlendern unbefangen durch die Straße.
Es geht gegen Mittag. Auf einem kleinen Platz in der Mitte der Stadt bildet sich eine Traube von Soldaten. Ein alter Kosak lädt ein, seinen Wein zu versuchen. Durst haben wir, und eine kleine Beruhigungspause schadet uns auch nicht. Roter Krimwein perlt in meinen Becher. Man ist versucht, ihn auf einen Zug zu leeren. Doch schon der erste Schluck verrät, daß Vorsicht geboten ist. Nie habe ich einen besseren Tropfen getrunken. Fülle des Seins, bei einer flüchtigen Begegnung auf der Straße geschlürft!
Am Abend beziehen wir ohne Zwischenfall die ausgemachten Quartiere.

13.8.42

Der Angriffsbefehl für den morgigen Tag liegt vor. Minutiös und exakt hat ihn der Kommandeur diktiert. Ich bewundere seine Routine. Er kommt von der Kriegsschule, wie es heißt, und Befehle zu formulieren ist seine Stärke. Darüber vergißt er den Alkohol, dem er sonst eifrig zuspricht.
Ich begleite ihn zum Bereitstellungsraum, der vom Südufer des Kuban einzusehen ist. Die Anlagen eines geräumigen Fabrikgeländes bieten den Pionieren Deckungsmöglichkeiten, ihr Gerät bei Dunkelheit heranzuschaffen.
In drei Wellen sollen die Kompanien nach dem Feuerschlag der Artillerie- und Werferbatterien über den Fluß setzen und einen Brückenkopf bilden. Gegenüber der heiteren, sonnigen Kosakenstadt wirkt das Bereitstellungsgelände mit der verödeten Fabrik trostlos eintönig. Auch das Wasser des Flusses zieht trüb und träge dahin, als quäle es sich mühsam auf seinem letzten Stück Wegs zum Meer.
Friedlich sinkt der Abend über Stadt und Fluß. Die Idylle in den Quartieren überspielt die Erinnerung an Sand und Hitze und das Wissen um den kommenden Angriff. Im Wasser aus den tiefen Brunnen kühlen die Melonen, die es zur Verpflegung gab. Aus den Häusern schallen deutsche Lieder wie im tiefsten Frieden.

Über den Kuban

14.8.42

Feuchte Kühle und ein zager Lichtstreifen im Osten künden den neuen Tag an. Schatten geistern durch die Dämmerung. Das Leben in der toten Fabrik hat etwas Gespenstisches.
Schlauchboote werden zum Ufer getragen, die Männer folgen ohne Laut. Alles Sagbare ist gesagt. Mondlos war die Nacht, graufahl ist die Frühe. Überm Wasser treibt leichter Dunst stromabwärts und verwehrt die Sicht. Ich stehe bei den Booten, um den Ablauf zu überwachen. Die Uhr zeigt, daß es Zeit ist.
Da plötzlich Abschüsse im Norden der Stadt. Pfeifen und Rauschen und Orgeln über uns. Die Männer springen in die Boote und stoßen ab. Einschläge mit gewaltigen Detonationen erschüttern die Luft. Dumpf dröhnt es überm Fluß fort, neue Abschüsse, neue Einschläge. Die Männer ducken sich am Rand der Schlauchboote, das Gewehr im Anschlag. Lautlos verschwindet die erste Welle im Dunst. Die nächste stürmt nach vorn, springt in die Boote, die Schatten werden heller und entschwinden.
Vereinzelte Schüsse drüben. Leuchtzeichen gehen hoch und fallen ersterbend ins Nebelgrau. Werfer und Geschütze verlegen das Feuer weiter nach Süden. Die ersten leeren Boote kommen zurück. Mit der dritten Welle setzt der Bataillonstab über. Ich melde dem Kommandeur und springe ins Boot. Meine Aufgabe ist erfüllt.
Aufbruch ins Ungewisse. Das Gewehrfeuer entfernt sich deutlich vom Ufer, die Kompanien gewinnen Raum. Morgenwind kommt auf und gibt das jenseitige Ufer dem Auge frei. Unbehelligt springen wir an Land. Zwischen Buschwerk und Gartenzäunen liegen die erstürmten Stellungen. Gelber Sand der Brustwehren zeichnet ihre Spur. Wie versteinert halten die Toten die Gräben besetzt.
Vom Westen her feuert ein russischer Panzerzug seine Salven in unsere Flanke. Wir können ihn ausmachen, aber nicht bekämpfen.
Vorne flackert das Gewehrfeuer wieder auf und zeigt uns an, wo

die Kompanien liegen. Bei einer einzelnstehenden Hütte richten wir den Gefechtsstand ein und warten auf Meldungen.
Insgesamt ist der Gefechtslärm abgeebbt, doch vereinzelte Schüsse und MG-Garben bekunden, daß um Häuser und Gärten noch gekämpft wird. Langsam erweitert sich der Brückenkopf. Buschwerk und Obstbäume behindern die Sicht. Melder tasten sich vor, um Lageberichte einzuholen.
Schon brennt die Sonne wieder auf den Stahlhelmen. Blau leuchtet der Himmel über uns. Durch die Obstplantagen rauscht heißer Wind und schüttelt goldgelbe Aprikosen von den Zweigen. Wir warten, und die Luft knistert vor Spannung. Der Kommandeur greift gierig nach der Feldflasche. Wir wissen, daß kein Tee darin ist. Der Adjutant brütet über der Karte. Ich werde zur Landestelle zurückgeschickt, um zu überprüfen, ob die angeordneten Sicherheitsmaßnahmen durchgeführt wurden: Tarnung der Schlauchboote, Ausbau von MG-Stellungen als Flankenschutz.
Als ich zurückkomme, werde ich schon erwartet. Der Chef der dritten Kompanie ist verwundet. Ich werde mit der Führung beauftragt, stecke schnell ein paar Handgranaten ins Koppel und gehe mit dem Melder nach vorn.
Auch der Bataillonsgefechtsstand wird vorverlegt. Der Adjutant holt mich ein und zeigt mir die neue Stellung. Dann gehe ich mit dem Melder allein weiter. Vorn ist nichts zu hören. Es scheint, als habe die Mittagsglut jede Kampfhandlung erstickt. Die Einwohner der Siedlung haben sich vor Hitze und Kriegsgeschrei ins Innere ihrer Häuser zurückgezogen. Einsam leuchten Sonnenblumen von den Gartenzäunen.
Am vorderen Rand der Siedlung finden wir die Kompanie mit Front nach Südwesten. Die Flügel sind leicht zurückgenommen. Es besteht keine Feindberührung mehr. Der Russe hat sich ins Schilfrohr abgesetzt, das auf der Karte als Sumpf ausgewiesen ist. Weiden wuchern darin und Erlenbüsche.
Ich begrüße die Zugführer, springe von Stellung zu Stellung. Äußerste Aufmerksamkeit bleibt geboten. Der Russe wird alles versuchen, den Brückenkopf einzudrücken oder abzuschnüren, zumal der Panzerzug im Westen noch immer aus unsrem Rücken seine Breitseiten auf uns abfeuert.
Die Melder erzählen mir vom Übersetzen, vom Einbruch in die

russischen Stellungen und der Verwundung ihres Chefs, der einen Schulterschuß erhalten hat und schon bei den Booten sein muß. Ich kenne die Männer noch vom vorigen Jahr, als ich einen Zug bei Shiwotowka geführt und dann die Kompanie übernommen habe, als mein Studienkamerad und Kompaniechef Just einen Lungenschuß erhalten hatte.
Von rechts schießt sich jetzt der Panzerzug auf die Straße ein, die durch die Sümpfe ins Kaukasusvorland führt. Er feuert noch immer aus denselben Stellungen, so daß ich schließen muß, daß der rechte Flügel nur wenig Raum gewonnen hat oder der rechte Nachbar noch gar nicht zum Übersetzen angetreten ist.
Wir sitzen im Schatten einer Hauswand und warten. Da erhalte ich Befehl, nach rechts zur Straße Krasnodar – Aul Tochtamukai vorzustoßen und dort zu sichern. Zur Verstärkung erhalte ich zwei Gruppen schwere Maschinengewehre und ein Sturmgeschütz, das inzwischen übergesetzt worden ist. Langsam tasten wir uns durch Gebüsch und Gärten vor und erreichen die Straße, ohne auf Widerstand zu stoßen. Der Fahrweg ist chaussiert und hat festen Untergrund, aber das Räderwerk des russischen Rückzugs hat ihn ausgemahlen und dick mit Staub bedeckt. Ich lasse die Züge und schweren Maschinengewehre beiderseits der Straße in Stellung gehen, das Sturmgeschütz getarnt und einsatzbereit im Rücken warten. Einsam, weit und leer führt die Rollbahn nach Süden. Niemand hat uns bemerkt. Neben mir kauert der Obergefreite Breitenbach mit dem Funkgerät. Er ist bekannt für seine politischen Witze. Ein Mann, der mit der Zunge stottert, aber mit den Händen im Funkverkehr perfekt spricht wie kaum einer.
»Melden Sie«, sage ich ihm, »Straße wie befohlen erreicht. Keine Feindberührung.«
Er schaltet ein, haut die Taste und wartet. Dann schüttelt er enttäuscht den Kopf.
»Si-sind ni-nicht auf Empfang!«
Ich schicke einen Melder los.
Von den Sümpfen im Süden her ziehen Schwaden von Stechmücken heran, lassen sich auf Gesicht, Händen und Waffen nieder. Man möchte um sich schlagen oder rauchen, doch wir sind zum Stillhalten verurteilt, und wo wir eine mit gezieltem

Schlag vernichtet haben, fallen wie zum Trotz zehn andere wieder ein.
Der Melder kommt zurück. Der Gefechtsstand hat Stellungswechsel gemacht, er hat ihn doch gefunden. Weitere Befehle bringt er nicht mit, also bleiben wir liegen und warten. Ich studiere die Karte und vergleiche sie mit meinen Beobachtungen im Gelände. Hundert Meter vor uns liegt eine Steinbrücke, die auf der Karte nicht eingezeichnet ist. Zwei Kilometer südlich schneidet die Ölleitung von Chadischenskaja nach Krasnodar die Straße. Dann suche ich wieder mit dem Glas das Gelände ab. Fast traue ich meinen Augen nicht. Von Süden her marschiert eine Gruppe Russen aufrecht am Straßenrand uns entgegen. Fünf Mann. Kein Versuch, sich irgendwie abzusichern. Ich spreche das Ziel an, und schnell haben die Maschinengewehre sie im Visier. Aber ich will sie herankommen lassen, wenn möglich gefangennehmen. Alle Mündungen sind jetzt auf sie gerichtet, aber ich halte den Schießbefehl zurück. Es prickelt und knistert in unseren Adern, als gelte es einen Großangriff. Unbeirrt setzen die Russen ihren Weg fort. Am Gerät, das sie tragen, erkenne ich, daß es Pioniere sind, und begreife den Zusammenhang. Sie wollen die Brücke sprengen, um unsern Vormarsch zu behindern. Kurz vor der Brücke verlassen sie die Fahrbahn und gehen am Rain weiter.
Da verliert der Schütze des rechten schweren Maschinengewehrs die Nerven und ballert los. Mit einem Satz verschwinden alle im Buschwerk der Sumpfniederung, als habe der Erdboden sie verschluckt. Das losbrechende konzentrierte Feuer bleibt ohne Erfolg. Ich stoße über die Brücke vor, suche das Sumpfgelände mit dem Glas ab. Nichts. Keine Bewegung, keine Geräusche im schlickigen Grund. Langsam tasten wir uns längs der Straße weiter vor und bleiben kurz vor der Ölleitung liegen. Breitenbach geht auf Sendung, um unsre neue Stellung zu melden. Wieder schüttelt er den Kopf. Nichts rührt sich. Immer wieder ruft er zurück. Das Bataillon bleibt stumm.
Wir haben uns nun vom Umfeld der Stadt gelöst. Frei und weit liegt die Sumpfebene mit Gräsern und Büschen um uns. In leichten Schwüngen gleitet die Straße hindurch, den scharfen Konturen der Berge zu, deren Wälder sich aus leichten Wellen des Vor-

landes nach Südwesten hin bis zu achthundert Meter aufwärts ziehen: Ssober Basch, Mitridat, Ubinssu. Der Kaukasus! Doch keine Felsen des Prometheus, keine Höhen mit ewigem Eis: ein friedliches Mittelgebirge, aber dennoch Kaukasus, mythisches Land aus Urväterzeiten.
Ich kann nicht widerstehen. Aus der Kartentasche nehme ich eine alte Karte und skizziere, was ich sehe.
Rechts und links der Fahrbahn schmiegen wir uns in die Gräser, von denen ein scharfer Wind den Staub abgeschüttelt hat, den der Sumpf aufsaugt. Trotz dieses Windes flimmert die Luft über uns. Nichts regt sich weit und breit. Wälder, Sumpf und die Gärten hinter uns verbergen Freund und Feind. Aus dem Grün der Obstplantagen im Vorland der Berge, drei Kilometer vor uns, heben sich die kalkweißen Häuserwände des Dorfes Aul Tochtamukaj. Neuer geheimnisvoller Name, Klang georgischer Sprache.
Ich bin der vorgeprellte Teil der Angriffsspitze, und was die Sümpfe beiderseits der Straße verbergen, weiß ich nicht. In unserm Rücken feuert der Panzerzug noch immer seine Salven von der Eisenbahnlinie her. Die meisten verzischen wirkungslos im Sumpf. Inzwischen ist später Nachmittag. Immer noch tastet Breitenbach im leeren Raum. Keine Spur vom Bataillon. Ich schicke einen Melder zurück und warte.
Die Konturen werden schärfer, die Farben spielen ins Blau. Warmes Licht der tiefer stehenden Sonne hängt sich an Gräser und Bäume, und nach dem Meer hin leuchtet ein gelber Streifen am Himmel, mischt sich mit zartem Rosa, das zunehmend an Kraft gewinnt.
Zwei Männer kommen jetzt von der Stadt her die Straße entlang, springen hinter der Brücke in den Graben und pirschen sich heran. Es ist der Melder mit Oberleutnant Bach, der mich ablöst. Ich übergebe und trete enttäuscht den Rückweg an. Ein Ordonnanzoffizier ist Spielball, Lückenbüßer.
Als ich mich zurückmelde, hagelt es Vorwürfe, daß ich mich nicht gemeldet habe. Meinen Einwurf, das Bataillon sei nicht auf Empfang gewesen, läßt der Kommandeur nicht gelten. Der Adjutant sagt mir später vertraulich, er habe ständig seinen Gefechtsstand gewechselt aus Angst vor Partisanen.
Dann schrillt das Telefon. Der Oberst will den Kommandeur

sprechen. Ich beobachte, wie er sich windet in seinen Aussagen. Plötzlich sieht er grimmig zu mir herüber.
»Der Oberst will Sie sprechen.«
»Wo lag die Kompanie, als Sie sie übergeben haben?« fragt er.
»Etwa drei Kilometer vor Aul Tochtamukaj.«
»Hatten Sie Feindberührung?« fragt der Oberst weiter.
»Nein«, sage ich, »außer einem Sprengkommando, das sich der Brücke genähert hatte, nicht. Ich vermute aber Stellungen beim Dorf. Auszumachen waren sie von meiner Stellung aus nicht.«
»Danke!« sagt der Oberst. »Jetzt ist alles klar.«
Minuten später kommt der Angriffsbefehl vom Regiment.
Es ist ein heller Sommerabend, und der Oberstleutnant ist gerade dabei, sich für die Nacht einzurichten. Eine Flasche Krimsekt steht neben ihm an der Tischkante. Ich übermittle ihm den Angriffsbefehl.
»Warum haben Sie die Brücke überschritten?« faucht er mich an. »Ihnen verdanke ich, daß ich keinen Schlaf bekomme! Sie sind schuld! Hätten Sie die Brücke Brücke sein lassen! Pioniere haben schnell eine neue gebaut!«
Es ist sinnlos, sich zu rechtfertigen. Ich ziehe mich zurück. Im Nachtkampf wird Aul Tochtamukaj genommen.

15.8.42

Mutters Geburtstag. Im Garten daheim blühen die bunten Dahlien. Welt von gestern. –
Über die Kultura-Höfe erreichen wir Nowo Dmitrijewskaja. Nun sind die Berge ganz nah. Von Süden kommt eine Ölleitung aus Richtung der Werschina- und Obraszoff-Höfe und führt zum Bahnhof Afipskaja. Nach der durchkämpften Nacht sinken wir todmüde in den Gärten aufs Gras. Unser Vormarsch wird nach Westen abgedreht und folgt der Bahnlinie nach Krymskaja, doch zunächst nur zögernd, bis weitere Truppenteile nachgefolgt sind.

16.8.42

Wald. – Ich werde mein Verhältnis zu ihm ändern müssen. Er wird furchtbar verhüllende Realität werden. Nicht mehr wird

Geborgensein um seine kühlen Schatten spielen, lauerndes Verborgensein wird ihn fremd erscheinen lassen und unheimlich. Wir werden uns ändern müssen.

17.8.42

Wir marschieren zurück zur Bahnlinie bei Afipskaja. Es ist ein klarer Sommermorgen wie all die Tage. Da wir ohne Feindberührung sind, bestimmt frohe Gelöstheit uns alle. Auch der Oberstleutnant hat die schlaflose Nacht vergessen, doch ist er ein Mensch, der eine Mauer von Mißmut um sich gezogen hat, und wer es kann, geht ihm aus dem Weg. Am schlimmsten ist der Fahrer des Kübelwagens daran, dem er ständig Fahrweise und Geschwindigkeit diktiert.
Hier am Rand des Gebirges liegen die Siedlungen dichter beieinander als in der Ukraine, die Dörfer sind größer und vielfältiger: Ssewerskaja, Ilskaja, Cholmskaja. Über klare Gebirgsbäche, die von Süden her durch tief eingeschnittene Täler nach Norden ziehn, dem Kuban zu, aber den Fluß nie erreichen, sondern im Sumpf versickern, führt unsere staubige Straße. Meist geben diese Bäche einem Dorf oder einer Stadt den Namen: Afips, Ilj, Achtyr, Abin. Manche läßt die Karte namenlos dahinrinnen.

18.8.42

Vorausabteilungen haben Abinskaja und Krymskaja genommen. Wir marschieren kampflos hinterher.

19.8.42

Nun haben wir Abinskaja erreicht, eine freundliche Stadt mit grünen Gärten und leuchtenden Häusern. An den Hängen ziehen sich Weinberge hoch, in denen sich noch Reste russischer Truppen verstecken, die uns gelegentlich beschießen. Die Außenbezirke haben ländlichen Charakter: breite unbefestigte Straßen, Gras neben den Fahrrinnen, an den Holzzäunen der Gärten. Durch kleine Holztürchen tritt man in den Schatten der Obstbäume, und weiter zurück aus grünen Büschen leuchten rote

Ziegel- oder Blechdächer. Und irgendwo dazwischen der aufragende Balken eines Ziehbrunnens.
Aus den Bergtälern sind Flüchtlinge in die Stadt geströmt, Kosaken und Georgier, Menschen voller Würde und Stolz. Sie betrachten uns nicht als Feinde oder Sieger, sondern als ihresgleichen. Hoch auf einem schwerbeladenen Zweiradkarren, den zwei Schimmel ziehen, thront eine georgische Ärztin. Mit knallender Peitsche schafft sie sich freie Fahrt zwischen Zivilisten und Soldaten. Stolz aufgerichtet sieht sie auf die Menschenknäuel herab, die aufgewirbelt hin und her drängen. Schwarze Locken hängen leicht gelöst in die Stirn des feingeschnittenen Gesichtes. Sie muß ein festes Ziel haben, auf das sie sicher zusteuert. Soldaten winken jovial, fast belustigt hinauf. Sie sieht durch alle hindurch: eine Fürstin im Aufbruch.

21.8.42

Der Angriff im Abintal hat begonnen. Gestern habe ich die Bereitstellungsräume am Südrand der Stadt erkundet. In der Frühe war Besprechung der Offiziere beim Kommandeur. Angriffsziel ist Schapsugskaja und dann der Durchbruch zum Schwarzen Meer, an dessen Küste starke Truppenteile der Russen zurückfluten. Man rechnete nicht mit sehr starkem Widerstand.
Am klaren Bergbach, der schon beinahe ein kleiner Strom ist, rücken wir unter dem Feuer einzelner Schützen, die sich in den Weinbergen verborgen halten, in das weite Tal ein, das nach Südwesten enger wird und sich in den Wäldern verliert. Da wir mit zügigem Vormarsch rechneten, ist der Stab beritten. Hinter den Weinbergen stoßen wir auf ein verlassenes Übungslager der Russen. Wie Massengräber breit ausgehoben, mit Stroh ausgekleidet und mit Stroh bedeckt, dunsten die Unterkünfte noch menschliche Körperwärme und sauerkalten Schweißgeruch.
Der Rückzug konnte nur wenige Stunden alt sein. Das Ausmaß des Lagers ließ auf Bataillonsstärke schließen, also gleiche Kampfstärke wie wir; das bedeutet Überlegenheit des Verteidigers in schwierigem Gelände.
Weiter geht der Vormarsch. Im zertretenen Gras schimmert etwas Graues vor mir. Ich steige vom Pferd und halte einen zir-

ka fünfundzwanzig Zentimeter langen Dolch mit grauweißem Schachbrettmuster aus Perlmutt in der Hand. Feinste Intarsienarbeit. Beglückt stecke ich den Fund in den Stiefelschaft und galoppiere nach vorn.
Unsere Angriffsspitzen sind in der großen Abinschleife auf Widerstand gestoßen. Artillerie greift in den Kampf ein. Gleichzeitig donnern vom Meer her russische Jagdbomber ins Tal herab. Während Bomben und Bordkanonen auf uns zuhalten, springen wir aus dem Sattel. Das Pferd noch am Zügel, werfe ich mich hinter den Stamm einer Erle.
Bomben rauschen herunter, Explosionen erschüttern das Tal, Splitter zischen und sirren über uns hinweg. Als ich aufstehe und dem Pferd die Nüstern streichele, um es zu beruhigen, sprüht mir aus der Brust des Tieres ein dünner hellroter Blutstrahl entgegen. Wir pflastern die Wunde notdürftig, und ich schicke es mit dem Pferdeburschen zum Troß zurück. Da fällt mir der georgische Dolch wieder ein. Der Stiefelschaft ist leer. Beim Abspringen vom Pferd muß ich ihn verloren haben. Alles Suchen hilft nichts. Irgendwo im hohen Gras wird ein anderer ihn irgendwann einmal finden.
Zu Fuß folge ich dem Beritt. Hoch überragt der Berg Lipowaja am Horizont das Tal. In der Kakuo-maja-Schlucht, die dahinter liegt, sollen die Partisanen nach Gefangenenaussagen ausgedehnte Höhlenlager in den Berg getrieben haben.
In einer Biegung überschreiten wir den Abin zum zweiten Mal auf einem schmalen Balkensteg und bleiben jetzt ostwärts, wo der Wald bis ans Ufer herunterreicht. Durch Buschwerk und Schonungen folgen wir der mittleren Kompanie hangaufwärts. Kämpfe mit Spähtrupps verzögern das Vorankommen. Bis Mittag haben wir die halbe Strecke nach Schapsugskaja geschafft.
Plötzlich widerhallen Wald und Tal vom heftigen Feuer der Infanteriewaffen. Im Waldkampf wird nunmehr nur noch wenig Boden gewonnen, und schließlich kommt der Angriff zum Stehen. Auf der westlichen Talseite sind die Nachbarkompanien nicht auf unserer Höhe. Am Abin klafft eine Lücke von einigen hundert Metern.
Weiße Kalksteinplatten bedecken den Waldboden. Man ist erstaunt, daß sich hier überhaupt Eichen und Ahornbäume ent-

wickeln konnten. Doch die Stämme sind gerade gewachsen und etwa achtzig- bis hundertjährig.
Schwierig ist der Stellungsbau, da der Spaten sinnlos geworden ist. Man rückt sich ein paar Steinplatten zurecht als Sicht- und Splitterschutz. Stimmen hallen im Dunkel der Nacht lauter als am Tag. Jeden Laut, den sie vernehmen, beantworten die Russen mit Maschinengewehrfeuer. So gewöhnen wir uns das Flüstern an, denn die Querschläger zwischen Bäumen und Steinen deprimieren durch ihr diabolisches Surren.
Wir schlafen alarmbereit, umgeschnallt und mit Stahlhelm. So kann man sich einen Stein als Kopfkissen zurechtrücken. Fast ruht man wie in einem Sarkophag. Ein Gewitter hat uns am Spätnachmittag gestreift, und die durchnäßten Uniformen kühlen. Einer will einen Wolf gehört haben. Aber wahrscheinlich war es nur ein Hund aus einem abseits liegenden Haus im Wald.

Unheimlicher Wald

22.8.42

Der Oberstleutnant ist abgelöst worden durch einen erfahrenen Hauptmann, der als Österreicher mit dem Kampf in den Bergen vertraut ist.
In der Frühe fallen Schüsse in unserem Rücken. Unteroffizier Schepp wird zur Klärung der Lage mit einem Spähtrupp zurückgeschickt. Es kommt zum Gefecht mit dem russischen Trupp, der ungehindert in unserem Rücken agiert. Unter Bergung der Verwundeten kommt Schepp zurück. Es hat den Anschein, daß der Russe uns vom Berg Schtschise oder von Eriwanskaja her rechts umgangen hat. Wie stark er ist, weiß man nicht.
Auch in der Stellung hat es Verwundete gegeben, die der Oberarzt versorgt hat, aber sie müßten zum Verbandsplatz zurück. Sind wir eingeschlossen? Abgeschnitten? Wir brauchen Klarheit. Ich mache dem Hauptmann den Vorschlag, als Späher allein zurückzugehen und den Weg zu erkunden.
Schnell habe ich mich vom Gefechtsstand gelöst und taste mit dem Glas aus verbergendem Gestrüpp den Wald ab. Nach einer Viertelstunde habe ich die Russen im Glas. Sie ziehen sich durch den Abin watend an der Nahtstelle in den jenseitigen Wald zurück. Ich habe wohl nur die letzten drei Männer gesehen, die anderen dürften drüben am Hang schon sichern. Als nach einer Weile sich nichts mehr rührt und auch das Glas niemand ausmachen kann, arbeite ich mich von Baum zu Baum vor. Drüben liegt der Weg über den offenen Wiesenhang nach Norden. Er ist frei.
Eine halbe Stunde später bin ich zurück und bringe den Verwundetentransport über die Lichtung nach hinten.
Am Nachmittag gehe ich mit zwei Meldern denselben Weg wie am Morgen zurück, um den Fluß zu überqueren und rechts Verbindung mit dem Nachbarbataillon aufzunehmen. Auf dem Rückweg holen wir etwas weiter nach hinten aus und baden in dem klaren Bergwasser. Ein unglaublicher Genuß, nachdem man sich tagelang nicht gewaschen hat. Am Rand des Felsenbettes

wächst übermannshoher Bärenklau und beschattet mit seinen riesigen Blättern Ufer und Wasser. Zum Schwimmen reicht es kaum, aber die Kühlung durchrieselt unsre Glieder als großes Glück. Wir folgen ein Stück dem Uferpfad stromauf. Nach einigen hundert Metern entdecken wir im Wasser einen toten Kameraden, der einer fremden Einheit angehört. Wir bergen ihn aus dem Wasser und betten ihn neben dem Pfad nach Norden, daß die glühheiße Sonne ihn nicht trifft, stecken ein Kreuz an den Pfad, um die Stelle für die Nacht zu markieren. Das Soldbuch haben die Russen mitgenommen, doch auf der Erkennungsmarke lese ich 73. ID.

23.8.42

Auf die unruhige Nacht ist ein ruhiger Morgen gefolgt. Wir haben uns mit einem Schluck Kaffee im Feldbecher rasiert und fühlen uns befreit. Am Abend in der Dunkelheit ist Post mitgekommen, die wir jetzt lesen, weil jedes Licht in der Nacht eine Feuerorgie auslösen würde. Nachricht von zu Hause. Bullinger ist dagewesen, die rechte Hand Schlotmanns, des Parteigewaltigen. Aus welchem Anlaß schreibt die Schwester nicht. Beim Gehen hat er eine Drohung ausgesprochen: »Ich freue mich auf den Krieg nach dem Kriege!« Dabei hat er Vater herausfordernd angesehen, aber der hat ganz ruhig geantwortet: »Was nach dem Krieg sein wird, das weiß nur der dort oben.« Dann knallte die Tür.
Hirngespinst eines Größenwahnsinnigen? Oder hat der kleine Geist nur ausgeplaudert, was die Großen geheimhalten?
Gedanken, die den Tag überschatten, wenn man in einem steinernen Sarkophag liegt und geduldig in den Himmel schaut, vor dem sich spitze Ahornblätter im Sommerwind wiegen.
Am Nachmittag rauscht Gewitterregen durch die Bäume und durchnäßt uns. Zuerst fröstelt man ein wenig, aber dann dampfen die Uniformen einen sauren Dunst von Schweiß und Schmutz aus. Nebelschwaden ziehen über die heißen Steine und durchs Laub. Frisch und klar atmet sich die Waldluft. Schüsse irren noch lange, nachdem die Geschosse gegen Steine oder Bäume geklatscht sind, als vielfaches Echo durch Wälder und Täler.

Sonntag nachmittag. – Kranichstein, denke ich. Jetzt werden die Menschen durch den Wald wandern, am Hofgut vorbei zum Schloß, den Kastanienweg am Teich hin und hinaus auf die Wiesen der Kernschneise.
Schweren Duft von verfaultem Holz und den scharfen Geruch von Geranien hat der Regen aufgeweckt. Moos und Schlinggewächse sind dunkler geworden. Tropfen schimmern daran, lösen sich, blitzen vielfarbig auf und klatschen aufs Gestein.

24.8.42

Abends, wenn überm Meer – oder dort wo es sein muß – die Sonne untergeht, flammen die Baumkronen über uns wie Feuer auf. Rot schimmern Ahornstämme über blauen Schatten. Man ahnt eine verzauberte Klarheit gebrochener Lichtstrahlen über sich. Doch unter der wilden Schönheit der Kaukasusberge west das Unberechenbare, das Unheimliche. Auf einsamen Pfaden lauern Scharfschützen, in undurchdringlichem Dickicht erwacht plötzlich tödliches Leben, feuert aus vielen Rohren und löst ebenso schnell wieder wie ein Spuk sich auf. Unsre Schüsse gehn ins Leere und verstummen bald in einer Stille, aus der man nur das Stöhnen der Verwundeten und manchmal das Rauschen des fernen Bergflusses vernimmt. Immer noch ziehen herrenlose Herden von Bergziegen durchs Niemandsland und rufen nach Menschen. Leben sucht Leben.
Manchmal hallen russische Befehle durch den Wald. Der felsige Boden dröhnt unter Granatwerferabschüssen – greifbar nahe. Man duckt sich nieder und erfährt nach langem Warten befreit den Einschlag im Talgrund oder oben am Berg.
Manchmal in der Nacht heult es in den Bergen über uns, und einer, der es genau wissen will, meint, es seien Wölfe. Dann aber antwortet es drüben überm Tal, und wir meinen, es seien Zeichen der Partisanen. Durch die Lücken im Blattwerk der Ahornkronen leuchten in der Dunkelheit fremde Sterne zu uns hernieder. Fremd geworden ist auch der Wald, fremd die Schützenlöcher, deren Felsgrund, hart und kalt durch das zusammengescharrte Laub hindurch, uns die Knochen zermürbt.

30.8.42

Sonntag morgen.
Ein ›blauer Brief‹ (Luftpost) von Jörg aus Afrika ist gekommen. Am Schluß hat er ein Gedicht angefügt und eine Skizze dazu:

> »Traumhaft schöner Oase blendende Herrlichkeit
> liegt unter blauem Himmel ...«

Unsre Träume und die Wirklichkeit des Krieges durchdringen sich zu einem seltsamen Gemisch. Immer wieder bricht das eine in des anderen Bereich, überlagert das eine das andere. Unsre Träume verhindern, daß wir abstumpfen, daß wir altern. In ihnen liegt Hoffnung, und die besiegt das Grauen des Alltags.
Es herbstet, und die Nächte werden kühl. Regen überraschen uns immer wieder. Man sieht sie im Wald nicht aufziehen. Mit Seitengewehr und Spaten brechen wir Steine aus und vertiefen unsre Schützenlöcher, um sie mit der Zeltplane überspannen zu können, damit der Regen abfließt. Die Nacht bleibt finster.

2.9.42

Auf dem weißen See des Talnebels schwimmt noch der schmale Mond, als das Telefon mich zum Troß beordert, um Kriegsverdienstkreuze zu verteilen. Morgenregen, der kurz darauf einsetzt, weicht den Waldgrund, wo er nicht felsig ist, auf. Als Ritz die Pferde bringt, dampfen sie von Schweiß und Regennässe. Der Arzt reitet mit zurück. Wir hatten im Winter gemeinsam in Kaganowitscha ein Quartier und verstehen uns gut. Bis zum Waldrand sind wir den Pferden entgegengegangen. Schritt um Schritt hat sich das beklemmende Flüstern von uns gelöst. Beglückt bedienen wir uns wieder der freien Sprache.
Dann müssen wir in Deckung, weil Jagdbomber das Tal entlang brausen. Der Schatten einer Baumgruppe verbirgt uns und die Pferde.
In Abinskaja begegnen uns Vorhuten rumänischer Verbände, die von der Krim her übergesetzt sind. Dicht drängen sich Trosse und Reiterverbände in den breiten Straßen.

4.9.42

Wir sind abgelöst worden und liegen auf dem Gelände des russischen Truppenübungsplatzes in Zelten. Das Lager selbst benutzen wir nicht, weil wir an den eigenen Läusen genug haben. Zwei Kilometer nördlich hinter den Hängen der Weinberge muß Abinskaja liegen. Obwohl erst Freitag ist, herrscht Sonntagsstimmung. Über uns blaut ein sonniger Herbsttag, der die knisternde Ungewißheit eines Sondereinsatzes vergessen läßt. Der graue Wehrmachtsempfänger füllt das Tal mit Abendmusik, die über die grünen Viererzelte melodisch hinschwebt. Die Männer haben sich gewaschen, Munition aufgefüllt und Verpflegung empfangen. Nun schreiben sie Briefe, solange das Sonnenlicht ausreicht, oder liegen einfach vor den Zelten hingestreckt, lauschen der Musik und warten auf die Nacht.
Der Wehrmachtsbericht spricht von Kämpfen im Raum Noworossijsk. Damit ist unser bevorstehender Einsatz klar. Die 6. Armee steht kurz vor Stalingrad und hat die Wolga fast erreicht. Russische Angriffe im Mittelabschnitt, an Ilmensee und Ladogasee werden abgewehrt. Örtliche Vorstöße und Bomberangriffe in Afrika. Und überall ist einer, an den man bei Nennung der Namen denkt. Als das Gerät ausgeschaltet ist, sitzen wir noch lange mit dem Kommandeur vorm Zelt. Er erzählt von Österreich, wir hören schweigend zu. Die Nacht ist mondlos. Über den Weinbergen funkeln ein paar Sterne. Kühle steigt vom Fluß herauf.
Kurz nach Mitternacht schrillt das Telefon: Abmarsch Richtung Krymskaja.

5.9.42

Wir bauen die Zelte ab und versammeln uns stadtwärts bei einer verlassenen Hütte. Es braucht noch eine Weile, bis die Gefechtsfahrzeuge herankommen. Der Adjutant streckt die langen Beine weg, holt aus dem Brotbeutel eine Mundharmonika und spielt. Wir singen mit, als wäre rundum tiefster Friede. Dann kommen die Pferde und Fahrzeuge. Überm Wald im Osten graut schon der Morgen.

Mir wird der Kübelwagen zugeteilt, um mit den Kompanietruppführern vorauszufahren und in Krymskaja Quartier zu machen. Gegen Mittag treffen die Kompanien ein. Nach kurzer Rast kommt der Einsatzbefehl. Marschrichtung Nebertschajewskaja. Wir werden sofort in die Bereitstellungsräume weitergeleitet. Die Verpflegungsfahrzeuge erreichen uns nicht mehr und können nicht folgen, denn bergauf, bergab geht der endlose Weg in die Nacht, durch Dickicht und Gestrüpp mit tiefster Finsternis, über Waldlichtungen mit schwachem Mondlicht. Eine wunderbare Nacht, die keiner wahrnimmt. Müde und in Schweiß gebadet hat jeder nur auf den Weg zu achten, um den Anschluß nicht zu verlieren und sich vor Dorn und Geäst zu schützen. Fern hinterm Wald gehen Leuchtkugeln hoch und verzaubern bis zu uns herüber Täler und Berge. Um Mitternacht ist zwei Stunden Rast. Breitenbach wischt sich den Schweiß vom Gesicht. Dann läßt er gespielt erschöpft den Kopf hängen und stöhnt in versucht bayerischer Manier: »Da haben'-haben's gesagt der Nat-Nationalsozialismus, des wär a Idee. Nix is! A Strapa-pa-pazen ist er!« Der Witz ist uralt, aber wenn Breitenbach ihn macht, muß man doch lachen.

6.9.42

Bei Tagesgrauen steigen wir über Kalksteinhänge in ein Waldstück, den eigentlichen Bereitstellungsraum. Um 7.00 Uhr eröffnet ein grandioser Feuerschlag den Angriff. Pulverdampf und Ästegewirr füllen den Waldstreifen, in den wir vorrücken. Ohne Feindberührung erreichen wir die Straße nach Noworossijsk. Das Tal ist jetzt tief eingeschnitten. Die schweren Waffen schweigen, da sie den Grund nicht erreichen können. Die Granaten bleiben oben hängen. Der VB der AR 9 ist verzweifelt. Auch die schweren und leichten Granatwerfer können nicht in Stellung gehen, da der dichte Wald keine Lichtung aufweist. Dreimal bricht der Angriff unter hohen Verlusten am Straßenrand zusammen. Beim letzten Versuch bin ich mit der dritten Kompanie angetreten. Schon beim Aufstehen fällt Unteroffizier Sauer neben mir. Reihenweise sinken die Männer zurück.

Mit dem Glas suche ich ein paar Meter rückwärts das Gelände jenseits ab. Aber es zeigt sich nichts als Buschwerk, das alles verbirgt. Keine Spur von Bunkern oder Stellungen. Und doch ein konzentriertes Abwehrfeuer, bei jeder Bewegung, die sich über den Grabenrand erhebt. Keine Stimme, kein Laut, eisiges Schweigen, unheimliches Grün.
Ich erwarte jeden Augenblick Gegenangriffe. Da sie ausbleiben, vermute ich, daß ein gutausgebautes Bunkersystem sich an der Straße entlangzieht, dem ohne Beschuß durch schwere Waffen, direkten Beschuß, nicht beizukommen ist.
Verwundete schleppen sich im Wald zurück. Die Überlebenden liegen schußbereit im Straßengraben, der heißen Sonne schutzlos ausgesetzt, die senkrecht nahezu über der Straße steht. Die Männer haben die letzte Scheibe Brot verzehrt, an Verpflegung ist nicht zu denken. Um die Toten sammeln sich Schwärme von Mücken, die auch die lebenden Kameraden kaum abwehren können.
Der Kommandeur ist bedrückt und niedergeschlagen. Auch er liegt vorn im Graben. Ich krieche zu ihm hin. Die Lage ist uns klar. Ohne schwere Waffen ist die Straße nicht zu nehmen, an Nachschub nicht zu denken, die Verwundeten können nicht abtransportiert werden. Notdürftig graben wir uns rückwärts der Straße Schützenmulden. Die Verluste der Kompanien liegen bei fünfzig Prozent. Auch die 73. ID rechts von uns ist nicht über die Straße gekommen. Ein Umgehen somit nicht möglich. Der Assistenzarzt versorgt die Verwundeten unentwegt, läßt Bahren richten für den Abtransport und Pfade ins Dickicht schlagen für den Rückweg. Die Kompanien sind in den Waldschatten zurückgezogen. Erbarmungslos brütet die Hitze überm Hang. Es ist Nachmittag geworden. Wir sehnen die Nacht herbei. Aber was wird sie bringen? Wir sind ohne Verbindungen. Die Funkgeräte tasten in den tiefen Schluchten ins Leere.
Die fast tödliche Ruhe, die in unserem Abschnitt jetzt herrscht, wird durch Kampflärm im Westen aus Richtung Noworossijsk unterbrochen. Dort kämpft die 73. ID um die Stadt. Gegen Abend schweigen auch dort die Waffen. Entweder ist die Stadt gefallen oder der Angriff eingestellt. Todmüde versuchen wir,

jede Minute mit Schlaf zu füllen, der uns den Hunger vergessen macht. In der Nacht werden wir zurückgezogen, um von Osten her über den Berg die Stellung anzugreifen. Was in anderem Gelände binnen weniger Stunden möglich wäre, benötigt hier einen ganzen Tag. Uns graut vor dem Rückmarsch durch das unwirtliche Gelände. Aus Jungholz haben die Männer Bahren hergestellt, um die Verwundeten zu transportieren. Mit Spaten schlagen wir wie mit Buschmessern Pfade durchs Unterholz. Die Kühle der Nacht erfrischt, aber der Hunger und der kräfteraubende Marsch durch Wälder und Dickicht an Steilwänden vorbei und Felsvorsprüngen fordern das Letzte.

7.9.42

Gegen 7.00 Uhr treffen wir bei den Resten von IR 57 ein, dem wir unterstellt sind. Die Toten haben wir längs der Straße gebettet, um sie später von den Trossen abholen zu lassen, wenn der Weg freigekämpft ist. Unsre Kräfte haben kaum ausgereicht, um die Verwundeten zu bergen. Das letzte Stück war ein ausgetretener Weg über die Höhe, der wie eine Erlösung für uns war.
In einer Kolchose am Straßenrand wird der Bataillonsgefechtsstand provisorisch eingerichtet. Hier finden wir auch die Verpflegungsfahrzeuge, die uns die kalte Suppe servieren, die wir gestern hätten bekommen sollen. Die Kompanien sichern rundum. Am Waldrand sitzt noch ein einzelner Russe im Gebüsch und schießt auf uns. Ein Unteroffizier der dritten Kompanie erhält einen Bauchschuß. Dann jagen die Männer wutentbrannt den Gefangenen übers Feld, um ihn dem Stab zu übergeben. Sinnloses Opfer. Was dieser Russe gedacht haben mag? Der Assistenzarzt verbindet den Verwundeten und fordert beim Regiment einen Sanka an, der auch bald eintrifft. »Vielleicht ...« meint er.
Um 11.00 Uhr kommt Befehl, die Wetterstation von Osten her anzugreifen. Das Gelände davor soll schon vom Regiment 36 genommen sein, so daß nur noch die Höhe erstürmt werden müsse. Um 12.00 Uhr tritt das Bataillon an, zunächst nach Süden,

um dann nach Westen in eine Waldschlucht einzubiegen. Dort stoßen die vorderen Kompanien auf Widerstand, ja, der Russe versucht sogar anzugreifen, wird aber nach kurzem Gefecht überrannt und zur Aufgabe gezwungen. Dann setzen die Kompanien den Weg unbehelligt fort. Der Stab folgt am Rande einer Schlucht, die links unter uns bergaufwärts zieht, während der vergleichsweise lichte Wald rechts steil aufsteigt. Wo der Weg nach links abbiegt, bleibt der Kommandeur stehen und sucht mit dem Glas den Hang ab. Der begleitende Stab schließt auf und wartet. Ich will ebenfalls zum Glas greifen, da peitscht ein Schuß über die Schlucht und trifft den Melder vor mir ins Herz. Der schreit gellend auf, dreht sich um sich selbst, und durch die Hände, die krampfhaft nach der Brust greifen, sprüht das helle Blut in breiten Strahlen. Als er vor mir zu Boden stürzt, schauen die gebrochenen Augen mich schon nicht mehr an. Ich mache noch einen Schritt auf ihn zu, da höre ich jenseits der Schlucht den Abschuß eines Granatwerfers. Noch während ich nach Deckung suche, wirft mich der Einschlag zu Boden. Schon im Stürzen verspüre ich den harten Schlag und das heiße Brennen unterhalb des Gesäßes. Der Adjutant ruft mir noch von hinten her zu, er sei verwundet, dann weiß ich für Augenblicke nichts mehr. Ich höre ihn aufspringen und berge das Gesicht im Staub des Weges.
Das Prasseln der einschlagenden Maschinengewehrsalven weckt mich wieder. Ich liege mit dem Toten allein. Aber drüben haben sie meine Bewegung gesehen, und wütend peitscht Garbe um Garbe herüber. Trockene Erde spritzt auf, staubt neben mir und überall, Pfeifen und Zischen umgibt mich, alles Feuer, alle Wut, aller Haß konzentrieren sich auf mich.
Gepanzerte Fahrzeuge haben auf dem Waldweg eine Fahrrinne hinterlassen. Sie ist flach und breit und bildet den einzigen Schutz. Ich weiß nicht, wieviel von meinem Körper noch zu sehen ist, aber bei jeder Bewegung klatschen die Garben nach. Ich biete ihnen die Breitseite, was das Risiko, noch einmal getroffen zu werden, erhöht. Wenden wäre der sichere Tod, weil ich dann die Deckung aufgeben müßte. Liegenbleiben, mich totstellen? Die Gefahr ist groß, daß sie dann kommen, um mich auszurauben. Es gibt nur eins. Das linke Bein schmerzt jetzt stark, der

Stiefel füllt sich mit Blut. Wenn ich darauftreten könnte, könnte ich versuchen, aufzustehen und bergab zu laufen. Aber wahrscheinlich würde ich im Kugelhagel zusammenbrechen.
So robbe ich, fest an den Boden gepreßt, rückwärts bergab. Jeder Bewegung folgt der gleiche Zauber. Die Stellungen müssen unmittelbar gegenüber sein, da sie mich so gut beobachten können. Also weg von hier um jeden Preis! Ich stütze mich mit der Spitze des rechten Fußes ab und schiebe mich mit den Unterarmen zurück. Das linke Bein ist eingeschlafen, und ich wage nicht, es zu bewegen. Das Fernglas schlägt mir gegen das Kinn, die Handgranaten am Koppel sind hinderlich, aber ich will sie nicht vermissen. Vielleicht brauche ich sie noch. Ich schiebe sie auf den Rücken. Die Kartentasche schleift an der Seite und ist mir im Weg beim Abstemmen. Unter dem heißen Stahlhelm sind die Haare triefend naß. Schweiß tropft von Nase und Kinn. Mit jedem Schub gewinne ich zwei Handspannen Raum. Das ist wenig auf einem Weg, der nach Hunderten von Metern zählt. Und alles im gleichen Rhythmus: Bewegung – MG-Garbe, Bewegung ... Sand und Staub und Steinsplitter schwirren um mich. Ein Wunder, daß ich noch lebe! Vergessen die Müdigkeit der schlaflosen Nächte! Nur der eiserne Wille zählt. Nicht aufgeben! Weiter, nur weiter! Einmal muß das Schußfeld unterlaufen sein, einmal muß mich irgend etwas decken, ein Baumstamm, ein Busch, ein paar Gräser am Wegrand.
Aber die Zeit steht still am glühenden Mittag. Über mir raschelt es im Wald. Ich schiele entsetzt hinauf. Wenn sie von oben kommen, bin ich verloren. Aber es war wohl nur ein Vogel, der im Laub scharrte und aufgeschreckt davonstiebt, oder ein Tier, das sich hastig in seiner Erdhöhle verbirgt, während ich preisgegeben mich Atemzug um Atemzug zurückschiebe. Bei jeder Garbe halte ich den Atem an, um dann zum nächsten Schub anzusetzen. Wie ein Strauß stecke ich den Kopf in den Sand, daß der Stahlhelmrand fast die Erde schaufelt und die Nase den Geruch des heißen Bodens einsaugt, der die Schleimhäute austrocknet und den Hals zuschnürt.
Ich kann nicht wagen, mich umzudrehen und zu sehen, wie weit der Weg noch ist, bis ich die Biegung am Ausgang der Schlucht erreiche.

Ich merke, wie die Kraft nachläßt von der übergroßen Anstrengung. Eine Pause wäre nötig, aber die Pause könnte der Tod sein. Weiter! hämmere ich mir ein, immer weiter! Herrgott, bete ich, laß mich nicht hier gnadenlos sterben!
Das Gefühl für Raum und Zeit ist verloren. Nur die abgrundtiefe Einsamkeit, die um mich klafft, füllt die Brust. Und noch eine Spanne und noch eine Spanne! Nicht aufgeben! Durchatmen, auch wenn der Atem stockt!
Da ruft mich von hinten eine Stimme an. Neben seinem Funkgerät liegt der verwundete Unteroffizier, Beobachter der AR 9. Ich wage mich vom Weg und krieche zu ihm hin. Während ich nach seiner Verwundung sehen will und den Oberkörper hochziehe, erhält er unter meinen Händen einen zweiten Schuß und sackt bewußtlos in sich zusammen. Ich schleife das Funkgerät heran, lege es als Kugelfang vor seinen Oberkörper und krieche zum Weg zurück.
Im gleichen Augenblick wächst ein Rauschen über den Wald und stürzt sich berstend in die Tiefe der Schlucht. Und nun begreife ich den Zusammenhang: Der tapfere VB hat noch als Verwundeter das Feuer haargenau auf die russischen Stellungen geleitet. Das MG-Feuer setzt aus. Pulverdampf dringt aus der Schlucht hoch und verbirgt uns. Ich schaue zurück. Fünfzig Meter hinter mir ist der Felsvorsprung, hinter dem der Weg abbiegt.
Da nehme ich alle Kraft zusammen, raffe mich auf. Ein Schmerz durchzuckt den Körper. Das linke Bein ist eingeschlafen, hält aber stand. Durch den Kugelhagel, der mich umschwirrt, taumele ich mit letzter Kraft an den Felsvorsprung und sinke erschöpft zwischen den Männern der zweiten Kompanie zu Boden. Gerettet. Zugleich rauscht die zweite Lage der Artillerie über uns hinweg und birst am jenseitigen Hang. Tapferer VB!
Ich bitte die Männer der Sicherung, ihn zu bergen, sobald das Feuer der MG-Schützen drüben verstummt. Nach kurzer Pause gehe ich aufrecht zum Verbandsplatz. Hier erfahre ich auch, daß der Adjutant fünf Splitter abbekommen hat und schon auf dem Weg zum Feldlazarett ist. Über die Schwere meiner Verwundung kann der Assistenzarzt nichts sagen, das müsse die Untersuchung im Lazarett ergeben, meint aber, es sei vermutlich nur eine Fleischwunde, da ich das Bein bewegen könne.

Nach einem stärkenden Trunk melde ich mich beim Kommandeur ab. Er bedankt sich für den Einsatz und wünscht gute Besserung. Pausenlos beschießt die Artillerie jetzt die Feindstellungen. So wird auch die Bergung des VB gut möglich. Als ich nach hinten zum Hauptverbandsplatz gehe, kommen oben zwei Männer mit der Bahre um die Felsnase.
Auf einen Stock gestützt, versuche ich das linke Bein zu entlasten. Nach einer Stunde erreichen wir den Hauptverbandsplatz und werden mit dem Sanka nach Abinskaja ins Feldlazarett gefahren. Die Chaussee nach Nebetschajewskaja ist keine Straße mehr. Sie ist völlig ausgefahren. Schlag- und Granatlöcher schütteln uns elend durch. Da ich auf dem Bauch liege, werde ich mit der Bahre hin und her geworfen. Im Tal hängt der widerlich süße Geruch von Pferdekadavern. Anfangs halten wir den Atem an. Dann pressen wir die Taschentücher vor die Nase.
Tag unmeßbarer Zeiträume! Sind wir nicht schon viele, viele Stunden mit dem Sanka unterwegs? In Nebetschajewskaja gibt es keinen Halt. Krymskaja ist überfüllt, so nimmt uns schließlich die Krankensammelstelle der Armee im Notlager auf. Meine Bahre steht auf einem mit Gerät vollgestopften Flur in einer Schule. Spät in der Nacht kommt ein Arzt vorbei. Die russische Schwester hält die Kerze.
»Warum liegen Sie auf dem Bauch?« fragt der Stabsarzt fast vorwurfsvoll und ein wenig amüsiert.
»Weil ich einen Splitter im Gesäß habe«, antworte ich. Da nimmt er meinen Verwundetenzettel und liest halblaut die Eintragung des Assistenzarztes: »Tolk, Florian – Leutnant – I/116 – Granatsplitter Gesäß links – Wundstarrkrampfserum 5 ccm – nächste Wundversorgung sofort.«
Dem inzwischen hinzugekommenen Feldwebel gibt er Anweisung, den Verband zu erneuern und mich für den Bahntransport am nächsten Morgen vorzumerken.
»Morgen früh Feldlazarett Abinskaja«, bestätigt der Feldwebel und notiert meinen Namen. Detonationen erschüttern auch das Gebäude. Niemand nimmt sonderlich Notiz davon. Nur die Schwester verdeckt das Licht mit ihrem Körper. Dann schlafe ich erschöpft ein.

8.9.42

Der Bahntransport in der Frühe geht zügig vonstatten. Wir werden als erste verladen, damit die Gänge frei werden. Sanka um Sanka lädt seine Last ab und kehrt in Kürze neu beladen zurück. Die Bahnfahrt dauert kaum eine halbe Stunde. Jetzt geht es etwas langsamer. Die Schwerverwundeten werden zuerst ausgeladen.
In einem mittelgroßen Schulsaal bei zehn anderen Offizieren finde ich ein Bett. Aber ich will erst die Untersuchung unten im Operationssaal abwarten und das Blut von Bein und Fuß abwaschen lassen, bevor ich mich lege.
Gegen Mittag werde ich zum Operationssaal geführt. Die Stiefel habe ich schon oben gelassen. Der Stabsarzt nimmt den Verband ab. Der glatte Operationstisch ist angenehm kalt. Er untersucht ausführlich die Wunde. Ich beiße die Zähne zusammen.
»Sie haben Glück gehabt«, sagt er dann. »Der Splitter steckt zwischen Muskeln und Sehnen, aber hat nichts durchschnitten.«
Ich erinnere mich an einen Nachbarn daheim, der mit einem Splitter im Oberschenkel jahrelang seiner Arbeit nachgegangen war, bis der dann eines Tages zu wandern anfing, ihm das Gehen unmöglich machte, so daß er an den Rollstuhl gefesselt war.
»Am besten«, sage ich, »Sie entfernen ihn gleich, damit es später keine Schwierigkeiten gibt.«
»So einfach«, erwidert er, »ist das nun auch wieder nicht. Nein. Es ist zu riskant. So glatt und unkompliziert wie der Splitter eingedrungen ist, kriege ich ihn nicht wieder heraus. Wir riskieren bei einer Operation, daß Muskeln und Sehnen verletzt werden, denn diese Dinger sind scharf wie Rasiermesser und gezackt wie eine Säge. Das Bein könnte steif werden, und das wollen wir beide nicht. Der Splitter wird verkapseln und Ruhe halten.«
Aber so schnell gebe ich nicht auf.
»Ich habe gehört«, sage ich, »daß ein wandernder Splitter bei einsetzender Wanderung sich jedem Zugriff entzieht, weil er dort, wo man ihn gerade festgestellt hat, schon längst nicht mehr ist.«

»Was man alles so hört!« bagatellisiert der Stabsarzt. »Auf alle Fälle können Sie mir die Entscheidung nicht abnehmen. Die Wunde wird vernäht, und in zwei Wochen spüren Sie nichts mehr davon.«
»Und wie groß ist der Splitter?« frage ich. Er zuckt die Achsel. »Ganz genau kann man das nicht sagen. Er sitzt tief. Der Wunde nach zu urteilen etwa fünf bis sechs Zentimeter.«
Dann werde ich gewaschen, genäht und verbunden. Der Sanitäter stülpt mir ein weißes Leinenhemd über, ich nehme meine Habseligkeiten unter den Arm und trotte hinauf zum frischbezogenen Bett.
Ich schlafe ein und verschlafe das Mittagessen. Die Kameraden wecken mich nicht. Als ich am Abend aufwache, steht der Deckel meines Kochgeschirrs mit blauen Trauben neben mir, und zwischen zwei belegten Broten dampft Tee aus einem weißen Porzellanbecher.

13.9.42

Nach drei Tagen absoluter Bettruhe darf ich mich wieder frei bewegen. Die Wunde eitert noch, schmerzt aber nicht.
Am unruhigsten sind die Nächte, wenn die ›Kaffeemühlen‹ (russische Nachtbomber) über die Stadt brausen. Man liegt und wartet, daß die Fracht danebenfällt. Wenn nicht ... In solchen Augenblicken sehne ich mich nach meinem Schützenloch, das ist dann sicherer.

14.9.42

Die Wunde heilt gut. Beim Gehen habe ich kaum noch Schmerzen und kann nun das Lazarett verlassen, mich frei in der Stadt bewegen. Ich gehe in das Viertel, in dem die Trosse liegen. Dort werden Frauen beschäftigt, Gefangene, die einem Bataillon angehörten, das an der Straße nach Noworossijsk lag. War von ihnen der hartnäckige Widerstand vor acht Tagen ausgegangen, an diesem schwarzen Sonntag an der Straße? Menge berichtet mir, daß die Toten, die wir an der Straße zurücklassen mußten, verstümmelt worden sind. Sollten es diese zarten jungen Frauen ge-

wesen sein, die jetzt bereitwillig bei der Küche helfen, Kartoffeln schälen, Kaffee kochen, die Portionen abzählen und mir lächelnd blaue Weintrauben anbieten?
Rumänische Kavallerieverbände und Gebirgstruppen bestimmen vorwiegend das Stadtbild.

15.9.42

In der Morgensonne gehe ich wieder durch die Stadt. Wie anders ist die Welt, wenn man sich für Stunden vom Krieg lösen und sorglos unter klarem Himmel dahinschlendern kann. Hoch oben wandern die Wolken weiß im Blau. Sie haben wie wir hier keine Heimat, ihr Zug ist ewige Verwandlung.
Hoch und gebrechlich dünn überragen Pappeln die Häuser. Schon überzieht gelber Herbstschimmer ihre Spitzen. Alte und junge Frauen arbeiten in Haus und Garten, unbeeindruckt von dem, was draußen geschieht. Die Straße gehört den Soldaten. Ihr Kommen und Gehen, das stete Hin und Her hat vordergründig etwas Verwirrendes mit fast chaotischen Zügen.

18.9.42

Beim Troß las ich gestern im Regimentsbefehl meine Beförderung zum Oberleutnant. Das kann bei Rückkehr zur Truppe meine Tätigkeit verändern.
Der Zahlmeister spendiert Krimsekt. Wir sitzen unter dem klaren Abendhimmel, den die Nähe des Meeres in märchenhaftem Farbenzauber erstrahlen läßt. Im Garten nebenan singen kaukasische Mädchen und Frauen ihre georgischen Lieder. Schwermut und Schmelz der Melodien mischen sich mit dem Rauschen des Abendwindes in den Bäumen über uns.

19.9.42

Heute sind beim Regiment die ›Ostmedaillen‹ für die Teilnahme an der Winterschlacht im Osten 1941/42 verteilt worden. Der Landser hat seine eigene Bezeichnung dafür: ›Gefrierfleischorden‹.

23.9.42

Die Fliegerangriffe auf Abinskaja fanden heute nacht ihren Höhepunkt. Von 20 Uhr bis zum Morgengrauen fielen ununterbrochen Bomben. In unsrer Nähe wurde eine Munitionskolonne getroffen. Stundenlang flogen explodierende Munitionsteile ums Lazarett. Wir verbrachten einen Teil der Nacht in den Splittergräben, die noch von den Russen stammen.

24.9.42

Die letzten Fäden sind gezogen. Ich habe noch einmal rundum Briefe geschrieben und bin am Nachmittag mit Leutnant Trautmann aus dem Lazarett entlassen worden. Mit der Bahn fahre ich nach Krimskaja zum V-Troß, um am nächsten Tag nach vorn in Stellung zu gehen. Oberfeldwebel Pisker weist mir ein Quartier zu, das ich sofort aufsuche. In einem großen Garten empfängt mich ein gepflegtes Haus. Unter dem Dachvorsprung, der laubenartig ausgebaut ist, sitzen zwei Damen und ein älterer Herr. Er erhebt sich und kommt mir einen Schritt entgegen. Nirgendwo in Rußland habe ich solch fein geschnittenes Gesicht gesehen.
Als ich in mein karges Zimmer geführt werde, weiß ich, daß ich im Hause des Direktors der Weinbergkolchosen bin. Daß er nicht wie andere geflohen ist, läßt auf Vertrauenswürdigkeit schließen. Seine Frau ist noch ganz im Stil zaristischer Erziehung verwurzelt. Ihre alte Mutter hört lächelnd unserem Gesprächsversuch zu.

25.9.42

So erholsam wie der Schlaf trotz der Bomben im Lazarett war, so traumgeschüttelt war diese Nacht.
Es war der Magen. Am Morgen dreht es mir ihn um. Brechen und Durchfall schwächen mich derart, daß ich nicht in der Lage bin, mich bei Tschochner, der einige Häuser weiter wohnt, zu melden. Rührend, wie die Frauen des Hauses sich um mich bemühen. Die alte Dame – Babuschka zu sagen wäre respekt-

los – leert geduldig den Eimer aus, den sie mir ans Bett gestellt hat.

28.9.42

Drei Tage lang liege ich krank und ohne jeglichen Kontakt mit den Männern des V-Trosses, die wohl annehmen, ich sei längst wieder nach vorn gegangen. Am zweiten Tag ist ein neues Gesicht aufgetaucht, um meine Pflege zu übernehmen: Maria. Unnötig zu fragen, woher sie kommt. Die kurzgeschnittenen Haare weisen sie als ehemalige Angehörige der Roten Armee aus. Wahrscheinlich eine aus dem Frauenbataillon von Noworossijsk. Wenn sie Partisanin ist, denke ich, wachst du eines Morgens nicht mehr auf, und niemand erfährt je, wo du abgeblieben bist. Aber Maria ist keine Partisanin. Sie singt und jubelt durch das Haus und übernimmt mir gegenüber wie selbstverständlich alle Hilfeleistungen der alten Dame. Sie ist Georgierin und kennt unendlich viele kaukasische Lieder. Ich habe den Eindruck, das Geschehen der vergangenen Tage und Wochen ist wie ein Spuk von ihr abgefallen. Sie fühlt sich in ein neues Leben entkommen und läßt dem Jubel freien Lauf. Ich bitte sie, mir eines ihrer Lieder aufzuschreiben. Sie nickt fröhlich. Die Frau des Direktors verbringt fast einen ganzen Nachmittag an meinem Bett. Sie hat kaukasische Märchen ins Französische übersetzt und liest mir daraus vor. Offenbar ist sie glücklich, ihre Arbeiten jemand preisgeben zu können, da in der Familie sonst niemand Französisch spricht. Zuletzt liest sie ein lesghisches* Märchen: ›Der Löwe und der Hase‹.
Ich werde den Schluß nie vergessen:
»... c'est le sort de ceux, qui seulement confident a leurs force« –
... so geht es denen, die nur auf ihre Macht vertrauen.
Im Märchen verstehen sich die Völker am schnellsten. Ich nicke. Aber wie hat sie es gemeint? Wen wollte sie ansprechen? Es ist Krieg, und alle vertrauen auf ihre Macht. Vielleicht meint sie alle. Und der Brunnen, in den die Mächtigen stürzen?
Maria hat mir ein Röstbrot gebracht am Morgen. Ich werde auf-

* Lesghier oder Küriner, ostkaukas. Stamm im Samurtal

brechen und meine unfreiwillige Entfernung von der Truppe beenden. Der Direktor sitzt am Schreibtisch, als ich mich auf französisch für die Gastfreundschaft bedanke. Seine Frau übersetzt. Er hat mir einen Umschlag bereitgelegt mit Briefmarken und Postkarten von Kaukasuslandschaften und Trachten der Bergvölker. Ich bin hoch beglückt und bedaure, daß ich mit leeren Händen vor ihm stehe. Maria schiebt mir ein kleines Blatt hinzu, in zierlicher Schrift mit violetter Tinte geschrieben zwei kaukasische Lieder und unter jedem der Name:

Maria Tschetschina

Wälder, Berge und der ferne Atem des Meeres

30.9.42

Ich bin zum I. Bataillon versetzt. Am Nachmittag brechen wir auf. Wenn nicht die Täler und Wälder rundum vom Kampflärm widerhallten, könnte man glauben, eine Reise zu unternehmen wie vor hundert Jahren. Bei strahlender Sonne und leuchtendem Herbst fahren wir durch den endlosen Wald. Als wir ins Kuafotal einbiegen, werden die Schatten schon länger. Glühendrot geht die Sonne hinter die Berge. Die Waldkämme leuchten violett. Unwirklich transparent überspielt das Abendrot vom Meer her den Himmel.
Der Bataillonsgefechtsstand liegt in Usun, ein paar ärmlichen Häusern im Grund. Am letzten hält das Fahrzeug. Maschinengewehre umgeben die strohgedeckte Kate, an jeder Ecke eines. Die Fenster sind mit Latten und Brettern abgedichtet. Es dunkelt, als ich mich beim Kommandeur als Oberleutnant aus dem Lazarett zurückmelde, und bin doch überrascht, den mürrischen, unzugänglichen Oberstleutnant völlig verändert anzutreffen. Bei einem armen Hindenburglicht sitzt er niedergeschlagen im Raum, spricht leise, als fürchte er, von draußen gehört zu werden. Schließlich sagt er mir, was ihn bedrückt. Er sorgt sich um einen Spähtrupp, der die Höhe 103 anlaufen und Verbindung mit den Rumänen aufnehmen sollte. Ich orientiere mich über den Einsatz der Kompanien und die Lage allgemein.
Da geht plötzlich ein Straffen durch die Gestalt des Oberstleutnants, er erhebt sich und sieht mich durchdringend an. Ich stehe ebenfalls zügig auf.
»Gut, daß Sie da sind!« sagt er, als habe er mich erst jetzt wahrgenommen. »Sie übernehmen sofort die zweite Kompanie bis zur Rückkehr des Chefs!«
»Zu Befehl, Herr Oberstleutnant!« sage ich, und ein Stein ist mir vom Herzen. Kompanieführer. Das war's!
Der Adjutant ruft den Melder. Dann stehen wir in der Nacht. Nebel ziehen im Grund auf, wir biegen nach Osten in den Wald ein.

Vorsichtig versucht der Melder, sich streng am Weg zu halten, der bald nur noch ein Pfad ist.
»Das Gelände«, sagt er, »ist verseucht. Gestern mittag ist hier ein Unteroffizier aus der dritten Kompanie auf eine Holzmine getreten und hat den rechten Fuß abgerissen bekommen.«
Schließlich erreichen wir den Gefechtsstand der Kompanie.

6.10.42

Am Mittag haben wir die Höhe 103 nordwestlich von Schapsugskaja gestürmt. Anschließend erhalte ich den Befehl, mit einer rumänischen Kompanie zusammen die Frontlücke nach Westen hin zu schließen. Wie groß die Lücke ist, läßt sich nur vermuten, da die Karte mit dem Maßstab 1:200000 nicht allzu genau ist. Nach ihr müßte der Abstand zur dritten Kompanie etwa zwei Kilometer betragen, aber das Gelände ist zerklüftet.
Ich lege die Marschkompaßzahl fest und trete gegen 16 Uhr mit dem rumänischen Oberleutnant, seinem Dolmetscher, der aus Siebenbürgen stammt, und dem Melder Laucht, den ich noch von früher kenne, an der Spitze der Rumänen den Marsch an. An der offenen Bergkuppe hatte man noch freien Blick auf die felsigen Bergkämme im Südosten; was jetzt vor uns liegt, sind Schluchten mit undurchdringlichem Dickicht. Bald müssen wir den Spaten freimachen und uns durchschlagen. Sicht und Schußfeld gibt es nicht. Sinnvoll wäre, nur die Kämme zu besetzen, aber dann wäre der Abstand riesengroß, und auf der Sohle der Schluchten könnten bei Nacht ganze Bataillone durchrieseln. Bei jeder Stellung, die wir festlegen, lasse ich den Gruppenführern Auftrag und Anlage der Stellung einschließlich Schußfeld erklären. Da die Höhe 103 von Rumänen gehalten werden soll, setze ich im Anschluß auch die rumänische Kompanie als erste ein, um dann mit meinen Leuten den Anschluß ans eigene Regiment zu finden.
Die kaum verheilte Wunde brennt. Mühsam steigen wir fünfzig oder sechzig Meter in die Tiefe; von Ast zu Ast hangelnd, erreichen wir die Sohle, setzen den nächsten Gruppenführer ein und stehen vor der nächsten Steilwand. Schwierig ist die Arbeit mit dem Marschkompaß, da sich kein Fernziel abzeichnet. Da hilft

nur der unsichtbare Kompaß in uns, das Gefühl für die Richtung allgemein.
Das Dickicht will kein Ende nehmen. Im Westen hebt zwischen den Baumkronen bereits jenes phantastische Spiel des Sonnenuntergangs an und verzaubert den Wald ins Märchenhafte. Schon habe ich auch meine Kompanie zur Hälfte eingesetzt, da flacht das Gelände plötzlich ab, wird offener und senkt sich zu einer leichten Mulde hin. Der rumänische Oberleutnant ist immer noch bei mir. Er folgt verständlicherweise, bis die Lücke völlig geschlossen ist.
Da lasse ich anhalten. Ich habe Stimmen gehört und erkenne ein deutsches Fahrzeug. Ich schicke Laucht hinüber: Mein Verpflegungsfahrzeug! Der rumänische Oberleutnant der 3. Gebirgsdivision schüttelt fassungslos den Kopf. Ich verstehe nicht, was er dem Dolmetscher mitteilt. Dann ergreift er mit beiden Händen meine Rechte und schüttelt sie. »Locotenentului«, sagt er. Den Rest verstehe ich nicht. Das habe er nicht auf der Kriegsschule gelernt, übersetzt der Dolmetscher.
»Ich auch nicht«, erwidere ich glücklich. Dann gehe ich hinunter zum Weg und stoße auf die linke Flanke der dritten Kompanie. Die Lücke ist geschlossen.

7.10.42

Wir haben Ersatz bekommen. Es ist grausam, aber ich muß es feststellen: Sie haben das Letzte aus den Gossen geholt, zusammengekehrt und uns geschickt. Lustlos, ohne jeglichen Elan stehen sie gelangweilt herum. Entlassene Zuchthäusler darunter, die als Begnadigung ›Fronturlaub‹ erhalten haben! Gleich am ersten Abend stiehlt einer seinen Kameraden Verpflegung und ein Päckchen, das er aus dem Postsack nimmt. Der andere findet dann den aufgebrochenen Brief seiner Frau. Sie haben den Kerl durchgeprügelt und zu mir gebracht. Aber was kann ich tun? Kriegsgerichtsverfahren wegen Kameradendiebstahls. Darauf hat er wohl spekuliert. Vielleicht rechnet er damit, daß dieser Prozeß zu Hause stattfindet. Irrtum! Es gibt auch Strafbataillone. Strafwachen? Sinnlos. Kann man sich bei solcher Bewachung sicher fühlen? »Lange«, sage ich, »ich verwarne Sie.

Im Wiederholungsfall kann ich Sie nicht vor den Kameraden schützen.«
Durch das schwammig-zynische Gesicht geht keine Veränderung.

8.10.42

In der Nacht sind wir herausgelöst und nach rechts verschoben worden. Wir liegen jetzt auf einem Sattel, der kahlgeschlagen ist und von dem ein Weg beiderseits ins Tal hinunterführt. Wir beherrschen die freie Fläche, unten im Wald liegt der Russe, doch haben wir keine unmittelbare Berührung mit ihm. Um 10 Uhr kommt Befehl vom Regiment, eine erfahrene Gruppe an den rumänischen Nachbarn abzustellen, um mit einem Zug Gebirgsjägern zusammen eine vorgeschobene russische MG-Stellung zu stürmen. Ich bespreche mich mit den Zugführern, weil sie die Gruppenführer besser kennen als ich, und löse die Gruppe Ott aus der Stellung, um sie nach links zu schicken.
Um 12 Uhr bricht der Sturm los. Der Wald unter uns dröhnt für Minuten, dann wird das Feuer zu vereinzelten Schüssen und verstummt schließlich. Bange Minuten und die Sorge, was geworden ist. Jede Stille verschweigt etwas. Kurz nach eins kommen die Männer zurück. Maschitzki mit dem MG voran. Ott und Wenzel fehlen. Maschitzki setzt das Gerät ab und meldet: »Gruppe Ott vom Stoßtrupp zurück. Obergefreiter Ott gefallen, Gefreiter Wenzel mit Schulterschuß auf dem Weg zum Bataillonsgefechtsstand.«
Ich lasse die Männer niedersitzen und Maschitzki berichtet. Die Rumänen haben sich gut geschlagen und mit ihnen nach anfänglichem russischem Widerstand die MG-Stellung gestürmt und zwei Gefangene eingebracht. Drei andere flüchteten bergauf zur russischen Hauptkampflinie. Ott wollte sie verfolgen und erhielt dabei einen Kopfschuß. Sie mußten ihn dreißig Meter vor der russischen Stellung liegenlassen, da sich das Feuer auf sie konzentrierte und die Rumänen nach erfülltem Auftrag schon wieder zurückgingen. Ott war zu weit nach vorn gestürmt.
Unteroffizier Jäger steht traurig vor seinem Panzerdeckungsloch. Ich weiß, daß Ott sein Freund war.

Auf dem Rückweg spreche ich ihn an.
»Er war einer unserer Besten«, sagt er. »Die Beförderung zum Unteroffizier war schon klar.«
»Es gefällt mir nicht, daß er da vorne liegen soll«, sage ich. »Ich möchte versuchen, ihn noch vor Einbruch der Dunkelheit zu holen. Kommen Sie mit mir?«
»Selbstverständlich«, sagt Jäger kurz.
»Kommen Sie um 16 Uhr bei mir vorbei.«
Später lasse ich mir von Maschitzki noch einmal das Gelände genau beschreiben und krieche dann, da wir selbst keine direkte Feindberührung haben, längs des Weges nach vorn, denn oberhalb dieses Wegs muß Ott liegen.
Als alles still bleibt, kehre ich um und gehe zum Gefechtsstand zurück. Dann schicke ich Laucht zum rumänischen Gefechtsstand und teile dem Locotenentului mit, daß ich noch einmal nach vorne gehe und er seine Leute anweisen möge, nicht auf mich zu schießen.
Punkt 16 Uhr gehen wir los. Man hat verhältnismäßig gute Sicht. Bis zum Waldrand sind etwa hundert Meter. Bis dahin kann man im Graben kriechen. Das Gehölz vom Waldrand verliert sich dann. Der Waldboden ist glatt und übersichtlich wie zu Hause im Park. Am Weg unten bildet sich neben der rechten Fahrrinne ein kleiner Rain, gut einen halben Meter hoch. Der muß uns beim Rückweg Deckung geben, wenn wir beschossen werden. Langsam schieben wir uns in den Wald vor. Mit dem Glas beobachte ich den Weg vor uns und suche Stück für Stück den Hang über uns ab. Dann kriechen wir weiter. Vorsichtiges Tasten im Niemandsland. Von den Rumänen ist nichts wahrzunehmen, von den Russen nichts, und unsre Stellungen liegen schon weit zurück. Links unterhalb des Weges erkenne ich jetzt die russische Stellung, die der Stoßtrupp am Mittag genommen hatte. Auf dieser Linie oberhalb des Weges muß Ott liegen. Weiter. Jäger folgt stumm hinter mir.
Da entdecke ich im braunen Laub die schwarzen Stiefel und die grüne Uniformjacke. Siebzig Meter werden es sein. Mindestens fünfzig Meter müssen wir noch vor, um senkrecht auf kürzestem Weg an den Toten heranzukriechen. Unterholz fehlt jetzt völlig. Langsam schieben wir uns im offenen Wald den Hang hoch, je-

derzeit auf Feuer gefaßt, das uns aus den Stellungen der Russen entgegenschlagen kann.
Tödliche Stille des sonnigen Herbsttages liegt über uns, nur das leise Rascheln des Buchenlaubes, das wir nicht ganz vermeiden können, knistert wie Funken in unseren Nerven. Kriechen und horchen, horchen und kriechen. Schon erkennen wir am Rand des Unterholzes, oben am Hang wieder Ott. Dicht wächst das Verhau von Ästen und Stacheldraht: die russischen Stellungen. Warum schießen sie nicht? Wollen sie uns ganz nahe herankommen lassen? Wir können keine Posten sehen. Drückender wird die Stille am Hang. Meter um Meter kriechen wir von Baum zu Baum aufwärts. Hinter jeder Wurzel fühlt man sich für einen Augenblick geborgen, dann aber wieder hinaus! Weiter!
Ott liegt starr am Waldboden. Kein Zweifel, er ist tot. Ich fasse die Stiefel. Jäger ist heran. Vorsichtig wenden wir den Toten, daß er auf den Rücken zu liegen kommt. Der Russe ist schon dagewesen. EK I und Sturmabzeichen sind abgerissen, das Soldbuch fehlt. Mit den Augen verständigen wir uns. Jeder faßt einen Fuß, so beginnen wir den Rückweg.
Oben sind jetzt Stimmen zu hören. Ein Hund schlägt links an. Wir heben die Köpfe nicht. Stück für Stück ziehen wir den Toten abwärts, von Baum zu Baum jede Deckung ausnutzend. Die Maschinenpistole in der einen, den Fuß des Toten in der andern Hand, robben wir zurück zum Weg.
Da setzt rasendes Maschinengewehrfeuer ein. Stimmen schreien durcheinander, Hundegebell dazwischen. Der Berg tobt, aber wir ziehen den Toten gerade über den Rain herab an den Wegrand. Noch ein Stück nehmen wir ihn mit in Richtung des Waldrandes. Dann lassen wir ihn in einer Kuhle liegen. Von dort aus läßt er sich in der Nacht gut bergen. Die Maschinenpistole jetzt wieder auf dem Rücken, trotten wir auf allen vieren zur eigenen Stellung zurück. Das aufgeregte Feuer der Russen zerfetzt Rinden und Stämme über uns, wir entkommen.
In der Nacht holen die Männer der Gruppe Maschitzki ihren toten Obergefreiten und bringen ihn zum Fahrzeug, das ihn nach Abinskaja überführt. Dort soll ein großer Friedhof entstanden sein.

9.10.42

Hier kann sogar bei Tag ruhig geschanzt werden. Weder Artillerie noch Granatwerfer haben den Abschnitt je beschossen, und einzelne Spähtrupps bei Nacht ziehen sich schnell wieder waldwärts zurück. Wer sich im Gelände bewegt, trägt die Feldmütze und hat für alle Fälle den Stahlhelm am Koppel. Wer schanzt, ist barhäuptig und in Hemdsärmeln – fast wie im Frieden.

Als ich am Mittag mit Feldwebel Klein seinen Zug abgehe, bleibt er plötzlich erheitert stehen, stemmt die Fäuste in die Hüfte und ruft:

»Mensch! Da rollt einer die Front von hinten auf!«

In Keilform wie zu einem Stoßtrupp formiert, löst sich vom rückwärtigen Waldrand ein Zug, MG in der Hüfte, Gewehr schußbereit. »Da will uns tatsächlich einer erobern!« bestätige ich, aber da wird mir schlagartig der Zusammenhang klar: Der Oberstleutnant inspiziert die Front.

Inmitten dieses Keils, den Stahlhelm tief im Gesicht, die Maschinenpistole mit beiden Händen umklammert, zwei Handgranaten im Koppel, erscheint der Kommandeur. Ich gehe ihm entgegen und melde.

»Warum tragen Sie und Ihre Leute keinen Stahlhelm?« herrscht er mich an. »Sie sind doch hier an vorderster Front!«

»Auf diese Stellung ist noch kein Schuß abgegeben worden«, rechtfertige ich mich.

»Einerlei!« befiehlt er. »Hier ist die Front, und Sie haben einen Stahlhelm zu tragen!«

Ich folge der Aufforderung und schicke Laucht durch die Stellung, daß er den Befehl weitergibt. Ich biete mich an, den Kommandeur durch die Stellung zu führen, aber er dankt und nimmt mit meinem Gefechtsstand vorlieb.

Schließlich teilt er mir mit, daß ich in der Nacht abgelöst werde, und zwar durch Rumänen, und als Regimentsreserve nach Usun zum Bataillonsgefechtsstand komme. Dann tritt er den Rückzug an.

Im Morgengrauen schlagen wir bei Usun unsre Zelte auf, bauen Panzerdeckungslöcher als Splitterschutz und Stellungen bei unerwartetem Angriff. Dann schlafen wir. Regimentsreserve in einem stillen Tal.

10.10.42

Gegen Mittag werde ich zum Kommandeur befohlen. Ich begegne ihm im Flur der ärmlichen Hütte und melde mich. Ohne ein Wort der Erklärung läßt er mich eintreten, geht stumm auf den mit alten Karten weißgedeckten Tisch zu und wendet sich jäh. »Setzen Sie Ihren Stahlhelm auf! Nehmen Sie Haltung an! ›Für seinen Einsatz bei Bildung eines Brückenkopfes über den Kuban am 14.8. verleihe ich dem Oberleutnant Tolk das Eiserne Kreuz erster Klasse.‹ Gezeichnet – nun Sie wissen schon. – Ich gratuliere.« Ich weiß, was in ihm vorgehen muß, weiß auch, wem ich die Auszeichnung verdanke. Er überreicht mir die geöffnete schwarze Schatulle, auf deren weißem Seidenfutter das dunkle Kreuz liegt, gibt mir dann noch die Urkunde und sagt: »Bitte nehmen Sie Platz!«

»Da sind noch zwei Dinge, die ich mit Ihnen besprechen muß«, fährt er fort.

»Erstens: Sie werden den Raum um den Bataillonsgefechtsstand zu einem Stützpunkt ausbauen, falls es zu Durchbrüchen bei den eingesetzten Teilen kommt. Einzelheiten entwerfen Sie. Ich erwarte Ihren Vorschlag.

Zweitens: Um den Geist bei der kämpfenden Truppe zu überprüfen, ergeht an Offiziere und Unteroffiziere eine Umfrage nach Meldung von Freiwilligen zur Aufstellung von Eingreifreserven. Ermitteln Sie in Ihrer Kompanie. Ich erwarte Meldung mit Namensliste bis Einbruch der Dunkelheit.«

Damit bin ich entlassen.

Laucht heftet mir das EK I an der Feldbluse fest, dann lasse ich alle Zugführer und Unteroffiziere kommen und teile ihnen den Befehl zur Umfrage mit. Den Termin zur Meldung der Freiwilligen setze ich auf 16 Uhr fest. Aber niemand kommt.

Inzwischen habe ich den Ausbau des Stützpunktes skizziert und mit dem Oberstleutnant erörtert.

Um 16.30 Uhr lasse ich die Unteroffiziere wieder zu mir kommen. Ich sage ihnen, daß ich mich freiwillig gemeldet habe und erwarte, daß gerade aus dieser Kompanie, die sich schon in Frankreich so hervorragend geschlagen habe, Meldungen erstattet werden.

Aber die meisten weichen meinen Blicken aus. Ich werde unsicher, ob ich es als Mißtrauen gegen mich werten soll oder wie sonst. Da meldet sich Feldwebel Schade als Dienstältester.
»Herr Oberleutnant«, beginnt er zögernd. »Sie haben sich freiwillig gemeldet. Das genügt, meinen wir. Wo Sie hingehen, folgen wir, wo Sie uns hinschicken, gehen wir hin. Wo man uns als Feuerwehr braucht, tun wir unsre Pflicht. Aber ›Freiwillige Feuerwehr‹ wollen wir nicht spielen.«
Am Abend erstatte ich beim Bataillon Fehlanzeige.
Als ich tief enttäuscht zurückkomme, sitzen die Männer vor den Zelten. Einer spielt Mundharmonika, und sie singen:

> »... noch fester schloß der König seine Lippen
> und sah hinüber in das Abendrot.«

11.10.42

Am Morgen heben wir mit großem Schanzgerät Panzerdeckungslöcher und Stellungen aus. Dann folgen die Grundrisse von Bunkern.
Nachmittags sitzen wir zusammen und genießen den ruhigen Sonnentag, einen wirklichen Sonntag. Breitenbach hat das Funkgerät aufgebaut, und wir hören heimatliche Klänge. Dabei bereite ich mich auf eine der schwierigsten Aufgaben als Kompanieführer vor. Ich meine die Benachrichtigung von Angehörigen gefallener Kameraden.
Ich weiß, daß amtliche Schreiben mit Stempel und Unterschrift sein müssen. – Der Brief an Otts Frau! Jedes Wort, das ich schreibe, wird unzählige Male gelesen werden. Das Gewicht eines Wortes ist nicht mehr auszuloten. Werde ich ihm gewachsen sein? Bin ich reif genug für diese Aufgabe?
Im Radio spielen sie Mozart. Unendliche Spanne von Welt zu Welt!

14.10.42

Wir sind wieder im Einsatz in einer Waldstellung, die als Winterstellung ausgebaut werden soll. Der Vorteil ist, daß hier im Ge-

gensatz zur Ukraine Holz in Hülle und Fülle vorhanden ist. Aber manchmal tut mir das Herz weh, wenn wir bestes Jungholz schlagen.
Als ich am Abend vor Einbruch der Nacht noch einmal durch die Stellung gehe, kommt mir vom Tal her auf dem Versorgungspfad ein einzelner Mann entgegen. Ich warte, rufe ihn an und erkenne einen jungen Offizier. Er beschleunigt seinen Schritt, baut sich vor mir auf und meldet: »Leutnant Frenssen mit sofortiger Wirkung als Zugführer zur zweiten Kompanie versetzt!«
Lachend schütteln wir einander die Hand. Ich habe am Tonfall die Nähe Frankfurts erkannt. Offenbach, sagt er.
Nach der Verpflegungsausgabe sitzen wir im Wald zusammen und erzählen mit unverhohlener gegenseitiger Sympathie.

16.10.42

Stellungsbau. Schon sind die Wände verkleidet mit Stämmen oder Faschinen, schwere Balken für die Decke zugeschnitten und kreuzweise gelagert. Morgen wird eine Ast- und Laubschicht darauf gelegt, dann Erde darüber geschichtet und getarnt.
Am Abend knistert die Flamme. Wir schreiben Briefe, und die Zeit steht still. Eine einzige Granate ist bisher auf unsre Stellung niedergegangen. Der Himmel ist grau bewölkt. Die Herbstseligkeit verläßt uns.

17.10.42

Bis in die Mittagsstunden tobt in den Bergen und Wäldern links, wo die rumänischen Gebirgsjäger liegen, ein erbitterter Kampf, der sich langsam nach Süden entfernt.
Am Nachmittag wird das Dröhnen der Erde vom Dröhnen des Himmels abgelöst. Mächtige Donnerschläge erschüttern den Wald. Wie mit Kübeln gegossen, strömt Wasser vom Himmel. Mulden und Gräben sind im Augenblick mit Regen gefüllt. Mit Büchsen und Kochgeschirren sind die Männer am Werk. Nebelschwaden ziehen gespenstisch zwischen Stämmen und Buschwerk einher.

23.10.42

Wieder liegen wir als Eingreifreserve um den Gefechtsstand in Usun. Wieder bauen wir die angefangenen Stellungen weiter aus und schlafen derweilen im Zelt, das morgens von einer dicken Reifschicht überzogen ist. Beiderseits des Tales sind die heftigen Waldkämpfe wieder aufgeflammt. Man kann an den Fingern abzählen, wann der Einsatzbefehl kommt.

24.10.42

Manchmal frage ich mich, ob diese Funktion als Eingreifreserve eine Folge meiner freiwilligen Meldung ist oder ob das Ganze nur zum Ablesen des Stimmungsbarometers dient. Material für den Bunkerbau ist eingetroffen. Das klappt in diesem Jahr vorzüglich. Platten aus einem Gemisch von Beton und Asbest sind handlich und erleichtern die Arbeit. Wir decken den Bunker damit ab und bauen einen offenen Kamin. Daran werden wir den Abend versingen, da keiner nach uns gerufen hat.

26.10.42

Wir haben die Arbeit eingestellt. Musik aus dem Wehrmachtslautsprecher füllt das Tal. Morgen wird Sonntag sein. Wir wollen ihn feiern. – Da donnert Artilleriefeuer in die Friedsamkeit der Stunde. Hinter uns das eigene, droben das andere. Höhe 103! Wir sind hellwach. Das meint uns. Breitenbach schaltet ab. Für diese Stunde gibt es keine Lieder.
Alarmbereitschaft! Der Befehl geht an die Züge. Wir sind bereit. Eine Stunde vergeht, eine weitere. Es wird Abend. Überm Sattel am Ende des Tals steigt groß und rot der Vollmond. Marschbefehl! Den altbekannten Pfad hinüber zum Wald, und dann geht's durch die Schlucht hoch. Granatwerferfeuer bestreut den Weg. Abstände vergrößern! Verbindung halten! Langsam Schritt für Schritt bergauf. Abschüsse hinter der Höhe. Es faucht heran. Volle Deckung! Haarscharf zischt es über die Baumkronen ins Tal. Schweres Dröhnen, dumpfes Grollen durch Schluchten und Wälder, lange noch und von weit. Abgesang. Vereinzelte Maschi-

nengewehre, vereinzelte Einschläge. Stille. Die Schlacht ist mit dem Tag gestorben. Bei einem verlassenen Bunker erwartet uns der Einweiser. Vorsichtig schieben wir Gruppe um Gruppe nach vorne. Die Reste der siebten Kompanie unter Feldwebel Geyer weichen nach rechts aus, die Rumänen nach links. Vor uns die Einbruchstelle. Mit Geyer und dem rumänischen Major bespreche ich den Angriff für nächsten Morgen. Ein Siebenbürger dolmetscht. Auftrag ist, die alte Kampflinie wieder zu erreichen.
Kaum haben wir uns getrennt, tobt ein wahnsinniger Feuerüberfall durch den Wald. Der Russe schickt Stoßtrupp um Stoßtrupp vor. Ohne eigene Verluste schlagen wir sie zurück. Um Mitternacht ist Ruhe. Ich gehe zu meinem Gefechtsstand. Ein Loch, zwei Spaten tief aus der Erde gekratzt, mit Ästen spärlich abgedeckt. Ich teile es mit Laucht und Murmann, dem Sanitäter. Die Nacht wird zunehmend unruhiger. Leutnant Frenssen schlägt um sechs Uhr den ersten Angriff zurück. Marineinfanteristen. Elitetruppen.
Punkt 9 Uhr erfolgt der Feuerschlag der Artillerie- und Infanteriegeschütze. Der Wald ist zu hoch. Die Granaten rutschen in die Schlucht hinter den russischen Stellungen.
Dennoch treten wir an.
Auf aus den Löchern! Hurra! Schießen! Schießen, was die Läufe hergeben, aus der Hüfte und ins Unterholz! Vorwärts stürzen wir ins Unbekannte des Waldes. Rasendes MG-Feuer schlägt uns entgegen. Die Garben klatschen und zischen gegen die Stämme und durch die Äste. Hurra!! Weiter reißt uns der magische Klang. Dichter hageln die Garben. Der Gefechtslärm steigert sich aufs höchste. Eine Garbe streift mich. Hose und Feldbluse sind durchlöchert. Ich spüre am Arm das heiße Geschoß streifen. Vorwärts! Die Hölle ist los. Die Verwundeten sind zurückgeblieben. Wir sind wenige geworden. Noch einmal mit ganzer Kraft: Hurra!! Ein Sprung. Ich stehe in einem Schützenloch. Die alte Stellung ist erreicht. Vor mir brechen Äste. Ich feuere. Noch ein Sprung. Ein paar Russen huschen wie flüchtendes Wild zurück. Maschinenpistolen knattern los. Handgranaten hinüber! Deckung! Halten um jeden Preis.
Ich sehe mich um. Rechts ist Geyer mit dem Rest der siebten Kompanie heran und hat mich sogar überflügelt. Sie sitzen wie-

der in den alten Schützenlöchern. Links sind sie nicht mitgekommen. Der Widerstand war zu stark.
Eine leichte Granate birst am Nachbarstamm. Splitter und Buchenrinde zischen herab über Stahlhelm und Hände, schürfen die Haut. Gezeichnet, aber nicht verwundet. Ein MG-Schütze geht neben mir in Stellung. Wir nehmen das Feuer nach links auf. Dann bricht der Orkan von neuem aus. Der MG-Schütze eins schreit auf, der Schütze zwei übernimmt. Ein paar Feuerstöße jagt er hinaus. Dann höre ich einen metallischen Klang und sehe, wie das heiße Blei am Stahlhelm zerspritzt. Maschitzki springt heran und will durchs Glas beobachten. Kopfschuß. Er sinkt nach vorn. Murmann springt hinüber, die Verwundeten zu verbinden. Neben mir bricht er tot zusammen. Der nächste muß ich sein. Unheimlicher Wald. Laucht kauert bei mir. Wir beobachten nach allen Seiten. Nichts zu sehen. Nur ein Gewirr von Ästen und Draht speit unablässig Feuer.
Mitten in diesem Inferno ruft jemand meinen Namen hinter mir. Als ich mich umdrehe, ist es der rumänische Major. Ich gebe mich zu erkennen, indem ich ihm winke. Er kommt heran. Ohne Melder, ohne Dolmetscher steht er verlassen neben mir an einen Baum gelehnt. Ich bedeute ihm, er solle herunterkommen, denn um mich hat der Tod Ernte gehalten. Er hört es nicht.
»Es ist unmöglich«, stammelt er. »Meine Kompanie! Meine Kompanie!«
Ich sehe es selbst, auf seiner Seite ist der Widerstand noch größer.
»Gehen Sie herunter«, rufe ich ihm zu. »Um Gottes willen, gehen Sie herunter!«
Er hört es nicht. Seine Augen sind abwesend in den Wald gerichtet. Er weiß nicht, in welcher Gefahr er sich befindet.
»Melden Sie«, stammelt er, »daß ich mein Äußerstes getan habe.«
Er spricht perfektes Deutsch, und ich verstehe nicht, warum er gestern einen Dolmetscher brauchte.
Rinden und Splitter regnen aus den Bäumen. Ich fasse ihn am Koppel. Fast ist es ein Ringkampf um sein Leben, als ich ihn hinter einen Baum ziehe. SMG-Feuer zischt über uns hinweg.
»Sie haben sich gut geschlagen!« Er nimmt es kaum wahr. »Halten Sie den erreichten Boden um jeden Preis. Ich melde dem Bataillon, daß Ihre Männer tapfer gekämpft haben.«

Ein Leuchten geht über sein Gesicht. »Danke!« ruft er noch und springt nach hinten.
Von Minute zu Minute steigert sich das russische Granatwerferfeuer. Der Wald um uns ist zerschunden und zerhauen. Jeden Augenblick muß der Gegenangriff kommen, wenn der Russe nicht selbst hohe Verluste hatte. Aber er hat immer mehr Reserven als wir.
Jetzt heißt es halten, was erreicht ist.
Ich will aufspringen und nach den Zügen und Gruppen sehen, die rechts und links von mir vorgegangen sind, da erfolgt der erste Angriff der Russen. Nun kommen sie endlich aus dem Dickicht und werden sichtbar. Aber ihr »Urrä« erstirbt schnell im Feuer unsrer Maschinengewehre und Granatwerfer, die nun endlich sichtbare Ziele vor sich haben. Die Artillerie hat das Feuer eingestellt. Sie kann uns nicht unterstützen, ohne uns zu gefährden. Nur der Russe schießt mit allen Kalibern. Ihm ist es einerlei, ob eigene Soldaten dabei getroffen werden. Was in den Baumkronen oben birst, splittert nach hüben wie drüben und gefährdet vor allem die Baumschützen, die dort oben irgendwo auf uns lauern. Salven von ›Stalinorgeln‹ (russ. Salvengeschütz mit Raketengeschossen) gehen auf uns nieder. Ihre gewaltigen Splitter fauchen zwischen den Stämmen.
Ich springe von Stellung zu Stellung. Da liegt der Unteroffizier am Maschinengewehr, beide Schützen sind ausgefallen, zwei Rekruten vom letzten Ersatz neben ihm. Rest einer Gruppe. Ich ermuntere die Männer und leiste mir selbst Abbitte, wenn ich sie falsch eingeschätzt habe. Da kommt Lange, der Zuchthäusler, gelaufen. Er hat einen Streifschuß am Arm und fordert von mir vier Männer, die ihn zurücktragen sollen zum Verbandsplatz. Ausgerechnet der!
Fünfzehn Meter weiter liegen die Männer neben ihrem toten Gruppenführer. »Wir halten die Stellung«, sagt ein junger Gefreiter, ein Heeresmediziner, der morgen nach Deutschland auf die Akademie soll. Und er schießt, was der Lauf hergibt. Im nächsten Loch liegt Leutnant Frenssen am Maschinengewehr. Die Gruppe ist ausgefallen, nun springt der Zugführer ein. Das MG 42 rauscht vernichtend gegen die Angreifer. Da wirft der Russe eine zweite Welle ins Gefecht. Der Wald tobt. Querschlä-

ger pfeifen durchs Gebüsch. Ich gehe hinüber zu den Rumänen. Der Major ist gerade verwundet worden und wird zurückgebracht. Seine Hand grüßt schwach herüber. Nun danke ich ihm, wie mein Hauptmann mir gedankt hatte. Kein Offizier ist mehr da. Die Leute werden unsicher. Wenn sie zurückgehen, bin ich mit meinen Männern abgeschnitten. Ich finde einen Feldwebel und bestimme ihn zum Kompanieführer. Er nickt freudig und geht zu seinem Maschinengewehr.
»Halten Sie um jeden Preis!« befehle ich ihm. Er ist Siebenbürger und versteht mich gut. »Jawohl«, ruft er und lacht übers ganze Gesicht.
Wieder faucht jaulend eine Salve der Stalinorgel heran und schlägt hinter uns ein. Einer der zwanzig Zentimeter langen Splitter haut über mir in einen Baum und fällt mir vor die Füße. Der gezackte Rand sieht gräßlich aus und ist scharf wie eine Sense. Die nächste Salve ist nur Nachspiel. Der Angriff ist abgeschlagen. Ein deutscher Flieger kreist über uns.
Der Kampflärm läßt nach. Es ist Nachmittag, Sonntag nachmittag. Wir schicken die Verwundeten zurück, lassen Munition nachbringen, gurten nach und warten auf den nächsten Angriff. Um 15 Uhr rennt der Russe zum dritten Mal an. In einer halben Stunde ist auch dieser Vorstoß abgeschlagen. Ein paar Handgranaten fliegen noch hinüber und herüber. Dann hört man drüben die Verwundeten stöhnen. Es ist eine Marinebrigade aus dem Hafen von Noworossijsk, den unsre Truppen vor acht Wochen gestürmt haben. 73. ID, wenn ich mich recht erinnere.
Dann kauere ich wieder mit Laucht im Panzerdeckungsloch. Murmann ist tot. Der Platz reicht für zwei gut aus. Aber welch ein Tag! Dann gehe ich noch einmal rundum. Schatten huschen von Baum zu Baum. Schwer keuchen sie vorüber. Rumänische Zigeuner sammeln die Toten ein und bringen auch ohne Auftrag unsre Toten nach hinten. Die Gesamtverluste liegen bei 30 Prozent.
Ein Sonntag klingt aus.

30.10.42

An eine Winterstellung hier denkt keiner mehr. Wir bauen nur die MG-Stände aus und bleiben über Tag geduldig im en-

gen nassen Loch sitzen. Astwerk liegt als Tarnung davor und darüber. Als es hell wird, studiere ich die Post vom letzten Abend. Ein Brief, den ich aus dem Lazarett an Will geschrieben habe, kommt aus Afrika zurück. Unzustellbar. Doch wie durch Zufall liegt ein Brief meiner Schwester daneben, die mir mitteilt, daß er zu Hause in Urlaub gewesen sei: schlohweiß. Er hatte eine Maschine mit Verwundeten von Afrika herübergeflogen und war überm Mittelmeer von englischen Nachtjägern angegriffen worden. Die alte Ju erhielt eine Menge Einschüsse, konnte aber auf dem Festland noch notlanden. Als Will am Morgen in den Spiegel sah, waren seine Haare schlohweiß.
Fritz hat mir Lesestoff geschickt. Ein Bändchen Eichendorff-Gedichte. Ich glaube, ich hatte ihn darum gebeten. Nun sitze ich im engen Panzerdeckungsloch und halte den blitzsauberen Band in Händen, die ich tagelang nicht gewaschen habe, an denen noch Blut vom letzten Einsatz klebt, und lese:

»Es war, als hätt der Himmel
die Erde still geküßt ...«

Sphärenklang einer fernen Welt und doch ein Zeichen der Hoffnung, ausgesteckt am Rande des Weges zur Rückkehr in die Menschlichkeit.

2.11.42

Natürlich haben wir doch gebaut. Auch jeder Spatenstich, den wir tiefer in die Erde treiben, ist Teil einer großen Hoffnung, ohne die der Mensch sich aufgibt, und das wäre uns fremd.

4.11.42

Allnächtlich fühlen jetzt russische Stoßtrupps vor, doch hört man das Rascheln im gefallenen Laub recht früh, so daß alle Einbrüche vermieden werden können.
Sorgen machen nun wieder die Leute vom letzten Ersatz. Einige vergiften die Atmosphäre.

6.11.42

Seit Tagen jagt schwarzes Gewölk über den Wald und gibt der Berglandschaft etwas Ungeheures, fast Dämonisches. Absolute Finsternis kennzeichnet die Nächte, und das fahle Licht der Leuchtkugeln läßt geisterhafte Schatten über den Waldboden wandern, Schatten von Bäumen und Büschen, Schatten, die aus der Tiefe zu kommen scheinen und das Licht wieder zu sich hinunterziehen. Zischend erstirbt die flackernde Helligkeit und läßt dem Auge das Dunkel hoffnungsloser zurück.
An den veränderten Tag-Nacht-Rhythmus muß man sich gerade jetzt im Übergang zum Winter erneut gewöhnen. Um 16.00 Uhr beginnt bereits die Nacht, um 5.00 Uhr der Morgen.

8.11.42

Zum Regen hat sich der Nebel gesellt. Es ist wieder warm geworden, und die Erde dampft Tag und Nacht Feuchtigkeit aus. Das Leder schimmelt und das Brot. Dunkel und Helligkeit gleichen sich erschreckend an. Wie Schleier hängt die Welt vor unsren Augen, wir sind nur Ohr.
Mit dem Wehrmachtsempfänger kommt die Ferne in unsere Einsamkeit. Von jeder Nachricht erwarten wir die große Wende, aber das verwirrende Spiel der Namen, die für uns der letzten Anschaulichkeit entbehren, da unsre Karte nur zwanzig Kilometer im Umkreis spiegelt, weckt neben der Bewunderung auch eine stille Sorge. Jeder abgeschlagene Angriff hat auch uns geschwächt. Von denen, die überleben, erwartet man, daß sie dasselbe leisten, was starke Einheiten vermögen.
Ich sitze manche Stunde mit Frenssen zusammen; wir teilen unsre Sorgen. Ob es die Waldeinsamkeit ist, der Spätherbst, die Verzögerung der Nachrichten aus der Heimat? Peinlich wirkt manchmal der sentimentale Trost des Soldatensenders Belgrad: »Es geht alles vorüber ...« Was da vorübergeht, ist auch unsre Jugend, unser Leben, und die es singen und verbreiten lassen, sitzen irgendwo in ruhiger Etappe. Manchmal läßt sogar der Iwan Musik herübertönen, bevor eine fürchterliche Stimme ihre Propagandareden beginnt. Aber sie bleiben ohne Eindruck auf

uns. Sirenentöne könnten höchstens die Lieder sein. Man hört sie nicht ungern, aber auch ihre Wiedergabe ist blechern und technisch mangelhaft, das hinterläßt bei den Soldaten das Gefühl der Überlegenheit. Am Abend unterschreibe ich einen Urlaubsschein. Glückliche Reise nach Gießen!

15.11.42

Ich habe die Kompanie wieder übergeben und werde als Urlaubsvertretung weitergereicht zur zehnten Kompanie. Oberleutnant Förster ist bereits abgereist. Stellungsbau steht auch hier im Vordergrund. Die Kampflinie hat hinter sich ein Höhengelände und vor sich eine Mulde, die jenseits als Hang sechzig bis siebzig Meter ansteigt. Oben verlaufen die russischen Stellungen, durch Astverhau getarnt, aber auch markiert. Auffällig häufig ist das Bellen verschiedener Hundestimmen. Indirekt erleben wir mit, was dort oben vor sich geht. Hat es viel Wodka gegeben, sind die Stimmen lauter, dann steht etwas bevor. Übernächster Nachbar rechts ist ein rumänischer Rittmeister, den wir um die Stärke seiner Schwadron beneiden. Die Nacht bricht jetzt schon um 15 Uhr herein. An sehr dunstigen Tagen dämmert es im Wald schon ab 14 Uhr.

17.11.42

Wie im vorigen Herbst treten Schwierigkeiten mit der Verpflegung auf. Das saure Maisbrot wird in halber Portion ausgegeben und liegt uns selbst noch in dieser Kürzung schwer im Magen. So halten uns Päckchen aus der Heimat einigermaßen auf den Beinen. Wieder arbeiten wir an einem größeren Bunker für den Winter.
In Afrika ist es zwischen Franzosen und gelandeten Amerikanern zu Kämpfen gekommen, im Gegenzug haben unsre Truppen den Rest Südfrankreichs besetzt. Was wird das Schicksal meiner Freunde sein?

21.11.42

Die Männer arbeiten fieberhaft gegen die Nässe. Homola, Kamin- und Ofenspezialist, hat für uns einen Herd geschaffen, so

daß der Bunker trocken und warm ist. Ich kenne keinen hilfsbereiteren Menschen als ihn.
Schwierig ist der Nachschub. Fahrzeuge kommen nur bis zum Rand eines Steilhanges heran. Von dort muß alles herangetragen werden. Am Abend fällt nasser Neuschnee. Der Wald wird hell und verrät jede Spur, weil dort, wo einer gegangen ist, das dunkle Laub sichtbar wird. Dennoch wird der Kontrollgang ein Erlebnis im Winterwald.

22.11.42

Ludwig, der Kompanietruppführer, hat letzte Hand an den Bunker gelegt. Er ist Zimmermann und groß im Planen, dem die Ausführung dann in nichts nachsteht.
Beglückt habe ich als Dienstausrüstung eine Armbanduhr erhalten. Vor vier Wochen waren die harten Kämpfe bei 103. Der Schwerpunkt der Durchbruchsversuche hat sich offenbar nach Osten verlagert.
Auch in dieser Kompanie bin ich schnell heimisch geworden. Ludwig macht den Raum wohnlich, Homola sorgt stillschweigend fürs Feuer, Maurer für die Gesundheit der Männer, und Zugführer Rehmann biegt die Ersatzleute zurecht. Ich bin erfreut, mit welcher Hochachtung und Verehrung alle von ihrem Kompaniechef sprechen. Es wird nicht einfach sein, einen solchen Mann zu vertreten.
Fritz hat wieder ein paar kleine Bücher geschickt.
Totensonntag. – Zu Hause sind die Gräber geschmückt und gepflegt von lieben Händen. Wer soll die Gräber derer schmücken, die hier gefallen sind? Oder die vielen, vielen andern in diesem unendlichen Land?
Im Dämmern gehe ich mit Homola durch die Stellung. Warmer Wind vom Meer saugt den Schnee vom Boden auf. Schwärzer stehen die Stämme im Dunkel. Der Boden dunstet Schwaden aus.
Der Posten in der Kampfstellung unmittelbar vor dem Gefechtsstand meldet andauerndes Rascheln aus der Mulde. Ich gehe mit Homola vor. Alle Versuche, mit Leuchtkugeln Klarheit zu gewinnen, scheitern. Näher und näher kommt das Geräusch aus der Mulde hoch. Der MG-Posten bringt das Gewehr in Anschlag,

Homola auch. Ich habe den Finger am Abzug der Leuchtpistole. Nach einer kurzen Pause, die uns in Atem hält, wieder das Rascheln, jetzt schon zum Greifen nah. Inzwischen ist uns klargeworden; das ist kein Mensch, das muß ein Tier sein.
»Ssst!« zischt Homola, macht einen Satz nach vorn und kommt mit einer Schildkröte zurück in den Graben. Das Rätsel ist gelöst. »Morgen gibt's Schildkrötensuppe«, triumphiert Homola.

25.11.42

Das feuchtwarme Herbstwetter hält an. Als ich vor Morgengrauen noch einmal durch die Stellungen gehe, meldet mir der Posten am rechten Flügel, daß bei der Nachbarkompanie etwas Furchtbares geschehen sei. Ein Mann vom letzten Ersatz hat als Posten seinen Gruppenführer, der ihn kontrollieren wollte, erschossen. Ich rufe vom Gefechtsstand aus in der Frühe bei Helmut an.
»Brehm«, sagt Helmut. »Ausgerechnet Brehm!«
Brehm. Wir waren als Rekruten in derselben Gruppe, schliefen im selben Raum, fast ein ganzes Jahr. Der stille Brehm, der den Granatwerfer schleppte nach der Grundausbildung, der wieselflink jedes Ziel ausmachte – vom eigenen Posten erschossen! Es ist unfaßbar.

3.12.42

Die Stellung ist ausgebaut, die Bunker sind für den Winter hergerichtet, so beginnen die Männer mit Bastelarbeiten. Holz steht genug zur Verfügung, nur an Werkzeugen fehlt es. Ich habe aus Büchsenblech mit einer alten Schere einen Lichtreiter geschnitten, der genau in ein Feldpostpäckchen paßt. Vielleicht kommt er noch zu Weihnachten zu Hause an. Am Abend erhalte ich Befehl, die Kompanie wieder an Förster zu übergeben und mich dann beim Bataillon zu melden, um den Adjutanten zu vertreten. Ich gehe ungern.

4.12.42

Der Bataillonsgefechtsstand liegt im abfallenden Hang jenseits der Schlucht. Der Wald wird lichter nach hinten und jünger, ist gepflegt und gut durchgeforstet. Kommandeur ist der österreichische Hauptmann. Wir arbeiten jetzt also wieder zusammen.

5.12.42

Durch meine Tätigkeit als Ordonnanzoffizier ist mir die Arbeit des Adjutanten nicht unbekannt, außerdem wohne ich mit dem Kommandeur im selben Bunker und kann jederzeit nachfragen, das erleichtert den Einstieg.
Im Abschnitt ist es ruhiger geworden, doch an Winterschlaf soll man nicht glauben.
Wind hat die Bäume jetzt endgültig leergefegt, und das gefallene Laub gibt unsren Bunkern eine gute Tarnung. Hier am Hinterhang brennen auch am Tag die Feuer in den Bunkern. Unablässiger Regen weicht den Boden auf. Mit Knüppeldämmung halten wir die Füße im Bunker trocken, doch ist die Feuchtigkeit im Raum so groß, daß das Brot über Nacht schimmelt. Darum rösten wir sofort alles an. Der Geruch des Frischgebackenen füllt angenehm den Bunker und haftet fast schon unseren Kleidern an.

9.12.42

Die Arbeit macht Freude, da man als Adjutant geistig mehr gefordert wird. ›Schreibtischarbeit‹ sicherlich, aber sie weitet den Blick. Außerdem verwöhnt man sich bei diesem Regen- und Dreckwetter gern einmal im trockenen Bunker.
Der Nachschub rollt jetzt besser, das Brot wird genießbarer, und für die kämpfende Truppe gibt es dreihundert Gramm Schokolade pro Woche. Ein Schlaraffenland für uns.
Dafür empfinde ich bei meiner Tätigkeit den Mangel an Papier besonders.
Abends ist Zeit für eine Partie Schach. Wenn Besuch da ist, gibt es auch eine Partie Doppelkopf. Sogar das Lesen läßt sich einrichten.

11.12.42

Im Abschnitt ist Ruhe eingetreten. Frost hat der ›Rasputiza‹ (russische Schlammperiode, besonders im Herbst) ein Ende gemacht. Die Arbeit fängt an, Routine zu werden. Besonders aber freuen wir uns des Bunkers, den der Wehrmachtsempfänger abends mit Musik füllt. Gegenüber den Erdbunkern, die man vorne möglichst tief in den Grund treibt, um Schutz und Sicherheit zu finden, wohne ich jetzt in einem Palast. Die Balken sind alle sauber verschalt. Vor dem unterteilten Fenster, das ebenerdig mit dem Waldboden abschließt, ist ein Arbeitstisch gebaut, an dem ich meinen Platz habe. Rechts liegen die beiden Holzpritschen als Lagerstätten übereinander. Als Österreicher fühlt sich der Hauptmann in den Bergen besonders heimisch, das fördert die gute Atmosphäre.

17.12.42

Nieselregen flimmert vorm Fenster, und Nebelfahnen ziehen durch Wald und Tal. Es ist die Rede davon, daß ich zu einem Kompanieführerlehrgang nach Frankreich abkommandiert werden könnte. So verlockend eine solche Veränderung vielleicht auch sein mag, letztlich hängt man doch zu sehr an dem ›Haufen‹.

21.12.42

Nun weihnachtet es doch. Rauhreif hängt dick an Ästen und Gräsern. Nur die weihnachtliche Hausmusik fehlt. Alle irgendwo gestaute Post ist rechtzeitig zum Fest eingetroffen. Zuerst wollte man sie bis zum 24. beim Troß noch einmal zurückhalten. Aber dazu hat niemand das Recht. Jedes Lebenszeichen, ob von zu Hause oder von hier, ist wichtig für die anderen. Wer kann ausloten, welch freudiges, liebes Wort, welche bittere, erschreckende Nachrichten einen Kameraden vielleicht nie mehr erreichen durch Verzögerung. Ich denke an Brehm.
Stunden füllt die Post. Man liest Briefe einmal, zweimal, dreimal, bis man jedes Wort gegenwärtig hat. Denn wo wenig gesagt und geschrieben werden kann, enthält das wenige viel. Wo Andeutungen schicksalsträchtig sein können, will jedes Wort bedacht sein. Das Menschliche überbrückt Zeit und Raum, aber der Bogen ist weit gespannt, und manches kommt nicht an.

Ein Brief von Dorothee, in dem sie mein Bild mit zartem Pinsel nachzeichnet, sich und mir noch einmal aufzeigt, um es als Erinnerung wegzustellen. Ein Brief von meinem Bruder aus Hamburg. Er hat es als Theologe schwer in einer gottlosen Umgebung.

22.12.42

Ich habe mit dem Assistenzarzt einen Besuch beim rumänischen Nachbarn gemacht. Die Bunker liegen etwa zwei Kilometer weiter im Westen. Schon äußerlich wirken ihre Unterkünfte ganz anders als die eigenen. Bei uns geht Sicherheit vor Schönheit und Geräumigkeit. Deshalb gehen wir in die Erde, die Rumänen bleiben darüber. Der Adjutant, im Privatleben Dozent der Philosophie, ist ein gesprächiger, zugänglicher und fröhlicher Mensch, Oberleutnant – Locotenentului – wie ich. Er spricht Deutsch fast fehlerfrei. Sein Bunker ist imposant. Er ähnelt einer germanischen Halle mit dem steilen Dach, dem großen Vorbau und den Sitzbänken rundum. Zunächst das Dienstliche. Wir besprechen den Frontverlauf, den Einsatz seiner Schwadronen, die Bewaffnung, die Kampfstärke.

24.12.42

Am Morgen bin ich durch die Stellungen gegangen und habe die Gefechtsstände besucht. Der Russe blieb auffallend ruhig. Bei Einbruch der Dämmerung mache ich als Führer des Stabes die Runde von Bunker zu Bunker. Der Ordonnanzoffizier begleitet mich. Es ist früher Nachmittag. Ein Melder hat sich mit Watte in einen Weihnachtsmann verwandelt. Der Rechnungsführer hat für jeden ein paar Verse gemacht. Dann wird ein Brief des Feldbischofs verteilt. Zuletzt kommt der Weihnachtsmann zum Kommandeur und mir. Die Männer des Stabs haben einen Leuchter geschnitzt, den wir in der Bunkerecke aufhängen. Sogar ein Christbaum mit kleinen Kerzen ist in letzter Minute gekommen. So strahlt im Raum ein festlicher Glanz. Den nüchternen Tisch haben die Melder mit Weihnachtspapier bedeckt, darauf liegt die Post. Päckchen mit Büchern, Kuchen und Gebäck. Wims Eltern haben Äpfel und Kuchen geschickt. Auch Professor Götze hat an mich gedacht und schickt die ›Karlsbader Novelle‹. Im Radio klingen alte Weihnachtslieder, und wir singen mit. Dann folgt die große Stunde der alten, mächtigen Glocken, deren Klang den engen Raum fast sprengt. Und während wir noch der Bachschen Musik lauschen, ertönt draußen vor der Tür ein vielstimmiger Chor. Der rumänische Oberleutnant ist mit brennender Fackel seinen Leuten voran durch den nebligen Wald gekommen, uns ein frohes Fest zu wünschen. Lange noch klingt ihr Gesang durch den Wald fort und belebt das dunstverwobene Dunkel der Nacht.

Länger noch sitzen wir zusammen und haben aus dem Inhalt der Päckchen und Pakete eine festliche Tafel gezaubert, haben das Radio leise gedreht und erzählen von daheim: von Wien und dem alten Österreich, von Budapest und den Gebräuchen der Rumänen, von Oberhessen und Gießen, von Kranichstein, dem Schloß, der Jagd und den Wäldern.

So wird die früh angebrochene Nacht kurz, und vor dem Einschlafen nehme ich aus der Tasche das Feldtestament und lese bei der letzten brennenden Kerze die Weihnachtsgeschichte: »Es begab sich aber ...« Und damit ich's nie vergesse, schreibe ich mit Rotstift an den Rand: Kaukasus 24.12.42 ... als wäre es ein Tagebuch.

26.12.42

An Arbeit ist während der Feiertage kaum zu denken. Ein Gast reicht dem andern die Türklinke. Was man zu Hause mit einer Karte oder einem Brief erledigt, wird hier zum Besuch. Wie manch wohlbekanntes Gesicht erscheint da plötzlich unerwartet im Eingang. Eine beglückende kameradschaftliche Verbundenheit: »Wissen Sie noch ...« und »Weißt du noch ...«, als wären wir uralt und schauten auf ein erfülltes Leben zurück.

Am Nachmittag erhalte ich vom Regiment Befehl, mich zusammen mit Oberleutnant Leist am 27. morgens um 10 Uhr in Abinskaja beim Kommandeur der 3. rumänischen Gebirgsdivision zur Ordensverleihung zu melden. – Ein weiteres Weihnachtsgeschenk.

27.12.42

Es ist kalt geworden. Rauhreif hängt an Baum und Gras. Weiß in Weiß liegt die Welt. Um 5 Uhr beginnt es zu dämmern. Ritz hat die Pferde am Abend schon hochgebracht, und wir sitzen auf. Nebel zieht um die Berge. Dunst auch im Tal, und je tiefer wir kommen, desto dichter wird er. Kaum zehn Meter reicht die Sicht. Wir haben den holprigen Bergpfad verloren und reiten querwaldein. Man muß sich im Sattel drehen und wenden. Wir sind zu weit nach links gekommen. Durch Mulden und Gräben geht es, durch Dornen und Gebüsch. Dann lichtet sich der Durchblick. Wir biegen rechts ins Tal ab. Herrlich liegt der Wiesengrund vor uns in der Morgensonne. Einzelne Häuser, deren Kamine rauchen, Buschwerk und Weiden, die hangaufwärts ziehn. Rotbraun das Laub der Eichen, von Nebelbändern durchflochten, begrenzt den jenseitigen Hang. Die Hufe der Pferde brechen durch und sinken tief ein. Trotz allem wird der Ritt zu einem großartigen Erlebnis, das durch die Spannung auf das Kommende noch erhöht wird. Bei den einsamen Häusern ist kein Mensch zu sehen. Dennoch wirken die ärmlichen Hütten als lang ersehnte Stätten der Geborgenheit. Bäume strecken ihre Äste schützend über die Strohdächer. Rauch windet sich durch sie hindurch. Pfosten und Zaunreste, längst ihrer Bestimmung entbunden, sind übriggeblieben als Markierung menschlicher Ordnung, als Zeichen der Einfriedung an der Grenze des Friedlosen. Zehn Kilometer liegen noch vor uns und zwei Stunden bis zum gesetzten Termin.
Wir traben an, und nun spüre ich, wie die Wunde brennt. Bei jedem Aufsitzen schneidet ein Messer ins Fleisch. Beim großen Troß reinigen wir schnell Uniformen und Stiefel und melden uns dann vorm Kinosaal beim Adjutanten des rumänischen Generals. Bald läßt er die Offiziere in den Saal bitten und vor der Bühne antreten. Rechts die deutschen, links die Rumänen. Bekannte Gesichter auf beiden Seiten, denen man grüßend zunickt.
Eine deutsche und eine rumänische Flagge schmücken die Bühne, darunter sitzt ein rumänisches Orchester. Auf dem weiß-

verkleideten Tisch davor sind feierlich die deutschen und rumänischen Orden aufgebaut. Ein rumänischer Oberst als ältester Offizier bittet uns, Haltung anzunehmen, und meldet erst unserem General, der als erster den Raum betritt, dann seinem, der unmittelbar folgt. Während wir salutieren, spielt die Kapelle die deutsche und die rumänische Nationalhymne. Dann spricht General von Schleinitz ein paar Worte vom gemeinsamen Kampf in den Bergen und verleiht rumänischen Offizieren, Unteroffizieren und Mannschaften das Eiserne Kreuz zweiter Klasse. Dann spricht der rumänische General und verleiht an uns rumänische Orden. Für meinen Einsatz an der Einbruchstelle der rumänischen Front auf der Höhe 103 wird mir laut Urkunde die ›Coroana Romaniei – cavaler‹ verliehen.

Anschließend werden wir zu einer Mittagstafel im Generalskasino eingeladen. Bevor wir die Plätze einnehmen, kommt unser General auf mich zu, schüttelt mir fest die Hand: »Ich gratuliere, mein Sohn. Wann haben wir uns zum letztenmal gesehn?«

»Bei Kaganowitscha-Popasnaja, Herr General, als ich den Zivilpersonen Land zugeteilt habe. Es war wohl im April.«

»Richtig. Und Ihr Skizzenblock? Haben Sie ihn noch?« fragt er weiter, und ich staune, an welche Kleinigkeiten er sich erinnert.

»Jawohl, Herr General, den habe ich noch, aber schon zu Hause.«

»Das war doch Kranichstein, wenn ich nicht irre. Schönes altes Jagdschloß ...«

Dann kommt der rumänische General. Schade.

Beim Mittagstisch sitzen wir in bunter Reihe abwechselnd ein Deutscher und ein Rumäne. Mein rechter Tischnachbar ist ein Oberst der Artillerie, links ein Oberleutnant, sein Adjutant. Der Oberst ist leutselig, fast jovial und lukullischen Genüssen nicht abhold. Vor unserem staunenden Auge wird Schüssel um Schüssel aufgetragen. Als wir uns schon bei der schmackhaften Suppe mit Weißbrott satt essen wollen, legt der Oberst vertraulich seine Hand auf meinen Arm: »Nicht doch, Herr Kamerad, es kommt doch noch viel besser.« Arme Frontschweine! Haben wir eine Ahnung!

Als dann zuletzt nach einer Reihe von Gängen die Fruchtschale geleert und der Käsenachtisch verkraftet ist, beginnt zu Ehren der Ausgezeichneten eine Varietévorstellung. Die wirbelnden Beine der Tänzerinnen versetzen den Oberst in Begeisterung. Bevor dann der gemütliche Teil der Nachfeier beginnt, verabschiedet sich von Schleinitz. Draußen ist sein Wagen vorgefahren. Wir bilden Spalier, um ihn zu verabschieden. Auf der anderen Seite des Wagens hat die Musikkapelle sich postiert, und während der General im Vorbeigehen uns lächelnd zuwinkt, intoniert sie: »Adieu, mein kleiner Gardeoffizier, leb wohl, leb wohl! ...«

Nun lachen wir laut. Der General lacht ebenfalls, springt in sein Auto und fährt winkend davon.

Es dämmert schnell, wir trinken unseren Krimsekt aus und rüsten zum Aufbruch. Draußen ist ein weiterer Wagen vorgefahren, der rumänische General verabschiedet sich. Er bedankt sich nochmals bei seinen Gästen, die Kapelle intoniert einen Marsch. Dann löst sich die Versammlung auf. Der Wagen gehört dem rumänischen Oberst, da der General nur ein paar Häuser weiter wohnt. Der Oberst erweist sich als gastfreundlicher Mann und lädt uns ein, mit ihm in sein Quartier zu kommen. Aber Leist und ich lehnen ab.

»Schöne Musik und noch schönere Frauen«, sagt er, aber wir denken an die Kameraden vorne. Er nimmt das nicht übel, winkt uns zu wie alten Freunden und setzt die Feier in seiner Weise fort.

28.12.42

Leist verabschiedet sich, da er noch beim kleinen Troß zu tun hat. So bin ich mit dem stillen Ritz allein. Wir nehmen den weiteren Weg, den die Verpflegungsfahrzeuge benutzen, um nicht in der Nacht mit den Pferden ins Dickicht zu geraten. Manchmal streicht ein Hund um die einsamen Gehöfte, bellt hinter uns her und verschwindet wieder. Die Kälte frißt den Nebel auf und bannt ihn als Rauhreif an Halme und Zweige. Als wir im Morgengrauen über eine Lichtung reiten, liegt ein dunkles Ultramarin als Wolkenwand drückend über den Konturen der Berge im

Süden. Kalt und unmenschlich fließt fahles Frühlicht über die Berge und Wälder, die einsamen Häuser und über die Stellungen. Die Helligkeit des frischgefallenen Schnees wird übergossen von der kosmischen Kälte des Himmels. Da ist es tröstlich, als wir nach links abbiegen, wo Nebel noch in den Bäumen hängt und fernes Licht verschluckt. Ein Verwundetentransport kommt uns entgegen. Ich wünsche baldige Genesung. Nach einer Weile überholen wir eine Trägerkolonne, die mit Mulis und Pferden Munition nach vorne bringt. Dann sind wir wieder allein.

1.1.43

Man fühlt seit Tagen, daß der Russe seine Linien dichter besetzt und seine Batterien auf unsren Abschnitt einschießt. Dennoch blieben die Nächte ruhig, nur der Gesang oben im Wald ist häufiger geworden, wie die Kompanien melden.
Die Neujahrsnacht hatte den üblichen Feuerzauber an Leuchtzeichen gebracht. Weithin durch die Nacht stiegen weiße, grüne Leuchtkugeln hoch und verunsicherten den Russen eine Weile. Die roten Zeichen waren ausgeklammert, weil sonst Ernstfall und Spiel nicht zu unterscheiden gewesen wären.
Um Mitternacht waren wir alle im Wald und haben uns ein gutes neues Jahr gewünscht. Punsch haben sich die Männer in den Bunkern zubereitet und getrunken, nur der Dolmetscher, ein Wolgadeutscher, ist aus dem Rahmen gefallen. Er hat nach russischer Art die Wodkaflasche ganz angesetzt und ausgetrunken. Als er dann im Wald herumgeschossen hatte, mußten wir ihn entwaffnen und zur Ausnüchterung in den Bunker bringen.
Sonst ist alles stiller verlaufen als am Heiligabend. Bei den Rumänen habe ich heute mittag wieder einen Gegenbesuch gemacht und mit dem Dozenten ein paar fröhliche Stunden verplaudert. Wir haben Schach gespielt, uns über Leibniz unterhalten und ein wenig Sekt getrunken.
Die Lage in Stalingrad ist besorgniserregend, aber unsre offene linke Flanke ist es nicht minder. Auch was sich unmittelbar vor uns zusammengebraut hat, ist beunruhigend.

3.1.43

Zwischen Stößen von Meldungen und Berichten arbeite ich am Entwurf des Kriegstagebuchs des Bataillons. Neben dem eigentlichen Geschehen oder Nichtgeschehen stehen Feindbeobachtungen und Feindmeldungen, Lagebeurteilungen, Mitwirkung anderer Waffensysteme, Besprechungen, bedeutsame Ferngespräche, Geist, Kampfwert und Kampfstärke der Truppe und als Anlage: Einsatzbefehle, Lagekarten, Verlustlisten. Ein Raster, mit dem man arbeiten kann.
Erinnerungen an Referate im historischen Seminar stellen sich ein, nur ist hier alles einige Nummern kleiner und doch für uns alle schicksalsträchtig.

5.1.43

Das große Warten brütet wieder überm Wald. Die Kälte war ein gemäßigtes Zwischenspiel. Schon riecht der Waldboden nach Frühling, und verirrte Schneeschauer überdauern nicht im Laub. Vereinzelte Granaten oder Salven tasten spätere Ziele ab, und die Störungssucher sind häufig unterwegs. Wegen der Gefahr des Mithörens liegen alle Leitungen hoch, das erschwert die Arbeit.

11.1.43

Die Tage knistern, aber jeder Abend birgt Hoffnung. Ich habe einen Brief geschrieben, und nun lese ich das Britting-Bändchen, das die Schwägerin in Heidelberg erstanden hat. Das Hindenburglicht flackert unruhig dazu.

»O Uhrenschlag,
O Frag und Klag
Durch viele schwarze Stunden
Bis zum weißen Tag.«

Die Nachtmeldungen gehen ein. Besonderes Vorkommnis: verstärkter Gesang vom Berg.

… bis zum weißen Tag …

Schneetreiben setzt ein. Weiße Nacht …

12.1.43

Der Tag beginnt still. Die Russen scheinen ihren Rausch auszuschlafen, die Aufklärung der Kompanien meldet keine Veränderung im Feindbild. So tritt der Hauptmann beruhigt den Ritt zum Regimentsgefechtsstand an, wo für 10 Uhr eine Besprechung der Kommandeure angesetzt ist. Auch der Arzt ist zum Sanitätsbunker gegangen; so sitze ich allein über den Eingängen. Es ist kälter geworden in der Nacht. Eine dünne Eisschicht hat sich in der Fensterecke eingenistet, und leichter Schnee weht durch die Stämme. Um 9.30 Uhr klingelt das Telefon. Der rumänische Rittmeister läßt mir mitteilen, daß die russischen Stellungen vor seinem Abschnitt auffallend dicht besetzt sind. Ein Stoßtruppführer ist unterwegs, um mir Bericht zu erstatten.
Ich ordne für die Kompanien erhöhte Alarmbereitschaft an, melde dem Regiment und benachrichtige die Artilleriebeobachter. Dann kommt der rumänische Wachtmeister. Er ist noch ins Schneehemd gehüllt und völlig außer Atem. Bevor er den ersten Satz beendet, hagelt es Einschläge aller Kaliber auf den Wald und die Stellungen. Eine Granate krepiert vorm Bunker. Scheiben splittern, der ganze Rahmen wird hereingeschleudert. Auf den Papieren am Arbeitstisch, auf dem Schemel, wo ich eben noch gesessen habe, mischen sich Erde, Splitter und Scherben. Kalte Zugluft treibt beißenden Pulvergeruch in den Raum. Ich greife nach dem Hörer. Tot. Die Leitung ist wohl vielfach unterbrochen. Ich setze den Stahlhelm auf, schiebe den Wachtmeister zur Seite. Eine nächste Lage zwingt mich auf den Grund des Grabens. Wälder und Berge dröhnen, der Boden bebt dumpf. Aus der Schlucht herüber rollt ein dunkles Grollen.
»Funker auf Empfang!« schreie ich zum Nachrichtenbunker hinüber.
»Breitenbach mit Gerät zu mir!«
Kurz darauf kommt er angehastet, baut das Gerät auf den Tisch vorm Fenster auf Scherben und Dreck und meine begrabenen Papiere.
Die Prüftaste ruft das Regiment. Er nickt. Klar zum Empfang.

»Geben Sie durch: Trommelfeuer aller Kaliber auf dem gesamten Abschnitt einschließlich Bataillonsgefechtsstand. Erbitte Gegenschlag.«
An der Tür erscheinen die Führer der Nachrichten- und Meldestaffel. »Bei nachlassendem Feuer sofort Störsuchtrupps einsetzen, damit die Verbindung zu den Kompanien wiederhergestellt wird!«
Bange Minuten des Wartens. Aber über uns rauschen nun auch schon die Granaten der eigenen Artillerie. Das Störfeuer bei uns hält an, hat aber die Wucht des ersten Schlags verloren. Der Schwerpunkt muß vorn auf den Stellungen liegen.
Ein Melder der rumänischen Schwadron hastet den Hang herunter. »Einbruch der Russen bei ›Eichweg‹. Rittmeister macht Gegenstoß, erbittet Feuerunterstützung.«
Die gleichlautende Meldung geht ans Regiment weiter. Der Bericht des rumänischen Wachtmeisters ist überholt. Er geht mit dem Melder zur Schwadron zurück.
Dann ist auch die Verbindung zur zehnten und elften Kompanie hergestellt. Oberleutnant Förster meldet bei der zehnten geringe Feindtätigkeit, bei Siewers können die Angriffe schon vorm Drahtverhau abgewehrt werden. Ich beauftrage Förster, Kräfte freizumachen, um den rechten Nachbarn im Kampf zu unterstützen. Kurz darauf meldet er zurück, daß der rumänische Rittmeister schwer verwundet wurde, aber den Abwehrkampf noch vorzüglich führt. Dennoch kann er nicht verhindern, daß der linke Flügel ausweicht. Damit ist der Abschnitt aufgerissen und die elfte gefährdet. Ich setze die neunte Kompanie als Eingreifreserve zu Förster in Marsch, und weise zehnte und elfte an, den Rumänen jegliche Hilfe zu leisten. Alle Männer des Stabes lasse ich eine Auffangstellung am Hang beziehen, um durchgebrochene Teile abzuwehren.
Wieder dieses Schweigen und Warten. Unsre Granatwerfer feuern, was die Rohre hergeben. Artillerie kann die Einbruchsstelle nicht unter Feuer nehmen, ohne die eigene Truppe zu gefährden. So muß sie sich auf die rückwärtigen Teile des Angreifers beschränken. Da meldet Förster, daß ein Angriff in Bataillonsstärke versucht, die Einbruchsstelle zu erweitern. Dort hat Leutnant König aus freigemachten Reserven und verspreng-

ten Rumänen einen Riegel gebildet und stellt sich unerschrocken und umsichtig dem überlegenen Angreifer. Sein starker persönlicher Einsatz läßt ihn zur Seele des Widerstands werden. Das Flankenfeuer des Zuges Rehmann unterstützt ihn dabei vorzüglich. Glänzend bewährt sich in diesen Kämpfen das neue MG 42. Seine Feuerkraft reißt gewaltige Lücken in die Reihen der Angreifer.
Auf der anderen Seite rafft Siewers die führerlos gewordenen Rumänen zusammen und riegelt mit ihnen und einer eigenen Gruppe den Einbruch nach Osten ab. Bald haben die Russen ihn als Mitte der Abwehr ausgemacht. Im konzentrischen Feuer bricht er mit einem Oberschenkelschuß zusammen, wie mir der Kompanietruppführer meldet. Hin und her flutet der Kampf. Leutnant Lechner übernimmt die Kompanie. Inzwischen haben sich die Funkverbindungen nach allen Seiten eingespielt. Infanteriegeschütze und Artillerie schirmen gegen nachdrängende Teile der Russen ab. Aber auch die Granatwerfer und Salvengeschütze der Russen legen konzentriertes Feuer auf die Stellungen und streuen das Hinterland ab. Immer wieder müssen die Störsuchtrupps nach vorn und Unterbrechungen beheben. Die Männer leisten Erstaunliches.
Gegen 12 Uhr wird auch die zehnte Kompanie angegriffen. Aber es ist nur ein verstärkter Zug, den Rehmann ohne Schwierigkeit zurückweist. Dann versucht es der Russe beim links anschließenden rumänischen Gebirgsbataillon. Aber der Versuch, den Angriff zu verbreitern, stirbt schon am Hang, bevor die Stellung erreicht ist. Da wird bei mir die Tür aufgerissen. Kreidebleich und blutüberströmt taumelt Leutnant König in den Bunker. Wir legen ihn auf mein Bett, geben ihm zu trinken und rufen den Arzt. Der verbindet den durchschossenen Arm neu, dann gibt er ihm eine Spritze. Leutnant Runge, der Ordonnanzoffizier, hält sich im Bunker bereit, um eventuell eine Kompanie zu übernehmen. Zur Zeit muß er noch im Bataillonsgefechtsstand verbleiben, um die Auffangstellung bei Angriffen zu halten.
Da kommt atemlos der Kommandeur zurück. Ich melde ihm und weihe ihn in die Feindlage ein, informiere ihn über meine Anordnungen und empfehle, den Ordonnanzoffizier als Kompanie-

führer zu der rumänischen Schwadron zu schicken, da Förster mir gemeldet hat, daß nach dem Ausfall des hervorragenden Rittmeisters kein Offizier in der Lage sei, die Schwadron zu führen.
Als ich mit meinem Vortrag zu Ende bin, geht ein resignierendes Lächeln, fast eine Enttäuschung, über sein Gesicht. Ich werde unsicher, was er hinzufügen wird. Einen Augenblick zögert er und sagt dann wie für sich: »Mehr hätte ich auch nicht tun können, und anders hätte ich's auch nicht gemacht.«
Aber dann strafft sich seine Gestalt.
»Runge!« sagt er. »Sie sammeln die Rumänen und übernehmen die Schwadron, bis weiteres angeordnet wird.« Und dann zu Leutnant König: »Ich danke Ihnen für Ihren Einsatz.«
Aber König ist inzwischen wieder bei Kräften und erläutert, während Runge noch aufmerksam zuhört, die Lage. Anhand der Stellungskarte zeigt er das Ausmaß des Einbruchs mit etwa zweihundert Meter Breite und hundert Meter Tiefe an. Die Stärke der eingedrungenen Russen schätzt er auf zweihundert Mann. Die eigenen Verluste halten sich in Grenzen, sind aber bei der derzeitigen Kampfstärke doch spürbar.
Runge geht nach vorn, König bricht mit anderen Verwundeten nach hinten auf.
Ich reinige Tisch und Hocker von Dreck und Scherben, sammle die Papiere wieder ein, während der Hauptmann mit den Kompanien spricht. Alle telefonischen Verbindungen stehen wieder.
Um 13.30 Uhr meldet Runge Übernahme der Schwadron und erneute Bewegungen am Hang. Trotz gewaltiger Verluste durch Artilleriefeuer stoßen zwei russische Kompanien auf den Eckpfeiler der Einbruchsstelle an der Naht zwischen zehnter und elfter Kompanie vor, um den gewonnenen Raum zu erweitern. Granatwerfer, schwere Maschinengewehre und unsere Züge zerschlagen ihn schon vor dem Drahtverhau, das unter dem russischen Beschuß arg gelitten hat.
Die eingebrochnen Teile werden durch starkes Feuer unsrer Kompanien und die ausgezeichnet wirkenden Granatwerfereinschläge des Obergefreiten Carl von der zehnten Kompanie niedergehalten und dezimiert.

Dann meldet Runge, daß seine Lage äußerst kritisch sei, da die Kräfte zu weiterer Abriegelung nicht ausreichen und die Verluste weiterhin hoch sind. Leutnant Roß wird mit einer allerletzten Reserve aus einer Gruppe der neunten Kompanie und den Männern des Stabs und der Granatwerfer, die die Auffangstellung besetzt halten, nach vorn geworfen. Förster schickt dem Bataillon fünfundzwanzig gefangene Russen. Ihr Kurzverhör ergibt, daß weitere Angriffe zu erwarten sind. Es dämmert schon. Verwundetenfahrzeuge rollen an, und das Regiment meldet den Abmarsch der zweiten Kompanie zur Verstärkung. Ich werde also die alten Kämpen von der Höhe 103 wiedersehen. Leutnant Frenssen und all die andern. Aber er wird schon durch Melder unterwegs zur Schwadron abgezweigt, um die Abriegelung zu verstärken. An Bereinigung kann in der Nacht nicht mehr gedacht werden, da den Männern das Gelände fremd ist. Aber die nicht nachlassenden Stoßtrupps der Russen werden jetzt systematisch abgewehrt und ersterben mit einbrechender Nacht.
Kurz vor Mitternacht berichtet ein Überläufer bei der elften Kompanie, daß der Russe sich mit Resten zweier Kompanien bis an das Drahthindernis herangearbeitet hat und versuchen wird, nach Durchschneiden der Hindernisse die Stellung zu überrennen. Mit Handgranaten und Gewehrfeuer werden die vordersten Teile vernichtet. Sperrfeuer der schweren Waffen zerstreut den Rest am Hang.

13.1.43

Runge hat mit seinem bunt zusammengewürfelten Haufen die durchgebrochenen Russen eingekesselt. Auf drei rote Leuchtzeichen hin versuchen diese von rückwärts her bei der zehnten Kompanie einzubrechen. Erbeutete rumänische Tarnhemden dienen ihnen im leichten Schnee und erschweren gezieltes Feuer. Doch Oberleutnant Förster erkennt schnell die Gefahr und riegelt mit seinem Kompanietrupp seine Stellung nach hinten ab. Im Feuer dieser Handvoll Männer scheitert der Ausbruchsversuch.
Eine Stunde später versucht der Russe noch einmal, von oben

her unsre Stellungen zu durchbrechen und Verbindung mit den eingeschlossenen Teilen zu gewinnen. Doch dieser Nachtangriff erstirbt im Abwehrfeuer aller Einheiten schon im Vorfeld.
Inzwischen hat der Kommandeur den Plan zur Bereinigung des Kessels ausgearbeitet und in die Maschine diktiert. Um 4.30 Uhr werden die Führer der neunten und der zweiten Kompanie, der Führer des neu zugeteilten Pionierzugs und die vorgeschobenen Beobachter der schweren Waffen zur Befehlsausgabe in den Gefechtsstand gerufen. Dann rücken die Einheiten umgehend in die Bereitstellungsräume.
Der ausgezeichnet durchgearbeitete Plan mit x gleich 7 Uhr läuft vorzüglich. Nach fünf Minuten Wirkungsfeuer der schweren Waffen treten die Männer an und gewinnen Boden. Doch erbittert wehrt sich der Gegner. Trotz hoher Verluste hält er zäh das besetzte Gelände, bis Oberleutnant Förster ihm mit einigen Männern in die linke Flanke stößt und die Bunker und Stellungen am ›Eichweg‹ wieder erobert. Jetzt löst sich der Rest der eingedrungenen Russen aus unseren Gräben und flüchtet über und durch den Draht hangaufwärts.
Um 8.30 Uhr meldet Förster, daß die gesamte HKL wieder in unsrer Hand ist. Der Kommandeur setzt nun die neunte Kompanie und den Pionierzug zum Nachstoßen ein, um den ›Grat‹ zu erreichen und die eigenen Stellungen zu verbessern. Aber als die Männer hundert Meter vor den eigenen Stellungen sind, konzentriert sich ein infernalisches Abwehrfeuer aus den russischen Stellungen so auf sie, daß der Angriff abgebrochen werden muß, obwohl Flammenwerfer mit eingesetzt waren.
Das zurückeroberte Gelände ist mit Toten übersät. Da die rumänische Schwadron nicht mehr einsatzfähig ist, übernimmt die neunte Kompanie den Abschnitt. Am frühen Nachmittag setzt stärkeres russisches Störfeuer ein, das sich deutlich auf Bataillonsgefechtsstand und mittleren Abschnitt verdichtet. Das Kabelnetz wird öfters unterbrochen, so daß Feldwebel Pfeifers Männer ständig auf Störungssuche sind. Bei Einbruch der Nacht fahren im Abintal Panzer auf und feuern auf den Abschnitt der zehnten Kompanie, die einige Ausfälle hat.
Wir ruhen abwechselnd ein wenig, denn es steht außer Zweifel, daß eine unruhige Nacht auf uns zukommt. Nachdem ich

die üblichen Meldungen der Kompanien empfangen und zur Meldung ans Regiment zusammengefaßt habe, bin ich an der Reihe. Das Telefon schrillt und reißt mich hoch. Die neunte meldet Stimmengewirr vom ›Grat‹ und verstärkte Einschläge im Stellungsbereich. Dann zerstört ein Feuerschlag die Verbindung. Trotz der Schwierigkeiten, die im Funkverkehr bei bergigem Gelände auftreten, schafft Breitenbach bald die Verbindung mit Förster. Er meldet, daß der Russe mit etwa zwei Bataillonen bei ihm und in der Mitte angreift. Es ist 21.30 Uhr. Wir lösen die Feuerschläge der schweren Waffen aus. Rote und weiße Leuchtzeichen verglühn hinter dem Bergkamm. Der Kampf tobt wie am Tag, nur rufen die roten Leuchtzeichen flehentlicher nach Hilfe. Um 22 Uhr meldet Förster, daß nach Ausfall von zwei Maschinengewehren der Russe rechts am ›Eichweg‹ erneut eingebrochen ist. Die mühsam gebildete Bataillonsreserve unter Leutnant Roß kann abriegeln, aber die Stellung nicht zurückgewinnen. Erneut wird die zweite Kompanie, die gerade beim Regiment eintrifft, zurückbeordert.
Ermüdet von Kampf und Marsch treffen die Männer gegen 2 Uhr ein.

14.1.43

Nach kurzer Rast werden zwei Stoßtrupps gebildet, die zunächst in den Kampfplan, dann ins Gelände eingewiesen werden. Da man befürchten muß, daß der Russe den Einbruch als Schleuse für einen geplanten Durchbruch benutzen will, sollen die Stoßtrupps die Stellungen im Morgengrauen zurückgewinnen, während schwere Waffen das flankierende Feuer vom Grat her ausschalten.
Der Russe hat in der Nacht auffallend viele Scharfschützen eingesetzt, die offenbar mit neuesten Zielfernrohren ausgerüstet sind. Sie machen auch im Morgengrauen den Männern zu schaffen. Dennoch gelingt es Leutnant Frenssen, in den Graben einzubrechen und den Wohnbunker zu nehmen. Ungünstiger hat es Leutnant Lettermann, vor dessen Männern das unübersichtliche Gelände und stärkerer Feind liegen. Erst gegen Mittag ist der

Kampf beendet und die HKL wieder ganz in unsrer Hand. Die Zahl der russischen Gefangenen ist gering, die Zahl der Gefallenen erschreckend hoch. Trotzdem arbeitet sich der Angreifer mit zwei Zügen, die vielleicht einmal zwei Kompanien waren, an unsre Hindernisse heran. Doch dieser Angriff bleibt schon im Vorfeld liegen.
Noch ein paar Verwundete stöhnen am Hang, sonst ist unheimliche Stille im Wald eingekehrt. Erschöpfung auf beiden Seiten. Dreißig Gefangene sind eingebracht worden in den drei Tagen. Zweihundert Tote zählen die Kompanien innerhalb und vor ihren Abschnitten.
Die Gefangenen haben ausgesagt, daß zwei verstärkte Bataillone mit je siebenhundert Mann die Angriffe geführt haben und ihre Verluste an Toten und Verwundeten bei mehr als 50 Prozent liegen. Auch unsre Verluste wiegen schwer. Gefallen sind ein Unteroffizier und fünfzehn Mann, verwundet wurden vier Offiziere, vier Unteroffiziere und einundvierzig Mann.

15.1.43

Draußen vorm Bunker liegen die erbeuteten Waffen: neun schwere, zwanzig leichte Maschinengewehre, sechs leichte Granatwerfer, vierundfünfzig Maschinenpistolen, zwei Panzerbüchsen und sechzig Gewehre.

20.1.43

Nun hallen durch die Täler wieder Motorengebrumm und Propagandalautsprecher der Russen.
»Stalingrad – Massengrab – Stalingrad – Massengrab!«
Die Monotonie der widerlich quäkenden Stimme bleibt sicherlich nicht ganz ohne Wirkung, denn auch in unsrer Flanke klafft eine breite Lücke. Wir brauchen dringend Ersatz, damit die Kompanien die zugewiesenen Abschnitte wirkungsvoll verteidigen können.
Meine Zeit als Adjutant geht zu Ende. Die Kommandierung zum Kompanieführerlehrgang ist schon unterwegs. Aber er findet nicht in Frankreich, sondern im Kaukasusvorland statt.

22.1.43

Abschied. Ich habe übergeben. Draußen warten die Pferde. Man weiß, daß jede neue Station Durchgang ist. So hangeln wir von Abschied zu Abschied und wissen das Ziel nicht und packen Enttäuschung und Hoffnung in ein Lächeln und einen Händedruck.
Es ist Nachmittag. Ein junger Ukrainer reitet als Pferdebursche hinter mir. Er macht einen sympathischen Eindruck, aber der schmale Pfad und die Schwierigkeiten der Sprache laden zum Schweigen ein. Beiderseits schießt Artillerie. Zweimal überholen wir Tragtierkolonnen der Rumänen, dann wird es dämmrig. Stawropolskij ist die erste Siedlung. Geruch vom Rauch der Holzfeuer, ein paar Schlitten, ärmlich gekleidete Frauen, die bei den Häusern Holz zerkleinern. Der Zahlmeister der Aufklärungsabteilung 9 holt mich ein. Wir reiten bis zum nächsten Dorf zusammen, dann ist er am Ziel.
Gespräche vom Dunkel ins Dunkel, tastend, suchend, vorübergehende Gemeinsamkeit, Abschied – vergessen, allein. Der Ukrainer ist zurückgeblieben. Befreiendes Glück beim Ritt durch die Nacht. Ich singe in die Einsamkeit, als ritte ich durchs Ried oder die Wälder Kranichsteins.
Die Berge sind hinter mir geblieben, das Tal weitet sich zur Ebene. Es ist 17 Uhr. Die bellenden Hunde künden die Häuser von Ukrainsky an. Wir sind am Ziel. Geborgenheit und Schlaf in einem Haus. Zwar ist es nur Rast zu weiterem Aufbruch, aber die Stunden zählen.

26.1.43

Moldawanskoje. Eine der fremdländischen Siedlungen im Kaukasusvorland. Hier wohnen vorwiegend rumänische Siedler. Auch ein paar griechische Lockenköpfe sind dazwischen mit den klassischen Profilen des Phidias.
Das Dorf wirkt wohlhabend, die Häuser sind gepflegt, außen wie innen bunt bemalt. Zackenornamente umgeben oder füllen die Laibungen der Türen und Fenster, vielfarbig abgestuft. Auch Wände und Decken sind mit geometrischen Teppichmustern, die

stark stilisierten Blumen gleichen, bemalt. Fremdländische Unruhe des Raums, die mit der übrigen Kargheit der Einrichtung versöhnt.

30.1.43

Lehrgänge sind willkommene Unterbrechungen des Alltags, besonders wenn der Alltag Krieg heißt. Sie lösen aus erstarrenden Verflochtenheiten.
Man lernt neue Menschen kennen, schließt kurze Freundschaften und kehrt am Abend ins leere Zimmer zurück, das bunt und groß das Alleinsein spürbar macht. Briefe schreiben ist dann ein willkommener Trost, und die wenigen schmalen Bücher sind bald zu Ende gelesen.
Im ›Kasino‹ des Lehrgangs haben wir die Rede Görings zum Endkampf in Stalingrad gehört. Grabgesang einer ganzen Armee. Und wieder vernehme ich die Worte des Bahnhofskommandanten: »... Abgedreht nach Süden! ...« Jetzt erst begreife ich ganz, was das hieß.

10.2.43

Bei Rostow ist der Russe über den zugefrorenen Don gegangen. Wenn die Stadt fällt, sind wir abgeschnitten. Auch bei uns deckt Schnee das Land – Nachhut des Winters –, aber die Flüsse und Bäche sind nicht zugefroren. Die Temperaturen liegen bei minus fünf Grad. Da ist das Dorf mit seinen Häusern, Obstgärten und Bretterzäunen, die durch den Schnee ziehen, der hohe Hang wenige Kilometer im Süden mit seinen gewaltigen Steinbrüchen, die wie hohle Augen dunkel herüberdrohen, der Schneehimmel darüber, die farbigen Hausfassaden im unberührten Weiß. Bizarr der Apfelbaum im Schnee. Oder da ist das Nachbarhaus, dessen stolzes Strohdach seinen First wie eine Riesenbürste oder eine kurzgeschnittene Pferdemähne in den Himmel streckt. Dahinter läuft die verschneite Straße in Serpentinen den Hang hoch. Und dann die beiden Hütten, dicht aneinandergerückt, daß nur ein schmalbrüstiger Holunderbusch sich dazwischenwagt. Der Zaun mit dem Flechtwerk, das sich der Ordnung widersetzt und nach allen Seiten ausbricht, steht hilflos und ohne Sinn um den Garten. Der sammelt um sich eine junge Pappel an der einen, den Mirabellenbaum an der anderen Ecke, und hoch darüber der Eichbaum, der die knorrigen Äste herunterstreckt, um eins zu sein mit den höckrigen Strohdächern und dem, was einst Garten war.

16.2.43

Bei Noworossijsk sind schwere Kämpfe im Gang.
Die Front ist überall zurückgenommen. Rostow und Krasnodar sind gefallen. Vergeblich der Sturm durch die Steppe, der Übergang über den Fluß, die Erstbesteigung des Elbrus.
›Stalingrad‹ quäkt der Störsender. Wir hoffen und halten aus.

Blick auf den Kaukasus in Richtung Aul Tochta Mukai (14.8.1942)

Häusergruppe in Abinskaja (19.8.1942)

Abintal mit Lipowaja (21.8.1942)

Steg über den Abin (22.8.1942)

Morgennebel (2.9.1942)

Lazarettgarten in Abinskaja (15.9.1942)

Blick von der Höhe 103 nach Süden (6.10.1942)

Gefechtsstand III/116 (Weihnachten 1942)

Tauwetter am Himmel und auf Erden

20.2.43

Tauwetter weicht die Wege auf. Um die Pferde zu schonen, bin ich abgesessen und gehe hinter dem Fahrzeug, das mich mit nach Ukrainsky nehmen soll. Wie bei uns sagen die Ortsnamen, wer die Siedlung gegründet hat: Moldawanskoje – Rumänen, Ukrainsky – Ukrainer. Wie viele Völker sind vorher schon diese Straßen gezogen! Und spät erst kamen die Zaren, die weißen, dann die roten.
Es ist paradox: Die Tauperiode, seit undenklichen Zeiten Feind jeglicher Bewegung, löst im Krieg ein Optimum an Bewegung aus. Ich bin beauftragt, fürs Regiment den Abmarsch zu organisieren, habe zu überwachen, daß nichts Unnützes den Rückweg antritt.
Es ist nicht das Inbesitznehmen des Eroberers, was mich mit diesem Land und seinen Bergen verbunden hat, es ist eine unerklärliche Wahlverwandtschaft, die mir den Abschied schwermacht.
Wir wollten nicht an Rückzug glauben. Nun ist er da.

22.2.43

Der Schlamm klammert sich in den Rädern fest wie an den Sohlen der Stiefel und den Hufen der Pferde. So zögert sich unser Absetzen hinaus. Aus dem Dorf wurden heute die Kühe weggetrieben, und ich wundere mich, mit welchem Gleichmut und welcher Fassung die Einwohner es hinnehmen. Aber man verspürt deutlich den Widerwillen, mit dem unsre Soldaten den Befehl ausführen. Aufbauen, Neues schaffen liegt uns mehr als das Einreißen und Abbauen.
Doch das alles vollzieht sich, wenn man von den anfeuernden Rufen der Fahrer absieht, mit bewunderungswürdiger Ruhe. Nur heute nacht hat sich unser Posten mit Rumänen herumgeschossen, die aus unsren Ställen Futter stehlen wollten. Als wir dem Posten zu Hilfe kamen, verschwanden sie schnell: Zigeuner.

Die Durchforstung der Trosse auf Entbehrliches und Unentbehrliches hin kann einen, der alles, was ihm gehört, bei sich tragen muß, das Gruseln lehren.

26.2.43

Ich habe eine neue Aufgabe erhalten, die mir viel Freude macht. Im Rahmen des ›Gotenkopf‹-Unternehmens sind Geländeabschnitte zu erkunden und Verbindungen mit Nachbarregimentern aufzunehmen. Ich komme aus dem Schebstal. Dort ist wunderbarer Frühling. Das Tal ist insgesamt abgeflachter und weiter als das Abintal. Dahinter steigt hoch die Bergwand auf, die jenseits unmittelbar zum Schwarzen Meer hin abfällt. Auf den Feldern grünt die Saat. Weidkätzchen blühn am Bach, wo sich die Häuser im Erlengebüsch verstecken. Nach Südosten glänzen die Schneefelder der Berge in der Sonne.
Der Gefechtsstand des Nachbarregiments IR 57 liegt auf einer leichten Höhe in einem Gebäude, das einmal Erholungsheim gewesen sein soll.
Wir studieren die Karten, tragen die neuen Stellungen ein, vergleichen die Nahtstellen genau.
Und dann dieser Heimritt! Dunkel im violetten Schimmer liegt die Bergwand hinter uns. Friede strahlt aus dem Abend.

28.2.43

Wetterumschlag. Rückfall in den Winter. Rauh pfeift der Sturm über den Hang. Die nasse Kälte kriecht über die Füße zum Sattel hoch. Regen peitscht in den Morast und trommelt auf den Stahlhelm. Es geht um Zwischenstellungen bei künftigen Absetzbewegungen. Oft muß man absteigen, um die Pferde zu schonen oder sich die Füße zu vertreten, die gefühllos geworden sind. Der Splitter beeinträchtigt die Durchblutung des linken Beines.
Die Nacht kommt früh, und nur mit Mühe habe ich meinen Auftrag erfüllt. In den abgelegenen Häusern von Leninskoje finden wir am Abend ein gastliches Quartier. Die Matka nimmt uns die durchnäßten Zeltplanen und Mäntel ab und hängt sie am Ofen auf, und während Ritz die Pferde versorgt und ich die

Karten noch einmal im Trockenen studiere, richtet sie einen Tee und stellt zwei spiegelblanke Tassen auf den Tisch. Zu dem allen lächelt sie, als seien ihre Söhne heimgekehrt nach langer Reise.

1.3.43

Der Sturm hat die Nacht durchtobt und will kein Ende nehmen. Durchnäßt erreichen wir das Quartier am späten Nachmittag.
Bei den Fahrern geht ein Gerücht um. In den Kämpfen des Vortags sei es beim I. Bataillon zu einer kritischen Situation gekommen, da sei plötzlich ein unbekannter rumänischer Soldat erschienen, habe sich an die Spitze gesetzt und durch Zurufe die zurückweichenden Männer aufgefangen und mit ihnen einen Gegenstoß unternommen. So sei die Front gehalten worden. Nach dem Gefecht soll der Unbekannte spurlos verschwunden gewesen sein. Offiziell weiß niemand davon.

9.3.43

Der neue Regimentsführer ist Reserveoffizier wie ich. Am Sonntag, das heißt vorgestern, hatte er mich zu sich befohlen, um mir einen weiteren Erkundungsauftrag zu erteilen. Es regnete in Strömen, und schon der Nachmittag war dunkel und wolkenverhangen. Als wir Gretschiskaja erreichten, herrschte stockfinstere Nacht, und der Regen wurde wieder zu Schnee.
Als am Morgen Ritz nach den Pferden schaute, lag der Schnee fünfzehn Zentimeter hoch. Dabei war es jedoch recht warm, weil der scharfe Wind sich gelegt hatte. Ich erledigte den Erkundungsgang zu Fuß und kam am Mittag zu den Pferden zurück. Bei strahlendem Wetter traten wir den Heimritt an. Nach zweistündigem sanftem Ritt brach das Pferd unter Ritz zusammen. Wir ließen es zunächst in Ruhe, um abzuwarten, ob es sich von allein wieder erheben würde. Dann lockten wir mit Worten, faßten am Sattelgurt an, schoben und ermunterten. Es rührte sich nicht von der Stelle. Und die Zeit verging. Schon dämmerte es im Wald. Sollten wir es erschießen? Sollten wir den Sattel abnehmen und es seinem Schicksal überlassen? Sollte ich allein wei-

terreiten und meine Meldung machen? Schließlich brachten wir es mit vereinten Kräften doch wieder auf die Beine. Zunächst führten wir nun die Pferde ein gutes Stück hinter unseren weit voraus fallenden Schatten her, dann saßen wir doch auf und erreichten bei tiefster Dunkelheit Ukrainsky.

10.3.43

Schon um 4 Uhr in der Nacht beginnt ein unvorstellbares Trommelfeuer auf die Stadt Abinskaja, das bis um 9 Uhr anhält. Wir zählen in einer halben Minute siebzig Einschläge. Gleichzeitig greifen in ununterbrochenem Einsatz russische Bomber Krymskaja an. Die Front hält.

22.3.43

Nach dem Vortrag beim Regimentskommandeur erhalte ich nun den Auftrag, mit den Führern der Einheiten oder Einweisern die Quartiere des Regiments festzulegen. In der Nacht wird die Abin-Stellung planmäßig geräumt, und das Regiment bezieht die neuen Stellungen.

24.3.43

Nishne Bakanskaja. – Der Regimentsstab ist eingetroffen. Die Aufgabe als Quartiermeister des Regiments ist somit beendet. Natürlich habe ich mir das Quartier selbst ausgesucht. Das Haus 633 liegt nach Norden auf der Höhe überm eigentlichen Dorf. Der Zahlmeister, Peter Roosen, den ich noch von Gießen her kenne, und ich bewohnen zu dritt ein geräumiges Zimmer. Von der Kuppe aus übersehen wir das Bakankatal. Noch einmal ist der Winter zurückgekommen. Jetzt ohne Schnee. Aber die Kälte der klaren Nächte hängt glitzernden Rauhreif an Bäume und Büsche, die als Winterblumen vorm Fenster blühn. Die Stube ist gemütlich warm. Sonne scheint mir auf den Kartentisch, wo ich die Verteilerskizzen entwerfe, um dann mit den Einweisern die Unterkünfte der Trosse durchzusprechen und an Ort und Stelle einzuführen. Als ich zurückkomme, ist der Rauhreif verflogen. Vögel zwitschern vom Bergwald herüber. Die Bewohner des Hauses, Großeltern, Mutter und zwei Töchter, sind zusammengerückt. Gastfreundschaft zu gewähren ist für diese Bergvölker selbstverständlich, ist uralte Menschenpflicht. ›Wojna ni karosch‹ – Krieg ist nicht gut –, aber als Menschen sind wir willkommen. Liebe Menschen auch in der Ferne, schreibe ich an Mutter zum Trost. Und ich meine es so. Wenn uns die Schwestern den Kaffee, den eigenen natürlich, lächelnd servieren, die Stube ausfegen und nebenan ihre kaukasischen Lieder singen, wo ist da der Krieg?

26.3.43

Der neue Regimentskommandeur ist eingetroffen und begrüßt uns. Er hat nicht die spielerische Gelöstheit seines Vorgängers, sondern ist ernst, gelassen, fast väterlich wie der General.

27.3.43

Die Meldung beim Oberst war gleichzeitig Abmeldung mit neuem Auftrag. Aufbruch nach Werch Adagum. Ich übernehme die elfte Kompanie. Zwiespältigkeit des Seins. Man möchte sich freuen, weil man eine echte Aufgabe bekommt, und man möchte die Schönheit einiger Tage festhalten als Stützpfeiler gegen die Unrast des Krieges. Aus der Weite des Berghauses in die Enge eines bescheidenen Raums, in der man mit sechs Männern zusammengedrängt haust. Die Kompanie ist herausgezogen und liegt in Reserve.

29.3.43

Das große Rätselraten, ob der Brückenkopf gehalten wird oder nicht, ist beendet. Er wird gehalten mit Rücksicht auf die Türkei und mit der vagen Hoffnung, von hier aus wieder einmal vorzustoßen. Was ich bei der Planung noch als Skizze bearbeitet habe, setzen wir mit Schaufel und Spaten in die Tat um. Der Boden ist Schwemmland, sandig mit Lehmablagerungen und ohne Steine. Aber der Tag umfaßt auch Waffenpflege und Unterricht.

2.4.43

Alte Weisheit: Nah beieinander wohnen Freud und Leid. Heute morgen haben wir die Ferntrauung zweier Unteroffiziere gefeiert. Ich war Trauzeuge. Mit Grün geschmückt, erstem Frühlingsgrün, brauste die Hochzeitskutsche, ein vierspännig aufgetakelter Panjewagen, mit den zwei jungen Ehemännern und mir durch die Dorfstraße. Als Leichenwagen kehrte er am Abend zurück. Unteroffizier Schmitt, der erst wenige Tage an der Front war, erhielt beim Verlassen seiner Unterkunft einen Bombensplitter ins Herz und war auf der Stelle tot. So habe ich am Abend wieder die schwere Aufgabe, an die Angehörigen zu schreiben, die in ihrer einsamen Mühle im Schwarzwald nun nicht mehr auf seine Rückkehr warten dürfen.
Hans Lang hat einen Brief geschrieben. Er ist voller Zweifel und innerer Nöte, die ihn schütteln. »Wenn es einen Gott gibt, muß Dich dieser Brief erreichen! …« Er hat mich erreicht. Gottesbeweis? Er läßt sich zu keiner Zeit beweisen, am wenigsten im Krieg, der jetzt an Heftigkeit wieder zunimmt.
Vorne wurden alle Angriffe abgewehrt, so daß wir nicht auszurücken brauchten. Die Schanzarbeiten im Graben und Bunkersystem der ›Gotenkopf‹-Stellung machen Fortschritte. Ich habe die Grabenführung im Zickzack angelegt, um die Splitterwirkung zu begrenzen und bei Einbrüchen die Abriegelung zu erleichtern. Mehr Sicherheit – mehr Arbeit. B-Stellen und Stellungen für Panzerabwehrkanonen sind vorne eingeplant.
Und spät noch ein Brief an Dorothee. »Wo wir Feinde erwartet haben, versteckt hinter Mauern des Hasses, sind uns Menschen begegnet mit fröhlichem Lächeln ...«

4.4.43

Bei Krymskaja ist der Russe nach gewaltigem Trommelfeuer eingebrochen. Seine materielle Überlegenheit geht auf amerikanische Lieferungen zurück. In endlosem Regen setzen wir die Schanzarbeiten fort. Am Abend marschieren wir durchs Bakankatal nach vorn, um eine Riegelstellung zu beziehen. Alles ist provisorisch. Wir heben noch in der Nacht Panzerdeckungslöcher aus, um Zeltplanen darüber spannen zu können, und verkriechen uns vor dem Regen. Sonntag, meinte der Kalender.

7.4.43

Die Lage hat sich leicht beruhigt. So werden wir wieder nach Werch Adagum zurückgezogen. Wichtig ist vor allem der Einsatz unsrer Flieger, der jetzt Nachschub und Bereitstellungen drüben empfindlich behindert.

9.4.43

Wir werden wieder über die Straße nach Krymskaja vorgezogen, um die Reservestellung zu besetzen. Die Lage ist kritisch.

10.4.43

Das Warten hat auch seine positiven Seiten. Der Melder Werkmann ist Kunststudent. Ich habe ihm Modell gesessen zu einem Porträt, das er auf meinen Skizzenblock gezeichnet hat.

13.4.43

Ich bin wieder Stellungsbauoffizier, dem eine Baukompanie und eine Alarmeinheit unterstehen. Zu der Alarmeinheit gehört eine Menge Zivilisten, besonders Frauen. Sie wohnen in einem Bergwerksstollen westlich des Dorfes, das einmal ihre Heimat war und nun unmittelbar an der HKL liegt. Zwei Stunden Marsch haben sie hinter sich, wenn sie die Arbeit aufnehmen. Werch Adagum ist als Eckpfeiler des Brückenkopfes vorgesehen, wo die Front in fast rechtem Winkel ins Bakankatal abbiegt.

14.4.43

Nach eineinhalbstündigem Feuer greift der Russe beiderseits der Straße nach Krymskaja an. Vom Gelände vor dem Ort aus kann man das Schlachtfeld fast übersehen, doch Regen und Nebel schränken das Erkennen der Vorgänge ein. So bleibt als Gewißheit nur das dumpfe Grollen der Schlacht. Unter dieser Begleitmusik gehen die Arbeiten an der ›Gotenkopf‹-Stellung planmäßig weiter. Ich überprüfe immer wieder jeden einzelnen Kampfstand auf Schußfeld und Tarnung hin, jeden Verbindungsgraben auf die Möglichkeit zusätzlicher Stellungen, jeden Bunker auf Anlage und Zugang.

15.4.43

Das Aufklaren während der Nacht gibt unseren Stukas die Möglichkeit zum Eingreifen. In der Frühe schon bombardieren sie Stellungen und Bereitstellungen der Russen vor Krymskaja. Dennoch greift der Gegner nach schwerem Artilleriefeuer mehrmals im Abschnitt unsrer 9. Infanteriedivision an, kann aber abgewehrt werden. Beim Stellungsbau werden wir Zeuge mehrerer Luftkämpfe.

18.4.43

Die eigenen Fliegerangriffe werden spärlicher, dafür läßt der Russe uns bei Tag und Nacht keine Ruhe. Aber die meisten bleiben auch bei Fliegerangriffen stur in den Häusern.
Bei einem Angriff am Nachmittag sitzt eine Bombe haarscharf neben dem Nachbarhaus. Da der Explosionsdruck dicht überm Boden offenbar am stärksten ist, kippt er die Wand nach außen. Als ich hinüberlaufe, liegen Männer einer fremden Troßeinheit noch unerschüttert im Stroh und pennen weiter. Durch die herausgeklappte Wand wirkt die Szene wie ein Bühnenbild bei geöffnetem Vorhang. Theatrum mundi!

24.4.43

Manchmal, wenn man beim Rasieren etwas genauer hinschaut, glaubt man in seinem Gesicht die Fahrspuren der uns überrollenden Zeit zu sehen.
Morgen wird Ostern sein. In der Obstplantage unterhalb unsrer Stellungen blühen die Kirschbäume. Zur Ernte werden wir nicht eingeladen sein.

Beunruhigend ist auch das Ausbleiben von Post, die von Kertsch aus gegen den Strom schwimmen muß, denn alles drängt hinaus. Wir haben nicht Zeit, die Hände in den Schoß zu legen. Die Bunker sind gezimmert und müssen abgedeckt werden mit Erde. Die Stich- und Verbindungsgräben werden noch vertieft, damit auch am Tag Bewegung innerhalb der Stellung möglich ist. All diese Arbeit wird noch dauern. Später sollen Drahtverhau und Minen folgen.

3.5.43

Es regnet Bomben bei Tag und bei Nacht. Wir sind in die Splittergräben umgezogen. Eine Bombe auf die Mitte der Straße verschüttet einen russischen Hilfswilligen so, daß nur noch die Hand aus der Erde ragt. Ich habe ihn gegenüber gerade noch in den Splittergraben springen sehen. Als wir ihn freigeschaufelt haben, lächelt er. Keine Spur von einem Schock oder Benommensein.
Seit 4 Uhr am Morgen trommelt Artillerie auf die Stellungen bei Krymskaja. Ohne Unterbrechung rauscht es hinüber und herüber. Unser AR 9 hat schon die eigenen Stellungen im neuen Bereich besetzt und schießt über uns hinweg. Auch das Pakgeschütz der vierzehnten Kompanie ist bereits in die vordere Stellung eingezogen, um Panzerdurchbrüche von Krymskaja her abzufangen. Durch Einschläge russischer Granaten im Bereich unsrer neuen Stellung wurde heute morgen ein Mädchen bei der Arbeit durch einen Splitter am Bein verwundet. Wir haben es mit einem Fahrzeug zurückgebracht.
Inzwischen ist die Lage vorn kritisch geworden. Um 14 Uhr werden die Baukompanie und die Zivilisten entlassen. Mit der Alarmeinheit besetze ich die Stellungen des Bataillonsabschnitts. Durchbrüche der Russen müssen auf alle Fälle verhindert werden.
Während die Trosse und Nachschubeinheiten den Ort räumen, stürzt ein viermotoriger Bomber amerikanischer Bauart mitten auf die Straße von Adagum. Die Insassen sind mit dem Fallschirm abgesprungen und hinter uns irgendwo im freien Gelände niedergegangen.

Infolge der Durchbrüche bei Krymskaja und Neberdshajewskaja soll die Front in der kommenden Nacht auf die ›Gotenkopf‹-Stellung zurückgenommen werden. Fahrzeuge werden nach vorn beordert, um Munition zurückzubringen, doch die wenigsten kommen an. Von Artilleriebeschuß, Bomben und Bordwaffen gehetzt, irren Pferde und Fahrer mit den Wagen durchs Gelände. Als auf der Straße nach Krymskaja durchgebrochene Panzer in die Fahrzeugkolonne dringen, kehren die meisten um. Ihr Auftrag ist undurchführbar geworden.
Am Nachmittag liegt ein Teil der Stellung schon unter Granatwerfer- und Maschinengewehrfeuer, das aus Richtung Molkerei und aus der Bakankaschleife kommt.
Vor ihrem Abrücken haben die Männer der Baukompanie die Bahnlinie vor dem Abschnitt noch unbefahrbar gemacht, damit nicht Panzerzüge uns aus nächster Nähe unter Feuer nehmen können.
Über uns jagen Flieger beider Seiten her und hin. Ohne Gnade tobt die Schlacht am Himmel und auf Erden. Ein Melder vom Regiment überbringt mir den Befehl, in der Nacht nach Absetzen der Bataillone die zehnte Kompanie zu übernehmen und die Erkerstellung am rechten Flügel des dritten Bataillons zu besetzen. Als ich mir die Abschnittsgrenze oder die Nahtstellen noch einmal an Ort und Stelle genau ansehe, braust in meinem Rücken vom Meer her ein Jagdbomber auf den Ort zu; eine Last Bomben rauscht hernieder. Ich werfe mich hinter das Flechtwerk eines Gartenzauns. Die Einschläge liegen zwischen den Häusern und mitten auf der Straße, die schon so viele Trichter aufweist. Als das Sirren der Splitter erstirbt, sehe ich auf. Die Maschine bäumt sich am Ende des Dorfes hoch. Hell leuchtet das weiße Balkenkreuz beim Senkrechtflug in den blauen Himmel. Das späte Licht der Sonne läßt Rumpf und Flügel in rotem Schein aufblitzen. Höher und höher schraubt sich die Maschine. Dann plötzlich, wie in gekonntem Spiel, wendet sie leicht und jagt ohne Wanken zielsicher auf meine Stellung zu, um sich dann hundert Meter vor dem linken Flügel in die Erde zu bohren. Keine Explosion, keine Rauchfahne, nur Höhen- und Seitenruder des Hecks ragen noch zwei Meter über den Boden. Sofort setzt rasender Beschuß vom Molkereigebäude her ein.

Sie durchsieben das Wrack, als könne es ihnen noch gefährlich werden.
Überlebende kann es dort nicht geben. Der Bug hat dem Piloten sein Grab geschaufelt. Noch bevor die Frontstellungen endgültig eingenommen sind, ruht er im Niemandsland.
Dem klaren Abend folgt eine mondlose Nacht. Pioniere arbeiten im Vorfeld an Drahtverhauen und spanischen Reitern. Minen werden erst verlegt, wenn die Kompanien zurück sind.
Ich suche meinen künftigen Gefechtsstand auf, wo die Männer vom Nachrichtenzug die Telefonverbindung herstellen. Dann gehe ich nach vorn auf die B-Stelle, von wo ich das Vorgelände beobachten kann, und warte. Der Feldwebel hat das Scherenfernrohr schon aufgebaut, so daß ich die Absetzbewegung etwas früher erkennen kann.
Gegen 20 Uhr kommt Förster, der inzwischen zum Hauptmann befördert wurde, mit der Kompanie vom Bahndamm hoch. Sie haben sich nach schweren Kämpfen der vergangenen Tage ohne Zwischenfall vom Feind gelöst. Die Nachhut unter Feldwebel Rehmann steht noch aus. Ich erschrecke, wie klein die Gruppen sind. Ich lasse die Männer des Restes der Alarmeinheit noch als Reserve beim Gefechtsstand, bis die Nachhut eintrifft.
Das geschieht gegen 24 Uhr. Der Zug Rehmann übernimmt den linken Abschnitt. Erschöpft sinken die Männer auf die Pritschen der Bunker. Noch eine gemeinsame Runde durch die gesamte Stellung. Abschied für den einen, Begrüßung für den andern, dann ist die Übergabe beendet. Der Hauptfeldwebel wartet im Gefechtsstand. Förster geht mit ihm zurück. Ich melde dem Bataillonskommandeur, der inzwischen Major geworden ist, die Übernahme von Stellung und Kompanie. Die Nacht bringt wenig Schlaf. Runde um Runde gehe ich durch die Stellung, um selbst zu beobachten, wie der Russe sich verhält. Ein entscheidender Abschnitt meines Lebens beginnt. Daran besteht für mich kein Zweifel, aber ich habe das Gefühl, endgültig irgendwo hinzugehören.

Der große Brückenkopf

4.5.43

Der Tag dient dem Eingewöhnen. Die Männer arbeiten am Bunker. Besonders Unteroffizier Ludwig ist eifrig dabei, den Gefechtsstand herzurichten. Ich gehe lange durch die Stellung, um die Unteroffiziere und Mannschaften besser kennenzulernen, Anregungen zum weiteren Ausbau zu geben und zu empfangen. Wichtig ist, daß Waffen und Gerät überholt werden und die Munition ergänzt wird.
Der Russe meldet sich durch vereinzeltes Störungsfeuer oder ganze Salven an. Als wir am Abend aus Werch Adagum Munition herbeischaffen, werden zwei Männer durch Splitter verwundet. In der mondlosen Nacht arbeitet alles an den Stellungen weiter. Pioniere setzen spanische Reiter vor den rechten Abschnitt. Ich verbringe eine Wache vorn beim Horchposten in der Buschreihe. Aus Gegend ›Molkerei‹ hört man lautes Sprechen und Singen, aber feste Stellungen sind noch nicht auszumachen.
Sirenenhaft betörend klingt der Gesang von Frauen aus den blühenden Obstplantagen in die Frühlingsnacht.

5.5.43

Am Nachmittag greifen zwei Kompanien von halbrechts aus ›Villenviertel‹ und ›Obstplantage‹ unsre Stellungen an. Sie arbeiten sich beiderseits der Bahnlinie vor und drücken gegen den Erker. Im konzentrierten Feuer des AR 9, der dreizehnten Kompanie und der schweren Maschinengewehre der zwölften Kompanie, in das sich die eigenen Waffen einmischen, wird der Angriff ohne eigene Verluste abgeschlagen. Kurz nach Einbruch der Dämmerung fährt ein Kübelwagen in Werch Adagum ein. Zwei Flieger kommen in den Gefechtsstand, um ihren toten Kameraden zu bergen, dessen Flugzeug sich ins Niemandsland gebohrt hat. Ich mache ihnen klar, daß ihr Vorhaben undurchführbar ist. Der Russe hat das Wrack unter ständiger Beobachtung und beschießt es immer noch. Von Zeit zu Zeit verstecken sich Heckenschützen dort. Ein Vorstoß ist

nur unter dem Risiko eigener Verluste zu unternehmen, und das erlaubt mir die Stärke oder Schwäche der Kompanie nicht.
Ich gehe mit dem Feldwebel und dem Unteroffizier nach vorne, um ihnen an Ort und Stelle das Wrack zu zeigen. Eine Leuchtkugel erhellt die Unglücksstelle. Die Konturen der Bordwand und des Leitwerks zeichnen sich deutlich ab. Die Flügel sind an den Rumpf angeklappt, die Kanzel hat sich tief in die Erde gebohrt und ist nicht mehr sichtbar. Sofort setzt russisches Feuer aus den Büschen unterhalb ein. Die Lage ist klar, die Besucher haben sich überzeugt: Die Bergung ist unmöglich. Ein kurzer militärischer Gruß zu dem Toten hinüber, ein Augenblick des Schweigens, dann gehen wir zum Gefechtsstand zurück. Ludwig fertigt den beiden eine Skizze der Absturzstelle. Ich frage nach dem Namen des Toten und nach seiner Heimatstadt.
»Leutnant Wildung aus Kaiserslautern«, sagt der Feldwebel. »Es war sein zehnter Einsatz.«
Dann gehen sie niedergeschlagen ins Dorf zurück.

6.5.43

Panzer über Panzer rollen auf unsre Stellungen zu, und wir müssen es aus der Ferne tatenlos ansehen. Für unsre Pak ist die Entfernung noch zu weit, und die Artillerie muß Munition sparen. Auch die Anforderung der Luftwaffe bleibt ungehört. Bis in die Frühe haben die Männer der Pi 9 Minen im Vorfeld verlegt, doch bis die Panzer an dieses Hindernis herankommen, haben sie uns aus den Stellungen geschossen.
Ein Zwischenfall aus der Nacht muß noch erwähnt werden. Als ich am rechten Flügel, der Grenze zum I. Bataillon IR 57, den Horchposten kontrolliere, beobachten wir, wie sich am jenseitigen Bachufer ein Mann an die Bakanka heranarbeitet, durchs Wasser watet und auf uns zukriecht. Die Nacht ist klar, doch ohne Mond. Wir haben ihn schweigend im Visier, und uns zittern die Hände. Mehr und mehr wird mir klar, daß es kein Russe sein kann, der hätte nicht den Weg durch den Bach genommen. Als er sich vor uns am Stacheldraht erhebt und sich ratlos umsieht, erkennen wir die Konturen eines deutschen Stahlhelms.
»Hierher!« rufe ich halblaut. »Hierher, Kamerad!«

Er erschrickt wie ein aufgespürtes Wild, hebt die Hände, als wolle er sich ergeben.
»Nicht schießen!« stammelt er. »Nicht schießen!«
»Kommen Sie nach rechts!« sage ich, »dort haben die Pioniere eine Gasse gelassen.«
Der Posten liegt noch immer mit dem Gewehr im Anschlag. Meine Sorge ist, daß die Posten vom I. Bataillon IR 57 nicht losknallen. Eine Leuchtkugel zischt hoch. Sie haben uns gehört. Wir erstarren, ich diesseits, er jenseits des Drahtes. Als es ruhig bleibt, gehen wir weiter. Ein paar Schritte noch, und wir sind an der Stelle, wo die Drähte nur flach verspannt sind, um die spanischen Reiter zu verbinden. Ich beobachte seinen Schatten. Unendlich müde hebt er den Fuß, zieht den anderen schwerfällig nach, tastet weiter, hebt zweimal zum Überstieg an, dann steht er schweigend vor mir. Was in ihm vorgeht? Der schwarze Flaum des unrasierten Bartes läßt kaum Gesicht erkennen.
»Welches Regiment?« frage ich, denn die Parole kann er nicht wissen.
»36«, sagt er müde. Da habe ich jegliches Mißtrauen verloren und krieche ihm voran den Hang hinauf, an den beiden Häusern vorbei gehen wir über die Bahnlinie und folgen dann dem knietiefen Kriechgraben am Horchposten vorbei aufwärts. Im Bunker der Gruppe Claasen sinkt er kraftlos auf die Bank. Die Kameraden geben ihm warmen Tee und eine Scheibe Brot.
»Drei Tage allein zwischen den Russen ...«, stammelt er und schüttelt abwehrend den Kopf.
Ich melde dem Bataillon, daß der Obergefreite Otto Bommersheim von der dritten Kompanie des Regiments ›Falke‹ soeben meine Stellung erreicht hat.
Kurz nach Morgengrauen brechen die Panzer aus den Obstplantagen vor. Aus einer kleinen Häusergruppe, die wir mit Decknamen ›Bad Nauheim‹ nennen, stürmen Infanteristen mit »Urrä!« Bald kommen sie auch aus der Waldkulisse links. Zwei Panzer schießt das Geschütz der vierzehnten unter Feldwebel Delp in Brand. Ihre gewaltigen Rauchfahnen sind für die anderen das Signal zur Umkehr. Auch die Infanterie bricht in unserem Abwehrfeuer zusammen und muß zurück.

Erbarmungslos werden sie zwei Stunden später wieder nach vorn getrieben. Wieder brennen zwei Panzer. Schwarz steigt der Qualm in den Frühlingshimmel – für uns Signal der Hoffnung.
Diesmal kommt die Infanterie unter schweren Verlusten bis dicht vor unseren Draht, dann sterben die Angreifer im konzentrierten Feuer der Maschinengewehre und Schützen, die von vorn und aus der Flanke vernichtend wirken.
Inzwischen hat das AR 45 mit seinen schweren Geschützen die Panzer weiter nach hinten getrieben, einige vernichtet.
Von der B-Stelle aus suche ich mit dem Scherenfernrohr das Vorgelände ab. Der Waldstreifen muß voller Russen stecken, doch Granatwerfer und Artillerie müssen mit Munition haushalten. So erwarten wir den nächsten Angriff.
Kaum bin ich in meinem Gefechtsstand, gehen bei Rehmann die roten Leuchtzeichen hoch. Von den Kommissaren sichtbar angepeitscht, flutet die dichte Masse diesmal bis an das Drahthindernis heran. Eine zweite Welle bricht mit »Urrä!« aus dem Waldgelände, daß das Bakankatal erdröhnt.
Im Feuer unsrer Waffen brechen auch diese Angriffe zusammen. Verwundete hasten zurück und ziehen die anderen mit sich. Nur die Toten bleiben.
Noch einmal versuchen Panzer den Weg freizuschießen, noch einmal bricht der Angriff aus dem Waldstreifen und stirbt in unserem Feuer. Dann wird es still.

7.5.43

Vom Morgengrauen bis in die Nacht dauern die Zermürbungsangriffe der Russen. Feuer schwerer Waffen liegt ununterbrochen auf unseren Stellungen. Offenbar hat der Russe neue Verbände in den Kampf geworfen, die bataillonsweise gegen unsre Erkerstellung vorgehen. Wenn dieser Eckpfeiler fällt, kann er von der Seite her das Bakankatal aufrollen. Schwerpunkt ist dabei wieder unser Mittelabschnitt. Das Streufeuer der Artillerie zeigt nur geringe Wirkung: drei Leichtverwundete. Aber drei Männer jeden Tag bedeutet nach zehn Tagen das absolute Ende. Oder anders gerechnet, nach fünf Tagen kann ich nicht mehr alle Waffen besetzen.

Am Abend liegt das übliche Störfeuer auf der Stellung, aber wir beobachten, daß in der ›Obstplantage‹ und dem dahinter liegenden ›Villenviertel‹, einer Häusergruppe in der Nähe des Bahnhofs, eifrig geschanzt wird. Von dort erhalten wir auch Feuer von Maschinengewehren. Das bedeutet, der Russe bleibt auf Tuchfühlung, um den Ansturm gegen unsre Stellung zu verkürzen. Trotz der starken Belastung bei Tag bauen wir nachts weiter unser Stellungssystem aus. Dabei ist die Stimmung bei den Männern gut. Die Abwehrerfolge der vergangenen Tage haben das Selbstbewußtsein gestärkt.

8.5.43

Der Angriff spart uns heute aus, liegt weiter links beim I. Bataillon und der Aufklärungsabteilung 9. Im Einsatz sind vierzig Panzer – bei uns sollen es achtzig gewesen sein –, davon wurden zwanzig abgeschossen.
Am Nachmittag schiebt sich dann überraschend doch ein Stoßtrupp von Kompaniestärke rechts parallel zur Drahtsperre aus den Obstgärten über die Bahnlinie, bleibt aber dann, da wir rechtzeitig feuern, am Weg, der nach Adagum führt, liegen und muß unter starken Verlusten über die Bahnlinie zurück.
Wir haben keine Ausfälle.
Am Abend meldet sich Leutnant König mit siebzehn Mann Ersatz aus dem Lazarett zurück. Der Ersatz besteht aus bayerischen Unteroffiziersschülern, ist sehr jung, aber macht einen hervorragenden Eindruck. Ich bin glücklich. Mit über fünfzig Mann Kampfstärke sind wir wieder wer!

9.5.43

Im Morgengrauen schiebt sich ein Stoßtrupp gegen unser Drahtverhau vor, um es zu zerschneiden und einzubrechen. Der Obergefreite Carl mit dem leichten Granatwerfer und die Maschinengewehre der Gruppen Krahn und Schlag vereiteln das Vorhaben, treiben den Stoßtrupp in seine Ausgangsstellung zurück. Er verschwindet im Buschwerk. Doch obwohl er sein Ziel nicht erreicht hat, bricht eine Kompanie gegen 9 Uhr zur selben Stelle

vor. Wieder werfen Artillerie, Granatwerfer und unsre prächtigen MG-Schützen den Angreifer zurück. Die Abwehrbereitschaft ist ungebrochen, und der junge Ersatz bewährt sich glänzend bei der Feuertaufe.
Um 11 Uhr greifen die Russen nach starker Artillerievorbereitung erneut an. Trotz hoher Verluste gelingt es ihnen jetzt, durch eine geballte Ladung das Hindernis aufzusprengen und zwischen den Gruppen Krahn und Schlag in die HKL einzubrechen. Ich raffe die Männer des Kompanietrupps zusammen, lasse Maurer als Sanitätsunteroffizier im Gefechtsstand zurück und riegle die Einbruchsstelle im Sattel ab. Als sich die Lage vorübergehend beruhigt, gehe ich zum Gefechtsstand zurück, um Verstärkung anzufordern. Mit Leutnant König, der mit seinem Melder dort eintrifft, erwäge ich die Möglichkeit eines Gegenstoßes. Während ich mit dem Major über Verstärkungen spreche, verläßt König mit dem Melder den Bunker, um in seinen Abschnitt zurückzugehen. Der Major sagt Verstärkung zu, ich danke und lege auf. Plötzlich steht Arnold vor mir, der Melder, der mit Leutnant König gekommen war. Er gehört zum Ersatz des Vortages und ist knapp achtzehn Jahre alt. Seine hellen Kinderaugen starren mich fassungslos an. Schließlich stammelt er: »Mein Leutnant ist fort!« Ich folge ihm nach oben in den Graben.
»Hier«, sagt er, »hier ist er gegangen, nein, hier war ich, der Leutnant war schon an der Grabenecke. Da gibt es einen mächtigen Schlag, und mein Leutnant ist fort.« Tränen rinnen ihm übers Gesicht. »Nichts, nichts ist von ihm zu finden!«
Er schüttelt fassungslos den Kopf. Ich prüfe die Einschlagstelle. Ein paar Kleiderfetzen an der Grabenwand, sonst keine Spur im Graben. Nur draußen – aber das zeige ich Arnold nicht. Ich muß zur Einbruchsstelle. Gegen Mittag kommt ein Zug der elften Kompanie, bekannte Gesichter: Pütz als Zugführer, Krautwald, Beinhard.
Rehmann kommt noch mit seinen Zugtrupp, dann schieben wir uns an die Einbruchsstelle heran. Ein Flug Handgranaten, ein Sprung mit Hurra, und wir sitzen wieder in unserem Graben.
Zwei Russen nehmen wir gefangen, fünf Tote bleiben zurück, der Rest bricht bei der Flucht zusammen. Aber auch wir haben

Verluste. Die Bunker liegen voller Verwundeter. Mehrere Volltreffer in die Gräben sind nicht ohne Wirkung geblieben.
Die beiden Gefangenen sagen aus, daß sie für einen zu erwartenden Angriff der 1. NKWD-Sonderdivision eine Bresche in die Front schlagen sollten und daß die Verluste aus den Kämpfen der letzten Tage mehr als sechzig Prozent betragen.
Um 17 Uhr beginnt nach heftigem Artilleriebeschuß der Angriff der Elitetruppen. Mit markerschütterndem »Urrä!« stürmen sie aus der ›Obstplantage‹ vor. Wir schießen rote Leuchtzeichen. Prompt setzt das Artilleriefeuer ein, Maschinengewehre rattern. Schwaden von Staub und Pulverdampf hängen über den Gräben. Ritter mit dem ersten Zug und Rehmann mit dem zweiten hämmern in die Stoßkeile, daß der Kampfruf erstirbt und das Geschrei der Kommissare und Verwundeten ihn ablöst.
Geschütze des AR 45 können aufs Hinterland wirken. Schwere Waffen halten uns das Vorfeld sauber. Aber unsre Munition geht zur Neige. Die Läufe der Maschinengewehre glühen. Auch die schweren Maschinengewehre der zwölften müssen anfangen hauszuhalten.
Doch der Erfolg steht außer Frage. Unter ungeheuren Verlusten ziehen sich die Angreifer zurück. Unser Gegenstoß hat ihre Ausgangsposition verändert.
Es dunkelt. Die Kompaniestärke ist wieder die alte. Schmerzliche Verluste. In der Dämmerung suche ich mit Ludwig und Maurer zusammen, was von Leutnant König geblieben ist. Wenn nicht Arnold in der Nähe gewesen wäre, hätte niemand etwas über sein Schicksal erfahren. Kein Soldbuch, keine Erkennungsmarke, nur ein Büschel blonder Haare identifiziert ihn. An die Zeltplane, in deren Inhalt niemand die Reste eines Menschen vermuten könnte, hängen wir ein Schild vom Karton eines Feldpostpäckchens mit der Aufschrift: »Leutnant König, gefallen am 9.5.43 bei Werch Adagum.«

10.5.43

Auch diesen Tag über halten die Angriffe an, haben aber an Heftigkeit verloren. Die Pioniere haben den Draht in der Nacht wie-

der geflickt, aber auch ohne diese Maßnahme kommt kein Angreifer mehr an das Hindernis heran. Eine große Hilfe ist jetzt, daß Flieger die schweren Waffen und Panzer zwischen uns und Krymskaja niederhalten.
Breitenbach ist wieder im Kompaniegefechtsstand mit seinem Funkgerät. Wenn die Drahtverbindungen ausfallen, sind wir nicht mehr ohne Kontakt mit dem Bataillon. Auch die Munitionslage ist hoffnungsvoll. Die Männer haben die halbe Nacht gegurtet und Waffen gereinigt. Der Erfolg des Gegenstoßes und die blutige Niederlage der Elitetruppe hat trotz der eigenen Verluste den Kampfgeist gestärkt und alte und junge Kämpfer zusammengeschweißt. Die Feuertaufe des ersten Fronttages hat die Ersatzleute vollwertig in die Gruppen eingefügt. Einige von ihnen aber sind schon wieder auf dem Weg ins Lazarett. Nur Arnold hat den Schock noch nicht überwunden. Er hatte die härteste Probe zu bestehen. Seine Augen gehen ratlos und traurig durch den sonnigen Tag, als suchten sie noch immer, was keiner finden kann.
Der Zug Pütz ist in der Nacht wieder zur elften Kompanie zurückgekehrt. Fazit der letzten Tage: Die Gefechtsstärke der Kompanie ist an der unteren Grenze. Um den Abschnitt halten zu können, müßte eine Eingreifreserve beim Gefechtsstand zur Verfügung stehen, zwischen HKL und Gefechtsstand müßten Auffanglinien die Tiefe des Gefechtsfeldes stabilisieren. Ein Arbeitsplan für Monate.

11.5.43

Maisonne am blauen Himmel und Ruhe im Abschnitt machen den Tag zum Feiertag. Am Abend kommen wieder einige Männer als Ersatz. Unter ihnen Feldwebel Licht, der den ersten Zug übernimmt. Die meisten sind Genesene, die aus den Lazaretten zur Kompanie zurückkehren. Darunter auch Wülber, der einst Melder im Kompanietrupp war. Aber die Augen des Mannes flackern unruhig, und ich möchte keinen der Männer, die sich in den letzten Tagen bewährt haben, im Kompanietrupp vermissen. So schicke ich ihn zu einer Gruppe mit der Aussicht, bei Bewährung Gruppenführer zu werden.

12.5.43

Als ich im Morgengrauen aus der Stellung zurückkomme, geht beim Zug Rehmann ein rotes Leuchtzeichen hoch. Sofort beginnt das Feuer aller Maschinengewehre. Im Zwielicht von erster Dämmerung und weißen Leuchtkugeln sind etwa zwanzig Mann auszumachen. Unsre Feuerzange greift lückenlos. Hastig zerren sie die Verwundeten aus dem Draht und flüchten der Obstplantage zu. Ist das wieder der Auftakt zum großen Schlag? Oder verbirgt sich dahinter ein Ablenkungsmanöver, um anderswo überraschend anzugreifen? Aber der Tag bleibt ruhig. ›Sie pflegen ihre Wunden.‹ Stand das nicht irgendwo bei Homer?

18.5.43

Wir haben die Tage zum Ruhen und die Nächte zum Schanzen und Minenlegen genutzt. Leutnant Hahn mit seinen Pionieren macht gute Arbeit.
In der Frühe erschreckt uns schweres Artilleriefeuer und nachfolgendes »Urrä!«-Rufen aus Südwesten, fast in unsrem Rücken. Der Major verständigt mich nach einer Stunde, daß bei IR 57 ein Einbruch erzielt worden sei. Gelingt ein Durchbruch, ist meine Erkerstellung abgeschnitten.
Ein Brief von Hans Lang ist gekommen. Er ist glücklich, nach Zeiten der Irrfahrt wieder ein Lebenszeichen von mir erhalten zu haben, dabei habe ich mehrmals geschrieben. »... Du bist der einzige Freund, der mir verbleibt, und ich bin sonst sehr einsam.« Dann bittet er mich, ich möge mich für ihn verwenden, daß er in meine Einheit versetzt wird. In meiner Nähe, meint er, ließe sich das Furchtbare leichter ertragen. Ist es ein Freundesdienst, wenn ich einen aus einer ruhigen Heimatposition abrufen lasse in dieses Inferno? Müßte ich nicht, wenn ihm dann etwas zustößt, mir selbst schwerste Vorwürfe machen? Und doch verstehe ich ihn.

20.5.43

Von irgendwo ist das Gerücht aufgetaucht, der nächste Angriff könne ein Gasangriff sein. Wir lassen die Gasmasken überprüfen, das schnelle Aufsetzen proben, Filterwechsel üben.

Ein kleines Geschehen am Rande. Es war 11 Uhr. Der Gefreite Niedermeier vom Zug Rehmann war vom Posten abgelöst worden und nahm in einer Schützenstellung im Graben, die Sonne genießend, sein Frühstück ein. Die linke Hand lag lässig am Grabenrand und hielt die Feldflasche. In der rechten hielt er sein Brot und ließ sich seinen Rücken von der Sonne wärmen. Da zischte ein Blindgänger aus heiterem Himmel und schlug ihm den linken Arm fast ab. Sein Gruppenführer Henk brachte ihn zum Gefechtsstand. Er ging aufrecht und hielt mit der Rechten die Linke fest. Maurer legte ihn auf die Bahre und schnitt vor unsern Augen das letzte Stückchen Fleisch, an dem der Arm noch hing, ab. Dann verband er den verbleibenden Stummel mit der Schulter. Und nun hieß es warten, bis am Abend der Sanka ins Dorf fahren und ihn abholen konnte.
Niedermeier hat viel Blut, aber nicht den Humor verloren. Er ist landwirtschaftlicher Arbeiter aus Thüringen. Seinen Beruf kann er nicht mehr ausüben. Wie sein Leben verlaufen soll, ist ungewiß. Aber nach einer Weile der Stille schüttelt er plötzlich den Kopf und sagt schelmisch: »Jetzt weiß ich wirklich nicht, ob ich lachen oder heulen soll. Lachen könnte ich, weil es ein Blindgänger war, heulen sollte ich, weil er mir den Arm abgeschlagen hat.« Dann hat der Blutverlust ihn doch geschwächt, und er schläft ein, schläft durch den Mittag, der warm und wolkenlos vom Bunkereingang hereinlacht. Als am Abend der Sanka unten im Dorf vorgefahren ist und Maurer ihn hinunterführt, schlägt er mir zum Abschied vertraulich auf die Schulter und sagt mit der Jovialität eines Generals: »Herr Oberleutnant! Halten Sie mir die Stellung!«
Bescheiden, wie er immer war, wendet er sich und winkt noch einmal im Gehn. Wir lächeln und sehen uns schweigend an. Dann meine ich: »Vor solchen jungen Männern sollten Minister den Hut abnehmen und Generäle eine Ehrenbezeugung machen.«
In der Nacht bin ich mit Rehmann vorne, wo im Buschwald der Horchposten vorgetrieben ist. Der Mond steht groß und gutmütig über den Bergen im Süden und wirft beim Gehen unsre Schatten gegen die helle Grabenwand. Dann kriechen wir vor, liegen und hören den Schlag der Nachtigallen. Von Niedermeier haben wir gesprochen ...

22.5.43

Kaum bin ich eingeschlafen, weckt mich Homola wieder. Licht und Rehmann melden Unruhe vor dem Abschnitt und seltsame Leuchtzeichenkombinationen aus Richtung Krymskaja. Ich gebe erhöhte Alarmbereitschaft und melde dem Bataillon. Nach Absprache mit der B-Stelle gehe ich wieder nach vorn. Turbulenter wird der seltsame Feuerzauber und kommt näher.
»Silvester oder Fastnacht«, meint Rehmann, »vielleicht auch beides.«
»Vielleicht auch Walpurgisnacht mit Hexensabbat und Wodkaausgabe«, ergänze ich. Aber dann erstickt das verrückte Spiel hinterm Molkereiwald.

23.5.43

Die Post bringt einen Brief aus München. Heinz arbeitet an der Akademie der bildenden Künste. Ich freue mich für ihn. Die beigefügten Fotos seiner Arbeiten beweisen das Talent. Ein großer Atem geht durch die Formen, der den Hauch männlicher Gelassenheit spürbar macht. Antlitz und Gestalt ruhen in sich selbst im Geist einer klassischen Menschenwürde, der das Gestellt-Heroische fremd ist, weil ihm das Menschliche eignet.
»Ich glaube immer noch, daß unserer Generation aus all diesen widerstrebenden Kräften ein besonderer und starker Weg sich öffnen muß …«

25.5.43

In Erwartung eines Angriffs ist in der Nacht der Stellungsbau weiter vorangetrieben worden. Besonders die Verbindungen nach hinten sind wichtig, um bei unsrer Kampfstärke ausweichen und parieren zu können. Ist das nicht die Lehre aus Stalingrad?
Über Tag schläft man sich aus, liest ein wenig, schreibt Briefe und freut sich über ein schattiges Plätzchen am Grabenrand oder im Bunker, denn der Sommer ist ›sehr groß‹. Aber trotz der flimmernden Luft und der strahlenden Sonne spürt man, wie dort hin-

ten im Osten über den Wäldern und Ebenen eine Eiszeit zurückkehrt, eine gnadenlose Herrschaft von Peitsche und Pistole.
Unsre Gräben führen rechts durch die Gärten der Häuser am Steilhang von Adagum. Die Beete sind ausgetrocknet, ein paar Blumen haben überstanden und blühen, vom Staub der berstenden Granaten bedeckt, hilflos in den Sommer.
Meine Schwester hat mir Otto Heuscheles »Kleines Tagebuch« geschickt, subskribierte Reihe von zweihundert Exemplaren mit der Nummer 161 und der Unterschrift des Verfassers. »Jahr für Jahr spricht die Gartenseele durch unzählige Verwandlungen zu den Menschen.« (S. 14)
Aber die Seele der Gärten Werch Adagums? Ihre verstümmelten Zäune ragen wie geschändete Gräber über den Hang.
Und in »Tage im Tessin« lese ich: »Als ich weiterwanderte, wußte ich, daß es uns von Zeit zu Zeit notwendig ist, an einen Ort zu gehen, an dem die Jahrhunderte und Jahrtausende spurlos vorübergegangen sind ...« (S. 79)
War das der Sinn unseres kaukasischen Abenteuers?

26.5.43

Rechts hinter unserem Rücken tobt die Schlacht. Auch auf unseren Abschnitt gehen Artillerie- und Granatwerfersalven nieder, doch der Schwerpunkt liegt bei IR 57 und der 73. Infanteriedivision, auch rechts bei Moldawanskoje sind harte Kämpfe im Gang. Dort liegen die beiden Jägerdivisionen 97 und 101.
Im Graben vor der B-Stelle lag am Nachmittag ein Volltreffer, aber es gab keine Verluste.
In der Nacht verwandeln sich Bunker in Modehäuser. Die schweren Feldblusen und dicken Hosen werden gegen leichtere Tropenbekleidung umgetauscht. Sogar Moskitonetze werden geliefert. Die olivgrünen Hemden erinnern an die Zeit der bündischen Jugend.

1.6.43

Nach den schweren Verlusten, die er bei uns in den ersten Tagen hatte, versucht der Russe jetzt die Flanken des Brückenkopfes

einzudrücken. Links toben Kämpfe bei der 97. JgD. Am Nachmittag tobt ein gewaltiges Gewitter, das sich mit mächtigen Donnern und Regengüssen entlädt. In manchen Bunkern sammelt sich das Wasser und muß ausgeschöpft werden. Auch in manchen Grabenstücken steht es knöcheltief.
Dann aber dampft die heiße Erde den Nebel wieder aus. Ein großartiges Bild am Abend, als spätes Licht den Dampf durchglüht.

2.6.43

Im Norden sind russische Panzer durchgebrochen und operieren im Hinterland. Das alles scheint für uns so fern und stört die Idylle nicht, die über unseren Stellungen und Bunkern liegt.
Maurer schreibt Briefe, Ludwig bastelt am Luftschacht mit Homola und Wernike, um durch raffinierte Spiegelung mit Weißblechen indirektes Licht auf den Arbeitstisch zu werfen. Breitenbach hat den Soldatensender, eingestellt und Schmidt-Walter singt: »... es war für unser Land.«
Unberührte Selbstvergessenheit der Welt rundum. Wer denkt schon daran, daß der Russe bei der 101. JgD durchgebrochen ist. Carpe diem! Genieße den Tag. Morgen gilt es dir. Und Friede liegt über den Hängen, auf denen frisches Grün sproßt, vom Regen über Nacht herausgelockt.
Am Abend kommt der Major zu mir in den Gefechtsstand. Die Armee fordert die Regimenter auf, Entwürfe für Stoßtruppunternehmen einzureichen. Aus den vorgelegten Unterlagen soll dann ein Unternehmen ausgewählt und mit bedeutender Unterstützung schwerer Waffen durchgeführt werden.
»Eine aktuelle Form des Preisausschreibens«, meine ich und lache. »Ja«, sagt der Major, »wenn Sie so wollen.« Dabei sieht er mich durch die randlose Brille ernst an. »Ich habe an Sie gedacht. Wo, glauben Sie, könnte bei Ihnen ein Stoßtrupp vorgetrieben werden?«
»Nach unseren Erkenntnissen über die Feindlage, die allerdings wechselt, hier an der ›Obstplantage‹ nördlich der Bahnlinie Krymskaja – Noworossijsk. Hier sind vorgeschobene Stellungen, aus denen wir nur nachts beschossen werden, die offen-

bar bei Tag nicht besetzt sind. Da ein Grabensystem erkennbar ist, das zum Bahndamm hinüberführt, rechne ich mit Gruppenstärke.«
»Gut«, sagt der Major, »arbeiten Sie die Stärke des Stoßtrupps, seinen Auftrag, sein Vorgehen und die Feuerpläne der schweren Waffen aus. Die Armee erwartet, daß Gefangene eingebracht werden. Es stehen Ihnen zur Verfügung: zwei Gruppen Pioniere, zwei schwere Maschinengewehre zusätzlich, die schweren Granatwerfer der vierten und der zwölften Kompanie, die Feuerkraft der gesamten dreizehnten Kompanie, die fünfte und die achte Batterie des AR 9 und eine Batterie Nebelwerfer. Stichtag ist der 15. Juli. Ich erwarte binnen vier Tagen Ihren Vorschlag.«
Dann gehen wir durch die Stellung. Ich zeige dem Major den abfallenden Hang, die ›Obstplantage‹, das Feindgelände, die geplante Befehlszentrale. Auf die vermutete Feindstellung eröffnen wir das Feuer zur Kontrolle und werden wieder beschossen. Die Arbeit kann beginnen.

7.6.43

Der Auftrag liegt über uns wie eine bevorstehende Examensarbeit. Ludwig fertigt die Skizzen nach eingehender Besprechung mit Licht und Rehmann. Da der Abschnitt vor dem Zug Licht liegt, wird er den Stoßtrupp zusammenstellen. Dann zeigt er mir die Entwürfe:
1. Feindlagenskizze mit feindlichen Angriffsrichtungen im Mai.
2. Lageskizze mit Weg, Sicherungen und Angriffszielen des Stoßtrupps.
3. Sperrfeuerzonen für die Feuerglocke der schweren Waffen.
Wir besprechen diese Pläne dann auch mit den Beobachtern der Artillerie.
Ich studiere Mondauf- und -untergang anhand des Kalenders, das Licht der Dämmerung in der Frühe. Durch provozierenden Beschuß erkennen wir, wie lange die Stellung bei Nacht besetzt ist. Schließlich schätzen wir die Entfernungen und errechnen daran den vermutlichen zeitlichen Ablauf des Unternehmens. Leutnant Hopp ist zur Kompanie versetzt und wird den

Zug Licht führen, damit er sich auf seine Aufgabe vorbereiten kann.
Während wir über dieser Aufgabe brüten und draußen warm die Sonne scheint, hebt sich plötzlich die Erde unter uns. Kreidebleich sehe ich Ludwig an. Im nächsten Augenblick muß der Bunker mit uns in die Luft fliegen. Spätzünder, zuckt es mir durch den Kopf. Aber schon ist die Zeit verstrichen. Sand rieselt von der Bunkerdecke und durch den Lichtschacht auf den Tisch. Am unheimlichsten ist die Stille, dieses Nichtgeheure im Toben des Kriegs. Und während wir noch rätseln, ob Blindgänger einer großkalibrigen Granate oder Bombe oder … hebt sich die Erde zum zweiten Mal unter uns. Ich schätze fünfundzwanzig bis dreißig Zentimeter und begreife: ein Erdbeben. Wir stürzen nach oben ins Freie. Keiner von uns hat Ähnliches je erlebt. Nun warten wir.
»Diese Sekunden lähmender Stille«, gesteht Homola, »sind das Furchtbarste!« Wir warten noch einmal einige Minuten; als es ruhig bleibt, rufe ich die Züge an.
»Der Erde dreht's den Magen um«, meint Rehmann, und wir lachen befreit.
Am Abend meldet sich Leutnant Hopp bei mir. Er ist Kunsthistoriker, und wir haben sofort guten Kontakt. Er ist ein wenig älter als ich, und seine gesetzte, ruhige Art ist wohltuend.
Gleichzeitig geht mit dem Verpflegungsfahrzeug der Entwurf des Unternehmens ›Obstplantage‹ zum Bataillon. Glückliche Reise!

13.6.43

Pfingstsonntag. Herrlicher Sommer liegt blau über uns. Ich lese am Vormittag im Graben. Wunderbare Musik aus Breitenbachs Konzertsaal. Bachkantaten, später Mozart und dann Volkslieder. Ich habe einen Brief von Fritz vor mir. Er ist nun doch eingezogen worden und schreibt von einer Nachtübung bei Wetzlar: »Laß so oft, wie Du kannst, von Dir hören, ich brauche eben tapfere Post.«
Wer bin ich nur, daß Freunde stets etwas von mir erwarten? Tränenkrug und Trostspender. Sie überfordern mich.

Er legt mir wieder ein Blatt meiner Verse bei, das er vor einem Jahr hat drucken lassen. So sitze ich und lese in der kaukasischen Sonne, was ich am Dnjepr geschrieben habe:

> »Ach ich fühl, wie uns die Tage schwinden
> und im Kelch die Jahre langsam sauern …«

Aber ich bekenne mich auch noch zu dem »Dennoch«, das folgt. Und dann schließe ich die Augen und lasse die Sonne rot durch die Augenlider schimmern.

14.6.43

Auch dieser Tag hat sonnig und musikverklärt begonnen und endet doch mit diesem schrillen Mißklang. Am Nachmittag bittet mich der Schütze Langemann vom letzten Ersatz der Gruppe Buttler um ein Gespräch unter vier Augen. Was er zu erzählen hat, klingt zunächst so unglaubhaft, daß ich zwischendurch nach seiner Person frage. Er war Unteroffizier in der belgischen Armee und hat sich freiwillig zur deutschen Wehrmacht gemeldet. Und dann wiederholt er.
Der Obergefreite Wülber will in dieser Nacht, wenn er auf Horchposten geht, zwischen 2 und 3 Uhr russische Stoßtrupps, die im Waldstück links von uns bereitliegen, in unsre Stellungen führen, die Front in der Nacht aufrollen und den Brückenkopf zu Fall bringen. Er hat über sein Vorhaben mit mehreren Kameraden gesprochen, die haben es für Angabe oder einen Scherz gehalten und aus falsch verstandener Kameradschaft weder den Gruppenführer noch den Zugführer verständigt. Langemann selbst hat er erst am Morgen angesprochen und gesagt, wenn sich alle ruhig verhielten und, ohne einen Schuß abzugeben, in Gefangenschaft gingen, würden sie dort wegen ihrer ›Verdienste‹ ausgezeichnet.
Ich bedanke mich bei Langemann für seine Aufmerksamkeit und Zuverlässigkeit und bitte ihn, gegenüber jedermann zu schweigen, aber wachsam das Geschehen des Tages zu verfolgen.
Langemann macht einen guten Eindruck, und ich glaube ihm jedes Wort. Ich bespreche nun die Lage mit den Zugführern in aller Ruhe.

Rehmann bestätigt, daß Langemann als durchaus zuverlässig gilt, kann aber kaum fassen, daß Wülber sich zu solcher phantastischen Unternehmung von Landesverrat wolle hinreißen lassen. Ich beauftrage Leutnant Hopp, Wülber nach der Essensausgabe um 22 Uhr zu verhaften, um eventuell ankommende oder abgehende Post für das Gericht auswerten zu können. Inzwischen habe ich den unglaublichen Vorfall dem Major gemeldet.
Um 22.30 Uhr wird Wülber in den Gefechtsstand gebracht. Die Hände sind auf den Rücken gebunden, und über die Stirn läuft Blut. Er hat versucht, sich mit einer Handgranate zu wehren und zu widersetzen. Wurde aber überwältigt, bevor er abziehen konnte. Maurer verbindet während des Verhörs die Stirn.
Ich frage, ob es stimme, daß er Verbindungen zu den Russen habe. Er schweigt. Ich frage, ob es den Tatsachen entspreche, daß er in der Nacht uns, seine Kameraden, von Russen überfallen und im Schlaf töten lassen wollte, um den Brückenkopf aufzurollen und die 17. Armee zu vernichten, wie er seinen Kameraden erzählt habe. Er schweigt.
»Gut«, sage ich, »Ihr Schweigen ist eine Bestätigung des Vorwurfs. Warum haben Sie bei der Verhaftung Widerstand geleistet?«
Er schweigt.
Leutnant Hopp übergibt mir sein Soldbuch. Darin liegt ein Brief in kyrillischer Schrift. Homola entziffert ihn als das Schreiben einer russischen Krankenschwester aus dem Lazarett Melitopol, in dem sie mitteilt, daß sie seine Vorschläge weitergeleitet habe und der 14. Juni beibehalten werde.
Ich habe keine Frage mehr.

16.6.43

Die ganze Gruppe Buttler ist beim Verhör zur Verhandlung des Kriegsgerichtes. Auch mir werden Vorwürfe gemacht, es habe nicht soweit kommen dürfen bei sorgfältiger Aufsicht. Aber wie soll ich wissen, was Gruppen- und Zugführer nicht erfahren haben?

18.6.43

Besondere Aufmerksamkeit verwende ich auf den einzigen leichten Granatwerfer, den ich habe. Obergefreiter Carl, der mit Eifer bei der Sache ist, hat die Stellung als Bunker ausgebaut. Nach wiederholten Versuchen ist uns die akustische Tarnung so gut gelungen, daß man selbst innerhalb der Stellung kein Abschußgeräusch wahrnimmt. Das Gerät ist auf ein tischartiges Gestell montiert, auf dessen Platte eine Scheibe als beweglicher Sockel eingelassen ist, so daß innerhalb eines gewissen Schwenkbereichs die einzelnen Abschnitte vorwärts des Minenfeldes erfaßt werden können. Der in der Decke für den Abschuß ausgesparte Raum ist mit einer Zeltplane verhängt, um auch von der Luftaufklärung nicht ausgemacht zu werden. Eine Zahlenskala am Rand markiert die einzelnen Feuerbereiche im Vorfeld.
Bei Vollmond mache ich in der späten Nacht die Runde. Näher ist einem der eigene Schatten im Graben als im freien Feld. Er huscht an den Wänden greifbar mit und engt einen fast ein, rührt einen gleichsam an.

30.6.43

Die Stellung ist uns vertraut geworden wie eine Heimat. Die Bunker sind wohnlich und sauber, die Stellungen mit dem Erfahrungsreichtum aller erweitert, das Schußfeld verbessert, die Deckung erhöht und die Tarnung optimiert.
Gestern hat der Russe bei Helmut, der als Führer der neunten Kompanie mein linker Nachbar ist, nach einstündigem Trommelfeuer angegriffen, konnte aber ohne eigene Verluste abgewiesen werden. Am Abend treffe ich Helmut an unsrer gemeinsamen Grenze, und er berichtet mir.
Wir sehen uns nur selten, weil die Lage keine Besuche gestattet. Nur manchmal an der gemeinsamen Naht erinnern wir uns an die Zeit vor drei Jahren, als wir von Rußland nichts wußten und der Krieg noch ein Kind war.
Mit der Post ist ein Brief von Leutnant Königs Braut gekommen. Ein Brief voller Enttäuschung und bitterer Vorwürfe. Ich bin ent-

setzt. Es trifft mich hart, verdächtigt zu werden, als hätten wir das Tagebuch, die goldene Uhr und den Ring unterschlagen. Ich bespreche mich mit Leutnant Hopp, und dann schreibe ich noch in der Nacht den Brief, den ich ihr hatte ersparen wollen, und interpretiere die erschütternde Aussage Arnolds: »Mein Leutnant ist fort!« Ich fühle, wie hart es ist, das einem liebenden Menschen klarmachen zu müssen. Aber der Vorwurf ist ebenso hart und rührt an die Ehre.
Schlaflose Nacht. Der Rest ist Rundgang durch die Stellungen, ist wie ein Irren durch verwunschnen Wald.

8.7.43

Der Befehl, das eingereichte ›Unternehmen Obstplantage‹ durchzuführen, liegt vor. Ich erhalte den Auftrag, im Hinterland ein Gelände zu erkunden, das meiner Stellung entspricht, und dort wie am vergrößerten Sandkasten in der Natur nachzustellen und zu üben, was dann am 15.7. vorne durchgeführt werden soll. So breche ich mit Homola in der Frühe auf.
Man macht sich auf den Weg wie zu einer Wanderung. Die Spannung, die man vorn nie ganz abschütteln kann, löst sich schnell, und die vereinzelten Granaten nehmen wir nicht ernst, als sei man einen Kilometer hinter der HKL gegen alles gefeit.
Am Hang blühen Wiesen und duften würzig.
Ich melde mich beim Major, später beim Oberst. Wir besprechen noch Einzelheiten der Ablösung und die Übungen im Gelände. Dann werden mir die Bunker der Regimentsreserve gezeigt, in die wir am 10. Juli einziehen sollen. Der Feuerplan der schweren Waffen wird noch einmal erörtert, und dann gehe ich ins Gelände rückwärts des Gefechtsstandes, studiere die Karte ausführlich und taste das Gelände auf seine Tauglichkeit hin ab.
Die Welt ist ruhig und menschenleer. Zwischen dem Grünen und Blühen liegen zerschossene Dörfer, verkohltes Gebälk, schwarz ragende Kamine. Geborstenes Glück?
Am Rand eines Buchenwaldes finden wir einen Westhang, der geländemäßig unseren Stellungen entspricht. Am Nachmittag gehe ich mit dem Führer des Pionierzugs das Gelände noch ein-

mal ab. Mit Beil und Spaten pflocken wir aus und markieren. Am nächsten Morgen wird er Drahtverhau, Minenfeld mit Gasse, Feindstellungen als Kulissen aufbauen. Am Nachmittag wird meine Kompanie mit dem Stoßtrupp, den Sicherungen und den Pionieren die erste Übung durchführen. Wir werden die Zeit der einzelnen Phasen überprüfen, jeden Handgriff, jede Bewegung im Gelände üben und dasselbe in der Nacht wiederholen, um den Einfluß des Mondlichtes auf die Tarnung im Gelände zu ermitteln und das Morgengrauen als Hilfe oder Hindernis werten zu können.

10.7.43

Eine bunt zusammengesetzte Alarmeinheit hat uns in der Nacht abgelöst. Die Männer müssen eng zusammenrücken, denn ihre Gefechtsstärke beträgt mehr als das Doppelte der Frontkompanien. Wir lassen uns Zeit bei der Übergabe. Kurz vor Sonnenaufgang ziehen wir in einer Geländefalte, die ich am Vortag erkundet habe, den Hang aufwärts. Flieger haben in der Nacht Phosphorbomben auf den ausgetrockneten Waldboden geworfen. Schwelbrände fressen sich in die Breite. Wenn sie die Artilleriestellungen erreichen oder sich zum Waldbrand ausweiten, kann das katastrophale Folgen haben. So schwärmen wir aus und gehen mit Spaten, Stiefeln und Ästen an die Arbeit.
Als wir die Bunker der Reservestellung erreichen, die tief in die Steilhänge der Waldschlucht gebaut sind, sitzt schwarzer Ruß in den schweißnassen Gesichtern. Am Rinnsal im Grund der Schlucht wartet Erfrischung.
Nach einer Vorbesprechung mit den Führern anhand der Skizzen rücken wir in die glühende Mittagssonne, um am Hang jede einzelne Phase des Ablaufs zu besprechen, so daß jeder weiß, was der andere in diesem Augenblick tut und von ihm erwartet.
Aus Erfahrung wissen wir um den Unterschied der Sonnenauf- und -untergänge zwischen den in Deutschland gedruckten Kalendern und der Ortszeit. Er beträgt fast zweieinhalb Stunden und muß beachtet werden. Ich vergleiche die Zeiten abends und morgens und finde meinen Zeitplan bestätigt. Beginn des Unternehmens 2.30 Uhr morgens.

13.7.43

Die Armee hat einen Kriegsberichterstatter geschickt, der mich bei den Übungen im Gelände begleitet und mit mir im Bunker wohnt. Er wird am 15. Juli bei mir im Befehlsbunker sein und den Ablauf verfolgen.

14.7.43

In der Nacht ist der Stoßtrupp wieder in seine alten Stellungen gerückt, um sich für die kommende Nacht vorzubereiten. Die Nachrichtenmänner des Stabes haben Verbindungen zum Befehlsbunker in der B-Stelle verlegt. Ab 2 Uhr sind alle Leitungen zum Sammelgespräch verbunden, so daß jeder sofort über die Lage und eingeleitete Maßnahmen unterrichtet werden kann. Am Nachmittag sieht der Major noch einmal herein und wünscht guten Erfolg.

15.7.43

Natürlich tut niemand ein Auge zu. Auch die Männer der Alarmeinheit hat das Fieber gepackt.
Dann wird der Mond groß und rot und sinkt hinterm Wald. Schatten fällt ins Tal. Das ist der Augenblick. Pioniere schieben sich vor, die Drähte werden zur Seite gebogen. Es ist 2.30 Uhr. Gruppe Buttler sichert vorn, Licht folgt mit dem übrigen Spähtrupp. Dunkelheit verschluckt sie. Auch der russische Graben ist jetzt nicht mehr einzusehen.
Meine Hand umklammert die Leuchtpistole. Zweimal habe ich mich versichert, ob Wernike auch rot geladen hat. Die Beobachter der schweren Waffen haben den Hörer in der Hand. Fünf Minuten sind für das Absichern und Einnehmen der Ausgangsstellungen erprobt. Jetzt müßte der Augenblick kommen, wo Licht aufspringt und mit Hurra! in die Obstplantage einbricht. Es dauert sieben Minuten, und dann hallt der Schrei durchs Tal. Ich drücke ab und löse das Sperrfeuer aus: rot. Das Leuchtzeichen zischt in die Nacht, die schon zum Dämmern ansetzt. Die Stimmen der Beobachter schwirren durch den Raum, ein Rauschen

folgt den fernen Abschüssen, Zischen und Bersten, und dann geht alles seinen Gang.
Bange Augenblicke. Schüsse, Rufe, Detonationen. Ich schieße rot-weiß, um die B-Stellen der Höhe 204 auszuschalten. Die schweren Geschosse der AR 45 schlagen dumpf dröhnend überm Tal ein. Alles wie vorberechnet, alles Routine! Aber ob sie unten Ausfälle haben, ob der Russe nicht vorzeitig nach hinten ausgewichen ist? Dann donnern die Sprengungen der Pioniere herauf.
Wieder bange Minuten des Wartens, dann steigt aus Pulverdampf und Staub das grüne Leuchtzeichen. Licht setzt sich ab. Außer gezieltem MG-Feuer aus der Tiefe und verstreuten Granateinschlägen hat der Russe noch nicht reagiert. Der erwartete Gegenschlag bleibt aus. Eine Viertelstunde später meldet mir Licht die Rückkehr des Stoßtrupps. Ich schieße rot-grün-rot in den dämmernden Tag und rufe die Stille zurück.
Licht ist am Oberschenkel verletzt; während Maurer ihn verbindet, berichtet er. Beim Angriff hat der Russe mit fünf Mann sich ohne Gegenwehr sofort zurückgezogen, ist ins Sperrfeuer gelaufen und dort nicht mehr erreichbar gewesen. Licht, der es allen voran versucht hatte, wurde selbst verletzt. Ein weiterer Mann der Gruppe Henk wurde durch einen Streifschuß am Arm aus der Tiefe der russischen Linien verwundet. Die Kampfstände – wahrscheinlich leer – wurden gesprengt, Gefangene konnten nicht eingebracht werden.
Erleichterung und Enttäuschung. Ich bedanke mich bei allen Beteiligten. Das ›Unternehmen Obstplantage‹ ist beendet.
Die Männer sitzen müde in den Bunkern und Gräben. Claasen erzählt begeistert, wie alles geklappt habe. Nur die Pioniere, meint er, hätten zu früh gesprengt.
»Daß keiner aus den Bunkern geantwortet hat, ist noch lange kein Zeichen, daß keiner mehr drin war.« Manöverkritik, die nichts einbringt.
Ich melde dem Major.
Am Abend gehen wir wieder in die Stellungen in der Waldschlucht zurück. Die Spannung hat sich gelöst. Der Kriegsberichter neben mir stellt tausend Fragen, und ich möchte doch meine Ruhe haben.

21.7.43

Nachdem wir den Luxus der Reservestellung mit täglich fließendem Wasser zum Waschen, kampffreien Tagen, weniger Wacheschieben, Waffen- und Kleiderpflege noch fast eine Woche genossen haben, kehren wir in unsre alte Stellung zurück. Henk ist nach dem Stoßtrupp sofort in Urlaub gefahren, Carl habe ich heute in Marsch gesetzt. Mit einem Bündel Post in der Tasche und frohen Muts wie immer hat er sich abgemeldet. Falk übernimmt mit Buchwald zusammen derweilen den Granatwerfer. Der ältere Oberleutnant übergibt mir meine Stellung wieder. Ich frage, ob er mir nicht ein paar Leute hierlassen wolle. Er lacht: »Sie werden es nicht glauben«, meint er, »sie werden hinten auch gebraucht.« So setzt der Stellungsalltag wieder ein. Aber die wenigen Tage dort hinten und das Unternehmen selbst haben die Männer aus dem alltäglichen Trott gerissen, erfrischt und zusammengeschweißt.
Zwischen Krymskaja und Abinskaja tut sich viel. Der Staub über den Sommerstraßen ist ein beredtes Zeichen. Überläufer haben ausgesagt: Ein Großangriff steht bevor.
Das Kampfgetöse im Norden, wohl bei der 101. Jägerdivision, ist nur ein fernes Vorzeichen.
Beim Rundgang wird Leutnant Hopp durch einen Splitter verwundet. »... und meines Bleibens ist auf Jahre nicht ...«

Gespräche am Abend

3. August 1943

Nächte voller Unruhe. Fünfzehnhundert Schuß Granatwerfermunition sind auf die Stellungen niedergegangen. Es gab keine Ausfälle. Doch eins ist uns allen klar: Das ist nur das Vorspiel, das Einschießen der Werfer und Geschütze. Was sich in der Nacht brummend in Krymskaja zusammenbraut, wird sich wie ein Orkan über uns ergießen.

4. August

Nun kann man sogar am hellen Tag die endlosen Kolonnen von Fahrzeugen auf den Straßen hinter Krymskaja sehen. Grau stehen die Staubwolken im blauen Tageshimmel. Wir rufen nach Fliegern. Doch nichts geschieht.
Am Abend kommt der Oberst in meinen Gefechtsstand. Anhand der Stellungsskizze erkläre ich ihm den Einsatz der Kompanie. Ich erkläre, daß mich das Unternehmen ›Obstplantage‹ wertvolle Tage gekostet habe, und zeige, wo sich das Grabensystem noch verstärken läßt, um Großangriffe flexibler abwehren zu können. Ich zeige ihm noch einmal den Abschnitt.
»Herr Oberst, das sind zwölfhundert Meter. Die Kompaniestärke beträgt zweiundvierzig Mann, die in vorderster Linie eingesetzt sind, das bedeutet einschließlich Zugführer und Kompaniechef pro Kopf vierzig Meter. Bei einem Großangriff muß ich in der Lage sein, Schwerpunkte zu bilden, ohne daß der Feind es einsehen kann.«
»Das heißt«, fahre ich dann fort, »die Nester am rechten Erkervorsprung müssen nach hinten verbunden werden. Wo die Pak steht, muß ein Graben nach rechts getrieben werden, der im Notfall die Funktion einer Rerservestellung übernimmt, und beim Kompaniegefechtsstand muß der Ring gezogen werden, der Rundumverteidigung ermöglicht. Ich muß die Gruppen Krahn und Schlag, je nach Angriffsschwerpunkt, links oder rechts abdrehen können oder sie von den Flügeln her unterstützen.«

»Und das Minenfeld?« fragt der Oberst zurück.
»Nach unsren Erfahrungen im Winter und im letzten Mai«, sage ich, »wirft der Russe achthundert Mann ins Minenfeld und rechnet damit, daß einhundert durchkommen.«
Er schweigt, sieht sich alles noch einmal genau an und bittet mich hinaus.
»Sie sind ein Defätist, Tolk!« stellt er sehr sachlich fest. Der Schlag sitzt, zumal ich Derartiges nicht vermutet habe. Dennoch kontere ich: »Herr Oberst, ich verstehe mich als Realist. Ich habe hier keine Geheimnisse vor meinen Leuten, zumal Herr Oberst mich vor den Leuten gefragt hat. Sie müssen die Zusammenhänge des Systems kennen und ihre Bedeutung erfaßt haben, um ihren Auftrag und Einsatz zu verstehen.«
Er grüßt und geht. – In Ungnade entlassen.
Unheimliches Motorengebrumm zieht von Krymskaja her ins Bakankatal, und der nächtliche Nebel verschleiert das Geschehen über dem Boden. Ich bleibe lange draußen. Eigentlich ist es eine herrliche Nacht. Nur hinter der Obstplantage singt eine Frauenstimme ein wehmütiges Lied.
Ich denke an Kranichstein, wo in der Pförtnerwohnung beim Zeughaus ein alter Mann vielleicht jetzt auf der Flöte spielt.

5.8.43

Die Art der Einschläge über Tag wird vielfältiger. Wie durch ein Wunder haben wir keine Verluste.
Mit dem Verpflegungsfahrzeug am Abend kommt Henk aus dem Urlaub zurück. In seinen hellen Augen mischen sich der Glanz der vergangenen Tage und die Freude, endlich am Ziel zu sein. Er übernimmt seine Gruppe wieder. Gleichzeitig trifft ein Obergefreiter vom Regimentsstab mit einem Schanzkommando ein. Zwanzig Zivilisten, Frauen, ein schwatzhaftes, lustiges Völkchen. Wie Schemen kommen sie vom Dorf hoch. Lemurenhaft verhüllt umklammern sie ihre Schaufeln und erzählen sich, und Homola muß ihnen erst klarmachen, daß sie in vorderster Linie sind.
Rehmann hat die Pflöcke ausgesteckt, und unverzüglich beginnen sie mit der Schanzarbeit. Kein Zeichen von Angst ist bei ihnen zu verspüren. Ich bewundere sie.

Sie haben die dunkle Fofoika abgelegt, das Schemenhafte ist damit verschwunden, und ihre hellen Kleider leuchten, obwohl die schmale Mondsichel, die sich in unserm Rücken dem Rand der Berge nähert, nur wenig die Hochsommernacht verklärt. Die Sterne aber und die Nähe des Meeres lassen das Dunkel durchscheinender werden, und der ferne Glanz des Nordgestirns zur Linken scheint greifbarer.

Die nun bei der Arbeit fast lautlose Gegenwart der Frauen verzaubert die Nacht noch einmal zusätzlich ins Märchenhaft-Unwirkliche.

Wie Fronarbeit sieht es aus, und eigentlich haben wir ein schlechtes Gewissen. Für sie aber ist es gewohnter Lebensrhythmus. Ihr System hat sie nie geschont.

An der Front ist es beiderseits stiller geworden. Die schweren Waffen schweigen mit vorrückender Nacht fast ganz. Um so lauter sprechen die Stimmen aus der Tiefe des Raumes, das endlose Karren, das Rasseln der Panzerketten, die Staubwolken aufwühlen, die das Fernglas deutlich zeigt. Sie stehen als weiße Wand zwischen den beiden Städten und enthüllen beim Verhüllen, was für uns längst kein Geheimnis mehr ist.

Dann die Eingänge und die Post. Ein ausführlicher Brief von Hans Lang, der nach seiner Verwundung in Frankreich zum erstenmal wieder im Einsatz ist. Mittelabschnitt.

»Auf der Fahrt hierher ging mir das Herz auf vor solcher Weite, und die Gedanken fühlten sich unendlich frei. Später, als ich einige Wochen im Graben gestanden hatte und oft von dem ungeheuer klaren und überhellen russischen Morgen überrascht war, wuchs das Land wie eine dunkle Macht vor mir auf.«

Ich setze ab. Diese sensible Widersprüchlichkeit ist sein Wesen. Dann schreibt er weiter:

»Wie eine Mauer stand es um mich und die heimwärts strebenden Gedanken, und die Erinnerung an heimatliche Bilder kam nicht auf, sie schien wie ein todwunder Vogel, der zwar noch mit den Flügeln schlägt, sich aber nicht mehr vom Boden erheben kann. Da habe ich oft den Blick ganz erhoben, habe ihn vom dunklen Land gelöst und in den Sternenhimmel über mir geschaut.«

Das Telefon reißt mich hoch. Der Oberst fragt, ob die Schanzarbeiten zügig vorangehen.

»Herr Oberst«, frage ich, »warum ist von unsern Fliegern nichts zu sehen? Da drüben muß doch jedes Mausloch voller Menschen und Material stecken.«
»Ja – warum?« sagt er. »Gute Nacht!«
Und da nehme ich noch einmal den Brief von Hans:
»... ich spüre die Wandlung, doch sie ist noch weit ...«
Die Lektüre hat die Unruhe in mir noch gesteigert. Sorgfältig stecke ich den Brief in meine Kartentasche, nehme das Fernglas und gehe hinaus.
Homola will mitkommen. Ich schicke ihn zurück.
»Sammelt Schlaf!« sage ich. »Morgen müssen wir Gräben ausheben.«
Die Schanzarbeiten auf der Düne ruhen. Der Obergefreite duckt sich in den brusttiefen Graben und raucht eine Zigarette.
»Pan ni spatij?« (Schläft der Herr nicht?) fragt mich eine der Arbeiterinnen. Sie sitzt unten, mit dem Rücken an die Grabenwand gelehnt, das Kopftuch zum Schultertuch gelöst. Die schweren hellblonden Flechten stauen sich im Nacken und fallen über die Schulter nach vorn. Längst ist der Mond hinterm Wald verschwunden, aber um das zarte Profil und das Gold der Haare spielt ein schwacher Widerschein der hellen Grabenwand der Düne. Sie schaut lächelnd zu mir herauf, als wäre alle Arbeit dieser Nacht ein Spiel gewesen und wir Bekannte seit alter Zeit. Erinnerungen drängen auf, versunkene Bilder:

»All der Glanz der Vollmondnächte
ward auf deinem Haupt gesammelt,
und das Wort, das dieser Mund gestammelt ...«

Eine Nacht zum Träumen. Helles Zwischenspiel im Dunkel.
»Sautra spatij« (Ich werde morgen schlafen), sage ich und lächle auch. Doch ich bin mir nicht ganz sicher, was morgen sein wird.

6.8.43

In der Gluthitze des Mittags löst sich am Rande der Ebene ein einzelner Mann vom Wald. Mit großen Schritten geht er der Senke zu. Ludwig hat ihn als erster gesehen. Nach einer halben Stun-

de taucht er am Dorfrand von Werch Adagum auf und kommt zu uns hoch.
»Es ist Carl!« ruft Ludwig von der Düne her.
»Unmöglich«, sage ich, »der hat doch bis 15. Urlaub.«
Als ich hinaufkomme, ist er's doch, geht müde und schwer, wie man es an ihm nicht gewohnt ist. Ludwig winkt ihm mit der Hand. Er nickt schwerfällig zurück.
»Die Hitze«, meint Ludwig schon auf dem Weg zum Bunker.
Dann steht er vor uns, baut sich umständlich auf, unterdrückt die Fahrigkeit, die ihn sonst umweht, und schaut todernst, fast starr auf meinen Helmrand.
»Obergefreiter Carl meldet sich vom Urlaub zurück!«
»Fein, daß Sie wieder da sind«, sage ich und winke ab. »Aber warum ...«
Er läßt mich nicht ausreden, strafft seine Gestalt noch einmal: »Herr Oberleutnant, ich habe noch etwas zu melden!«
Er ringt nach Worten und nimmt die Attitüde eines Offiziers an.
»Herr Oberleutnant, ich melde gehorsamst, ich habe einen Menschen erschossen – mit dieser Pistole!« Er legt die Hand auf das schwarze Lederetui. Sein Blick geht jetzt an mir vorbei zum aufgeschütteten Sand des neuen Grabens, als wolle er mir Zeit lassen, seine Situation zu begreifen.
»Langsam Carl!« sage ich, »bringen Sie erst Ihr Gepäck in den Bunker, trinken Sie einen Schluck und kommen dann herüber!«
Halb traurig, halb rebellisch schüttelt er den Kopf.
»Nein, Herr Oberleutnant, es muß jetzt heraus, bevor ich mich wieder auf meiner Pritsche ausstrecken kann.«
»Dann kommen Sie in den Bunker und erzählen Sie!« sage ich.
»Das war ein Urlaub!« stöhnt Carl beim Hinuntersteigen und holt tief Luft. »Als ich nach der langen Fahrt endlich zu Hause war, gaben sie Fliegeralarm und hielten mich am Bahnhof fest. Inzwischen war es späte Nacht geworden. Ich stolpere durch die dunklen Gassen zu meiner Wohnung, die Treppe hinauf – den Schlüssel habe ich immer dabei, auch jetzt noch. Und dann ganz leise – ich will meine Frau überraschen – und überrasche das Mensch mit einem Italiener im Bett!«
Er macht eine kurze Paus` Man spürt, wie ihn das Bild noch quält.

»Da habe ich durchgeladen und abgedrückt. – Er war sofort tot.«
Es schüttelt ihn.
»Die Stelle, wo ich meinen Urlaub beginnen wollte, war ein riesiger roter Fleck, in dem ein fremder brauner Körper reglos lag. – Ich ging zum Polizeirevier. Ich hatte kein Zuhause mehr.«
Er schwieg.
»Da hast du also deinen Urlaub kurzerhand abgebrochen?« fragt Ludwig.
»Ja«, sagt er. »Ich fuhr noch zu meiner Mutter, ließ mir die Wäsche waschen und bügeln, schlief mich zwei Tage aus und rannte zum Bahnhof. Niemand wollte ich mehr sehen!«
Dann macht er eine Pause, holt tief Luft, seine Gestalt strafft sich wieder, und er wird dienstlich.
»Herr Oberleutnant«, fragt er mit bebender Stimme, »bin ich ein Mörder?«‹
Ich zögere. Eine solche Frage hat mir noch keiner gestellt.
»Nein«, sage ich bestimmt, denn er will Klarheit. »Das nennt man wohl Affekthandlung. Ein Mörder plant und handelt bewußt.«
»Und ich kann in der Kompanie bleiben und komme nicht in eine Strafkompanie?«
»Nein«, beruhige ich ihn, »es war kein Vergehen innerhalb der Wehrmacht, und Sie waren nicht im Dienst.«
Ich weiß nicht, ob ich recht habe. Das steht in keiner HDV und wird in keiner Kriegsschule gelehrt.
»Ein Zivilgericht wird hier entscheiden.«
»Ja«, bestätigt Carl, »aber das Verfahren ist ausgesetzt.«
»Gut«, sage ich. »Sie übernehmen die Granatwerferstellung wieder. Ich komme später hinüber und informiere Sie über die Lage.«
Da springt er auf und ist wieder der alte Carl: »Danke, Herr Oberleutnant!« Und sein Gesicht strahlt.
Homola hat sein Paket aufgenommen und macht sich mit ihm auf den Weg zu seinem Bunker.
Mit der Abendverpflegung kommen Marketenderwaren und Frontkämpferpäckchen. Die Freude ist groß. Dennoch habe ich ein ungutes Gefühl. Wollen sie hinten die Lager räumen?
Bei solch umfangreichen Transporten kommt der Hauptfeldwebel selbst mit und erntet gern das allgemeine Lob. Heute aber hat er noch einen anderen Grund.

»Und dann ist da noch etwas, Herr Oberleutnant, vom Wehrbezirkskommando. Es geht um Werkmann.«
Er legt mir das Schreiben vor. Ich rücke die Kerze näher und lese.
»Der Gefreite Werkmann ist aus der kämpfenden Truppe zurückzuziehen, da sein Bruder vor Stalingrad gefallen ist und er somit den väterlichen Erbhof übernehmen und weiterführen soll ...«
Ich rufe Rehmann an: »Schicken Sie mir den Gefreiten Werkmann zum Gefechtsstand!«
Das übrige ist Verwaltungsarbeit: Soldbücher unterschreiben, Munitionsmeldungen, Gefechtsstärke. – 1 : 9 : 32 –
Und dann steht Werkmann vor mir, jung, frisch, gewandt, mit strahlendem Gesicht.
»Haben Sie etwas von Ihrem Bruder gehört?« frage ich vorsichtig.
»Ja«, sagt er und wird ernst, »er ist bei Stalingrad gefallen. Das wußte ich schon, bevor ich zur Kompanie kam.«
»Dem Antrag Ihrer Mutter auf Entlassung aus der kämpfenden Truppe ist entsprochen worden. Packen Sie Ihre Sachen, Sie können mit den Fahrzeugen zurückgehen! Ich freue mich für Sie.«
Da werden seine hellen Augen ganz traurig.
»Herr Oberleutnant, darf ich einen Befehl verweigern?« fragt er.
»Nein«, sage ich, »das dürfen Sie nicht.«
»Darf ich einen Wunsch äußern?« Er läßt nicht locker.
»Bitte, das dürfen Sie.«
Er holt klug taktierend aus: »Ich weiß, was uns hier bevorsteht. Ich weiß, daß Sie jeden Mann brauchen.«
Er macht eine Pause. Ich sehe den Hauptfeldwebel an.
»Ich kann die Kompanie in dieser Situation nicht verlassen. Herr Oberleutnant, ich bitte, hierbleiben zu dürfen, bis wir den Angriff abgeschlagen haben.«
Nun sehen alle mich an. Ich weiß nicht, ob ich lachen oder heulen soll. Die Minute hängt wie ein schwerer Hammer über mir.
»Sie wissen, was dieser Aufschub bedeuten kann?« frage ich.
»Ich weiß es«, sagt er bestimmt.
»Sie wissen, daß ich auch mein Gewissen belaste, wenn ich Ihrem Wunsch entspreche?«
»Ich weiß es und bitte dennoch!«
Wie geschickt sich der Bauernjunge ausdrückt, denke ich, und ich gestehe mir ein, daß ich ihn gern habe.

Noch einmal lese ich laut das Schreiben des Wehrbezirkskommandos. Es heißt nicht »sofort« oder ähnlich. Damit ist mir Spielraum gegeben und der Termin in meiner Hand.
»Gut«, fahre ich dann fort, »vor Zeugen auf Ihren Wunsch hin genehmigt. Sie können jederzeit widerrufen.«
»Danke«, sagt er, »kann ich jetzt gehn?« Ich nicke.
»Hätte ich einen solchen Wunsch ablehnen können?« frage ich, als er gegangen ist.
»Nein«, sagt Menge, »wenn ich es nicht erlebt hätte, würde ich es kaum glauben.«
Wieder kommen die Frauen zum Schanzen. Auch diese Nacht ist klar. Aber die Unruhe der vergangenen Nächte scheint eingefroren in einem milchigen Schweigen. Früher als sonst kommt der Dunst durchs Tal gekrochen.
Ich bleibe eine Weile beim Horchposten über der Bolschewistensenke. Aber die Nachtigallen schweigen längst in den Büschen. Nur das Herz schlägt laut gegen den sommerharten Boden, und das Blut rauscht in der Stille.
Früher als am Vortag schicke ich die Frauen zurück. Der Graben ist fertig. Dann gehe ich zum Granatwerferbunker. Carl hat sich bei seinen Kameraden wieder gefangen. Wir spielen theoretisch das ganze Sperrfeuerfeld noch einmal durch. Ich überzeuge mich, das ausgeklügelte System mit dem eingebauten Werfer sitzt. Stichproben bestätigen es.
»Fünfzehn«, sage ich.
»Bahnhof!« schallt es mir einstimmig entgegen, und schon ist die Drehscheibe umgestellt und eingerastet.
»Zwanzig!« sage ich. »Villenviertel« antworten sie, und Falk stellt ein.
Homola erscheint am Bunkereingang ganz außer Atem.
»Etwas Besonderes?« frage ich.
»Der Major ...« Er holt noch einmal Luft. »Der Major ist unterwegs zur Kompanie. – Ich habe Sie schon überall gesucht.«
Carl salutiert und sieht mich dabei erwartungsvoll an. Ich strecke ihm die Hand hin.
»Das alles ist perfekt. – Ich freue mich, daß Sie wieder da sind. Vergessen wir das andere. Ich brauche Sie.«

Da geht ein Strahlen über sein Gesicht. Noch im Graben ruft er mir nach: »Gute Nacht, Chef, und vielen Dank!«
Kühler sinkt die Nacht jetzt in die Gräben, deren Sandwände noch die Tageshitze speichern. Nachtvögel rufen unten im Bakankatal. Da lösen sich aus dem Schatten des vorletzten Hauses zwei Gestalten und kommen uns entgegen. Fast gleichzeitig treffen wir beim Gefechtsstand ein.
Ich melde dem Major. Ob er von dem Gespräch mit dem Oberst etwas weiß?
Wir gehen nach vorn und beginnen unseren Rundgang rechts, wo die Front mit der Stellung des Nachbarregimentes rechtwinklig zurückspringt entlang der Eisenbahnlinie nach Noworossijsk. Uns alle beunruhigt die Ruhe dort drüben und drunten. Nur weit hinter Krymskaja rollt der Nachschub noch. Die Stadt ist ein schmaler heller Streif, der unverändert still durch die Ebene zieht. Doch in dem Buschwerk zwischen ihr und uns ist unheimliches Leben, darüber gibt es keinen Zweifel.
»Unsre Flieger sind ausgeblieben«, sage ich. »Wir haben sie oft angefordert in den letzten Tagen.«
»Ich auch«, sagt der Major, »ich auch.«
»Aber man kann nur einsetzen, was man hat. – Sie werden wohl anderswo dringender gebraucht.«
Dann schweigen wir resigniert.
Wir streifen alle vorderen Nester und Stellungen, kriechen die fünfzig Meter zum Horchposten vor und lauschen ins Dunkel.
Plötzlich klagt drüben aus dem tiefer liegenden Buschwald wieder das glockenhelle Lied einer Frauenstimme: Schwermut einer endlosen Nacht.
Was mag in ihnen vorgehen, diesen Frauen, die genau wissen, was ihnen bevorsteht?
Wir sind am linken Flügel meiner Stellung. Ich warte auf ein Wort des Majors. Er ist stehengeblieben. Irgend etwas an ihm ist anders. Ich merke, er will etwas sagen, ringt aber nach Worten.
Ich rätsele, was in ihm vorgeht, und schweige auch.
»Es ist ein schwerer Weg für mich«, sagt er dann und deutet mit einer Kopfbewegung zum Nachbarn.

»Jedesmal, wenn ich in der nächsten Stellung den Posten kontrolliere, fällt der Mann in der Nacht.« Er hat zögernd gesprochen. Das Gesicht ist mir abgewandt, er schaut unentwegt nach links. Ich kann nicht sehen, was sich in seinen Mienen spiegelt. Aber die sonst feste Stimme ist weich und menschlich geworden. So nahe waren wir einander nie. Ich weiß, daß jedes Wort jetzt fehl am Platz ist, und ich begreife plötzlich ganz neu die Dimension dessen, was wir Verantwortung nennen.
»Sie müssen mich wie einen Raben ansehen, einen Vorboten des Todes.«
Er schüttelt den Kopf.
»Vielleicht durchbrechen Sie heute nacht das Gesetz der Serie«, versuche ich zu trösten.
Er dreht sich langsam um und verabschiedet sich. Der Händedruck ist fest und bestimmt wie immer.
»Es bleibt mir ja keine Wahl. Gute Nacht!«
»Gute Nacht, Herr Major! Hoffentlich kommen morgen die Flieger!«
»Hoffentlich!« murmelt er und ist schon auf dem Weg. Ich höre ihn im nächsten Abschnitt mit Helmut sprechen.
Rehmanns unkomplizierte Art bringt mich aus dem Grübeln.
Dann bin ich wieder allein auf dem Weg nach Hause zu meinem Gefechtsstand. Homola folgt mir in einigem Abstand. All diese Tage schürfen an unsrer Seele. Man wartet und wartet und brennt auf Entscheidung und weiß doch nicht, was sich entscheidet. Ich sehe zu den Sternen auf. Liegt Trost in der Nacht?
»... die Sterne stehn vollzählig überm Land ...« Im letzten Urlaub ist mir das Carossa-Gedicht begegnet. Trägt diese Welt uns hier noch? Die Entscheidung, auf die wir hoffen, ist vielleicht der Tod.
Die Motorengeräusche zersägen die Nacht. Was der Tag uns bringen mag, ein paar Stunden Schlaf helfen uns, ihn besser zu meistern.
Vielleicht. – So schlafe ich ein.
Da tippt mir Homola auf die Schulter.
»Der Major«, sagt er und hält mir den Hörer hin.
Ich setze mich gebeugt hoch, strecke den Kopf unter der Pritsche vor und melde mich.

»Ich wollte Ihnen nur sagen«, höre ich die Stimme des Majors, »der Mann von der neunten Kompanie ist gefallen. Kopfschuß.«
»Ach!« sage ich. Dann schweigen wir beide. Und dann nach einer Weile nimmt er die Leere wieder aus der Leitung, dieses unendlich Trennende, und fügt entschuldigend hinzu: »Ich mußte doch mit jemand darüber sprechen. Gute Nacht!«

Der Himmel birst

7.8.43

Ab 3 Uhr am Morgen lasse ich die Posten verdoppeln. Erhöhte Alarmbereitschaft. Wer noch Schlaf findet, trägt den Stahlhelm und hat das Gewehr griffbereit.
Mein erster Gang gilt der B-Stelle. Das Scherenfernrohr durchdringt den Dunst nicht, der über der Ebene liegt. Tödliche Stille vor uns. Ich gehe zur Pakstellung. Sie haben das Eichwäldchen anvisiert, von wo im Frühjahr die Panzer angriffen.
Dann bin ich allein in Dämmerung und Stille. Sie ist atemberaubend wie die Minuten nach dem Erdbeben, nur geht sie einem ungeheuren Geschehen voraus.
Noch ein paar Züge Schlaf. Dann braucht mich keiner zu wecken. Ich springe auf und schaue auf die Uhr: 5.05 Uhr.
Trommelfeuer faucht und kracht rundum. Die Bunkerdecke hält einer leichten Granate stand, aber Staub und Erde rieseln durch Sehschlitz und Deckenbalken herab.
Mit dem ersten Schlag sind alle Leitungen zerrissen. Breitenbach geht auf Empfang. Seine Hand fliegt über das Papier. »Bataillon fo-fordert Lagebericht«, sagt er.
»Pausenlose Einschläge im ganzen Abschnitt, alle Kaliber. Verluste unbekannt. Gehe nach vorn.«
Ich stecke noch zwei Handgranaten und ein Magazin ins Koppel, ziehe den Stahlhelmriemen fest. Wernike macht sich fertig, mich zu begleiten.
»Wenn ich nicht zurückkomme«, sage ich zu Ludwig, »übernehmen Sie die Kompanie, bis Rehmann einspringen kann. Einziger Gefechtsauftrag: Halten des Erkers. Sie wissen, Verlust unsrer Stellung bedeutet Aufrollen der Bakankastellung aus der Flanke. Klar?«
»Alles klar«, sagt er, doch seine Augen sehen mich seltsam an.
»Halten Sie Verbindung mit …« Ein Einschlag dicht am Bunker wirft eine Handvoll Erde durch den Lichtschacht auf den Tisch. Sand rieselt auf den Stahlhelm. Pulverdampf zieht vom Graben her durch den Eingang.

»… Verbindung mit dem Bataillon« fahre ich fort. »Wernike hält Sie auf dem laufenden. Ich gehe zur B-Stelle und den mittleren Stellungen, weil ich den Angriff aus der Senke erwarte.«
Rund um den Bunker dröhnt die Erde. Schlag auf Schlag hämmert um uns. Ich zögere einen Augenblick, dann sage ich zu Wernike: »Kommen Sie!« Und wir gehen hinauf.
Dumpfe Abschüsse drüben von den Berghängen. Wir werfen uns auf die Sohle des Grabens, es zischt und splittert und birst um uns. »Die spucken ihren ganzen roten Himmel auf uns«, rufe ich Wernike zu. Wir springen vorwärts.
Die Ebene hinter uns ist weiß wie an einem Novembermorgen. Im Licht der aufgehenden Sonne schimmert der künstliche Nebel rosafarben, widerlich süß, und die Erde vor mir riecht nach Pulver. Auch über unseren Stellungen ziehen weiße Schwaden von Erker und Düne herab. Der Graben hat viele Einschläge, doch hat er standgehalten.
»Bleiben Sie zehn Meter hinter mir!« sage ich zu Wernike, »daß es uns nicht gleichzeitig erwischt.«
Die nächste Salve rollt heran, sie liegt wieder näher. Ein Sprung, und ich bin bei Carls Bunker, Wernike stürzt hinter mir herein. Erdbrocken und Splitter zischen zwischen uns.
»Ich bin draußen gewesen«, sagt Carl, »es ist noch nichts zu sehen.«
»Trotzdem«, sage ich, »schießen Sie! Die sitzen vor den Minen und dem Drahtverhau. Streuen Sie das ganze Vorfeld ab. Sparen Sie nicht. Im Nahkampf braucht man keine Werfer.«
»Fang rechts an!« befiehlt er Falk und geht mit mir nach draußen. Kaum hörbar fluppt es aus der Tiefe hinter uns. Die Einschläge drunten sind nicht auszumachen, auch nicht, ob die eigene Artillerie Sperrfeuer schießt. Der Himmel birst und spuckt Eisen und Erde auf uns herunter. Fast könnte man die Gasmaske gebrauchen. Geduckt springe ich weiter. Da faucht es neben mir auf den Grabenrand, wirft mich zu Boden und Sand und Splitter hinter mir her. Fast bin ich ganz verschüttet. Ein Schock fährt mir durch die Glieder und schüttelt mich. Ich möchte in der Erde versinken. Die Versuchung ist groß. Die Hände schlage ich vors Gesicht. Dann tasten sie den Körper ab. Wohin sie fassen, greifen sie heißes Eisen. Ich ziehe die Beine an. Es

geht. Ich hebe mich auf Knie und Hände, schüttele den Sand von mir und spucke aus. Wernike ist bei mir.
»Herr Oberleutnant, sind Sie ...«
Sprechen kann ich nicht, schüttle den Kopf und greife meine Maschinenpistole. Verantwortung! Weiter zur B-Stelle.
»Haben Sie Sperrfeuer ausgelöst?« frage ich den Feldwebel der Artillerie.
»Ja«, sagt er, »von ›Bad Nauheim‹ bis ›Villenviertel‹!«
»Lassen sich schon Infanterieangriffe beobachten?« frage ich weiter.
»Nein«, sagt er, »noch nicht. Der Dunst ist zu dicht.«
Ich klettere hinauf ans Scherenfernrohr. Als ich gerade einstelle, zerfetzt eine Panzergranate den Sehschlitz, haut mir das Fernrohr gegen den Stahlhelm, daß mir der Schädel dröhnt.
Der Feldwebel sieht mich entsetzt an.
»Haben Sie nichts abbekommen?«
Ich verneine. Wir sind beide kreidebleich. Er hebt das verbeulte Fernglas auf. Wertlos. Die B-Stelle ist blind.
Vor meinen Augen tanzen noch die Funken.
Im selben Augenblick ballern im ganzen Abschnitt die Maschinengewehre los. Rote Leuchtkugeln heben sich aus dem Dunst: der Angriff! Ich schicke Wernike zurück zum Gefechtsstand:
»Lassen Sie durchgeben: Angriff auf der ganzen Linie, Stärke bei Sichtbehinderung unbekannt.«
Die Pakbedienung ist schußbereit, aber die Panzer hinter dem Wald kommen diesmal nicht durch die Senke, sondern drehen links ab. Aus ›Obstplantage‹ und ›Villenviertel‹ schlägt starkes Infanteriefeuer hoch. Aus dem Buschwerk am Bakankaufer hämmern schwere Maschinengewehre über die Stellungen. Kommandos, Schreie, Rufe hüben wie drüben. Als ein leichter Morgenwind den echten und künstlichen Nebel über die Düne hoch ins Hinterland treibt, sieht man die Stoßtrupps in den Minenfeldern und am Drahtverhau. Carls Granatwerfer schießen jetzt gezielt. Aus der Tiefe schiebt der Russe dichte Menschenknäuel nach vorn. Auf dem Weg zur mittleren Stellung kommt Henk mir entgegengekrochen. Die Hose ist zerfetzt, die Hände sind voller Blut, das Gesicht ist blutleer.
Maurer und Wernike kommen hinter mir und bringen ihn in den

Granatwerferbunker. Seine Gruppe hält sich großartig. Ich suche mir Schußfeld und jage einige Feuerstöße in die angreifenden Menschenknäuel. Es wirkt wie Befreiung. Ich gehe nach links. Werkmann steht hinter dem Maschinengewehr und feuert. Der Graben liegt voller Hülsen. Der MG-Schütze 2 sitzt tot zu seinen Füßen.
Ein Wort der Ermunterung im Vorübergehen.
»Wir schaffen's«, ruft er zurück und legt einen neuen Gurt ein.
In der nächsten Stellung steht Abt. Er hat einen Streifschuß am Kopf. Der weiße Verband leuchtet weithin, Blut ist durchgesickert. Aber er verharrt unerschüttert und feuert gezielt.
Bilder wie aus alten Filmen, denke ich und bin stolz auf diese achtzehnjährigen Männer.
In der Stellung Grade ist es nicht anders. Drei Mann sind ums Maschinengewehr versammelt. Sie halten die Senke sauber. Der Rest der Gruppe ist ausgefallen und liegt im Bunker.
Links ist es auffallend ruhig. Rehmann hat keinen Kontakt mehr zur Gruppe Lang. Auch in der Stellung Buttler regt sich nichts. Ich mache mich mit Wernike auf den Weg. Da zwingt MP-Feuer uns zur Deckung. Mit zwei Handgranaten wollen wir uns Luft schaffen. Als wir wieder in Anschlag gehen, kommen uns aus den Stellungen Lang und Buttler Russen entgegen. Unser Feuer zwingt sie zur Umkehr. Ich lasse Wernike mit Rehmann und seinem Melder an der Stelle zurück und springe in kurzen Sätzen zu Carl.
»Wieviel Schuß haben Sie noch?« rufe ich ihm von weitem zu.
»Zwanzig«, antwortet er halb stolz, halb traurig.
»Gut«, sage ich, »schießen Sie zwanzig Schuß auf die Stellung Buttler. Der Russe ist links eingebrochen. Dann verstärken Sie mit ihrem Trupp die linke Flanke, wo ich Wernike zurückgelassen habe.«
Ich eile zum Gefechtsstand weiter, um den Einbruch zu melden. Ludwig strahlt, als er mich wiedersieht. Homola betreut einen Verwundeten vom Zug Ritter.
»Breitenbach«, sage ich, »haben Sie Verbindung?« Er nickt.
»Gut. Geben Sie durch: Verluste bei vierzig Prozent. Einbruch in Stellung ›Buschreihe‹! Abriegelung nicht möglich, igle mich ein. Starker Feinddruck auf der ganzen Linie, jetzt besonders rechts. Stellung wird gehalten.«
Im Graben vorm Gefechtsstand schlagen Garben von Bordkanonen der Schlachtflieger ein. Sie rasen dicht über die Gräben.

»Den nächsten holen wir uns«, sagt Ludwig und geht mit Homola hinaus. Und tatsächlich, als der nächste anfliegt, nehmen sie ihn von der Seite her unter Feuer. Er zieht eine schwarze Fahne hinter sich her und schlägt vor den Häusern von ›Bad Nauheim‹ brennend ins Buschwerk. Wernike kommt hastig und ruft schon von weitem: »Starke Angriffe von rechts! Feind bereits im Graben!« Das ist die Situation, von der ich mit dem Oberst gesprochen habe.
»Außer dem Funker alles in die Defätistenstellung!« sage ich.
Ludwig sieht mich fragend an.
»Reservestellung«, verbessere ich mich.
Draußen erkennen wir zwei Kameraden, die über den Kamm der Düne robben. Es ist Ritter mit Arnold.
»Oberleutnant Tolk!« ruft er mir entgegen, dann springt er hoch und stürzt zu uns in den Graben. Arnold hängt der rechte Ärmel herunter.
»Streusplitter«, sagt er, »nicht schlimm.«
Dann steht Ritter vor mir: »Zweiter Zug aufgerieben. Russe bis zum Gefechtsstand eingebrochen.«
Die Erregung steht noch in seinem Gesicht. Sein Atem fliegt.
»Bleiben Sie hier und sichern Sie nach rechts, wir igeln uns hier ein.«
Alles, was noch am Leben ist, ziehe ich auf diesen Abschnitt zurück. Mehr als zwei Drittel sind ausgefallen. Jetzt gilt es zusammenzustehen. Wenn der Russe angreift, muß er deckungslos über den Hang, wie Ritter gekommen ist. Das ist unsere Chance.
»Angriff von links!« ruft Ludwig.
»Kommen lassen!« sage ich zu Rehmann. »Wir müssen sie vernichten, nicht verscheuchen.«
Jetzt drängen Sie dicht von der Pakstellung herüber.
»Sichern Sie hier!« sage ich zu Ludwig. »Schießen Sie erst, wenn auf mich geschossen wird.«
Im Kaminstieg der Bergsteiger arbeite ich mich im Graben hoch, die Maschinenpistole stets im Anschlag. Dreißig, vierzig Meter robbe ich nach vorn, um den Graben einsehen zu können.
Erbarmungslos brennt die Sonne. Kaum läßt sich das Metall der Waffe noch anfassen. Kopf an Kopf geduckt, sitzt die erdbraune Gruppe bis zur Pakstellung, aber keiner sieht nach mir herüber.

Ich höre wie flüsternd ein Befehl durchgegeben wird. Die braunen Rücken und Helme verschwinden noch tiefer im Graben. Daraus wird der Angriff, denke ich. Aber es geschieht etwas ganz anderes. Wie ich mich von der Gruppe gelöst habe, löst sich drüben ein einzelner Mann, kommt im Graben vorwärts und ist schon fast auf der Höhe des Granatwerferbunkers. Er späht in den Graben, findet ihn leer und verschwindet im Bunker. Mit fünf, sechs Sätzen bin ich am Graben, springe hinunter und stehe mit der Maschinenpistole im Anschlag dem Eingang gegenüber, doch so, daß mich von links her niemand beobachten kann. Henk, geht es mir durch den Kopf, wenn er Henk etwas tut! Bange Sekunden. Es eilt ihm nicht, sich in unseren Bunkern umzusehen. Er läßt sich Zeit, Zeit, die an meinen Nerven zehrt.
Dann taucht er auf. Ein Mensch wie ich. Harmlos, unbekümmert, kommt es mir vor, sieht er herüber.
»Ruki wjärsch!« (Hände hoch!) Ich rufe es halblaut, um mir nicht seine Leute auf den Hals zu hetzen. Er sieht mich ganz ruhig an, nicht im geringsten verwundert, wie mir scheint, läßt die Kalaschnikow (Maschinenpistole) fallen und hebt die Hände.
»Dawei«, flüstere ich ihm zu und gehe zurück, die Pistole gegen ihn im Anschlag.
Die Unsicherheit des Rückwärtsgehens wird zur Gewohnheit. Es braucht seine Zeit, bis wir Boden gewinnen, denn an jeder Grabenbiegung muß ich ihn ganz nahe herankommen lassen, damit er nicht flüchten kann. Andererseits brauche ich ihn als Deckung gegen seine eigenen Leute, falls sie ihn suchen sollten. Aber hinter uns regt sich nichts.
Es ist Mittag. Schweiß steht uns beiden im Gesicht. Ich studiere seine Züge. Kein Haß, keine Hinterlist, nur seltsame Gelassenheit. Verrückt: Da höre ich Schwieterings wohlklingende Stimme vom Katheder der Universität her zitieren:

> »... dat sih urhettun aenon muotin,
> Hiltibrant enti Hadubrant untar heriun tuem ...«
> (... daß sich als Einzelkämpfer herausforderten
> Hiltibrant und Hadubrant zwischen zwei Heeren ...)

Da höre ich Ludwigs Stimme hinter mir.
»Nicht schießen!« rufe ich ihm zu.

Dann sind wir bei ihm. Jetzt drücke ich mich an den Grabenrand und lasse den Gefangenen vorbei.
»Gratuliere, Herr Oberleutnant, ein Oberleutnant!« ruft Ludwig beglückt.
Ich hatte bisher nur den Menschen gesehen. Da fällt es mir wie Schuppen von den Augen. Eine solche Gelegenheit bietet sich nur einmal. Die Angriffsspitze des Gegners ist führerlos und wartet auf Befehle. Zum Vernehmen ist jetzt nicht Zeit.
»Dahinten!« ruft Wernike und deutet in die Ebene in unserm Rücken. In breiter Front und tief gestaffelt stoßen die Russen in Richtung Waldrand vor. Wir sind abgeschnitten.
Dennoch! Mein Plan steht fest. Jetzt zuschlagen, bevor die Wartenden sich ihrer Lage bewußt werden, oder wir sind verloren.
Ich lasse Werkmann mit seinem Maschinengewehr bei Ludwig zurück, Homola bringt den Gefangenen in den Bunker und bewacht ihn mit Maurer und den Verwundeten zusammen.
Mit zwölf Mann wollen wir den Gegenstoß wagen. In einer kleinen Mulde schieben wir uns senkrecht zum Graben nach vorn. Geschossen wird erst, wenn der Russe schießt oder ich das Zeichen zum Sturm gebe. Nach hundert Metern schwenken wir links, bilden statt der Kette eine Schützenlinie und schieben uns bis auf zwanzig Meter vor. MG-Salven zischen von der Bakanka herüber. Ich gebe Zeichen, springe auf und brülle los. Jeder rennt um sein Leben. Wir sind am Graben.
Wer Widerstand leistet, stirbt, das ist das furchtbare Gesetz des Krieges.
Ritter bringt die Gefangenen zurück. Der Graben ist feindfrei. Wie durch ein Wunder haben wir keine Verluste. B-Stelle und Pakstellung sind verlassen.
Das Schicksal ihrer Kameraden im mittleren Abschnitt scheint seine Wirkung zu tun, sie schießen Störfeuer, aber keiner drängt nach. Die kleine Zange um den Erker ist zerschlagen, die große Zange im Rücken schneidet uns vom Bataillon ab.
Auch die Verwundeten können nicht zurückgebracht werden, ebensowenig wie die Gefangenen.
Wir kehren in die Igelstellung zurück. Da fällt mir Henk ein, der im Granatwerferbunker liegt und den der Russe besucht hat. Ich bin sicher, daß ihm nichts geschehen ist.

Im Bunker ist Kühle und Stille. Henk rührt sich nicht. Die hellen jungen Augen sind starr zur Decke gerichtet. So muß schon der Russe ihn angetroffen haben. Kein Zeichen von erstarrtem Schmerz. Die Jugend blüht im Tod nach, entspannt, fast heiter. Ich schließe ihm die Augen und lege die Hände zusammen.

Erschüttert von dieser kurzen einsamen Zwiesprache, gehe ich zum Gefechtsstand zurück, um dem Bataillon meine Meldung zu machen.

Düne und Erker sind wieder in unserer Hand, die Feindbewegung in unserem Rücken hält an. Noch einmal bitte ich, Reserven des Nachbarregiments hinter meinen rechten Flügel zur Verstärkung zu werfen, um die Lücke zu schließen.

Dann bin ich wieder draußen. Homola holt mich zurück. Anfrage des Bataillons: »Können Sie noch halten?«

Einen Augenblick zögere ich, dann verwachsen Auftrag und Entschluß zu einem Ganzen.

»Geben Sie dem Bataillon durch: Aushalte bis zum letzten Mann. Tolk!«

Die braungrünen Wellen in unserem Rücken ziehen zielstrebig dem Waldrand zu. Werkmann hämmert mit dem MG auf sie ein. Es ist zu weit, und wir müssen Munition sparen, noch ist der Tag nicht zu Ende. Dennoch bleiben einige liegen. Er hat also getroffen.

Wieder jagen Schlachtflieger von Krymskaja herüber, kippen Bomben auf unsre Stellungen und schießen Garbe um Garbe mit Bordkanonen.

Granatwerfer und Artillerie nehmen den Beschuß unsrer Stellung ebenfalls wieder auf. Aber sie sind nicht sicher, wo sie uns suchen sollen. Die Einschläge liegen auf den jetzt leeren Gräben oder gehen über uns hinweg in die Mulde.

Da das Feuer unserer Artillerie jetzt die durchgebrochenen Teile in unserem Rücken erfaßt und schwere Verluste schafft, triften die Linien nach links ab. Die Umklammerung ist gelöst.

Nun können wir versuchen, die Verwundeten und die Gefangenen in Marsch zu setzen. Homola bringt sie zum Bataillon. Wenn sie sich dicht am Bakankatal halten, können sie unbemerkt den Wald erreichen.

Gluthitze des Augusttages zwingt auch den Russen zur Pause. Seine Kompanien sind mindestens so ausgeblutet wie wir. Sie bleiben im Schatten unsrer Gräben rechts und links liegen. Die Mitte gehört uns.
Wir wechseln in zwei Schichten. Die jeweils freien sechs Mann fasse ich als Eingreifreserve im Gefechtsstand zusammen. Da die meisten noch keinen Bissen gegessen haben, teilen wir auf, was vorhanden ist: Brot, Wurst, Frontkämpferpäckchen. Als Marketenderware ist eine Flasche Krimsekt mitgekommen, uralter Bestand aus den Kellern von Anapa. Die Flasche geht reihum.
Weihe und Feierlichkeit eines großen Festmahls überkommen uns. Gelöstheit wird zur Freude, noch am Leben zu sein. Vorm Bunker oben liegen die Toten. Nicht alle. Nicht alle! Die Siebzehnjährigen Falk und Arnold spüren, daß sie die große Probe bestanden haben. Sie sind Männer geworden in diesen Stunden. Ich sage es ihnen. Glück blüht auf ihren Gesichtern.
Dann Schichtwechsel. Ich gehe mit ihnen hinauf, Ludwig und Rehmann schicke ich hinunter.
Falk übernimmt das Maschinengewehr am rechten Flügel, und ich schärfe ihm ein, sehr wachsam zu sein. Wenn dort ein Durchbruch gelingt, sind wir endgültig abgeschnitten. Arnold hat den Schock vom Tod seines Leutnants überwunden. Fast befreit steht er am Maschinengewehr Werkmanns. Ich pendle zwischen den Flügeln hin und her.
Als ich wieder nach rechts komme, verschlägt es mir den Atem. Falk sitzt auf dem Grabenrand und schaut sorglos in die Gegend. Ich erschrecke. Sollte der Sekt ihm zu Kopf gestiegen sein?
»Gehen Sie herunter, Falk, herunter!« rufe ich ihm zu. Zu spät! Ein Kopfschuß wirft ihn mir vor die Füße. Carl schreit auf:
»Wenn ich den kriege!«
Ich lasse Maurer holen. Auch er kann nur den Tod feststellen, Warum, frage ich mich, ist er so leichtsinnig geworden? Sicher war es die Euphorie des Gegenstoßes, die nicht abgeebt war. Sein Leben hatte sich erweitert in diesen wenigen Stunden, darüber hatte er das Maß verloren. Mut und Übermut wohnen nah beieinander. Kaum achtzehn Jahre kurz kann unsre Zeit bemessen sein.

Alles im Graben wird rar: der Mensch, das Gerät, die Munition. Ich wollte, es wäre Nacht! Uralter Traum der Kämpfenden!

Aber noch brennt die Sonne. Etwas Wasser täte gut zum Trinken und um sich das Blut von den Händen zu waschen. Denn fast jeder hat einen verbunden.
Deutlich verstärkt sich das Artilleriefeuer auf den Erker. Sie haben drüben Nachschub erhalten und schießen sich wieder ein. Solange wir halten, kämpfen ihre durchgebrochenen Teile mit offener Flanke. Wie wenige wir sind, wissen wir nicht.
Totenstill liegen westlich unter uns die Häuser von Werch-Adagum. Was gäbe man jetzt für den Schatten eines Strohdachs! Der Hang, der das Dorf gegen die scharfen Seewinde schützt, ist meine offene Flanke. Noch glänzt er herrenlos im flimmernden Mittag. Die wenigen Versuche, weiter vorzudringen, sind aufgegeben. Auch ihre Verluste müssen unsagbar hoch sein.
Noch nie habe ich das Gelände so genau beachtet. Gärten waren das einmal. Einige Zaunpfähle sind stehengeblieben und werfen Schatten hangaufwärts. Wo fleißige Frauenhände Kohl und Blumen gepflanzt haben, gähnen nun schwarze Trichter. Erntegang des Todes. Eine Gruppe orangeroter Tigerlilien ist übriggeblieben. Sie haben einst auch die Gärten der Semiramis überlebt. Und wir? Henk und Falk und all die anderen und die Melancholie des Schlachtfeldes am Hochsommertag!
Fata Morgana unter südlicher Sonne!
Auch Carl beobachtet wie besessen. »Mein Falk!« sagt er immer wieder und dann: »Wenn ich den kriege!«
Aber der Schütze zeigt sich nicht wieder, und die Lilien trösten ihn nicht.
Und die Kameraden? Tot, verwundet, gefangen? Nichts Lebendiges zeigt sich mehr, kein Käfer, kein Vogel, kein Schmetterling. Die Gnadenlosigkeit menschlichen Kampfes hat die Natur verödet. Nur ein paar einsame Wölkchen ziehen hoch im Blau dem Meer zu, unwirklich verspielt und fremd an diesem Tag.
Hinter all dieser Ruhe, darüber sind wir uns klar, braut sich der nächste Sturm zusammen.
Rechts fällt ein einzelner Schuß.

»Ich hab' ihn!« jubelt Carl. Er ist sich seiner so sicher, als habe er den Todesschützen drüben persönlich gekannt.
Sind wir verhärtet? ... unmenschlicher geworden?
Härter sicherlich, sonst könnte man all das nicht überstehn, aber nicht gefühllos.
Sorge und Fürsorge aber muß jetzt den Lebenden gelten. Die Stellung zu halten und mit ihnen zu überstehen, ist der gestellte Auftrag. Die Trauer aber sitzt tief, ganz innen und wird noch lang unsre Tage beschatten.
Grade, der prächtige Jungbauer aus Ostpreußen, steht links hinter dem Maschinengewehr. Ein Splitter hat seinen Unterarm gestreift. Der schmutzige Verband behindert ihn nicht. Prächtige Burschen, die das Selbstverständliche selbstverständlich tun, ohne große Worte, gefaßt und willens.
Wir schleppen zusammen, was an Munitionsresten und Handgranaten noch vorhanden ist. Jedem Verwundeten muß ein Rest bleiben, wer weiß, in welche Situation einer dahinten kommen kann. Ein Feuerschlag kündigt das Ende der Mittagspause an, planmäßig um 1 Uhr, wie in einem Betrieb. Wir ducken uns in die Gräben der ›Düne‹. Sand und Splitter rieseln herab.
»... und die Düne kam und deckte sie zu ...« Erinnerung an das Balladenseminar in Frankfurt. Warum gerade heute die Vergangenheit so nahe ist? Schlachtflieger brausen bakankaabwärts, stürzen über die Berge herab, feuern pausenlos auf unsre Stellung, drehen nördlich ab und setzen zur Rückkehr an.
Wieder stehen die Einschläge wie Sandfontänen längs des Grabenrandes. Wieder bewährt sich das Zickzacksystem unsrer Linienführung. Wer sich flach auf den Boden wirft, ist kaum auszumachen. Nur wenn sie unmittelbar über uns sind, können sie uns für Bruchteile von Sekunden anvisieren. Von irgendwo her schießt Flak. Eine schwarze Rauchfahne steigt aus einem Rumpf. Der Pilot dreht nach Norden ab, der rechte Flügel zieht nach unten. Eine dünne Rauchsäule steigt hoch in den Mittag.
Wir jubeln, aber dann ist das unheimliche Klicken aus der ›Obstplantage‹ wieder zu hören. Sie wollen ihre Fliegerkameraden rächen. Zu kurz. Die Einschläge liegen zwischen uns und ihren

Kameraden und verzögern den Angriff. Wir atmen auf. Jede geschenkte Minute befreit und nährt Hoffnung.
Noch ein viertelstündiges Trommeln, noch einmal die Schlachtflieger, dann kommen sie über den Kamm. Jeder weiß, worum es geht. Jeder ist sein eigener Feldherr. Unterstützung durch schwere Waffen gibt es nicht mehr. Jeder kämpft ums nackte Leben, damit hinten vielleicht eine Riegelstellung aufgebaut werden kann. Keiner hat mich gefragt, wann wir zurückgehen. »... bis zum letzten Mann ...« habe ich gemeldet, aber das wissen sie nicht.
»Feuer!« schreit Rehmann, und die erste Welle bricht zusammen. Die zweite Welle kommt bedenklich nahe. Wir greifen die bereitgelegten Handgranaten. Die zweite Welle treibt zurück. Die dritte wird nach vorn befohlen, wir können die Kommandos hören. Ihr geht es nicht besser. Ein Wunder, daß wir keinen Ausfall haben, ein noch größeres, daß sie immer frontal angreifen, wo unsre Flanken doch so empfindlich sind.
Alle Hoffnung richtet sich auf den Abend, der vielleicht Verstärkung und Munition bringt. Schweiß rinnt uns von Kinn und Nase. Wir wischen ihn mit dem Ärmel weg. Schwer wie die Sonnenglut sinkt die Stille für kurze Zeit auf die ›Düne‹.
Noch einmal kommen sie, jetzt wirklich von links. Als die ersten getroffen liegenbleiben, zieht sich der Rest zurück.
Wir atmen auf, nehmen die Helme ab, damit die Sonnenglut die schweißdurchnäßten Haare trocknet.
Erst der Abendwind wird Kühlung bringen. Mit dem vergehenden Tag wächst Hoffnung. Trotzdem. Wenn wir bis dahin durchhalten können, brauchen wir Verstärkung nach rechts, oder wir müssen selber durchbrechen zum Nachbarregiment, um nicht in der Nacht ausgehoben zu werden.
Über den Gebeinen der Toten auf dem Kamm der ›Düne‹ zieht jetzt die schmale Mondsichel bleich am blauen Himmel hoch.
Ich gehe zum Gefechtsstand zurück, um Meldung zu erstatten. Ich sehe noch einmal in die Ebene zurück. Vom Waldrand unterhalb des Hügels 195,5 kommen neun Männer weit auseinandergezogen und streben dem Westrand des Dorfes zu. Da summt der Kasten. Breitenbach schreibt und entziffert: »Können Sie noch halten?« Er schaut mich fragend an.

Muß man dieselbe Frage immer wieder beantworten? Aber ich höre auch die Besorgnis des Kommandeurs und verstehe. Nur einen Augenblick überlege ich, dann sage ich zu Breitenbach: »Geben Sie durch! – ›Halte! Tolk!‹«
Fast bereue ich. Etwas theatralisch, diese Kürze. Aber Breitenbach haut aggressiv in die Taste. Theatrum mundi. Deine Stunde, Tolk. Vielleicht die einzige und letzte, die dir ganz gehört. Wenn die nächste Feuerwalze über dich hinweggeht, trittst du zurück in die Vergessenheit, du mit all den andern, die da vorne liegen. Theatrum mundi. Aber die Arena ist leer. Die Zuschauer fehlen. Und wenn du abtrittst, Tolk, gibt es keinen Applaus.
Gefährlich, gefährlich, diese Stunden oder Sekunden der Reflexion. Da ist noch etwas Wichtiges. Breitenbach schiebt mir den Zettel hin. »Verstärkung unterwegs.«
Ich bin im Bilde. Auch das ist Teil des Theaters. Tragödie. Moralische Unterstützung: neun Mann. Es muß schlimm aussehen.
Ich lasse Wernike unten beim Funker und gehe zu Barth nach oben. Schweißtriefend, mit Munition beladen, kommen die Männer den Pfad vom Dorf herauf. Voran ein junger Leutnant, kaum über Zwanzig.
»Leutnant Torsten mit acht Mann zur Stelle!« meldet er.
»Tolk«, sage ich, ohne ihn meine Enttäuschung merken zu lassen. »Fein! Damit haben wir uns fast verdoppelt.«
Ich drücke ihm dankbar die Hand. Nun ist er enttäuscht.
»Sind Sie nur noch so wenige?«
»Zwölf Mann und ein Funker«, unterrichte ich ihn. »Lassen Sie Ihre Leute zuerst im Gefechtsstand Luft schnappen. Ich verstehe Ihre Gruppe als Eingreifreserve, da meine beiden Flügel offen sind.« Wir betrachten uns die Stellungsskizze. »Den letzten Angriff haben wir vor einer Stunde abgeschlagen. Kann sein, daß sie's vor Abend noch einmal versuchen. Kann auch sein, daß sie die Nacht abwarten, falls sie noch Reserven haben.«
Torsten setzt sich und wischt sich den Schweiß vom Gesicht. Seine Haare sind hell wie der blasse Mond über der ›Düne‹. Die großen dunklen Augen gehen suchend über uns hin. Es ist schwer, ihm die Zunge zu lösen. Von den Leuten, die er mitgebracht hat, kenne ich Gutwald und Knapp. Die andern sind neu. Ich begrüße jeden und frage nach seinem Woher.

Dann gebe ich dem Bataillon durch: »Torsten eingetroffen. Danke!«
Rehmann meldet das Vortasten einzelner Späher. Panzer rollen hinter dem ›Eichwald‹ an. Ihr Streufeuer gilt den vorderen Gräben. Vereinzelte Granaten zischen über uns hinweg oder bleiben am Rand der ›Düne‹ hängen. Auch Schlachtflieger dröhnen jetzt wieder ins Tal und werfen ihre Bomben auf unsere Stellung.
Degenhard erhält einen Splitter in die Wange. Kann aber bleiben. Torsten bleibt in der Stellung, ich gehe zurück, um Artilleriefeuer auf ›Eichwald‹ anzufordern.
Ein erneuter Feuerschlag von Granatwerfern und Stalinorgeln fällt auf ›Erker‹ und ›Düne‹. Dann rauschen unsere Granaten in den ›Eichwald‹. Als ich wieder nach vorn komme, drehen die Panzer ab. Einer scheint getroffen zu sein, denn aus den Baumkronen steigt schwarzer Qualm.
Länger werden die Schatten unten im Tal. Ich sehe auf die Uhr, wie so oft an diesem endlosen Tag. 18.45 Uhr. Da dröhnt rechts hinter der ›Düne‹ das schrille »Urräää« des russischen Angriffs. Ich schicke Torsten zum Gefechtsstand, mit seinen Leuten den Graben zum Dorf hin zu besetzen und damit unsere rechte Flanke zu sichern.
Dann kommen sie aufrecht über den Kamm, rote Gestalten im Licht der Abendsonne. Die ganze ›Düne‹ nimmt das Rot auf und glüht. Über die Leiber der Toten hinweg, greifen sie an und zwischen den Leibern der Toten sterben sie. Noch einmal steigt der Schrei aus der Tiefe. Von irgendwo her kommen uns schwere Granatwerfer zu Hilfe, wahrscheinlich vom rechten Nachbarn. Jetzt nimmt auch Torsten das Feuer auf. Die letzte Angriffswelle verebbt. Wütend speien noch einmal Granatwerfer und Artillerie vom Bakankatal und den Hängen dahinter ihre Salven herüber. Wir atmen auf. Keine eigenen Verluste mehr.
Da der Bataillonsgefechtsstand noch an alter Stelle ist, kann der Einbruch nicht zu tief sein. Nur besteht die Gefahr, daß in der Nacht oder am Morgen die Stellung des Nachbarregiments von vorn aus dem Bakankatal und von hinten aus der Ebene vor Höhe 195,5 angegriffen wird. Dann sind wir endgültig abgeschnitten. Ich frage an, ob mit Artillerieunterstützung ein Gegenstoß über die ›Düne‹ uns wieder in Besitz der Hauptkampflinie

bringen könnte. Aber der Major befiehlt, ›Düne‹ und ›Erker‹ endgültig zu räumen, um Verbindung mit dem Nachbarregiment aufzunehmen.
Rehmann bringt die Leute zum Sammeln zurück an den Gefechtsstand. Torsten löst sich unmittelbar zum Dorf hin. Ich habe das Maschinengewehr von Werkmann übernommen und feuere aus Wut und Trotz nach links hinüber, wo sich einige in der Buschreihe bewegen und im Graben vorwärts streben. Sie schießen auf die zurückgehenden Männer. Es ist der letzte Gurt, den ich hinüberjage, aber er schafft Ruhe. Wehmütig schaue ich mich immer wieder um. Wieviel Arbeit, wieviel Hoffnung, wieviel Blut bleibt hier zurück!
Wir bauen im Dorf Sicherungen auf. Ludwig und Barth gehen den Fahrzeugen entgegen, die am Westrand des Dorfes auf uns warten. Ich suche den Chef der Nachbarkompanie auf. Sein Gefechtsstand ist in dem Haus, von dem aus ich den Bau der Stellungen geleitet habe. Er lädt mich ein, über Nacht bei ihm zu bleiben. Dann kommt Steinle mit den Verpflegungs- und Munitionsfahrzeugen. Er hat Verpflegung für vierzig Mann, und wir essen für vierzig.
Die Augen sind entzündet von Sand und Pulverrauch. Hinter jeder Bewegung lauert abgründige Müdigkeit. Und doch sind wir noch hellwach – das Geschehen hat uns in seinem Bann. Bild für Bild rast der Tag durch unser Gehirn.
Ein Brief von Hans Lang ist angekommen. Er wartet mit einer Marschkompanie auf den Einsatz im Osten. Er bittet mich zu veranlassen, daß er in meine Kompanie kommt. Ich hatte sie alle gern, die Jungen und Männer, die wir nun dort droben lassen mußten und vielleicht nie mehr zurückholen können. Wäre Hans unter ihnen! Undenkbar!
Nein, es ist besser einen Freund ferne zu wissen, ob er Hans heißt oder Fritz oder Jörg oder Wim.
Das übrige, Essens- und Munitionsverteilung machen Steinle, Rehmann und Ritter. Torsten teilt die Sicherungen ein, während ich mit dem Kompaniechef vom IR 57 den kommenden Tag abspreche. Im Morgengrauen werden wir mit Feuerunterstützung der schweren Werfer die Höhe wieder nehmen und enge Verbindung halten, denn unser Schicksal besiegelt auch das seine.

Noch ein später Gang durch die verlassenen Häuser, um die Sicherungen zu überprüfen. Lange stehe ich an einen Zaunpfahl gelehnt und spähe in die Nacht. Der berstende Himmel vom Morgen hat seine Schleier endgültig zurückgezogen. Die Sterne blinken hoch und hell. Schwaches Mondlicht wirft die Häuserschatten auf die nun wieder leere Straße. Stille des Raumes sinkt auf die Erde, die besetzten Gräben, die verlassenen Gräben, die einsamen Toten. Als meine Augen zu Gefechtsstand und Granatwerferbunker finden, taucht das Gesicht des gefangenen Oberleutnants vor mir auf, und ich bin ihm unendlich dankbar, daß ich nicht schießen mußte.
Bleiern sinkt dann der Schlaf. Aber im Innern tobt der Kampf weiter.
Längst Vergangenes wird wach und drängt hervor. Ich gehe wieder als Junge mit dem Schlitten durch den Kranichsteiner Park, und da ist er wieder, der Unsichtbare, der von irgendwo auf mich anlegt. Aber ich gehe nicht meines Weges weiter wie damals. Ich springe in den Graben. Aber der Graben stürzt ein und deckt mich zu.
Wie lang sind solche Nächte und doch viel zu kurz, wenn man im Morgengrauen zum Sturm aufsteht.

8.8.43

Mit einem Feuerüberfall auf die eigene Stellung beginnt Carl den Angriff. Im Sprung sind wir oben. Die Russen ziehen sich einzeln zurück. Wir haben keine Verluste. Links hinter uns ist der Kampflärm der Gegenstöße zu hören, doch er kommt nicht näher. Wieder igeln wir uns im Halbkreis ein. Schwache Stelle bleibt nach wie vor die Nahtstelle rechts. Genau dort beginnt um 14.00 Uhr der Angriff.
Torsten und ich sind in der Stellung. Ganztagesdienst, es gibt keine Ablösung: Bereitsein ist alles. Wir sind sicher, daß in der Nacht Reserven oder frische Truppen nach vorn gezogen wurden, und nun, da sie uns ahnungslos wähnen, kommen sie. Wahrscheinlich hat unser Sturm in der Frühe sie aus dem Konzept gebracht, und sie haben auf weitere Angriffe gewartet. Nun haben sie gemerkt, daß bei uns keine neuen Kräfte eingetroffen sind, und wagen sich hervor.

In dichtem Pulk sehe ich sie über die Horizontlinie des ›Weinbergs‹ brechen, eine schweigende Sturmflut: kein Laut, kein Schlachtruf. In Kompaniestärke sind sie aus der Stellung Ritter hochgekommen und drängen zum Dorf hin.
Beim Nachbarn rührt sich nichts. Dort müßte man sie längst beobachtet haben. Wenn der Russe ungehindert weiter vorstößt, hebt er in Kürze den Gefechtsstand aus, ohne daß ein Schuß gefallen ist. Ärger hilft nichts. Mir bleibt keine Wahl als Gegenangriff. Nach kurzem Zuruf sind meine Leute da. Schwerpunkt des Angriffs: der Kompanietrupp und die Leute um Rehmann.
Schon sind die Angreifer bei den Gärten über den ersten Häusern, da werfen wir uns ihnen in die Flanke. Wieder klingt dröhnend unser Hurra ins Tal und reißt die Leute, die ich nicht mehr verständigen konnte, mit. Es soll die Russen einschüchtern und zugleich den Nachbarn wecken. Warum kommt niemand von der anderen Seite? Der Angriff ist doch längst in ihrem Abschnitt.
Aber zum Grübeln ist nicht Zeit. Aus der Hüfte feuernd und lauthals brüllend, stürmen wir den deckungslosen Hang zum Dorf hinab. Die rauhe Wirklichkeit, Herr Oberst. Das Gespräch ist unvergessen.
Wenn wir schneller sind, erreichen wir die Häuser zuerst. Wir laufen und feuern um unser Leben, und wir schaffen es. An einer Hausecke knie ich nieder und feuere jetzt gezielt. Die andern folgen. Drüben jenseits der breiten Straße liegt der Gefechtsstand der Nachbarn. Nichts rührt sich dort. So bleiben wir wieder allein. Der Russe ist um seine Überraschung und die schutzgebenden Häuser betrogen und zieht sich über den ›Weinberg‹ in die Ausgangsstellung zurück. Er hat Verluste, und wir geben ihm das Geleit.
Eben will ich das Magazin wechseln, da trifft mich ein gewaltiger Schlag im Genick. Funken stieben mir durchs Gehirn, der Kopf schmerzt, heißes Eisen brennt im Fleisch. Der Stahlhelm ist nach vorn gerutscht. Ich nehme ihn ab und greife nach der Wunde, die ich nicht sehen kann. Als ich die Hand zurückziehe, ist sie voller Blut. Ich spüre, wie es mir warm den Rücken hinabrinnt.
»Der Angriff ist abgeschmiert!« ruft Rehmann von der nächsten

Hausecke. Maurer hat gesehen, daß ich blute. Er springt neben mich. Dann eilen wir über die Straße in den Gefechtsstand des Nachbarn. Der Oberleutnant sieht uns verwundert an, als hätten wir unsere Stellung willkürlich aufgegeben. Während Maurer mich verbindet, frage ich ihn, ob er den Angriff vom ›Weinberg‹ herunter nicht bemerkt habe, auch unser Hurrarufen nicht. Er verneint.
»Sie säßen jetzt in diesem Augenblick nicht mehr hier, wenn wir nicht eingegriffen hätten«, sage ich. »Sie müssen den Dorfrand sichern, wir haben am Erker genug.«
Er schweigt.
»Ist die Wunde groß?« frage ich.
»Nein«, sagt Maurer, »aber es sind viele Wunden.«
Ich besehe meinen Stahlhelm. Der Rand ist eingedrückt.
»Ein großer Splitter«, sagt Maurer, »der am Stahlhelmrand zerschellt ist in dreißig bis vierzig kleinste und kleine Teile.«
Er zieht einige mit der Pinzette heraus.
Ich fühle, wie das Blut am Bein hinunterläuft und sich im Stiefel staut. Dann legt er mir eine Halskrause um. Jetzt erst spüre ich, daß jede Bewegung schmerzt.
Rehmann meldet, daß Sicherungen bei den Häusern aufgezogen sind.
»Ist Werkmann bei Ihnen?« frage ich.
»Werkmann?« fragt er zurück und besinnt sich. »Nein.«
»Aber er kam doch dicht hinter mir mit dem Maschinengewehr«, bestehe ich. Wir sehen uns betroffen an.
»Ich geh' nachsehen«, sagt Rehmann und geht nach draußen.
Der Verband sitzt so hoch und fest, daß ich den Kopf kaum wenden kann. Ich lehne mich an die Zimmerwand. Maurer schiebt mir einen Hocker zum Sitzen hin. Ich schließe die Augen. Sonntag, 8. August. Mein Glückstag, mein Geburtstag, werde ich ins Tagebuch schreiben. Denn wäre der Splitter fünf Zentimeter tiefer geflogen, hätte er mich enthauptet, daran ist kein Zweifel. Wenn ich zehn Zentimeter größer wäre ebenfalls.
Ludwig und Torsten erscheinen an der Tür.
»Torsten«, sage ich, »übernehmen Sie die Kompanie. Ich bin dazu nicht mehr in der Lage. Es sind prächtige Kerle, Sie werden Ihre Freude haben.«

Ich sehe, wie Homola sich eine Träne abwischt. Mir ist auch zum Heulen zumute. Und doch spüre ich, wie eine ungeheure Verantwortung von mir genommen ist.
Rehmann kommt zurück. Er braucht nicht zu sprechen, ich begreife sofort. Nun fällt sie bleiern auf mich zurück, die unendlich große Verantwortung.
»Zwanzig Meter oberhalb der Hausecke, wo Sie verwundet worden sind, ist ein Granattrichter«, berichtet Rehmann. »Dort ist Werkmann gelaufen, als die Granate einschlug. Mehr weiß keiner zu sagen.«
Er kneift die Lippen zusammen. Das Gesicht, in dem der Humor immer eine verschmitzte Ecke fand, ist grausig ernst.
»Wie Leutnant König«, sage ich. »Körperlich ausgetilgt.«
Rehmann nickt.
Dann schweigen wir alle. Auch der fremde Kompanietrupp, bei dem wir zu Gast sind, bildet schweigend einen Kreis um uns, und obwohl die Männer die Hintergründe nicht kennen, die diesem Tod das Besondere geben, stehen sie betroffen.
Ich lehne den Kopf gegen die kühle Zimmerwand.
»Haben Sie Schmerzen?« fragt Maurer.
»Nein«, sage ich, »keine allzu großen. – Das schmerzt!«
Er versteht, denn er hat das Gespräch vor zwei Tagen mitgehört.
Ich möchte schlafen, abschalten, aber nun tobt der Schmerz wieder durch den Schädel bis vor zur Stirn.
Nach einer Weile bitte ich den Oberleutnant, mir eine Verbindung mit meinem Bataillon herzustellen. Es gelingt schneller als erwartet. Ich berichte über den Gegenstoß und meine Verwundung und bitte nochmals, das Nachbarregiment möge mit seinen unverbrauchten Reserven die Nahtstelle zwischen ›Erker‹ und ›Weinberg‹ schließen. Der Major, durch die vielen Zwischenstationen nur sehr leise zu hören, wünscht baldige Genesung. Dann sind wir getrennt.
Am Abend wird der Sanka am anderen Ortsende gemeldet.
Noch einmal großes Händeschütteln, dann trete ich mit drei weiteren Verwundeten den Weg durchs abendliche Dorf an. Fast schäme ich mich, aufbrechen zu müssen, aber der Schmerz mahnt zur Vernunft.
Als ich in den Sanka steige, geht mehr zu Ende als ein Sonntag.

Endlose Fahrt. Die Straße nach Noworossijsk ist steinig, staubig und zerschossen. Hinter uns zieht der Staub eine weiße Fahne. Bei jedem Schlagloch sticht ein messerscharfer Schmerz vom Genick hoch in den Schädel, als renne mir einer einen glühenden Stab ins Gehirn.
Eigentlich ist es eine schöne Nacht, und sie hat für uns etwas seltsam Friedliches. Vor uns, wo das Meer sein muß, ist ein heller Streifen am Himmel erhalten, ein Tagesrest.
Aber die Eindrücke sind nur Intermezzo zwischen zwei Schlaglöchern, die das eigentliche Thema darstellen. Ein Schwerverwundeter, den wir an der Straße aufgenommen haben, stöhnt ohne Unterlaß. Alle Spritzen zielen an seinem Schmerz vorbei.
Häuser. Nishne Bakanskaja. Traum friedlicher Tage droben am Berg im Haus 633. Aber ich kann den Kopf nicht heben. Dann geht der Weg irgendwo rechts ab. Besser wird er nicht.
Das Feldlazarett ist in einer alten Schule untergebracht. Meine Karte weist den Ort nicht mehr aus. In einer kleinen Ecke ist eine Brause nachträglich installiert. Blut und Staub und Schweiß nimmt das Wasser weg. Ich erhalte ein frisches Hemd und ein weißes Bett in einer kleinen Kammer. Schon im Zurücklehnen ins frisch duftende Kissen fallen mir die Augen zu.

Fieberträume im Reich der Stille

9.8.43

»Ich glauben, Pan kaputt!« Das ist der Morgengruß, als ich erwache. Nahe vor meinen Augen lächelt ein gutmütig breites Tatarengesicht. Eine zarte Hand läßt meine Hand sinken, und eine junge Schwester richtet sich auf. Freude strahlt aus ihren Augen, und ich verzeihe das harte Wort, das für sie der grausamen Härte entbehrt, durch die es bei uns den Menschen zur Sache abstempelt. Ich begreife meine Lage. Noch einmal neigt die Tatarin freundlich den Kopf und geht zur Tür. Ich sehe ihr nach, bis das helle Kleid im Dunkel des Korridors verschwindet. Die Stille, denke ich, die unsägliche Stille, denke zurück an gestern und vorgestern, die Stellungen, die Kämpfe, die Kompanie, versuche den Kopf zu heben, fühle den Schmerz im Nacken und schließe die Augen wieder.

Da öffnet der Stabsarzt die Tür.

»Wir müssen uns beeilen«, sagt er unvermittelt, »in einer halben Stunde geht der Transport nach Starotitarowskaja.«

Als ich aufstehen will, drückt er mich zurück ins Kissen.

»Nein. Sie essen im Bett und werden dann mit der Bahre zum Auto gebracht. Und das trinken Sie drüben zur Stärkung.«

Er stellt eine Flasche Krimsekt ans Bett und verabschiedet sich. Das Tatarenmädchen bringt mir einen Teller Suppe und eine Scheibe Brot. Sie will mich füttern, aber ich danke lächelnd. Ich will das Essen aus einem Teller selbst genießen. Sie bleibt neben mir stehen und sieht mir wie selbstverständlich zu. Dabei ist nichts Anbiederndes oder Aufdringliches in ihrem Wesen. Es ist allein die rein menschliche Erfahrung, daß ein anderer, den man für tot gehalten hat, lebt. Und dieser andere bin ich.

Station des Leidens, Stelle, wo alles weiterdrängt, wo Flüchtigkeit alle Begegnungen zeichnet. Und doch erfahre ich in diesem menschlichen Miteinander die Gnade des Noch-Lebens. Wenn die Gewißheit, daß ich lebe, einen anderen, fremden Menschen glücklich machen kann, wie muß ich dann ... Der Sanka fährt

vor, die Trage wird gebracht. Das Mädchen geht, still und zufrieden, als habe sie mich gesund gemacht.
Im Waggon der Kleinbahn kann ich sitzen. Kaum bin ich eingestiegen, fährt die Lokomotive an. Ich habe das Gefühl, etwas vergessen zu haben. Natürlich, die Sektflasche, nein, es ist mehr. Doch ich erinnere das Gesicht nicht, nur das Lächeln als solches. Wieder einmal sind wir einander begegnet, das andere Rußland und das andere Deutschland.
Der Zug fährt langsam. Die Berge des Kaukasus flachen wie Wellenkämme langsam ab. Ein sanftes Verlöschen im flimmernden Mittagslicht.
Die Spritzen haben mich schmerzfrei gemacht. Ich stehe auf und gehe hinaus auf die Plattform des Waggons. Die Landschaft wird aus einem Paradiesgarten wieder zur Steppe, weit und menschenleer.
Ein einsamer Soldat geht neben den Geleisen der Kleinbahn. Ein Streckenläufer, denke ich, wie daheim auf den einsamen Strecken im Wald. Da wird der Zug langsam, und sein Gesicht schaut zu mir herauf.
»Fritz!« rufe ich. »Fritz!«
Die hellen Augen sehen mich überrascht und erstaunt an.
Ach so, die Halskrause! Da hält der Zug mitten auf der Strecke, als wäre es so verabredet, und ich begrüße meinen Vetter Fritz, frage nach zu Hause, den Brüdern. Da ist mit ihm der Odenwald aufgetaucht, der Siegfriedsbrunnen im dunklen Tannenwald, die Tromm überm Olfenbachtal, die Schneestürme im Winter und die prasselnden Holzfeuer im grünen Kachelofen.
Er gehört zu einem Pionierbataillon, dem die Sicherung der Eisenbahnlinie übertragen ist. Da ruckt der Zug wieder an. Er grüßt noch, und ich winke zurück. Unwirkliche Begegnung in einem unendlichen Land mit unendlichen Räumen. Hinter uns flimmert die Luft. Der einsame Mann in der Steppe verschwindet.

13.8.43

Spritzen haben das Fieber heruntergedrückt, die Träume ausklingen lassen. Aber ich schiebe jede Speise zur Seite.
In der Frühe bringt uns der Lazarettzug zur Verladestelle. Die

Prahm liegt schon bereit, um uns nach Kertsch überzusetzen. Es ist ein heller Sommermorgen, doch überm Meer liegt noch leichter Dunst, der manchmal zerreißt und den blauen Himmel freigibt. Zögernd löst sich das Schiff vom Ufer. Die Wellen klatschen gegen die Schiffswände. Kielwasser strudelt zusammen zu einer langen Schleppe, die breiter wird und uns mit dem Land zu verbinden scheint.

Da springt der Seewind übers Meer und vertreibt die Nebel. Windstärke 3, sagen die Matrosen. Dennoch liegt das Schiff ruhig im Wellengang.

Eine Ju-52 mit einem riesigen Minensuchring unterm Rumpf überfliegt uns vom Land her, kreist einige Male über uns und nimmt Kurs auf Kertsch, das drüben als zartroter Pinselstrich das Meerblau begrenzt.

Da stehen sie an der Reling, die Feriengäste des Kriegs mit verbundenen Köpfen, Armen, Beinen, schauen nach Taman zurück. Sie schauen auch aufs Meer hinaus, das sich backbords und steuerbords endlos weitet und auf dem kein Schiff zu sehen ist; links wird das Blau zum Schwarzen Meer, rechts zieht ein Landstrich noch eine Weile mit, um dann auszuklingen und in der Straße von Kertsch den Durchbruch zum Asowschen Meer ahnen zu lassen. Kreiste nicht der Minensucher über uns und stünden die Bahren mit den Verwundeten nicht an Deck, man könnte träumen, im Urlaub zu sein und die Reise seines Lebens zu machen.

Unruhe ist nur in den Gesprächen der Matrosen. Sie befürchten, es könnten Flieger kommen oder Minen auftauchen.

14.8.43

Melitopol. Am Morgen hat uns der Lazarettzug hier abgesetzt. Mein Befinden ist gut. Schmerzen und Fieber sind verschwunden, die Wunden heilen schnell. – Ich hätte ein gutes Heilblut, hat einmal einer zu mir gesagt. – Einige Splitter wurden schon in Starotitarowskaja entfernt, andere eitern heraus, der Rest ist nicht faßbar.

Ich werde auf der Sammelstelle zurückgehalten. Sicher will man mich bald wieder nach vorn schicken. Ich habe nichts dagegen.

Aber zunächst ist es schön, einen Raum für sich allein zu haben, ein weißes Bett zum ungestörten Schlaf.
Die Visite ist kurz und militärisch.
»Wie geht es?« fragt der Stabsarzt routinemäßig.
»Danke«, sage ich, »soweit gut. Das Fieber ist verschwunden, nur essen kann ich nichts, es widersteht mir alles.«
»Warum sind Sie hier?« fragt er unumwunden.
»Weil man mich hierhergebracht hat«, sage ich und lächle. Vielleicht war das falsch.
»So«, sagt er und betont das ›man‹ merkwürdig, »weil ›man‹ Sie hierhergebracht hat. Na denn.« Er wendet sich zum Fenster und schweigt.
Nun werde ich unruhig. Meint dieser ... vielleicht, es sei Schiebung im Gange? Da wendet er sich jäh und geht hinaus.
Ich stehe auf, setze mich ans Fenster und sehe über die Stadt. Von irgendeinem Zimmer tönt Musik. Reich der Stille. Rokokogärten mit verspielten Labyrinthen im Sommertag.

Sonntag, 15.8.43

Mutters Geburtstag. Sie wird sechzig. Mein Brief wird angekommen sein. Er stammt aus ruhigerer Zeit. Im Garten blühn jetzt Dahlien und Gladiolen, und die Pfirsiche reifen am Zaun.
»Ich hab' Ehrfurcht vor schneeweißen Haaren ...« singt eine Mädchenstimme im Radio dort oben irgendwo. Mutters Haar ist schneeweiß, und Ehrfurcht hatte ich immer vor ihr. Ich erinnere mich an einen Brief, den meine Schwester vor einiger Zeit schrieb. »Bullinger«, teilte sie mir mit, »war bei uns. Er hat zu Vater gesagt, er freue sich auf den Krieg nach dem Krieg!«
Der hat gut schwätzen mit seinem dicken Parteibuch. Ich habe zurückgeschrieben, falls er wiederkommen sollte, möge man ihm einen Gruß von mir bestellen; wenn er zu mir komme, könne er jetzt schon seine ›helle Freude am Krieg‹ haben. Sollte das eine Kampfansage sein? Spricht er vom Kirchenkampf?
Ich verbessere mich: Ruhige Stunden beunruhigen. Und Unruhe ist ein Stein, geworfen gegen die gläsernen Wände der Hoffnung.
Den Nachmittag habe ich mit einem kleinen Hund im Garten verspielt.

16.8.43

Die Einsamkeit drückt. Es fehlen die vertrauten Gesichter der Kameraden. Der Raum wird zur Isolierstation. Die seltsame Korrektheit des Arztes: Wie er mir mißtraut, mißtraue ich ihm. Ich weiß genau, was er denkt. Als ob ich mich je im Leben hätte drücken wollen! Im Gegenteil, ich habe jenen vielleicht ungesunden Ehrgeiz, immer dort zu sein, wo das Höchste gefordert wird. Selbstschonung liegt mir nicht. Was ich von anderen erwarte, verlange ich zunächst von mir.
Sehnsucht nach der Kompanie quält mich. Aber was weiß er davon! Die Etappe wird zur Qual.
Dann nehme ich mein kaukasisches Skizzenbuch: Abintal mit Lipowaja, Lazarrettgarten, Straße in Abinskaja, dann Berge des Westkaukasus, Bunker der Winterstellung, der Apfelbaum im Schnee, Hütten überm Abintal. Das Bild ist in mein Leben eingegangen als, wie ich glaube, unverlierbarer Besitz.
Zwei Hütten, strohgedeckt, an den Hang geduckt, die kleinere fast an die größere gelehnt, um die Einsamkeit besser zu überstehn. Ein einfacher Zaun, schadhaft und aus krummen Hölzern gezimmert, schützt nur wenig gegen die Tiere des Waldes. Eine Eiche ragt mächtig über die Hütten empor und schlängelt ihre Äste talwärts. Jenseits ziehen die breiten Konturen der Berge dunkel vor einem zähen grauen Himmel dahin, der einen hellen Widerschein des Meeres spiegelt und einen zagen Schimmer von Morgenrot.
Geborgensein im Irdischen, im Menschlichen bei einem hellen Schimmer Licht jenseits der dunklen Grenzen. –
Eine kleine Bibliothek ist vorhanden. Ich lese Rasmussens ›Mein Reisetagebuch‹ und höre: Sizilien ist geräumt.
Die Müdigkeit kommt zurück. Trotzdem liege ich mit offenen Augen und Ohren, während die Mittagshitze vorm Fenster flimmert. –
Abendnachrichten. Angriffe am Kubanbrückenkopf. Ich denke an meine Männer.
Durchs Fenster kommt von Süden her Abendfrische. Rilke fällt mir ein, dessen Gedichte ich auf stillen Postenstunden am Westwall auswendig gelernt habe. »Uraltes Wehn vom Meer, Meerwind bei Nacht ...«

Drunten im Garten spielt einer auf der Gitarre. Von irgendwoher summt eine Schwesternstimme mit. Und die Nacht schreitet fort. Vollmond schmückt das Fest und beleuchtet die kahle Wand.

17.8.43

Fieber und Schmerzen sind zurückgekehrt.
Mit geschlossenen Augen fühle ich den Morgen kommen. In meinem Kopf toben noch die Fieberträume. Er war wieder da, der Unbekannte vom Park. Hatte er damals die Buchenrinde aufgerissen, hatte er jetzt Werkmann ausgelöscht.
Fieberträume. Ich werde ins Lazarett überwiesen.

19.8.43

Wir liegen zu fünft im Zimmer. Ein Hauptmann mit zerschmetterten Beinen, oberhalb der Knie amputiert. Ein Oberleutnant, dem die linke Wange aufgerissen wurde, und zwei Leutnants mit Arm- und Beinschüssen.
Tabletten haben mein Fieber wieder gesenkt. Nur beim Schlafen weiß ich nicht, wie ich den Kopf legen soll. Das Röntgenbild ergibt, daß die eingedrungenen Splitter im Gewebe verkapseln. Ich darf lesen und greife nach den ›Kriegsbriefen gefallener Studenten‹. Und da stoße ich unter dem Datum vom 15. August 1916 wieder auf den Brief des Mainzer Leutnants Knoellinger. »Deutschland ist so schön, so gar schön!« … Seine Brüder sind gefallen. Die Mutter hat einen Antrag auf Zurückziehung aus der Front gestellt. Der Antrag ist genehmigt, und er wird telefonisch zurückbeordert. Er lehnt ab und fällt. Der Geist Werkmanns, des Bauernsohns, und sein Schicksal. Ob spätere Zeiten das noch verstehen werden?

22.8.43

Ein Transport nach der Heimat hat einen Teil des Lazaretts geräumt. Ich liege mit dem Hauptmann und dem Oberleutnant allein. Sie sind noch nicht transportfähig und ich noch nicht ganz gesund. Der Hauptmann stöhnt fast ohne Unterlaß, selbst im Schlaf. Dann und wann macht er sich durch einen sarkastischen Witz Luft.

24.8.43

Ein paar kleine Splitter sind noch entfernt worden. Auf dem Weg durchs Haus höre ich Schreie aus dem Operationssaal.

25.8.43

Das Fieber hat sich wieder verstärkt. Keiner weiß warum. Die Stubennachbarn werden abtransportiert in ein Heimatlazarett. Ein Arzt sagt, daß keine Neuzugänge mehr aufgenommen werden, da wegen Frontnähe das Lazarett ausläuft.

29.8.43

Ich muß nicht mehr das Bett hüten, darf aufstehen und mich in der Stadt umsehen. Anlagen eines alten Parks, die wohl einmal zu einem Schloß gehört haben mögen, beeindrucken mich. Sie bedeuten eine neue Erfahrung der russischen Welt. Als ich die Wirkung der Figuren und Ornamente aus dem Innern des umhegten Raumes ansehen will, ist alles hohl, Stuck- oder Zementfassade, Blendwerk ohne Substanz.
Eine Kavalkade kreuzt meinen Weg. Vorweg ein ›Statthalter‹ in brauner Uniform, begleitet von seinen Sekretärinnen. Morgenritt. Er grüßt kaum zu mir herab. Da fällt mir ein, daß ich eine verknautschte Landsermütze trage, weil ich die andere während der Kämpfe verloren habe und nur mit Stahlhelm ins Lazarett gekommen bin.
Die Begegnung wurmt mich. Uns Kompanieführern wurden die zustehenden Reitpferde abgesprochen, weil die Tiere anderswo gebraucht würden, was ich einsehe. Den Goldfasanen hier werden sie zugeschlagen, damit sie sich amüsieren können, was ich nicht einsehe. Am meisten ärgert mich die feiste Arroganz. Das billige Gelächter dieser Damen beziehe ich auch auf mich. Vielleicht haben sie über etwas ganz anderes gelacht, aber ich will es

persönlich nehmen, um mich zu distanzieren. Widerliche Etappe! Oder ist das jetzt wieder die Arroganz des Frontsoldaten? Ich fürchte weitere Begegnungen, habe genug und kehre um.

4.9.43

Das ›Fronttheater‹ spielt abends in einem Kinosaal »Flammen im Eis«. Ein Unterarzt besorgt mir die Karte. Er hat vor kurzem das Studium in der Heimat beendet und ist jetzt hierher versetzt worden. Auch er fühlt sich noch fremd. Ich erzähle ihm vom Kuban und vom Kaukasus. Er ist ein aufmerksamer Hörer. Das Lazarett ist für ihn, das weiß er, nur Durchgangsstation zur kämpfenden Truppe. Er hat keine Fronterfahrung und will alles wissen. Sympathisch, wie ernst der junge Mann seine Aufgabe nimmt. Er geht an die Front wie zu einem Examen. Und doch wird das, was ich ihm erzähle, eigene Erfahrungen nicht ersetzen können.
Der Kinosaal ist nüchtern wie alles in Rußland. Die ersten Reihen sind noch ganz frei und die Plätze nicht numeriert. Ich setze mich nicht weit vom Mittelgang, mustere den billigen roten Vorhang und höre auf die Stimmen hinter der Bühne.
Ein Zahlmeister mit einer Krankenschwester am Arm kommt unbeirrt auf mich zu. Unmittelbar vor mir bleibt er stehen. Ich sehe ihn fragend an.
»Entschuldigen Sie«, sagt er, »das ist mein Platz. Hier sitze ich immer.«
Das hätte nicht kommen dürfen. Rechts und links von mir sind noch Plätze frei. Da schlagen bei mir die Flammen aus dem Eis. Will dieser Kerl mich in den Augen seiner Begleiterin demütigen? Ich erhebe mich nicht einmal, wie ich es sonst der Dame wegen getan hätte, sondern lehne mich zurück, um meine Entschlossenheit zu bezeugen, nicht zu weichen.
»Entschuldigen Sie«, sage ich, härter als in Gegenwart der Dame ziemt, »wenn das Ihr Stammplatz ist, wird es Zeit, daß wir einmal tauschen. Mein Stammplatz ist vor Krymskaja, Nordseite Werch Adagum, Stellung ›Erker‹ unterhalb der ›Düne‹.« Und ich sehe auf meinen rechten Ärmel, aus dem ich das Blut nicht ganz herausbekommen habe, fahre mit der Hand über das große Pflaster

im Nacken und stemme die Linke in die Hüfte oberhalb der Pistole.
Da wird sein schwammiges Gesicht aschfahl, und wortlos geht er. Seine Begleiterin lächelt noch einmal verstohlen zurück. Ich registriere es, aber reagiere nicht. In mir bleibt die große Wut, und ich bedaure, in solche Gesellschaft geraten zu sein.
Während dann auf der Bühne die Flammen aus dem Eis schlagen, Liebesflammen natürlich, fühle ich das alles fremd an mir vorbeirauschen. Ich habe Sehnsucht nach meiner Kompanie.

7.9.43

Ich werde zur Untersuchung zum Chefarzt bestellt. Das Fieber hat sich in den letzten Tagen nur vereinzelt gezeigt. Ich fühle mich gesund und will zurück zur Truppe.
»Nun«, sagt er, »jetzt können Sie es ja wissen: Wir haben Sie für einen Simulanten gehalten. Aber das Fieber konnten wir uns trotzdem nicht erklären.«
»Ist es nicht möglich, daß mit den Splittern Bakterien eingedrungen sind, die das Fieber auslösten?«
»Sicher ist das möglich, aber unsre Medikamente hätten das doch verhindern müssen. Morgen fahren Sie zur Truppe zurück. Wir lösen das Lazarett heute auf.«
Ich bin zutiefst betroffen: Simulant-Defätist! Was für ein Mensch muß ich sein!
Eifriges Getriebe in den Fluren. Die Russinnen gehen mit hängenden Köpfen. Ich bin unsicher, aber ich entschließe mich zur Freude.
Die Betten sind schon abgezogen. Ich richte meine Sachen, stecke Waschzeug und Rasierapparat in den Brotbeutel, hole die Kartentasche und bringe die ›Kriegsbriefe gefallener Studenten‹ zurück. Später kommt der Unterarzt mit dem Marschbefehl.

9. 9.43

Ein Blick auf die Karte macht das Paradoxe meiner Situation klar: In Melitopol wird die Räumung vorbereitet, und ich fahre über die Straße von Kertsch hinüber zum Kubanbrückenkopf.

Beim Haufen zu sein ist Geborgenheit, gibt dem Treiben und Getriebensein Ziel und Richtung, macht das Weltgeschehen zum sinnerfüllten Alltag im menschlich Meßbaren. Wenn das nicht so wäre ... Der Satz ist nicht vollendbar. Ein Frontsoldat, den der Zweifel ergriff, ist verloren. Daran hat sich seit Parzivals Zeiten nichts geändert.
Bei Taganasch rollt der Zug mitten durchs Meer. An den verflachenden Seiten des Dammes leuchtet gelber und roter Sand in weitgeschwungenen Bändern unter dem glasklaren Wasser. Ein paar Bäume wagen sich auf schmaler Landzunge weit nach vorn und heben scharfe dunkle Konturen gegen das Blaugrau des Meeres und überschneiden die rosafarbenen Hügelketten jenseits. Ich erinnere mich an Kleist, der in einem Brief schreibt, das Land sei so schön, »... als hätten Engel im Sand gespielt«. Von welchem Land er sprach, weiß ich nicht mehr, aber es könnte hier gewesen sein.
Am Abend setzen wir nach Taman über. Ich erreiche den großen Troß, der meerwärts gezogen ist. Tendenz: Absetzen.

10.9.43

Zur Rückmeldung beim Regiment. Der Adjutant begrüßt mich freudig. »Schade, Florian!« sagt er, und nach einer Pause fährt er fort: »Aber ich will dem Kommandeur nicht vorgreifen.« Er lächelt etwas süß-sauer und freut sich an meiner Unkenntnis der Dinge.
»Was soll das nun wieder?« frage ich. Da öffnet der Oberst die Tür. Ich melde mich vom Lazarett zurück.
»Schön«, sagt er, »daß Sie wieder da sind. Ist alles gut verheilt?«
»Ja«, sage ich, »am schlimmsten waren die Kopfschmerzen und das Fieber.«
»Aber Sie fühlen sich gesund?« fragt er absichernd. Ich bestätige.
Seine massive Gestalt macht eine jähe Wendung, geht nachdenklich im Zimmer auf und ab, den Kopf leicht gesenkt, so daß ihm die flachsblonden Haare ins Gesicht fallen. Ich erwarte, daß er das nächtliche Gespräch noch einmal aufrollt und Worte des Bedauerns oder der Entschuldigung sucht. Dabei genieße ich

fast das Warten, weil ich sehe, wie schwer es ihm fällt, Worte zu finden.
Da bleibt er jäh vor mir stehen und sieht mir voll ins Gesicht. »Tolk!« Er macht eine Pause und wiederholt. »Tolk, wir hatten Sie für eine hohe Auszeichnung eingereicht.« Pause. »Abgelehnt!« Er spricht stoßweise, wie ich es an ihm nicht kenne. Ich verziehe keine Miene.
»Sie haben da irgendwo einen persönlichen ›Freund‹ sitzen. – Tragen Sie es mit Würde! Mehr kann ich nicht sagen. – Aber Sie fahren morgen in Urlaub.«
Mehr sagt er nicht, und ich beiße mir auf die Zunge und frage nichts. Da ist er wieder, der Unbekannte vom Park. Wilhelm von Oranien fällt mir ein: Semper tranquillus in undis! (Stets ruhig in der Brandung!)
Der Oberst schaut weg und geht wieder auf und ab, als wolle er nun mir Zeit lassen, ein paar Worte zu formulieren.
»Herr Oberst!« sage ich, »Oberleutnant Tolk meldet sich gehorsamst ab zum Heimaturlaub.«
Ich habe die Hand zur Mütze gehoben und verharre in dieser Stellung.
Er wendet sich und schüttelt mir die Hand.
»Großartig, Tolk!«
Draußen nimmt mich der Adjutant noch einmal beiseite:
»Sie haben Hitler überzeugen können: Der Brückenkopf wird geräumt.«
Er legt den Finger auf den Mund. »Aber bitte!«
»Natürlich«, sage ich, »du kannst dich auf mich verlassen. Außerdem habe ich die Bewegungen beim Troß gesehen, und schließlich komme ich aus einer Stadt, weit im Westen, in der man die Lazarette räumt. Und wenn Melitopol nicht zu halten ist, was soll dann der Brückenkopf?«
»Das ist unsre Logik. Nicht soviel denken!« sagt er lächelnd.
»Spaß beiseite!« sagt er dann. »Hier drüben ist Ersatz eingetroffen. Du kannst die Leute mit zum Bataillon nehmen. Einige stehen auch dir zu. Aber das macht das Bataillon.«
Er streckt mir die feindgliedrige Hand entgegen, die für eine Männerhand ein wenig zu schmal ist.
»Komm gut übers Wasser und schöne Tage daheim!«

»Danke! Auch euch eine gute Fahrt!« erwidere ich.
Dann steht er an der Tür im späten Abendlicht, winkt noch einmal herüber und geht nach drinnen.
Die Ersatzleute sind noch bei der Abendverpflegung, und ich muß einige Zeit warten. Als wir aufbrechen, ist es fast Nacht. Ein Unteroffizier meldet mir die Stärke und zieht sich dann in die Menge zurück. Als habe er auf mich gewartet, bleibt neben mir ein blasser blonder Junge stehen. Ich frage ihn nach seinem Namen, und er antwortet: »Grenadier Blinn aus Saarbrücken.«
»Ihr erster Einsatz?« frage ich.
»Ja«, antwortet er, »keine Fronterfahrung, aber gut ausgebildet.«
Diese Frische, dieser Optimismus! Ich weiß, daß ich mich um diesen Jungen bemühen werde.
Dann treten wir den Marsch in die Dunkelheit an. Er bleibt neben mir, und ohne daß ich ihn ermuntere, entwickelt sich das Gespräch.
»Schade«, sagt er, »daß ich meine Geige nicht mitnehmen konnte. Ich will nämlich Musik studieren. Und Geige spielen – wissen Sie – heißt eigentlich erst leben. Spielen Sie Geige?« Ich verneine.
»Schade!« Dann fühlt er, daß er zu weit gegangen ist.
»Vielleicht halten Sie meine Begeisterung für Schwärmerei, mag sein, sie ist es auch. Aber sehen Sie!« Er bleibt stehn und deutet mit der Hand über die Buchenkronen hinaus, wo erste Sterne aufblitzen.
»Geige spielen heißt die Sterne in Bewegung setzen, um sie herunterzuholen auf die Erde.«
Er schweigt.
»Wie alt sind Sie?« frage ich, um das Gespräch zu erhalten.
»Achtzehn«, sagt er. »So alt muß man schon sein, um eine Geige zu begreifen. Beim Spiel wird man selber Klangkörper. Die schmale Grenze zwischen Instrument und Mensch verflüchtigt sich, man schwebt.«
Er schweigt. Ich gehe stumm meinen Weg.
»Nun halten Sie mich für einen Schwätzer und sind mir böse.«
»Nein«, antworte ich, »warum sollte ich Ihnen böse sein? Ich bin nur unsicher, ob ich Ihre Stimme höre oder die eines andern, könnte sein, meine eigene. Aber das ist nicht wichtig. Sprechen Sie nur. Das Verstummen kommt dort vorne früh genug.«

Nun habe ich ihn doch verunsichert und bedaure, aber es mußte sein.
»Da vorne«, erkläre ich weiter, »wird nicht jeder verstehen, was Sie sagen. Wir sind eben nicht alle Musiker wie Sie.«
Aber er fährt unbefangen fort: »Sehen Sie, das war es auch, das habe ich von Anfang an gespürt, daß man zu Ihnen frei reden kann.«
»Wenn ich aus dem Urlaub zurück bin, können wir weiterreden. Merken Sie sich: zehnte Kompanie. Ich sorge dafür.«
Wir sind am Bataillonsgefechtsstand.
Freundlicher Empfang. Kräftiger Händedruck zwischen Männern, wenig Worte um Gewesenes. Der Urlaubsschein. Als ich herauskomme, steht Homola vor dem Gefechtsstand, den Kopf ein wenig nach rechts geneigt wie immer. Er hatte gehört, daß ich drinnen war, und wollte mich begrüßen. Ich weiß, daß er mit den Tränen kämpft, und ziehe ihn ein wenig zur Seite, um nach der Kompanie zu fragen und ihm Blinn ans Herz zu legen, denn er soll den Ersatz nach vorne bringen.
Warum bin ich nicht doch nach vorn gegangen? Nun der Major hatte abgeraten, und ich sehe es auch ein. Der Vertreter vorne wäre bei allzu freudiger Begrüßung vielleicht verunsichert worden. Mir war klar: Der Abschied vom ›Erker‹ war endgültig gewesen.

13.9.43

Den Rest der Nacht verschlafe ich beim Troß. Dann sitze ich über den Verlustlisten der Kompanie. Jeder Name ein Gesicht, ein Mensch, den ich kenne oder gekannt habe, ein Schicksal, das mich angeht. Formal ist alles seinen Weg gegangen, und ich bin froh, diese vielen Briefe nicht unterschreiben zu müssen.
Am Abend erreiche ich Pilenkowo. Nächtliche Fahrt mit der Kleinbahn und weiter nach Taman. Die drückende Hitze des Tages liegt in den Abteilen.

14.9.43

In der Frühe setzen wir über nach Kertsch. Friedliches, weites, blaues Meer. Hoch oben das leuchtende Gestein der antiken Bauten. Ich lasse mein Gepäck auf der Sammelstelle und steige em-

por. Buschwerk rankt neben den ausgetretenen Stufen, die zum Mithridates-Tempel führen, der weit aufs Meer hinaus grüßt. Die starken dorischen Säulen tragen den mächtigen Architrav.
Das Kalkgestein bewahrt die Helligkeit des Griechentums über Räume und Zeiten.
Am Nachmittag treffe ich Heiner H. in der Stadt. Er arbeitet auf der Nachrichtenvermittlung und fragt ganz selbstverständlich: »Willst du zu Hause anrufen?«
»Soll ich dir etwas zu Hause bestellen?« kontere ich.
»Mensch«, sagt er, »Herbst im Park und das Röhren der Hirsche bei Nacht, wenn die Nebel über die Felder ziehn.«

15.9.43

Die Abfahrt verzögert sich. Ungewißheit herrscht, ob Partisanen die Strecke gesprengt oder durchgebrochene Truppen sie besetzt haben. Regen setzt ein.

17.9.43

Nach langer unbequemer Nacht erreichen wir am Morgen die Dnjeprtalsperre. Erst am Abend geht die Fahrt weiter. Die Reise wird lang.

21.9.43

Die Sonne ist schon seit zwei Stunden untergegangen, als ich zu Hause durch die Bahnsperre gehe. Der Wartesaal riecht noch immer nach Bier und kaltem Zigarrenrauch. Über Frankfurt im Norden kreisen Scheinwerfer und suchen Feindflugzeuge. Nach dem gelben Kies des Bahnhofsplatzes poltere ich über das ungewohnte harte Basaltpflaster, klingele an der schweren schwarzen Eichentüre und bin daheim.

Die Steppe wächst

22.9.43

Sonne überm heimischen Wald, in den der Herbst zaghaft seine Farben mischt. Noch immer schaut der Kranich nach Süden, unberührt von der Zeit, streicht der dunkle Schatten des Zeigers über die Ziffern der Sonnenuhr, ziehen auf dem Schloßteich die Schwäne ihre Straßen und sehen fremd und verständnislos auf den morgendlichen Besucher. Blauer Himmel strahlt über den Kernwiesen, auf denen stolz ein Rudel Hirsche, von der Äsung gesättigt, waldeinwärts zieht. Noch immer strahlt über allem das Unberührte, das Geborgensein in der Heimat.
Allein. Und nur manchmal das ferne Rollen eines Zuges. Die Falltore knarren und schlagen hart zu. Sie sind der Zeit am nächsten, jener Zeit, unter der Vater leidet. Ich weiß, daß er politische Gespräche von mir fernhalten will, um mir die Zeit des Urlaubs und der Erholung nicht zu vergällen. Und doch werde ich den Eindruck nicht los, daß ihn etwas bewegt, das er dringend sagen möchte und doch verdrängt.

25.9.43

Fahrt an den Neckar. Die Kinder sind groß geworden. Die Schwägerin zeigt mir die notdürftig verhangenen Fenster des Chores der Kirche, aus dem die wertvollen Glasfenster auf politischen Druck hin ›verkauft‹ wurden.
Und doch dominiert das Verspielte der Landschaft mit den Flußschleifen, den Uferauen und Wiesenhängen, den Wäldern und Burgen, dem mittelalterlichen Gesicht der kleinen Stadt am Neckar, aus deren engen Gassen schmalbrüstig die Kaskaden der Fachwerkhäuser aufsteigen. Schiffe bringen den Geruch der Weite an Land, und silberne Reiher streifen mit dunklem Flügel die Wellenkämme. Triftend auf der Straße der Ewigkeit, sollte man hier ein paar Atemzüge verweilen. Vielleicht könnte einer auf der Suche nach dem Sinn der Zeit fündig werden.

3.10.43

Erntedank. Die Gemeinde der Kirchenbesucher hat sich wieder vergrößert. Viele Frauen tragen Schwarz. Ich sitze neben Vater auf der Bank der Kirchenvorsteher. Die Früchte auf dem Altar sind symbolische Spenden. Die Konfirmanden haben sie gesammelt und aufgebaut. Alles läuft wie immer. Nur der alte Lehrer mit dem weißen Bart, der mir vor zwanzig Jahren das Schreiben beibrachte, fehlt an der Orgel. Jüngere Hände sind flüssiger am Werk. Früher haben wir Jungen oben gesessen auf der Empore, gerade dem Weib des Potiphar gegenüber, das Joseph den Mantel raubt. Ach diese alten Bilder!
Wie jedes Jahr singen die Konfirmanden: »… es geht durch unsre Hände, kommt aber her von Gott.« Ihre Väter sind im Krieg. Und dann die Trauerfeier für die Gefallenen. »Bei den Abwehrkämpfen um Stalino …« Ein Schluchzen durchbricht die Stille. Ich beiße die Zähne aufeinander, denke an Krymskaja, den ›Erker‹, die ›Düne‹ und weiß, in anderen Kirchen werden andere Namen verlesen, Namen, die ich gut gekannt habe.

8.10.43

Während Scheinwerfer den Himmel über der Stadt abtasten, singt Martha auf der Bühne: »Letzte Rose, wie magst du so einsam noch blühn?« Als ich zum Bahnhof gehe, rauschen Flugzeuge über uns hin. Auf dem Bahnsteig bin ich allein. Im Triebwagenabteil schlafen ein paar Arbeiter, die Spätschicht hatten.
In mir klingen die Melodien fort. »… sollst ruhn mir am Herzen und mit mir im Grab.« Der furchtbare Anschauungsunterricht des Krieges läßt die Worte unmittelbar zu Bildern werden.
Vorm Einschlafen lese ich noch einmal den Brief von Hans Lang. Er ist vom 15. August. Wie recht er hatte: »Im Geiste sehe ich Dich irgendwo in einem weißen Bett liegen …« Aber dann brechen seelische Depressionen auf.
»Im letzten Sommer ist etwas aufgegangen in mir, das mich oft in qualvollste Verzweiflung stürzte und mir dann wieder die Hülle zu eng sein ließ, in die ich gesteckt bin … Ich müßte Dir einmal

gegenübersitzen können, es gibt so vieles, das man nicht mit wenig Worten sagen kann ...«
Das ist es. Wichtiger als alle Psychologie ist der Kontakt mit Menschen. Hans ist in Fulda vor einem Jahr Rilke und Hölderlin begegnet, und das dröhnt noch in ihm fort und will nicht in den Krieg und nach Rußland passen. Und ich beginne zu schreiben, aber viermal schickt mich Fliegeralarm in den Luftschutzkeller. Wenn ich in den Zwischenzeiten nach oben gehe, liegt im Norden ein heller Schein, als wolle von dort der Morgen anbrechen. Aber es ist das brennende Frankfurt.
Auch in der Nähe gehen Bomben nieder. Wir bleiben verschont.

13.10.43

Vollkommene Erfüllung dessen, was wir Herbst nennen, eignet diesen Tagen. Man erlebt alles bewußter, die Menschen, die Häuser, das Land, wenn man weiß, daß man nur Gast sein darf. Man möchte die Zeit anhalten und den Dingen sagen, bleibt nahe, wenn ich wieder gehe. Auf Vorrat sehen. Bilder speichern für Winternächte in der Ukraine.
Von der Sache mit dem Ritterkreuz habe ich den Eltern nichts gesagt. Am Abend fahre ich.
Gespräch im Zug: Italien hat uns den Krieg erklärt ...

14.10.43

Noch immer sammelt man Vorräte an Bildern. Mit jedem Blick nach draußen fragt man sich, was das eigentliche Deutschland ist. Polen. – Land zum Abgewöhnen des Europäischen? Ich denke an Regina und ihre Tante in Sibirien. Mädchentränen. Armes Land, das nie es selbst sein durfte – fast wie wir. – Gerüttelt zwischen Selbstverzicht und Überheblichkeit.

17.10.43

Doppelkopf und Skat. Aber dann bleibt der Zug bei Apostolowo mitten in der Steppe stehen. Regen klatscht gegen die Fenster und trommelt aufs Dach. Straßen und Wege sind aufgeweicht. »Rasputiza«, sagt der Hauptmann mir gegenüber. »Schlammpe-

riode wie vor zwei Jahren. Schwerwiegender Unterschied ist nur der, was nun liegen bleibt, ›ändert die Feldpostnummer‹.* Damals wurde es repariert.«
Vielleicht haben Partisanen die Strecke gesprengt. Aber der Hauptmann sieht es anders: »Wir fahren gegen den Strich«, sagt er. »Die allgemeine Bewegung geht rückwärts.«
In der Nacht erreichen wir Nikopol. Hier endet die Bahnfahrt.

18.10.43

Noch im Dunkeln geht es über den Dnjepr und auf der Straße weiter. Regen, Regen, Regen. Ich habe eine Zugmaschine des Regiments ausgemacht und fahre mit ihr nach vorn. Die Straße ist durchwühlter Morast. Der junge Leutnant, bei dem ich zusteige, hat den Soldatensender eingeschaltet. Bei Lale Andersens »... wenn sich die späten Nebel drehn ...« sind wir beim Troß in Michailowka. Beim Stab des ersten Bataillons wärme ich mich auf.
Während ich einen heißen Tee trinke, erscheint in der Tür ein Mädchen in unansehnlich abgetragener Fofoika, die blonden Haare kleben naß um das zarte Gesicht, Tränen rinnen ihm über die Wangen. Hände und Stiefel starren von Schmutz, und eine Flut überstürzender Sätze poltert in den Raum. Ich sehe es fragend an. Der Hauptfeldwebel erklärt mir die Situation. Der Ort ist überraschend am Nachmittag von Zivilisten geräumt worden. Am Dorfrand sind Geschützstellungen gebaut, im freien Feld eine HKL. Maruzia ist am Morgen aufs Feld gegangen, um Kartoffeln zu sammeln. Den Sackstummel hat sie draußen abgestellt, nun sucht sie Mutter und Schwestern. Aber der Treck hat vor fünf Stunden den Ort verlassen, und die Nacht ist bereits eingebrochen.
Mädchenschicksal am Rande des Ungeheuerlichen.
»Matka!« stammelt sie immer wieder. »Matka!«
»Brauchen Sie keine Arbeitskräfte bei der Feldküche?« frage ich den Hauptfeldwebel.
»Ja«, sagt er zögernd, »daran habe ich auch schon gedacht.«
Der Dolmetscher übersetzt. Ein Leuchten geht über das Gesicht des Mädchens.
»Spassiba Pan!« sagt sie und kauert fröstelnd am Ofen nieder.

* Landserausdruck für: den Russen in die Hände fallen.

19.10.43

Am Morgen melde ich mich beim Regiment zurück und nehme zu Fuß den Weg zum Troß meiner Kompanie auf. In Prischib treffe ich den Hauptfeldwebel, unterschreibe Soldbücher und Urlaubsscheine für Bombengeschädigte und inspiziere Fahrzeuge und Pferde. Auf der unteren Ofenbank richtet er mir ein Quartier. Über den Bataillonsgefechtsstand gehe ich in der Nacht nach vorn.

21.10.43

Viel Stellung ist da nicht. Ein paar Panzerdeckungslöcher, in die nasse Steppe gegraben und mit Blechbüchsen trockengeschöpft. Wie die Kompanie ihr Gesicht geändert hat! Vom Kuban her sind nur noch wenige da. Rehmann und Ludwig, Homola und Wernike, Maurer und Carl, den ich noch vor meiner Verwundung zum Unteroffizier eingereicht hatte, als ›Kommandant der schweren Waffen der Kompanie‹. Groß ist die Freude des Wiedersehens, und Leutnant Torsten tut mir ein wenig leid. Ich bedanke mich bei ihm, daß er in dieser kritischen Zeit die Kompanie mit Erfolg geführt hat. Ich weiß, die Männer mögen seine stille bescheidene Art.
Die Steppe hier ist flach wie ein Tisch. Nur hier und da unterbricht ein Dorf mit seinen Häusern und Gärten das Einerlei. Im Norden ist Kampflärm. Dort stehen die Fackeln brennender Strohdächer unruhig gegen den dunklen Himmel.
In der Kartentasche habe ich eine Ausgabe des ›Völkischen Beobachters‹, die bei der Post war. Darin steht ein Bericht über das Unternehmen ›Obstplantage‹. Etwas anders, als wir es erlebt haben, ist das schon. Da heult zum Beispiel irgendwo ein Wolf in die friedliche Bakankasommernacht. Aber meine letzten Worte an den Stoßtrupp sind wortwörtlich wiedergegeben.
Um 9.00 Uhr greift der Russe in Kompaniestärke an. Der Schwerpunkt liegt rechts bei Rehmann. Und wie immer kann ich dem Bataillon weitermelden: Zug Rehmann hält. Nach einer Stunde zieht sich der Russe zurück. Wir haben zwei Verwundete. Mit Einbruch der Dunkelheit setzen wir uns ab. Das Gesetz des Handelns liegt nicht mehr bei uns.

Rumänischer Gefechtsstand (22.12.1942)

Einsame Hütten im Kaukasus (27.12.1942 oder 16.8.1943)

Moldawanskoje (26.1.1943)

Moldawanskoje (10.2.1943)

Apfelbaum im Schnee (10.2.1943)

Schebstal (26.2.1943)

Nishne Bakanskaja (24.3.1943)

Nishne Bakanskaja / Häuser im Bakankatal (24.3.1943)

22.10.43

Wir beziehen jetzt die bei Prischib und Michailowka ausgebauten Stellungen. Bunker und Kampfstände sind sorgfältig gearbeitet. Es sieht nach Haltenwollen aus. Ein Lob den Pionieren!
Kämpfe und Absetzbewegungen der letzten Wochen haben die Kompanie viel Gerät gekostet. So ist nur noch meine Leuchtpistole mit der Zieleinrichtung und der Halterung für Panzerabwehrgranaten, die sich bei den Abwehrkämpfen am Kuban bewährt haben, vorhanden. Ich leihe sie für die undurchsichtige Nacht dem Horchposten der Gruppe Buttler und schärfe ihm ein, sie vor Beginn der Dämmerung zurückzuschicken. Beim Rundgang in der Nacht weise ich noch einmal darauf hin, daß ich die Leuchtpistole zur Führung der Kompanie unbedingt benötige. Dann schlafe ich.

23.10.43

Homola weckt mich früh. Aus dem blaugrauen Morgendunst dringt das Rasseln von Panzerketten. Dann schieben sich die dunklen Linien der Umrisse langsam gegen die Stellung vor. Ich lasse durch Ludwig das Bataillon verständigen und bleibe draußen zur Beobachtung. Das Herz krampft sich mir zusammen, wie ich sie über die Schützenlöcher der Gruppe Claasen hinwegrollen sehe. Gespenstisch wirkt der ganze Vorgang. Die Panzer schießen nicht, und keine Infanterie folgt. Das Rohr ist auf mich gerichtet, und ich erwarte jeden Augenblick Einschläge. Zwei weitere Panzer überrollen den Zug Rehmann, und ich befürchte, sie zermalmen mir die Stellung. Aber sie scheinen die vordere Linie gar nicht beachtet zu haben, und da die Männer hilflos ihnen ausgeliefert sind, fällt kein Schuß. Zwei Panzer biegen jetzt auf die Häuser in unserem Rücken zu, wo die Artillerie ihre Stellungen hat. Aber der eine hat noch immer mich im Visier und rollt erbarmungslos auf den Gefechtsstand zu.
Die Leuchtpistole! Buttler hat sie nicht geschickt. Zu meinen Füßen liegt die Munition; durch halb Rußland habe ich sie geschleppt, ohne sie einsetzen zu müssen. Näher und näher rasseln die Ketten. Wenn er jetzt schießt! Aber er rollt nur weiter und

schnurstracks auf mich zu. Er will den Bunker rammen. Die Männer von der Stellung des schweren Maschinengewehrs sind zu mir in den Graben gesprungen und nehmen im Bunker Deckung. Als er auf wenige Meter heran ist, springe ich hinunter und klammere mich an den Türpfosten. Der kleine Raum ist überfüllt. Wenn die Decke durchbricht, wird keiner überleben. Da kracht und knackt es über uns. Sand rieselt herab und staubt über unsre Gesichter. Ich schiele mit eingezogenem Kinn unter dem Stahlhelmrand nach oben. Decke und Rahmen werden zwei Handbreit nach unten gedrückt unter dem Gewicht der dreißig Tonnen, aber sie halten. Ludwig steht drüben mit dem Hörer in der Hand und unterrichtet das Bataillon. Seltsam, daß die Leitung nicht zerrissen ist. Jetzt wühlt sich die linke Kette den Graben entlang. Dann biegt der Koloß rechts ab. Ich denke an eine geballte Ladung, aber wir haben nur Eierhandgranaten. Wenige Meter neben uns dreht der Panzer sich zweimal im Kreis und walzt die sMG-Stellung nieder. Dann fährt er zur HKL zurück.
Da zupft mich einer der sMG-Schützen am Arm. »Ich habe einen Blendkörper«, sagt er und wühlt in seinem Brotbeutel. Das könnte die Rettung sein.
Inzwischen hat der T 34 gewendet und nimmt erneut den Bunker an. Wieder springe ich nach unten, lasse mir den Blendkörper geben, krümme mich im Türrahmen zusammen, bedecke mit der linken Hand Nase und Augen und umklammere mit der rechten das kalte Glas des birnengroßen Körpers. Wieder gibt die Decke über uns nach, und der Türbalken, an dem ich kauere, sinkt hinter mir ab. Ich wühle mich nach oben. Bis ich freie Sicht bekomme, ist der T 34 schon mehr als zwanzig Meter entfernt. Ich hole aus und werfe. Und während der Blendkörper meine Hand verläßt, dreht der Panzer scharf nach links ab. Das Glas zersplittert noch am Luftschacht, aber die Masse des Inhalts spritzt geradeaus weiter, an den Lamellen vorbei in den Steppenboden. Dennoch ist ein Teil ins Innere gedrungen. Nach wenigen Metern bleibt der Panzer stehn, der Runddeckel fliegt auf, ein Mann klettert hastig heraus. Ich lasse mir eine Maschinenpistole geben und lege an, aber von der anderen Seite kommt Unteroffizier Becker mir zuvor und schießt.

Durch den geöffneten Deckel hat der Fahrer offenbar genug frische Luft bekommen. Er reißt den Panzer herum und fährt so schnell er kann zu den eigenen Stellungen zurück.
Becker springt nun vor, um nach dem Verwundeten zu sehen. Schon hat er ihn fast erreicht, da gibt es eine Detonation. Becker bricht zusammen. Der Verwundete hat eine Handgranate zwischen den Beinen abgezogen und sich in die Luft gesprengt. Auch Becker ist ein Splitter in den Leib gedrungen. Maurer verbindet ihn, dann tragen Wernike und Homola mit zwei Männern seiner Gruppe ihn zurück. Aus der Tasche des Toten ziehe ich den Ausweis. Ein achtzehnjähriger Komsomolze aus Moskau. Für mich ist der Verlust des Gruppenführers schmerzlich.
Die anderen Panzer stehen, brennend der eine und kampfunfähig der andere, vor den Geschützstellungen.
Rätselhaft bleibt mir immer noch das Verhalten der Panzer. Erst am Nachmittag schiebt sich eine Kompanie Russen gegen unsere Stellungen vor, bleibt aber im gezielten Feuer liegen.

24.10.43

Als ich in der Nacht mit Rehmann die Lage bespreche, meldet Claasen einen Überläufer. Homola dolmetscht das Kurzverhör. Er kündigt weitere Angriffe für die nächsten Tage an.
Der Tag bestätigt die Aussagen. Dreimal rennt der Russe in Kompaniestärke gegen unsre Stellungen an. Dreimal muß er mit hohen Verlusten zurück. Die Männer halten. Unsre Verluste sind gering, aber die Kräfte gehen zur Neige. Tag und Nacht gilt erhöhte Alarmbereitschaft. Abwechselnd Schanzen und Wachen Höchste Anerkennung der Pi 9, die unsre Bunker panzerfest ge baut hat!

25.10.43

Der Morgen bleibt ruhig, aber ab Mittag fühlen ununterbrochen Stoßtrupps gegen unsre Linien vor. Fast routinemäßig weisen wir sie mit Hilfe der Artillerie zurück.
Unruhige Nacht kündigt einen unruhigen Tag an. Das Gelände gibt weite Einblicke ins Hinterland.

26.10.43

Im Morgengrauen erkennen wir starke Bewegungen und Ansammlungen vor unserem Abschnitt.
Deutliches Anzeichen des bevorstehenden Angriffs ist das gesteigerte Artilleriefeuer. Ich melde dem Bataillon und verständige die schweren Waffen. Wir wollen warten, bis alle Kräfte sich zusammengeballt haben und sich massiert dem Vernichtungsfeuer anbieten. Gegen 6.00 Uhr ist es soweit. Der Angriff stirbt unter einer gewaltigen Faust, bevor er sich erheben kann.
Es wird ein ruhiger Tag. Nur bei Einbruch der Dunkelheit hastet vom Dorf her ein Schatten auf uns zu. Es ist Plötz, der Melder vom Bataillon.
»Absetzen! Sofort!« ruft er mir schon von weitem zu, wendet fluchtartig und jagt zurück.
Homola und Wernike eilen zu den Zügen. Wenige Minuten später trifft Rehmann mit seinen Leuten ein.
»Das hat man davon, wenn man alles abwehrt«, schimpft er.
»Irgendwann läuft man den andern dann hinterher.«
Ich studiere die Karte. Das Ziel ist mir seit Mittag bekannt. Dann kommt auch Pförtner mit seinem Zug. Wir rücken ab: schwarzgraue Schatten am Rand der Nacht. Herbstgrauer Abend. Die Sonne geht nicht unter, sie war nie da an diesem Tag. Das Dunkel wächst aus der Erde, aus formloser Steppe ohne Maß und Ziel in eine Zukunft, die wie Nebel drückt. Schweigend weiter, immer weiter!
Am Ortsrand von Michailowka, das wir streifen, liegt bleich zwischen Obstbäumen das Haus, wo das Mädchen Maruzia durchnäßt und weinend unter der Tür stand und dann am Ofen niederkauerte und sich wärmte. Das ist eine Woche her und weit, weit weg.

27.10.43

Gegen Morgen erreichen wir Kopanie. Die Verpflegung vom Vortag wird ausgegeben. Viele rühren nichts an. Sie schlafen ein, wo sie umgefallen sind.
Irgendwo müssen wir um Mitternacht eine Linie überschritten

haben, die neue HKL sein soll. Jetzt sind wir so etwas wie Eingreifreserve. Gegen Mittag kommt Einsatzbefehl, Angriffsbefehl. Wir treten an, aber der Russe ist schon nicht mehr dort, wo wir ihn angreifen sollen. Wir folgen ihm: verfolgende Verfolgte.

28.10.43

In einem Steppendorf sind wir liegengeblieben. Vier Stunden Rast. Nur nicht für mich. Lagebesprechung beim Kommandeur. Angriffsbefehl für den Nachmittag. Ins Gelände gehetzt, einen Tee mit Rum und ein angeschimmeltes Brot, das Homola kurz geröstet hat, drei Handgranaten ans Koppel und vorwärts ins Grau eines antlitzlosen Tages, zusammengesetzt aus einer verlängerten und einer vorgezogenen Nacht. Artillerie schießt sich ein. Die Männer trotten schweigend vor sich hin. Dann die Konturen einer Heckenreihe, dort soll der Russe sitzen. Herunter in den feuchten Grund! Vorarbeiten unter gegenseitigem Feuerschutz! Feuer frei erst bei Feindberührung.
Die ersten stürmen die Hecke. Kein Feind weit und breit. Ein olivgrünes Kochgeschirr mit ›Woscht‹ und ein Kolben Mais daneben unter einem abgebrochenen Ast. Enttäuscht? Nein. Aber der Regimentsbefehl heißt uns marschieren. Es geht um die deutschen und rumänischen Truppen auf der Krim.
Für uns aber geht es zu allererst darum, daß wir den Hals aus der Schlinge ziehen. Wie vor dem Kaukasusfeldzug sind wir wieder 6. Armee, und der Russe will uns dasselbe Schicksal bereiten wie den Kameraden von Stalingrad. Und weiter geht der Marsch bis Uspenkowo. Rundumverteidigung. Wir graben uns nicht mehr ein. Der Russe hat uns überholt. Absetzbefehl am Morgen.

29.10.43

Nach Zwischenstellung erneuter Absetzbefehl am Mittag. Wir klammern uns an die Häuser von Teodorowka. Der Russe drängt nach. Panzer beschießen unsre Stellungen. Der Tag ist sonnenklar geworden und gibt weite Sicht. Angreifende Infanterie

schlagen wir zurück, aber gegen Panzer und Geschütze sind wir machtlos. Wir treiben durch die Steppe. Es läßt sich nicht ausmachen, ob wir oder sie der verlorene Haufen sind. Beim Gegenstoß in Teodorowka geraten wir ins Kreuzfeuer. Dennoch erreichen wir den Ortsrand im Osten, aber lange zu halten ist der Ort nicht. Unsre Munition wird knapp. Der Russe steigert sein Artilleriefeuer auf den Ort.
Gegen 14.00 Uhr meldet der Gefreite Arnold, daß sein Zugführer Rehmann verwundet und bereits auf dem Weg zum Bataillonsarzt ist. Auf meine Nachfrage ergänzt er: »Mehrere Splitter in Rücken, Arm und Hand.«
Ich gehe mit ihm und Homola nach vorn. Es ist nicht auszumachen, woher wir beschossen werden. Unteroffizier Ritter übernimmt nun den ersten Zug. Pförtner mit dem zweiten liegt links. Vier Verwundete sind mit Rehmann auf dem Weg nach Anatolewka.
»Nun also auch Rehmann«, sagt Homola nachdenklich.
»Mit ihm ist mehr gegangen als nur ein Zugführer«, sage ich. »Er ist ein Stück Kompaniegeschichte. Seit wann war er hier?«
»Ich weiß nicht«, antwortet Homola, »er war schon hier, bevor ich zur Kompanie kam.«
Eine Reihe von Einschlägen zwingt uns zu Boden. Als wir weitergehen, fahre ich fort: »Als Granaten und Menschenmassen uns zu überfluten drohten, habe ich dem Bataillon durchgegeben am Ende aller Hiobsbotschaften: Zug Rehmann hält! Er war ein Stück vom guten Geist der Kompanie. Er wird uns fehlen.« –
Um die Ecke muß der Kompaniegefechtsstand liegen. Ludwig kommt uns aufgeregt entgegen.
»Absetzen! Sofort!« ruft er schon von weitem. Ich schaue auf die Uhr. Es ist kurz vor halb drei. Wernike geht zu den Zügen, während ich die Karte studiere.
Ich vergleiche noch einmal Befehl und Karte. Marschweg über 71.3, dort beiderseits des Grabhügels längs der Straße Sicherung bis Einbruch der Dunkelheit. Anschluß links neunte Kompanie, rechts eine Einheit von IR 36. Aber ›Anschluß‹ ist ein schönes Wort auf dem Papier und klingt beruhigend, nur die Steppe weiß wenig davon.
Mit Einbruch der Dunkelheit Absetzen nach Nowo Iwanowka,

dann durch die Steppe bis Südrand Nikolajewka, von dort weiter bis Jekaterinowka ins Quartier als Armeereserve. Ich ermittle mit dem Marschkompaß die genauen Marschzahlen, gebe sie auch Ludwig und den Meldern bekannt für alle Fälle.
Kalt ist die Herbstnacht und ohne Mond. Nebel zieht dünn über den Steppenboden, aber die Sterne schimmern oben durch, wo Orion wandert mit seiner Keule, auf stetem Weg nach Westen, ewig getrieben, ohne Rast wie wir. In Jekaterinowka warten die Feldküche und ein Dach, unter dem wir schlafen werden. Ob Post angekommen ist? Ob unsre Briefe, spärlichen Briefe, den Heimweg finden? Schlaflose Nächte sind lang, und man hat soviel Zeit zum Grübeln. Der Bruder schrieb zuletzt aus Königsberg, wird längst in Rußland sein. Wim ist in Afrika verschollen, Will über Nacht schlohweiß geworden, Jörg kämpft in Italien, Hans in der Mitte Rußlands mit dem Schlamm. Schwere Kämpfe bei Kriwoi Rog meldet der Wehrmachtsbericht. Das liegt im Nordwesten überm Fluß, in unserem Rücken. Der Dnjepr trennt uns.
Stumm trotten wir dahin. An der verronnenen Zeit schätze ich die Entfernung. Nicht vor Tagesanbruch, sage ich mir.

30.10.43

Im Morgengrauen bleibt Homola stehen. Im zartgrauen Geäst entlaubter Obstbäume zeigt sich ein milchiger Schimmer. Das erste Haus von Jekaterinowka. Ein Schlag Suppe und schlafen, schlafen, schlafen! Mehr als fünfundzwanzig Kilometer Weg liegen hinter uns, Weg quer durch die Steppe.

31.10.43

Das sonnige Zwischenspiel des Herbstes geht zu Ende. Schweres Gewölk zieht auf. Wir liegen in Alarmbereitschaft. Da wir keine Feindberührung haben, geht die Schanzarbeit zügig voran. Dann wird die HKL zurückgenommen, die Arbeit beginnt von vorn.
Langsam zeichnet sich Klarheit ab. Der Brückenkopf Nikopol wird gehalten.

Am Abend kommt der Major mit einem Geheimbefehl des Oberkommandos. Regen trieft vom Stahlhelm, aber sein Gesicht strahlt.
»Lesen Sie«, sagt er, »und bestätigen Sie die Kenntnisnahme!«
Die Kerze flackert im Windzug, aber was ich lese, steht fest im wechselnden Licht:
»Führerbefehl betrifft Gegenangriff am Südabschnitt der Ostfront vom 29.10.1943 – Geheime Kommandosache.«*
Ich setze verwundert ab.
»Lesen Sie!« drängt der Major. »Ich muß noch weiter.«
»1.) Ich habe aus dem Süden und Westen Divisionen nach dem Osten herangeführt, damit die über den Dnjepr abwärts Krementschuk vorgestoßenen Feindkräfte durch geschlossenen, etwa ab 10.11. möglichen Gegenangriff zerschlagen werden. Dieser Angriff wird für den ganzen südlichen Frontabschnitt eine entscheidende Wendung der Lage herbeiführen.«
Wir sehen uns schweigend an, und unsre Augen leuchten.
»Hierzu muß die 6. Armee so lange wie möglich, die in der Nacht vom 28./29. nach ihrer Ansicht einzunehmenden Stellungen halten.«
Das war Teodorowka, erinnere ich mich, und heute ist der 31., und wir haben uns wieder abgesetzt. Das gibt zu denken. Doch wenn der Großangriff gelingt, kommt es auf ein paar Kilometer mehr oder weniger nicht an.
»Großartig!« sage ich. »Das macht Mut zum Durchhalten.«
Der Major nickt, faltet den Befehl sorgfältig zusammen und birgt ihn in der Rocktasche.
Der Brückenkopf wird gehalten.
Wir bauen mit allen Kräften. In der Nacht fühlt der Russe mehrmals gegen unsre Stellungen vor. Aber es sind nur Spähtrupps, die uns die Ruhe rauben und demoralisieren sollen.

* P. E Schramm, Kriegstagebuch d. OKV 1943, Teilband 11, S. 1463

3.11.43

Scharfschützen sind, großartig getarnt, auf hundertfünfzig Meter an unsere Stellungen herangeschoben worden und bringen uns Verluste bei. Carl sucht sie mit dem Granatwerfer herauszupicken, aber der Erfolg schlägt nicht durch, da sie geschickt die Stellungen wechseln. Jeden Tag drei oder gar vier Ausfälle, und wir sind beim ›großen Gegenangriff‹ nicht mehr dabei. Am Mittag greift der Russe dreimal an und wird zurückgeschlagen.

4.11.43

Das Motorengeräusch in der Nacht hat es angekündigt. Im Morgengrauen greift ein Regiment mit sieben Panzern die Kompanie an. Schwerpunkt ist der Zug Pförtner. Zum Glück geben die Panzer nur Feuerunterstützung aus dem Hintergrund. Offensichtlich gehen die Reserven zur Neige. Pak der vierzehnten Kompanie und Artillerie vertreiben sie. Der Infanterieangriff bleibt im Feuer meiner Männer liegen. Am Nachmittag das gleiche Spiel. Ich springe mit den Panzerabwehrgranaten nach vorne, aber die Panzer halten auch jetzt gebührenden Abstand und ziehen sich im Abwehrfeuer zurück. Wir schicken die Infanterie hinterher.

5.11.43

Nach einem ruhigen Morgen greift eine Kompanie gegen Mittag an. Im zusammengefaßten Feuer von Artillerie und Maschinengewehren kommen sie nicht näher als zweihundert Meter heran und kehren um. Ihre Verluste müssen beträchtlich sein, aber auch wir haben wieder zwei Verwundete.

6.11.43

Im Norden bei der 335. ID tobt Kampflärm. Bei uns sind die Scharfschützen abgezogen worden, und da die russische Front dreihundert Meter abliegt, können wir in Ruhe schanzen.

8.11.43

Wir bereiten Bunker für den Winterkrieg vor. Besprechung beim Bataillonskommandeur. Das bringt die Chance mit sich, den Bart abzunehmen und sich zu waschen. Gleichzeitig inspiziere ich Material für den Stellungsbau, das in der Nacht angefahren werden soll.
Der Russe hat Perekop genommen und ist südlich Kertsch gelandet. Truppen, die zur Entlastungsoffensive herangeführt wurden, mußten abgezogen werden. Dennoch wird aus dem Raum des Brückenkopfes Nikopol ein Vorstoß zur Krim geplant. Ersatz wird angekündigt.

11.11.43

Der Ersatz ist eingegliedert. Wir sind wieder fünfzig Mann. Ein ansehnlicher Haufen. Zwei Unteroffiziere als Gruppenführer dabei, viele Genesene, die aus der Kompanie stammen. Sogar Post ist mitgekommen, seit Wochen zum ersten Mal wieder.
Die Nacht ist klar und erleichtert den Ersatzleuten die Feindbeobachtung. Sie schanzen drüben. In der kalten Luft hört man das Klappern der Spaten.
Vollmond. Gespenstische Helle. Das Wetter schlägt um.

13.11.43

Herbstregen hat eingesetzt und durchweicht die Grabensohle, durchnäßt die Uniformen und Zeltplanen und trommelt auf die Stahlhelme. Pfeifender Südost treibt ihn ins Gesicht. Noch reichen die Unterkünfte nicht aus, noch haben wir weder Holz noch Öfen zum Feuern.

14.11.43

Noch einmal trifft am Abend Ersatz ein. Wir sind jetzt über sechzig Mann und arbeiten hart an der Stellung. Feldwebel Stötzer ist mitgekommen und übernimmt den ersten Zug. Da auch der Russe schanzt, hat er wohl den Brückenkopf angenommen. Ich erinnere mich an den Geheimbefehl. Wie schnell sich Hoffnungen begraben lassen!

18.11.43

Am Abend löst uns eine Kompanie der 335. ID ab. Nach Tagen ruhigen Stellungsbaus und Eingewöhnung der neuen Männer würfelt uns der Marsch nach Konstantinowka zum erstenmal als Einheit zusammen. Die Stimmung lebt merklich auf.
So ziehn wir denn durch die Nacht, die naßkalt ist und dunkel, voller Hoffnung, voller Zuversicht für die nächsten Tage.

19.11.43

Wir sind nun im rückwärtigen Gebiet, in dem Partisanen ihr Unwesen treiben. Sie treten zum Teil in deutschen Uniformen auf. Bei Rowno soll ein ›deutscher Hauptmann‹ Überfälle auf Dienststellen der Armee verübt haben. Köpenickiade ohne tragikomisches Element. Tragikomisch ist nur die Anordnung, statt Ruhe und Waffenpflege oder Gefechtsausbildung Etappenbetrieb mit ›Kasernendienst‹ aufzuziehn. Nur die abendliche Spindkontrolle fehlt mangels Materie. Der Hauptfeldwebel steht schon bereit zu diversen Appellen. Zugegeben: Überprüfung des Gerätes und der Bekleidung ist wichtig, Kampfausbildung selbstverständlich. Aber Griffekloppen und Kehrtwendungen retten den Brückenkopf nicht, auch keine Ehrenbezeigungen. Eine Siegesparade wird es beim Rückzug über den Dnjepr auch nicht geben.

20.11.43

Rechts von uns beim IR 36 toben heiße Kämpfe. Alarmbereitschaft löst den Kasernendrill ab. Sie hat etwas Befreiendes. Zwar hatte ich Zugführer und Gruppenführer angehalten, bei den Appellen Zurückhaltung angesichts der Lage zu üben, und das auch überwacht, und doch war diese Welt wie etwas Fremdes hereingebrochen. Erleichtert gebe ich die Vollzugsmeldung weiter.

Abends sitzen wir im Kreis um den offenen Kamin, dessen Flammen den Raum ausleuchten, und singen. Soviel Wärme und Geborgenheit, soviel Heimat in einer Flamme und einem Lied. Die jetzigen Kameraden sind gewürfelter, doch Krieg und Steppe drücken uns zusammen zu einer Bruderschaft auf Leben und Tod. In unmenschlicher Zeit wird Menschsein erfahrbar in Dimensionen, die unserem Leben bisher unbekannt waren.
Voll solcher Gedanken reite ich am Nachmittag dem neuen Einsatz entgegen. Sechs Kilometer durch die Steppe nach Nordosten, dann zehn Kilometer nach Osten, um das Pferd in Selenaja stehenzulassen und die letzten Kilometer zu Fuß zu gehen.
Novembertag. Grauer Hochnebel mit leichtem Westtrieb, der dann und wann einen verwaschenen blauen Fleck Himmel durchschimmern läßt.
Fuchs reitet als Begleiter hinter mir. Er ist Bauer und versteht mein Schweigen. Eine Buschreihe zieht links im Dunst neben uns her und endet dann bei einem Brunnen, dessen schräg hochgestreckter Balken eine Baumgruppe und Stallungen überragt. Eine andere stößt später senkrecht auf unseren Weg, dann kreist Dunst uns ein, bis rechts die Kontur eines einsamen Grabhügels sichtbar wird. Er überragt noch die Ebene, als wir auf den größeren Weg einbiegen und ihn südostwärts umreiten.
Dann streifen wir Wassiljewka, das auf der Karte wie der Grundriß einer Basilika aussieht. Zwei Straßen ziehen genau von Nord nach Süd, eine dritte teilt sie mittlings von West nach Ost. Steppenoase mit Bäumen und Häusern und den ragenden Balken der Ziehbrunnen. Dann wieder nur Weite.
Eine Buschreihe kreuzt senkrecht den Weg. Wir reiten hindurch wie durch das Tor in einer Mauer.
Schon fast im Abenddämmern ragt ein Skythengrab ganz nah am Weg. Dahinter ein dunkler Streif: Selenaja, das Ziel.
Ein Melder der 335. ID bringt mich nach vorn.
An der Front ist seltsame Ruhe. Frieden.
Als wir in mondloser Nacht denselben Weg zurückreiten, ist's wie Heimkehr nach vollbrachtem Tagewerk.
Homola steht als Posten vor dem Quartier.
»Hans ist verwundet«, sagt er. Oder sollte es eine Meldung sein?
»Wieso?« frage ich erschrocken.

»Splitter einer Fliegerbombe«, ergänzt Homola.
»Ist die Verwundung schlimm?« frage ich weiter.
»Ein Splitter ist in die rechte Seite der Brust eingedrungen. Ludwig hat ihn verbunden, und wir haben ihn zum Bataillon gebracht.«
»Ist Ersatz für ihn gekommen?« forsche ich weiter.
»Ja«, berichtet Homola, »Sanitätsunteroffizier Schultes.«
Mit dem Streichholz suche ich den Weg zu meinem Lager. Ein Schein der flackernden Flamme streift das neue Gesicht. Jörg, denke ich. Der leibhaftige Jörg! Maurer fällt mir wieder ein, der gestern noch hier schlief und als Rekrutengefreiter einmal mein Vorgesetzter war.

Eine Festung gegen die Unrast

Totensonntag, 21.11.43

»Hier ist nichts als tischebene Steppe, so weit das Auge reicht. Eine frostige, trostlose Gegend ... Der Friede wohnt nur in den Sternen, wo Menschenhände nicht verderben können, was Schöpferhände formten ...«
Noch hatte ich den Brief kaum verschlossen, da kam der Marschbefehl. Nur die Richtung war ganz anders, als wir erwarteten.
Und nun ist es Nacht, und wir sind hier, einige Kilometer vor Selenaja mitten in der Steppe. Wir haben die 335. Division abgelöst, die in das Kampfgeschehen im Norden eingreifen soll. Unsere Waffen sind nach Süden gerichtet.
Stützpunktartig sind die Nester in der Steppe verteilt. Bei stockfinsterer Nacht können Bataillone durchziehen. Auf den ersten Blick erkenne ich, welche Arbeit vor uns liegt.
»Wer jetzt kein Haus hat, baut sich keines mehr ...« Irrtum, Herr Rilke. Wir werden. Und wenn es nur für einen Frost- oder Regentag sein sollte. Wir werden der Steppe trotzen.
Das Angenehmste ist der Feindabstand mit etwa zwölfhundert Metern. Wahrscheinlich ist dort drüben genau so dünn besetzt wie hier, das haben die Flanken von Durchbruchstellen so an sich. Wir treiben zwischen den Stützpunkten Horchposten nach vorn. Eine Gruppe pendelt vom Einbruch der Dämmerung bis zum Morgengrauen stündlich einmal die gesamte Kampflinie ab.
Schanzarbeiten. Die Erfahrungen vom Kuban lehren es. Die Panzerdeckungslöcher, in denen die Männer sitzen, sind naß und schlammig. Es darf sich nicht wiederholen, was uns vor zwei Jahren widerfuhr. Dem russischen General Winter keinen Mann abtreten! Also an die Arbeit!
Wir werden eine Festung bauen gegen die unendliche Weite der Steppe, eine Festung gegen die Unrast.

22.11.43

Fast sind wir unter uns. Dann und wann eine MG-Garbe, hoch über unseren Köpfen. Mitteilung, daß man auch noch da ist. Dennoch vermeiden wir am Tag unnötiges Umherlaufen. Doch die Schanzarbeiten werden geplant und vorbereitet. Mit den Fahrzeugen kommt am Abend Schanzmaterial nach vorn, Schaufeln, Spaten, Balken und Geäst. Zuerst verbessern wir die Stellungen der Maschinengewehre, verbinden die Schützenlöcher miteinander, dann folgen die Bunker.
Wir heißen uns hoffen. Als Reserve erwartet man immer den Einsatz an Brennpunkten. Und nun hat ein nobler General seine Leute herausgelöst, um selbst die Lage zu bereinigen.
Verdorrt und braun liegt die Steppe um uns. Keine späte Blume, kein Strauch, der sich aus dem Einerlei erhebt, um mit entlaubten Ästen sein schlichtes Gerank in den Grauhimmel zu zeichnen. Reduktion der Dinge bis an die Grenze des Nichts. Aber aus dem Bodendunst heben sich bei Ukrainka am hellen Tag die Rauchfahnen der Russen.

23.11.43

Kampfpause und gemeinsames Planen schweißen die alten und die neuen Soldaten zusammen. Das Reinmenschliche atmet wieder in uns auf. Sehnsucht und die Freude am Augenblick spannen einen Bogen über unsere Existenz, der der Steppe trotzt.
Unser Abschnitt wird in der Nacht noch einmal vergrößert. Die Enttäuschung beim linken Flügel ist groß. Spät komme ich mit Homola zurück. Der Abschnitt ist flach und monoton und bietet selbst am Tag kaum Orientierungshilfen. Wenn Dunst dazukommt, ist es ein Abenteuer, die Stellung abzugehen. Ich habe Stolperdraht angefordert, um ein Verlaufen zu verhindern.
Um 2 Uhr macht Stötzer einen Spähtrupp zu den Stellungen vor Ukrainka, um Entfernung und Stärke des Feindes zu testen. Ich liege mit Pförtner beim Horchposten, um Feuerschutz geben zu können.
Die Nacht ist warm und dicht wie Watte. Im Handumdrehen sind die Schatten der Männer im Dunkel zerronnen. Es bleibt still. Nur drüben rechts, weit im Nordwesten zieht sich der Kampf-

lärm in die Nacht hin. Maschinengewehre bellen, und schwere Einschläge dröhnen. Aber vor uns regt sich nichts. Langes Warten, banges Warten.
Eine Stunde vergeht. Da plötzlich ein metallisches Klicken vor uns. Dann Flüstern. Der Posten ruft an. Wir verharren im Anschlag. Stötzer gibt das Kennwort. Sie sind zurück. Ein Aufatmen und Glückwünschen. Wir nehmen den Weg zu seiner Stellung. Das Klirren begleitet uns. Es gehört zu einer russischen Panzerbüchse, deren Zweibein sich nicht festklemmen läßt. Wir befühlen das Monstrum beim Gehen. Dann sitzen wir im engen Graben, und Stötzer berichtet, wie er sich vorsichtig an Ukrainka herangearbeitet habe und kein Posten zu sehen war. Plötzlich standen sie vor einer ausgehobenen Stellung. Nur die Panzerbüchse hielt einsam Wache, und Munition lag auch bereit. So gelangten sie unbemerkt zu uns zurück.
Ich setze Arnold und Wernike mit der Beute noch vor Morgen in Marsch zum Bataillon.

24.11.43

Dunst und Nebel, hinter denen sich vieles verbirgt. Steppenwirklichkeit, Steppenwahrheit, und irgendwo schlägt dunkles Geschehen, das man uns verschweigt, den dumpfen Takt.
Dennoch gewinnen wir an Tiefe, nicht nur, was Stellung und Bunkerbau angeht. Auch der menschliche Kontakt, die Arbeit an einem gemeinsamen Ziel läßt eine Kameradschaft wachsen. Und doch schwelt Unruhe in uns. Wochenlang sind wir ohne Post. Die Nachrichten von Bombenangriffen mehren sich. Immer ist Frankfurt dabei. Gerold macht einen Spähtrupp und bringt eine Kalaschnikow (russische Maschinenpistole) mit. Eine seltsame Sorglosigkeit. Offenbar bleibt in der Nacht jede zweite Stellung unbesetzt. Man läßt geruhsam seine Waffen im Schützenloch liegen und begibt sich zum Schlafen.

25.11.43

Jugendlicher Geist weht durch die Gruppen. Sangesfreude macht sich breit. Wunderlich, ein großartiger Solosänger, sitzt mit

den Kameraden abends zusammen unter der Zeltplane, und sie singen. Schon in Konstantinowka während der wenigen Stunden konnte ich seine glockenklare Stimme vernehmen. Und wo er singt, versammelt sich, wer abkömmlich ist, und lauscht. Zwar dominiert manchmal das Sentimentale – sein Lieblingslied ist »Mamatschi, schenk mir ein Pferdchen …« –, aber intellektuelle Vorbehalte zählen hier nicht. Hier ist kein Theaterpublikum, hier sind Männer am Rande der Welt im Kampf mit zwei unerbittlichen Gegnern: den Sowjets und der Steppe.
Auch der Kompanietrupp ist zur großen Familie geworden. Piniergeist hat alle ergriffen. Wir bauen sie, die Festung gegen die Unrast. Ludwig, der erfahrene Zimmermann, voller Pläne und meisterlichem Blick, wägt ab, zeichnet Entwürfe an die Grabenwand, prüft Mögliches und Unmögliches. Er gibt die Parole aus: Jeder, der nach Selenaja kommt, bringt etwas für den Bunker mit. Klar? Homola trägt Steine und Bleche zusammen. Dabei erzählt er von den Villen in Berlin. So groß wird sein Kamin nicht werden, wie ihn die Herren dort bauen ließen, aber genauso gut. Jeder leistet sein Tagessoll, und ich merke, wie die Hände Schwielen bekommen. Schultes, der neue Sanitätsunteroffizier, der als Nachfolger von Maurer gekommen ist, geht es nicht anders, er ist mit dem Eifer und der Jugend eines Theologiestudenten bei der Sache. Er lacht und singt und atmet beglückt die Freiheit, die uns geschenkt ist. Er muß erst den Rhythmus des Arbeitens lernen, aber er schafft mit Fleiß und bis an die Grenzen seiner Kraft. Wir haben soviel Gemeinsames. Da ist seine Liebe für Walter Flex, dessen Gedichte er bei sich trägt wie ich Rilke. Und in ruhigen Augenblicken liest er oder meditiert über einem Text des Neuen Testamentes. Da sind auch die Lieder der Jugendbewegung, die wir gemeinsam kennen und singen. Und da ist unser Glaube, daß über dieser Welt eine bessere waltet, auch in Krieg und Steppe.
Und da ist Carl, der Nimmermüde. Er blüht bei der Arbeit auf. Unverdrossen schaufelt er die Erde hoch. Die Geschichte vom Sommer ist vergessen. Er spuckt in die Hände und hackt und schaufelt wie ein Besessener. Barth ist neu hinzugekommen. Sein Gesicht, seine Gestalt, sein Wesen, diese bewußte Bedächtigkeit, die doch nie langsam wirkt, sondern stets zielbewußt und ausge-

wogen, das alles zeigt seltsame Parallelen zu Hans Lang. Seine Art ist beherrscht und ausgeglichen. Nie kommt ein Scheltwort über seine Lippen. Sein Gesicht atmet Frische und Bereitschaft zum Notwendigen, aber auch Intelligenz. Sein stilles Wesen, seine Unaufdringlichkeit weichen einer großen Freude, wenn wir zu singen beginnen, Körper an Körper zusammengepreßt im engen Unterschlupf. Arnold und Wernike haben sich zusammengeschlossen. Arnold ist seit den Kämpfen am Brückenkopf selbstbewußter geworden. Das Erlebnis vom Tod des Leutnants König hat ihn männlicher gemacht. Stolz trägt er sein Eisernes Kreuz. Von zu Hause erzählt er wenig. Sein bairischer Tonfall wirkt fremdartig bei uns Hessen-Thüringern, doch wenn ihn einer nachahmt, lacht er verschmitzt, und es ist eine deutliche Genugtuung dabei. Wernike ist die Korrektheit selbst. Pflichtbewußtsein ist ihm selbstverständlich. Er hält zurück mit dem, was er denkt, er widerspricht nie einem. Auch Stork ist neu. Ein bedächtiger Mann aus der Wetterau, ein junger Beamter, der den meisten nicht nur sein Alter, sondern auch das Gespür für logische Zusammenhänge im Alltag voraus hat.
Das Bleibende am Krieg ist die Unrast. Aber wir wollen es nicht wahrhaben. Unser Geist, unsre Arbeit, unsre Sehnsucht sind auf Verweilen eingerichtet. Wir wollen wie Luther den Baum pflanzen, auch wenn morgen die Welt unterginge.

27.11.43

Neumond. Die Nächte in der spätherbstlichen Steppe sind stockfinster. Nur mit Hilfe des Marschkompasses kann man sich beim Rundgang durch die Stellung orientieren. Ich halte den Atem an, daß sich inzwischen keiner verläuft. Pfade zeichnen sich im Kraut noch nicht ab. Auge und Fuß suchen oft vergeblich ein Merkmal, etwas, woran man sich halten kann. Ein Feuerstoß ist manchmal die einzige Orientierung, was hüben und drüben ist.
Mit Unteroffizier Jensen komme ich öfter ins Gespräch. Wir haben die gleichen Fächer studiert und viele gemeinsame Interessen. Besonders erfreut bin ich über unseren ›Ersatz‹. Er ›ersetzt‹ nichts, er ist ganz er selbst. Ein Kerl mit dem Herz auf dem rech-

ten Fleck. Ständig ändert sich im Krieg das Gesicht einer Kompanie, und es ist erstaunlich, wie viele wertvolle Menschen unser Land in Reserve hat. Nur sind es immer zu wenige.
Kein Zweifel, wir wachsen aufeinander zu. Aus der Monotonie der Steppe bauen wir Gemeinschaft und Zuversicht.

30.11.43

Seit Morgengrauen steigert sich der Kampflärm rechts. Es ist unklar, ob Angriff der Sowjets oder Gegenschlag der Deutschen. Das Dröhnen der Erde verlagert sich nicht. Der Ausbau der Stellungen macht Fortschritte. Jetzt hat jeder Stützpunkt ein durchgehendes Grabensystem. Die Verbindung der Kampfstände war erstes Gebot aus militärischen und menschlichen Gründen. Nun sind die Bunkerunterkünfte vordringlich. Der Winter steht vor der Tür.

1.12.43

Ich will meinen Rundgang in die Morgenstunden des neuen Tags verlegen und suche nach der warmen Abendkost ein wenig Schlaf. Da weckt mich Homola. Sammelgespräch. Die bekümmerte Stimme des Majors kündigt für nächsten Morgen einen erwarteten Angriff an. Ich bin skeptisch. Alle Beobachtungen und erkennbaren Vorzeichen deuten kaum darauf hin. Er sagt nicht, woher die Information stammt. Das Regiment hat sie an uns weitergegeben. Es gilt also wachsam zu sein. Ich gehe zum Horchposten der Gruppe Waidmann, weil hier die Mitte der Stellung und die größte Feindnähe ist. Aber die Steppe bleibt still. Nur dann und wann bellt in Ukrainka ein einsamer Hund.
Kurz vor 4 Uhr mache ich den vorgesehenen Rundgang durch die Stellung. Das gleiche Bild. Nichts deutet auf Angriff. Nur der Horchposten der Gruppe Jensen will Stimmen gehört haben, die unruhiger als sonst wirken, die offenbar vom linken Dorfrand her kommen. Und nun höre ich es auch. Rufe, in der Dunkelheit von Stellung zu Stellung weitergegeben, rollen die Front ab. So bereitet man keinen Angriff vor. Zur Sicherheit lasse ich alle Männer in Stellung gehen und ziehe die Horchposten zurück.

Einzelne Schüsse zischen durch den Nebel, dann Garben von Maschinengewehren und zuletzt ein Zauberwerk aller Art.
Ein Leuchtkugelregen im Spiel aller Farben fällt von oben als magisches Licht auf den Steppendunst wie zu Hause an Silvester. Jetzt werden Hundestimmen wach und mischen sich mit Menschenstimmen. Aber alles bleibt fern, in artigem Abstand drüben in Ukrainka.
»Spuk«, sagt Hörr, der neben mir hinterm Maschinengewehr steht. »Der Krieg ist zu Ende, der Rodensteiner zieht heim.«
»Schön wär's«, sage ich, »aber wir sind nicht im Gersprenztal.«
Dann bricht der Lichtzauber allmählich in sich zusammen. Die Steppe sinkt in Glanzlosigkeit und Schweigen zurück. Wir haben die Herausforderung nicht angenommen.
Rätselhaft bleibt der Sinn des Ganzen. Haben sie einen Sieg gefeiert, und wenn ja, welchen? Bei Alarmbereitschaft und Verdoppelung der Posten schicke ich die Männer in ihre Bunker zurück und melde dem Bataillon.
Der Rest der Nacht und der frühe Morgen bleiben auffallend ruhig. Nur der Einbruch kalter Luft bei Sonnenaufgang läßt Rauhreif an den Gräsern und Kräutern wachsen. Die tote Steppe belebt sich mit Kristallen, die mit aufgehender Sonne vielfältig glitzern, sich dann in Tau verwandeln, der an den dürren Halmen herunterperlt.

2.12.43

Schlaf ist heute notwendiger als Arbeit. Als ich am Mittag erwache, hängt schweres Gewölk über Ukrainka. Bald entlädt sich ein Wintergewitter und behindert unsere Arbeit. Der schwere Boden klebt an den Schaufeln und Spaten.
Am Abend meldet sich der Major zum Rundgang durch die Stellung der Kompanie. Südwind hat schwüle Nebelschwaden herangetrieben, ist dann nach Norden abgesprungen und hat uns den Dunst gelassen. Jede Sicht ist genommen. Nur die Erde dröhnt noch von den schweren Einschlägen im Nordwesten. Auch der Major weiß nichts zu berichten als schwere Kämpfe an der Einbruchstelle.
Er ist wortkarg an diesem Abend und spürt offenbar, was uns

längst Gewißheit ist; einem Großangriff könnte die Front bei diesem Wetter nicht standhalten. Selbst am Tag besteht keine Sichtverbindung von Stützpunkt zu Stützpunkt. Bei Nacht schwimmen sie wie einsame Inseln im Meer.
Die Pflöcke für die Stolperdrähte sind schon eingeschlagen, so tasten wir von Pflock zu Pflock die Stellung ab.
Auf dem Weg zum Horchposten passiert es dann. Wie schneeblind irren wir vorwärts. Das Auge wehrt sich, schaltet ab in dem haltlosen Grau. Wir weichen nach rechts ab, weichen nach links ab. Mein Anruf erstickt im Dunst. Da hackt in unserer Nähe ein russisches Maschinengewehr los. Die Garben zischen durch den Nebel und versacken in der Erde. Nun wissen wir die Richtung. Ein paar Sprünge, dann gehen wir schweigend eine lange, lange Zeit. Da ruft uns der Posten an. Ich sage das Kennwort und biege zu ihm hinüber. Es ist Gutwald von der Gruppe Jensen. In Ukrainka drüben ist jetzt Bewegung zu spüren. Wir haben das Maschinengewehr und das Maschinengewehr hat die Hunde geweckt. Gutwald weist uns mit der Hand den Weg. Ich nehme den Marschkompaß zu Hilfe. Nach einigen Minuten erkenne ich den weißen Pflock. Wir haben die HKL wieder erreicht. Bald darauf meldet sich Unteroffizier Jensen. Nach Marschkompaß nehme ich den direkten Weg zum Kompaniegefechtsstand. Barth steht Wache und meldet. Unser unfreiwilliger Spähtrupp ist beendet. Ich entschuldige mich wegen des Verlaufens. Der Major winkt ab: »Sie brauchen sich nicht zu entschuldigen. Ich habe gesehen, was ich sehen wollte. Wenn noch einmal Ersatz kommt …« Er beendet den Satz nicht.
Ich bringe ihn die kurze Strecke bis zur Straße nach Selenaja. Von dort gibt es kein Verlaufen mehr.

5.12.43 Zweiter Advent

Es ist noch früh. Ich sitze allein beim Schein der dürftigen Kerze. Draußen ist die Welt verändert. Es hat geschneit in der Nacht, das Dunkle hat sich gelichtet, ist transparenter geworden. Nicht, daß das Unheimliche heimeliger geworden wäre, nur anders. Zwar ist die Erde noch zu feucht und taut die dünne Schneedecke wohl bald ab, dennoch ist die Veränderung für uns groß. Der Schnee

verdeckt das Aufgewühlte der Schanzarbeiten und Verdorrte der Steppengräser und -kräuter. Endlos breitet sich das Weiß, aus dem nur dann und wann der dunkle Kopf eines Postens ragt. Wir brauchen Winterbekleidung. Es wird höchste Zeit.
Weiß in Weiß verschimmert die Steppe. Die Helligkeit beflügelt. Man geht wie in einer Wolke schwebend, erhaben über das Dunkeldüstere, das Erdenschwere, das sich verflüchtigt hat in den schwarzgrauen Wolkenhimmel. Friedlich steigt der blaue Rauch aus den Schornsteinen der Hütten.
Noch etwas hat mich beflügelt. Vielleicht schaffen wir heute die letzte Runde unseres neuen Gefechtsstandes. Es wäre ein guter Winteranfang, umzuziehen in dieses Schloß von einem Bunker. Wieviel Planen, wieviel Fleiß, wieviel Liebe sind dort eingearbeitet. Aber auch Hoffnung, das große Geschehen möge uns hier aussparen für ein paar Tage, ein paar Wochen, vielleicht für die ganze Winterszeit.
Der neue Bunker. Er soll eine Stätte heimatlicher Behaglichkeit werden, und beim Singen wollen wir zwei Kerzen anzünden. Eine Festung gegen die Unrast und die Einsamkeit der Steppe, ein Haus der Hoffnung.

6.12.43

Gegen den rosig-grauen Morgen heben sich dunkel die Strohdächer von Ukrainka. Ich habe das Feuermachen über Tag untersagt, um unsere Stellungen nicht allzu deutlich zu markieren. Dem Rauch der Hütten drüben sieht keiner an, ob Soldaten oder Zivilisten sich die Füße dort wärmen oder ihre Kohlsuppe kochen.
Homola hat in der Nacht den Kamin ausprobiert. Zuerst qualmte das nasse Material ein wenig, dann wärmte der Raum sich schnell auf. Heute wird Ludwig Tisch und Eckbank setzen, dann ziehen wir ein, Nikolaustag – Nikolausabend.

7.12.43

Gestern abend sind wir eingezogen. Zwei Kerzen brannten, und die Heimat war ganz nah. Wir saßen alle um den Tisch auf der Wandbank und schauten beim Singen in die Flammen. Homola

hockte stolz neben dem kleinen Herd, schürte und legte nach und strahlte vor Glück, wenn die Flamme knisterte.
Er hat drei Aspekte zum voraus: ist Trutzburg gegen den Tod, ist Heimat und Rastplatz auf dem unendlichen Weg durch die Steppe, ist Stätte der Hoffnung und Symbol, das bezeugt, was eine Gemeinschaft von Männern vermag, wenn sie denkt, plant und arbeitet.
Schwerpunkt ist die Wohnecke, links neben dem Eingang, einer richtigen Tür mit Zarge, Angeln und Klinke. Durchgehende Wandbänke umgeben an zwei Seiten den selbstgezimmerten massiven Tisch. In der Ecke ist eine Nische für meine Papiere, daneben hängt die große Verbandstasche. Alles ist mit weißgetünchten Brettern verschalt.
Überm Tisch hängt ein Adventskranz, den Schultes und Homola aus dürrem Steppenkraut gewoben haben. Es gibt nichts Grünes weit und breit. In der Bescheidenheit unseres Lebens wird alles symbolisch, und Dankbarkeit für kleine Gesten und Dinge verbindet und macht sensibel, mitten im Krieg.
Selbst Rauhbein Carl, den ich als ›Führer der schweren Waffen‹ mit in den Kompanietrupp übernommen habe, paßt sich glänzend ein, und er hat nie mehr die Frage gestellt: Bin ich ein Mörder?
Die Sitzbank läuft nach rechts weiter und wird zur Brücke zu meinem Lager. Darüber hat Ludwig seine Schlafstelle, und ganz oben ist die Pritsche für Carl.
Schultes, Homola und Barth schließen sich im rechten Winkel an. Über der Wandbank neben der Tür schlafen Arnold und Stork. Wernike benutzt die Bank zum Schlafen.
Der Boden hat feste Dielen und ist somit weniger fußkalt. Der Tisch ist transportabel, so daß die Wandbänke zum Lagern von Verwundeten benutzt werden können. Homolas ›Kamin‹ liegt meiner Schlafstelle gegenüber. Vorm Einschlafen kann ich dem Spiel der Flammen zusehen und ein wenig träumen.
Die Erde ist fest gefroren, und der dünne Schnee macht die Nacht hell und durchsichtig. Gegen Mitternacht bricht wieder eine Nebelwand vom Meer her ein und legt sich über die Weite. Kaum sieht man die Hand vor den Augen. Zum Glück ist mit den Essensfahrzeugen der Stolperdraht eingetroffen. Wir werden ihn in der Nacht noch verlegen.

Bei Jensen liegt eine Feldpostausgabe des »Schimmelreiter« von Theodor Storm. Seit Fertigstellung des Bunkers liest er seinen Leuten tagsüber daraus vor.
Gegen Morgen klopft es an der Tür.
»Fu-Funker Breitenbach meldet sich vom U-Urlaub zurück!«
»Wieso vom Urlaub«, frage ich, weil ich weiß, daß er die ganze Zeit beim Bataillon war.
»Herr Oberleutnant meinen doch, das beim Ba-Bataillon sei U-Urlaub gegen hier vorne«, antwortet er verschmitzt.
»Da haben Sie sich wieder etwas ausgedacht, Breitenbach!«
»Für mein Fu-Funkgerät«, kontert er geschickt. Dann wuchtet er den schweren Kasten auf den Fußboden, daß die Dielen quietschen.
»Na gut«, räume ich ein, »wenn gerade niemand da sitzt, können Sie auf der Bank schlafen.«
»Danke!« sagt er und läßt sich nieder. »Selten so ju-jut jesessen.«

8.12.43

Homola hat aus dem Dorf eine Gitarre mitgebracht. Es ist Mittag. Wir singen Löns-Lieder: »Über die Heide pfeifen die Winde, Annemarie, und alles ist voll Schnee ...«
Da klingelt das Telefon. Ludwig nimmt ab, wir schweigen.
»Jawohl«, sagt er, »persönlich.« Er sieht zu mir herüber und hält mir den Hörer hin: »Der Major.« Aller Augen hängen an meinem Mund.
»Übergeben Sie am Abend die Kompanie an Torsten. Sie werden für drei Tage nach Konstantinowka zum Troß kommandiert, um Führerreserven auszubilden. Machen Sie zwei Mann aus Ihrer Kompanie namhaft, die als Offiziere in Frage kommen, geben Sie dem Adjutanten die Namen durch, und bringen Sie die Leute mit. Quartier und Raum für die Ausbildung sind vorbereitet. Dienstbeginn ist morgen früh um 10 Uhr. Wen glauben Sie mitbringen zu können?«
»Jensen und Herold«, sage ich ohne langes Bedenken.
»Kann ich das als Meldung ansehen?« fragt der Major zurück.
»Ja«, sage ich, »die beiden.«

»Gut«, schließt der Major das Gespräch, »dann also bis morgen.«
»Nun können wir weitersingen«, bemerke ich sarkastisch: »... über die Heide rufen die Raben, Annemarie, ade, ade ...!«
Anschließend spreche ich mit Leutnant Torsten und Unteroffizier Pförtner, ordne die Ablösung der Gruppenführer Jensen und Herold an und bitte Torsten, die Kompanie zu übernehmen.
Dann hole ich Meldeblock und Bleistift aus der Kartentasche, lege sie zurecht, zögere aber einen Augenblick und stelle Ludwig die Frage: »Womit würden Sie anfangen, wenn Sie Offiziersanwärter auszubilden hätten?«
»Stellungsbau«, sagt er wie aus der Pistole geschossen.
»Großartig«, lobe ich ihn, »das ist nämlich genau das, wovon man auf der Kriegsschule nichts hört.«
Ich schreibe:
Thema für Donnerstag, den 9. Dezember
Anlage und Aufbau einer Stellung
10.00 Uhr Das Grabensystem mit Übungen nach Karten
12.00 Uhr Mittagspause
13.00 Uhr Stützpunktsysteme
14.30 Uhr Geländegang
16.30 Uhr Bunkerbau
18.30 Uhr Abendessen
Thema für Freitag, den 10. Dezember
Aufgaben als Gruppen, Zug- und Kompanieführer bei Berücksichtigung der verschiedenen Kampfarten.
Thema für Samstag, den 11. Dezember
Waffen der Infanterie und ihr Einsatz

9.12.43

In einem hell gekalkten Zimmer sitzen zehn Männer vor mir und hören aufmerksam zu. Uns allen ist die Situation so neu, daß ich darüber für Stunden die Stellung vor Selenaja und ihre Besatzung vergessen kann. Nur abends quält die Sorge, ob alles seinen Gang geht. Aber dann sage ich mir, Torsten hat mich am Kubanbrückenkopf in kritischer Situation abgelöst, hier läuft dagegen alles wie ein Spiel.

11.12.43

Der Lehrgang ist beendet. Es waren schöne Tage. Nun ist es Abend, und ich bin wieder bei der Kompanie. Ich habe nach langer Zeit wieder Post erhalten. Ein Brief von Dorothee, der Mutterstolz und -glück spiegelt. Ihr Mann ist nicht an der Front. Ein anderer Brief, den ich selber im Urlaub geschrieben habe, steckt ungeöffnet in der Kartentasche. Mein Brief an den Unteroffizier Hans Lang ist zurückgekommen, die Anschrift und die Feldpostnummer sind mit Blaustift durchgestrichen, und in zügiger Schrift steht darunter das Wort ›Zurück‹ und dann ›Gefallen für Großdeutschland‹. Eine andere, linkswertierte Schrift hat mit gewöhnlichem Bleistift eine Frage angefügt: ›Nicht?‹ Aber die Antwort ist mir mit der Rückkehr des Briefes gegeben.
Wie hatte er noch zuletzt geschrieben? ›Ich bin jetzt mit dem Kopf über dem Schlamm ...‹
Ein paar Zeilen fallen mir ein, die ich einmal irgendwo auf den Rand eines Vorlesungsheftes geschrieben habe:

> David klagt um Jonathan
> Nun du hinweggenommen, wie füll ich meine Zeit?
> Weiß ich doch nur dies Klagen
> und muß den Winden sagen:
> Es ist mir leid ...

Was eine Etüde war, ein schwermütiges Spiel mit Worten und Schicksalen, weint in uns fort und bricht plötzlich auf als Wahrheit.
Ich werde den Brief nicht öffnen, er gehört einem Toten, selbst wenn ich ihn geschrieben habe. Ich will ihn heimschicken, und wenn ich nach dem Krieg nach Hause komme, will ich ihn aufbrechen. Gute Nacht, Hans! Die Steppe ruft mich hinaus.

13.12.43

Menge ist persönlich mit dem Verpflegungsfahrzeug nach vorn gekommen, das hat immer etwas zu bedeuten. Schweigend legt er mir ein Schreiben vor: Anklage der Feldpolizei beim Kriegsgericht gegen den Obergefreiten Kühme wegen Vergewaltigung

einer russischen Frau – Stellungnahme des Kompaniechefs erforderlich.
Was weiß ich von den Männern dahinten! Kühme ist manchmal mit dem Verpflegungsfahrzeug nach vorn gekommen. Er gilt als jähzornig, seine Gesichtsfarbe und seine schwarzen Locken deuten auf südländisches Blut. Aber seine Arbeit hat er vorbildlich getan. Menge berichtet den Vorfall. Während Kühme bei der Feldküche das Fleisch für die Suppe zurechtschnitt, sah er eine Frau mittleren Alters das Haus verlassen und auf eine Strohmiete zugehen. Sie hatte die Absicht, Stroh zum Feuermachen zu holen. Das blutige Messer mit der Hand schwingend, lief Kühme ihr nach und hielt sie an. Was als Winken gedacht war, mußte als furchtbare Drohung wahrgenommen werden. Die Frau gab voller Angst nach und machte dann Meldung bei der Feldpolizei.
Strafe muß sein, daran führt kein Weg vorbei. Was kann ich tun, als ihm bestätigen, daß er sich bisher einwandfrei geführt hat, daß er mit Fleiß seiner Arbeit nachgekommen ist, daß das Schwingen des Messers nicht unmittelbare Bedrohung bedeutete, wie er unter Tränen dem Hauptfeldwebel versicherte, sondern unbedachte Geste und Ausdruck seines Temperamentes war.
Ich diktiere Menge und fühle mich doch nicht wohl. Mein Urteil gründet sich auf Mitteilung anderer. Daran ist nichts zu ändern.
Die Gruppen haben nun alle ihre Bunker fertiggestellt. Ein Wettbewerb soll anfeuern und klären, welcher der sicherste, zweckmäßigste und schönste ist. Besonders die jungen ›Ersatzleute‹ sind mit großem Eifer bei der Sache gewesen. Zum ersten Mal im Leben haben sie sich ein Dach überm Kopf selbst gezimmert. Ein Urerlebnis, wie es der Mensch nur selten hat.

14.12.43

Es ist ein fröhliches Völkchen, das sich unter die alten Krieger gemischt hat. Blinn ist bei Pförtner als Melder eingesetzt. Wenn es sich ergibt, werde ich ihn zum Kompanietrupp holen. Die Vertrautheit zwischen uns ist geblieben.
»Üben Sie eifrig?« habe ich ihn gestern gefragt.
»Ja«, sagte er, »Trockenübung. Etwa so.«

Mit vollendeter Gebärde spielte er eine Pantomime: Mozarts ›Kleine Nachtmusik‹. Die Melodie summte er mit.
»Danke«, sagte ich, »weiterüben!«
»Zu Befehl!« parierte er. »Weiterüben!«
Und dann lachten wir alle.
Nur eines hat mir zu denken gegeben bei den jungen Leuten, wenn sie singen:

»Drum, Mädel, sei lustig, wir sehn uns bald wieder.
Nur gegen England noch und USA, dann ist alles vorbei.«

Solche Lieder Rußlandkämpfern mitzugeben ist Infamie. In wenigen Wochen haben sie wahrscheinlich begriffen und singen andere Lieder.
Atempause in der Steppe. Die Winterstürme stehen vor der Tür.

15.12.43

Alles Begrenzende ist zerflossen, aufgelöst in Unendlichkeit. Nebel liegt überm Schnee, und Schnee und Nebel sind eins. Es taut leicht, und bald wird das Blendende dem dunklen Einerlei Platz machen.
Jede Gruppe bietet ein anderes Bild. Die einen sind beim Waffenreinigen, die anderen arbeiten noch am Verbessern des Bunkers oder der Stellungen. Wunderlichs Stimme tönt als leuchtendes Solo, mit spürbarer Verhaltenheit vorgetragen, mir entgegen: »... Oba heitschi kum beitschi, bumm, bumm ...«
Anders der Germanist Jensen. Er hat seine Leute um sich versammelt und liest ihnen aus Storms ›Schimmelreiter‹ vor. Das paßt ausgezeichnet in diesen gespenstigen Nebel. Wie ein Gruppenabend der bündischen Jugend vor zehn Jahren, denke ich und gehe zum Gefechtsstand zurück. Die alten Freunde. Wo sie alle sein werden?
»Unstete Fahrt, habt acht, habt acht! Die Welt ist voller Morden.« Wie lange das alles her ist. Jetzt singen wir es im Kompanietrupp.
»Der Friede scheint ausgebrochen, wenn man durch die Stellung geht«, sage ich zu Schultes. »Aber ich traue diesem Frieden nicht. Hören Sie dort droben im Norden?«

Und zu mir selber füge ich hinzu, dort sterben jetzt Männer, dort kämpfen jetzt Männer und entscheiden unser Schicksal mit. Wenn die Front dort oben hält, haben wir Aussicht hierzubleiben.

16.12.43

Anruf des Regimentsadjutanten in der Frühe. Leutnant Torsten übernimmt eine Kompanie für einen an Fleckfieber erkrankten Oberleutnant.
Mir wird Ersatz zugesagt.
Stötzer wird den Zug übernehmen. Am Abend meldet sich Torsten ab. Allzu sehr ähnelt er Alfred, meinem oberhessischen Vetter. Aber Alfred ist vor Leningrad beim Bergen eines Verwundeten auf eine Mine getreten. Er war sofort tot.

17.12.43

Tauwetter. Das Steppenland ist braun wie das Moor der Worpsweder Maler. Wir singen am Vormittag, ich begleite mit der Gitarre ein wenig. Da klopft es an der Tür. Im Rahmen erscheint ein großer, drahtiger Mann. »Feldwebel Gerhard als Zugführer zur Kompanie versetzt.« Ich bin aufgesprungen. Ist das die Möglichkeit! Da steht Willi Gerhard von der alten siebten Kompanie. »Mensch!« sage ich, »du bist das? Hast du gewußt, zu wem du kommst?«
»Ja«, sagt er, »es war mein Wunsch, zu dir zu kommen.«
Dann sitzen wir eine gute Stunde und erzählen von den alten Kameraden, wo sie abgeblieben sind und wie viele nicht mehr sind. Er ist nach seiner Verwundung im Frankreichfeldzug zum ersten Mal wieder im Einsatz, hat also keine Rußlanderfahrung. Ich führe ihn zu seinem Gefechtsstand.

Vormittags 18.12.43

Anruf vom Bataillon, ich soll die Kompanie übergeben und am Abend von Konstantinowka aus den Einsatz der Kompanie in einer Stellung im Norden erkunden. Ich übergebe an Stötzer und mache mich mit Stork auf den Weg nach Konstantinowka.

Der Kurgan

18.12.43

Dezembertage in der Steppe sind grau und schwer wie Blei. Die undurchdringlichen Nächte hallen vom Gebell der russischen Maschinengewehre. Als ich von Oberleutnant Hoppe in die Stellung eingewiesen werde, müssen wir häufig zu Boden; der ist weich und schlammig trotz Gras und Unkrautbüschen. Zwischen der zweiten und der dritten Stellung bricht Hoppes Melder zusammen. Brustschuß. Wir bringen ihn zur nächsten Gruppenunterkunft.

Die Linie ist nur stützpunktartig ausgebaut wie unsre eigene. Vom Gruppenbunker zur Gruppenstellung ein sauberes Grabensystem, doch auf den fast zweihundert Metern zwischen den Gruppennestern ist man schutzlos preisgegeben. Hinter der vorletzten Stellung müssen wir gnadenlos in den nassen Grund. Als hätten sie uns im Dunkel geortet, liegt minutenlanges Feuer schwerer Maschinengewehre auf unsrer Stelle. Da trifft es Stork. Wir hören den trocken-harten Einschlag im Leder. Er stöhnt kurz auf.

»In den Fuß«, sagt er.

»Sind die Schmerzen groß?« frage ich.

»Es muß gehen!« stellt er fest und wendet auf dem Bauch.

Rechts gibt ein deutsches Maschinengewehr drei Feuerstöße ab. Eine Leuchtkugel läßt uns erstarren.

»Meine letzte Stellung am TP«, flüstert Hoppe.

»Gehen Sie schon vor«, sage ich, »zuerst bringe ich Stork zurück.«

Er hat sich aufs linke Knie erhoben, stützt sich aufs Gewehr und zieht sich an meinem Hals hoch. Ich fasse ihn um die Hüfte, hänge seinen Karabiner zu meiner Maschinenpistole, und wir stolpern los.

Bei jedem Abrollen über den linken Fuß krampft sich seine Hand in meine Schulter. Das Streufeuer der Russen zischt um uns.

Endlich eine Stimme: »Halt, wer da?«

»Breslau«, sage ich, »ich bringe einen Verwundeten.«

Der Posten gibt im Bunker Bescheid. Zwei Mann heben Stork in den Graben. Im Unterstand schneiden sie den Stiefel auf. Ein letzter Händedruck.
»Und Weihnachten?« fragt er.
»... werden Sie zu Hause sein«, führe ich seinen Gedanken zu Ende.
»Ich denke an Sie«, berichtigt er mich. »Und grüßen Sie die andern.«
»Soll ich jemand mitschicken?« fragt der Unteroffizier.
»Nein«, sage ich, »bringen Sie Stork zurück, ich komme schon durch.«
An der Stelle, wo Stork verwundet wurde, liegt wieder das indirekte Flächenfeuer des schweren Maschinengewehrs. Ich warte jetzt eine Pause ab und erreiche eine kleine Senke. Das Zischen schneidet die Nacht jetzt über mir. Bewegung kommt in den Nebel, sein Dunst zieht nach Osten ab. Schwarz hebt sich aus der Ebene der schwere Koloß eines Grabhügels. Man mag sich leicht verschätzen bei Nacht und Nebel, aber er wirkt gewaltig in Höhe und Ausmaß. Was Leutnant Hoppe mit TP (trigonometrischer Punkt) bezeichnet hat, ist ein Kurgan, ein Skythengrab, ich erinnere mich auf der Karte: 81,9. Mehr als zweieinhalb Jahrtausende ragen über mir in die Nacht. Von oben kommen Stimmen. Die Artillerie hat Beobachtungsstellen dort eingerichtet.
Ich bin da.
»Der rechte Flügel des Abschnitts«, sagt Hoppe. »Anschluß etwa einhundertfünfzig Meter südostwärts.« Alles, was ich erkenne, ist wandernder Nebel und Steppe.
Die Verwundeten sind schon weggebracht. Einen Begleiter habe ich abgelehnt. Ich will mit der Steppe allein bleiben.
Leiser Wind kommt auf, Westwind, und treibt die Nebelreste nach Osten ab. Über mir wird ein düsterer Himmel frei. Vereinzelt fallen jetzt schwere Flocken und zerfließen im nassen Grund. Beim Bataillon warten schon die Einweiser der ablösenden Kompanie, die ich mit nach vorn nehme. Es sind Leute von rückwärtigen Einheiten, die ausgesiebt und zu Alarmeinheiten zusammengewürfelt wurden. Kaum einer war je an der Front. Die meisten sind wesentlich älter als ich.
Ich will noch nicht fassen, daß all die Arbeit, das gemeinsame,

zielstrebige Hinarbeiten auf Weihnachten umsonst gewesen sein soll. Und dann das andere: Was werden sie sagen, wenn ich ohne Stork heimkomme? Heimkomme – ich muß lächeln. Ich werde ›heimkommen‹ noch in der Nacht, und dann werden wir Abschied nehmen, zu Steppensöhnen geworden, vom Wind geworfelt auf der Tenne eines unbarmherzigen Krieges.
Da wird unter unseren Füßen der Boden fest, der Schnee bleibt liegen. Aus Spätherbst ist Winter geworden.
Ich merke, wie sich die Männer schwer vorwärts schleppen. Sie haben alle einen Arbeitstag hinter sich. Ein Leidensweg für sie, was für mich ein Heimweg ist.
Irgendwie tun sie mir leid, und beim Grübeln wird mir die Unerbittlichkeit des Abschiednehmens von dieser fast geliebten Stellung klar. Verse aus dem Ersten Weltkrieg, die ich als Junge gelesen habe, fallen mir ein:

Es läßt ein jeder Frontsoldat
ein Stückchen Herz im Stacheldraht …

Die Nacht hellt auf. Dunkel bleibt unsre Spur zurück. Als wir die letzten Häuser hinter uns haben, steigen beim Russen drei Leuchtkugeln kurz hintereinander. Meine Begleiter sind stehengeblieben, wie sie es bei der Ausbildung gelernt haben. »Das ist noch weit weg«, versuche ich zu beruhigen.
Dann klettern wir in den Laufgraben. Der Posten salutiert. Es ist Wernike. Eine schmale Rauchfahne steigt auf. Sofort sehe ich das Bild: Homola sitzt am Feuer und legt nach, die andern singen. Sie werden stille werden, wenn ich komme, Storks Gepäck zusammenlegen und nach Hause schicken.
Der Rest der Nacht ist Routine. Dienstanweisungen, Informationen, Unterschriften, während Ludwig die Einweiser durch die Stellung führt.

19.12.43

Klarblau ruht der Nachmittag über uns. Die dünnen Rauchfahnen in den Gruppennestern ersterben, nur die Häuser im Dorf qualmen unbeirrt, und wie so oft frage ich mich, was wohl drüben vor sich gehen mag. Zwölfhundert Meter und doch unendlich weit.

Etwas anderes bewegt mich noch. Vor Morgengrauen habe ich wie üblich die Stellungen überprüft, habe Abschied genommen sozusagen. Als ich in den Bunker von Unteroffizier Jensen kam, war er vorn beim Maschinengewehrposten. Ein paar Briefe hatte er gebündelt auf dem Tisch liegenlassen, einen Zettel daneben. Ich hätte es nicht tun sollen, aber ich las ihn doch. Und das läßt mich nicht los. Zwei Zeilen, groß und markant geschrieben, beneidenswert klar in der Linienführung. Wie eine alte Gräfin, denke ich.

»Schwarze Asphodelen,
Stunden aus Mitternacht ...«

Stimmung eines Menschen, der zum erstenmal Rußland erlebt, der aus dem engen Bereich heimatlicher Städte und Dörfer in diese gnadenlose Weite gestoßen wird. Anfang eines Gedichts. Und wie würde der Schluß lauten? Ich muß wieder an Hans denken, der mit Schlamm und Dreck nicht fertig wurde, und als er dann soweit war, erreichten ihn meine Briefe nicht mehr.
In der nächsten Nacht werden wir herausgelöst, um als Eingreifreserve an irgendeinen der Brennpunkte geworfen zu werden.
All die Emsigkeit der vergangenen Tage ist erstorben, die Freude erloschen. Jedes Tun ist sparsamer geworden, als müsse man haushalten für das Morgen. Noch ein paar Takte auf der Gitarre.

»Über die Heide pfeifen die Winde,
Annemarie, und alles ist voll Schnee ...«

»Drei Tage vor Weihnachten«, sagt Carl und sieht ins Feuer.
»Ob die zu schätzen wissen, was wir ihnen übergeben?« fragt Ludwig. Das Schweigen zeigt, daß es keiner Antwort bedarf.
»Solch schönen Kamin haben wir nie gehabt«, stellt Homola fest. Aber dann bricht es euphorisch aus ihm, dem Schweigsamen, heraus:
»Chef, wenn du nach dem Krieg dein Haus baust, werde ich dir einen Kamin hinstellen wie ...«, er zögert, »... wie bei Ley in der großen Villa bei Berlin.«
Alle lächeln und sehen sich verstohlen an, denn im Eifer hat er ›du‹ gesagt. Auch ich lächle nur. Was soll ich sagen? Ein eigenes Haus! Welch unendlicher Weg durch eine ferne Welt!

Wernike lehnt sich zurück und stößt dabei an die Gitarre, die einen dumpfen Klang durch die Stille weitersummen läßt.
Auf den Pritschen liegt das Sturmgepäck mit den Stahlhelmen. Unruhig zuckt die Flamme.
»In Berlin«, erinnert sich Homola, »haben sie nur Birkenholz aus Ostpreußen gebrannt. Birkenscheite geben ein ruhiges Feuer.«
»Zu einem unruhigen Leben paßt auch ein unruhiges Feuer«, setzt Schultes nachdenklich hinzu.
Das Telefon. Der Adjutant ruft an. Stichwort ›Odessa‹.
Die Ablösung wird in der nächsten halben Stunde eintreffen.
»Sammelgespräch an die Züge?« fragt Ludwig.
»Ja«, sage ich. »Geben Sie durch: Odessa!«
Carl springt auf und schnallt um: »Wenn schon, dann gleich!«
»Das Warten ist ein wichtiger Teil unsres Lebens«, versuche ich ihn zu beschwichtigen. Da setzt er sich wieder und sagt resigniert: »Wenn man nur wüßte worauf!«
Ich hole die Karte und studiere sie. Ludwig rückt zu mir her. Wir sprechen nicht. Schultes meditiert still in der Ecke. Ludwig nickt mir lächelnd zu. Vielleicht liest er gerade die Stelle »... Da machte sich auf auch Josef ...« Ist es nicht immer das gleiche Bild? Eine mächtige Stimme ruft und wirft die Menschen hinaus auf die Straße der Unrast. Unwillkürlich fahre ich über die Saiten der Gitarre. Ob nach mir jemals wieder einer darauf spielen wird?
Noch einmal der Adjutant: »Turteltaube baut ab. Einweiser für Sie Ortseingang Konstantinowka. Ende!«
»Verstanden! Ende!«
Auch Breitenbach baut ab. Er stellt Fernsprecher und Funkgerät zusammen und setzt sich behaglich daneben. Seine Welt ist in Ordnung.
»Schlu...Schluß!« stottert er. Es klingt beinahe, als freue er sich.
Unteroffizier Steinle meldet das Eintreffen der Infanteriekarren. Die Feldküche erwartet uns gegen 20 Uhr in Konstantinowka. Die Zugmelder füllen den Bunker jetzt, um die Ablösung in Empfang zu nehmen. Es wird eng. Ich schaue auf die Uhr: 16.55. Wieder beschleunigt einfallender Nebel die Nacht. Die Karren werden mit Gepäck und Decken beladen. Von allen Seiten kommen die Männer, wie Tragtiere behangen.
Hinter uns klirren Kochgeschirre und Waffen: die Ablösung.

Ich rufe die Melder heraus, gebe Ludwig Anweisung, die Züge nach der Übergabe zur Ortsmitte weiterzuleiten. Dort werden wir sammeln.
Inzwischen werde ich den Führer der Alarmeinheit über Schwierigkeiten informieren und die Feindlage erläutern.
Es ist ein älterer Oberleutnant. Er fragt nach meiner Kompaniestärke.
»Zweiundsechzig«, sage ich, »mit mir einschließlich.« Ich sage es nicht ohne einen gewissen Stolz. Aber er hat über hundert, da bleibt mir nur der blanke Neid.
»Sie sollten weiterbauen mit den vielen Kräften«, sage ich. »Was wir nur als Horchposten andeuten konnten, sollten sie zu Widerstandsnestern ausbauen.«
Wir gehen in den Bunker. Was für uns eine Welt der Geborgenheit war, bedeutet ihm nichts. Wie sollte es auch. Er hat immer in einem Haus gewohnt. Dann gehen wir wieder hinaus.
Rechts ist die Front wie immer unruhig. Rechts, das ist dort, wo wir bald eingesetzt werden. Der Dunstschleier läßt das Geschehen beinahe gespenstisch ablaufen. Kein Schuß fällt. Trotzdem rate ich, im Lauf der Nacht das Störungsfeuer aufzunehmen, um Neugierige zu warnen.
»Und auf keinen Fall die stündlichen Streifen zwischen den Gruppennestern vergessen«, schärfe ich den Zugführern ein. »Zweihundert Meter von Stellung zu Stellung ist bei Nacht eine barbarische Entfernung.« Dann rücken die Züge nach vorn.
Jensen steht schon zum Abmarsch bereit und wartet nur noch auf die Ankunft der Maschinengewehrposten.
»Kommen Sie morgen einmal zu mir«, sage ich ihm. »Es gibt aufschlußreiche Signaturen auf der Karte.«
Dann beginnt unser Rundgang durch die vordere Linie der HKL. Beim MG-Nest lassen wir die Melder zurück, und ich pirsche mich mit dem Oberleutnant allein zum Vorposten nach vorn. Die Postenlöcher sind bei Schnee leicht zu finden.
Ich erkläre noch einmal den Sinn dieser Posten.
»Man hat von hier bei klaren Nächten gute Sicht bis zum Dorf hinüber und kann bei Stille oder Ostwind alles hören, was drüben vorgeht. Der Horchposten hat keinen Kampfauftrag und schießt nur im äußersten Notfall. Im Morgengrauen zieht er sich

unauffällig zurück. Das Gefährliche ist, daß man die Postenlöcher in dunklen Nächten schwer findet. Deshalb der Stolperdraht.«

Dann lauschen wir ins Dunkel. Man hört vom Dorf her vereinzelte Stimmen und das Klappern von Kochgeschirren.

»Um diese Zeit sind die wildesten Krieger friedlich«, sage ich.

Waid kommt noch einmal zu uns. Er will sich überzeugen, daß die Übergabe vollzogen ist.

»Man muß lernen, die Geräusche zu sehen.«

Die Männer sehen ungläubig zu ihm hin. Sie wissen eben nicht, daß er Förster ist. »Das lernt sich«, meint er dann.

Zu dritt kriechen wir das erste Stück zurück, richten uns dann auf und gehen frei, Waid zu seiner Gruppe, wir zum Zug Gerhard. Der meldet mir den Vollzug der Ablösung und tritt den Rückweg an. Wir machen die Runde bis zum letzten Widerstandsnest.

Es ist 18 Uhr. Meine Mission ist beendet, alles Sagbare gesagt.

Noch einmal die Hände über Homolas Kamin gewärmt. Ich schaue ihn dabei an. Er lächelt. Eigentlich sind sie gar nicht kalt.

»Nicht schlimm«, sagt Homola, wie um mich zu trösten. »Hauptsache, wir bleiben umeinander, und Feuer werden wir immer machen.«

Ein Händedruck, Gruß mit der Hand am Stahlhelm. Kein Umsehen mehr.

»Und die Gitarre?« fragt einer hinter uns her.

»Geschenkt!« sagt Ludwig. »Die Ferien sind zu Ende. Macht's gut!«

»Seltsam«, sagt Ludwig nach einer Weile, »wenn ich sonst diesen Weg gegangen bin, wußte ich, dahinten sitzt die Kompanie, und da ist alles in Ordnung. Aber jetzt werde ich das Gefühl nicht los, daß da hinter mir alles offen ist.«

»Das Grübeln hat keinen Sinn. Denken wir an Konstantinowka«, sage ich.

»Reserve«, sagt Ludwig abwägend, »na ja. Eine verflixt zweischneidige Sache.«

»Glauben Sie, daß es lange dauern wird?« fragt mich Homola.

»Nein«, sage ich härter als beabsichtigt und wiederhole es sanfter.

»So etwas ist immer nur ein Traum«, philosophiert Ludwig. Und

dann nach einer Weile fährt er fort: »Bei uns im Thüringer Wald schnitzen sie jetzt Krippenfiguren. Meine Buben haben schon damit angefangen.«
Dann bleibt es lange still, bis wir Selenaja erreichen.
»Hier«, sagt Ludwig, »haben wir die Bretter und Balken geholt. Es war nur ein Stall.«
»Vergessen Sie es!« sage ich. »Dort vorn wartet die Kompanie.«
Es hat Tee mit Rum gegeben. Die Männer haben sich in den Häusern untergestellt. Homola gibt mir einen Becher, dann ziehen wir in die Nacht. Zuerst in Fliegerabstand auseinandergezogen, nach einer kurzen Rast im freien Feld im Schutz einer Strohmiete, marschieren wir in geschlossener Formation.
Ist es Freude, die uns beflügelt? Die Männer werden schneller. Ludwig hat recht: Reserve ist ein gefährliches Zwischenspiel im Ungewissen, aber sie ist auch das Spiel jenseits des Grabenalltags.
Gestern habe ich den Kurgan gesehen. Düster liegt er noch immer vor mir, schwarze Kontur in schwarzer Nacht. Ich muß an Jensens Notiz denken auf dem Bunkertisch.
Dann die Häuser von Konstantinowka. Ich melde dem Bataillon die Ankunft. Während das Essen ausgegeben wird, weiht mich der Kommandeur in die Lage ein. Einbrüche, Durchbrüche rundum. Der Einsatz bei 81,9 scheint unvermeidlich und angesichts der Gesamtlage noch eine Gnade.
Homola hat mein Lager schon gerichtet. Auf dem Tisch liegt ein buntes Kopftuch als Decke, darauf mein Kochgeschirr mit der Scheibe Brot daneben. Fürstliches Mahl. Ein Haus, eine gewärmte Stube, ein Feuer, das im Herd knistert. Wie schnell das Neue vertraut wird, die wiedergeschenkten Dinge uns in ihr Herz aufnehmen.
Ludwig, Carl und Schultes haben ihr Lager auf dem niederen Teil des Ofens. Das Licht der Kerze zeichnet scharf die Umrisse einer ungewöhnlichen Form.
Da sind zunächst zwei Feuerstellen, die eine unten am Boden nahe bei der Tür, darüber in einem Meter Höhe die Schlafstelle für drei Personen. Dieser Teil ist offenbar zum alltäglichen Wärmen des Raumes gedacht. Nach der Mitte hin folgt ein massiver hochstrebender Kamin, dem man am oben eingewölbten hinteren Teil

den Backofen ansieht. Die Wölbung ist nur ansatzweise in den massiven Quader eingeschnitten, der oben seinen Weg unbeirrt fortsetzt, ein gewaltiger Mittelrisalit, der aus der Wand vorspringt und rechts und links Schlafstellen schafft, die linke etwas tiefer, die rechte von meiner Schlafbank mit einer Zwischenstufe noch einmal ansteigend bis in Augenhöhe. Dort hat Homola mit Barth und Wernike sein Lager eingerichtet.
Aber auch das Feuerloch zum Backofen hat eine eigenwillige Architektur. Es erinnert entfernt an einen gotischen Altar. Unten ist eine Mensa vorgezogen, Lager- und Abstellraum beim Feuern und beim Einschießen der Brote. Wie eine Predella schließt sich das verrußte Feuerloch an, das nach dem Fenster hin durch eine schmale Wand abgeschlossen wird. Als ein Altarschrein ohne Flügel kragt der Rauchmantel vor, von einer Leiste unten begrenzt. Pyramidenförmig verjüngt er sich nach oben, um nach einem Meter erneut von einer Leiste gehemmt zu werden und als gegenläufige Pyramide wieder in den Raum zurückzuspringen. Ich verstehe die architektonische Bedeutung dieses Spezialbaus nicht. Homola könnte es wissen, aber der hat draußen Posten bezogen.
Das Gewände des Fensters hinter mir zeigt eine Tiefe von einem halben Meter. Doch zieht es durch den schadhaften Holzrahmen. Ich dichte ihn mit dem Mantel ab.
Der Hauptfeldwebel kommt mit zwei Mann Ersatz. Sie waren seit dem Frankreichfeldzug nicht mehr im Einsatz.
Barth bringt sie zu Pförtner.
Und dann Unterschriften, Unterschriften, Unterschriften!
Mir steckt die vergangene Nacht noch in den Knochen. Ich schlafe traumlos.

20.12.43

Der Tag beginnt mit Gesundheits- und Waffenpflege, doch alles in bescheidenem Rahmen. Alarmbereitschaft, in aller Frühe schon gegeben, schwebt wie ein Damoklesschwert über uns.
Mit ruhigeren Augen gehe ich heute durch das Dorf. Es wirkt gepflegt, fast wohlhabend für russische Verhältnisse. Die Häuser leuchten in frischen Kalkfarben. Soldaten und Kälte beherrschen

die Straßen. Die Dorfanlage ist ein klar begrenztes Rechteck mit Südwest-Nordost-Achse, der rechts und links eine Parallelstraße folgt. Sechs Querstraßen schneiden regelmäßige Blöcke heraus und betonen das Schachbrettmuster. Im Nordwesten schließen sich Obstgärten mit drei Brunnenanlagen an, deren Balken von Frauen und Soldaten umlagert sind.
Nach geringem Neuschnee ist es klar und kalt geworden. Man sieht den Atem vorm Mund gefrieren. Die Fahrer auf den Pferdewagen haben schon Kopfschützer übergezogen. Wie gewaltige Masten stehen Rauchfahnen der Schornsteine hellblau und aufrecht in der Morgensonne. Friedliches Bild.
Die Hoffnung wächst.
Die Stimmung bei den Gruppen ist gut. Man nimmt den Stunden, was sie bieten. Ich lasse mich anstecken und verdränge das mulmige Gefühl, das nach der Lagebesprechung zurückgeblieben ist. Ich habe die warme Verpflegung für Mittag bestellt. Wenn dann am Nachmittag der Abruf kommt, ist viel Ärger erspart. Dann gehen wir ins Quartier zurück. Warm fällt die Sonne durch die trüben Scheiben des Fensters auf meinen Rücken. Ludwig hat im Raum für Ordnung gesorgt. Eine entspannte, friedliche Atmosphäre liegt auf dem Haus und in der Stube. Wenn nur das Telefon nicht dastünde, dieser schmucklose braune Kasten mit dem schwarzen Hörer. Ob wir es wahrhaben wollen oder nicht: Er beherrscht den Raum und uns alle, beherrscht Tag und Nacht.
Dann meldet Menge, daß die Kompanie zum Essensempfang antreten kann. Dabei teilt er mir noch mit, daß die Frontkämpferpäckchen für Weihnachten eingetroffen sind.
»Austeilen!« sage ich, »sonst haben wir an Weihnachten einige übrig.« Menge sagt nichts. Hauptfeldwebel horten gern. Später setze ich dann hinzu: »Die Stille da vorn gefällt mir nicht. Wenn wir aber die Feiertage als Reserve hier verbringen könnten, wäre das Geschenk genug. Schließlich kommt auch noch Post, für die man dann Zeit hat.«
Freudengeheul über die Päckchen schon beim Essensempfang. Abgestumpft sind sie noch nicht, diese Männer aus Oberhessen, Thüringen, Schlesien, Bayern und vom Rhein.
Am frühen Nachmittag meldet sich Jensen.

»Ich habe Sie als Historiker kommen lassen«, sage ich und lege die Karte mit dem wahrscheinlichen Einsatzgebiet auf den Tisch.
»Bis zum Historiker ist's noch ein weiter Weg«, lächelt er.
»Außerdienstlich also«, ergänze ich.
»Schön«, sagt er, »daß uns hier Raum für Außerdienstliches bleibt.«
»Sehen Sie, hier«, sage ich und deute mit dem Zeigefinger auf den Punkt 81,9. »Sie kennen doch das Zeichen?«
»Ein Hügel«, antwortet Jensen.
»Ein Kurgan«, ergänze ich. »Da liegt ein Skythenfürst begraben.«
»Geschichtsträchtiger Boden«, bestätigt Jensen. »Herodot ist hier gereist. Den Griechen waren sie Söhne des Herkules. Es ist aber auch das Kinderland der Amazonen, die wahrscheinlich Sarmatenmädchen waren, im Reiterheer dienten und kämpften, bis sie einen Mann getötet hatten und heiraten durften.«
»Flintenweiber der Vergangenheit!« stellt Ludwig fest.
»Frauenbataillone hat es hier also schon vor langer, langer Zeit gegeben«, kommentiert Schultes. Dann fährt er fort: »Auch die Goten sind hier durchgezogen.«
»Nicht nur durchgezogen«, ergänzt Jensen, »sie haben hier ein Reich gegründet und waren vorübergehend seßhaft.«
»Wohl bis dann die Hunnen kamen«, füge ich hinzu.
Homola kommt mit warmem Kaffee.
»Man weiß zuwenig von diesen Dingen«, nimmt Jensen das Gespräch wieder auf. »Man müßte in eine Bibliothek gehen können, sich Bücher entleihen und an ruhigen Abenden darin studieren.«
Ihm ist diese Welt noch ganz nahe, uns ist sie Märchen.
»Für uns sind sie nicht neu«, erkläre ich. »Wir haben sie schon in der Ukraine bei Kanew, südlich von Kiew aus der Ebene ragen sehen und bei Kaganowitscha. Aber immer lagen sie jenseits unsrer Abschnitte. Wir wußten, daß sich unsere oder russische Beobachtungsstellen dort eingerichtet hatten. Der Karte ließ sich auch oft nur schwer entnehmen, ob es sich um astronomische Punkte oder Grabhügel handelte. Hier bei 81,9 handelt es sich aber eindeutig um ein Skythengrab. Ich habe in der Nacht den gewaltigen Schatten gesehen, der fast unheimlich aus der Ebene ragt.«
»Man weiß zuwenig darüber«, stellt auch Schultes fest.

»Übrigens haben sich B-Stellen der Artillerie im Kurgan eingerichtet. Man muß von dort einen guten Blick in die Steppe rundum haben. Deren Gräben und Bunker reizen mich. Vielleicht sind sie nebenbei auf Prähistorisches gestoßen« Ich mache eine Pause.
»Aber vielleicht müssen wir erst gar nicht dorthin.«
Jensen hat seine Gedanken weitergesponnen und fährt fort:
»Die Goten haben hier einstmals die Sarmaten verdrängt, die ihrerseits wieder den Skythen das Land abgenommen hatten. Sie haben unter Ermanarich ein mächtiges Reich entfaltet. Danparstadir soll die sagenumwobene Hauptstadt gewesen sein. Es wird vermutet, daß Danparstadir, übersetzt heißt es ja Dnjeprstadt, mit Kiew identisch ist. Im Wechsel der Kulturen sind ja immer Festungen und Hauptstädte gern übernommen worden. Man denke an Troja. Wir haben im Seminar darüber gesprochen.«
»Merkwürdig übrigens, wie Verfall der Sprache sich schon in früher Zeit bemerkbar macht. Aus ›danpar‹ ist Dnjepr geworden, aus ›stadir‹ Stadt. Eine bis heute anhaltende Entwicklung«, wirft Schultes ein.
»›Danpar‹ zu Dnjepr wird aber bestimmt durch die Vorliebe der Slawen für Konsonanten und Murmelvokale«, ergänze ich.
Aber dann kehrt Jensen wieder zu seinen Ausgangsgedanken zurück.
»Sicher mischt bei den hiesigen Einwohnern noch gotisches Blut mit. Die Völker haben sich ja nicht generell ausgerottet. Bestimmt haben nicht alle gotischen Bauern ihr fruchtbares Ackerland in der Ukraine verlassen, um wieder Nomaden zu werden. Ermanarich war übrigens eine tragische Figur. Als Gotenkönig war er Herrscher von der Ostsee bis zum Schwarzen Meer, und als der Kampf gegen die Hunnen aussichtslos war, hat er seinen Tagen ein Ende gesetzt. Die Sage hat das verbrämt. Es war wenig glaubhaft, daß ein Germanenfürst nicht an der Spitze seiner Truppen kämpfend fiel, sondern vorher freiwillig aus dem Leben schied.«
Wir schweigen alle.
»Jetzt haben wir sogar einen Professor«, sagt Ludwig lächelnd.
Doch Jensen wehrt ab: »Das reicht dazu noch lange nicht.«
»Kiew muß eine ganz besondere Stadt sein«, nimmt Schultes den

Faden wieder auf. »Dort liegt ja die Geburtsstätte der Ikonenmalerei in Rußland.«
»Sie denken an die Höhlenklöster?« frage ich.
»Ja«, antwortet er, »aber es ist zu schade, daß man zuwenig von all dem erfährt. Es war bisher eine fremde, weitab liegende Welt. Heute sieht man sie auch in Rußland vorwiegend unter politischen oder militärischen Gesichtspunkten. Man müßte hier einmal auf Fahrt gehen können wie im Frieden bei uns zu Hause. Ich bin sicher, die Weite verlöre ihre Schrecken.«
»Die Kunst«, setze ich die Betrachtung fort, »stand schon zur Zeit der Skythen im Austausch mit Griechenland, die deutlichsten Spuren führen nach Meinung russischer Archäologen nach Sibirien. Sie behaupten, daß dort die Wiege der Menschheit sei.«
Wie ein wenig Wissenschaft die Atmosphäre verändert. Das nachwirkende Schweigen trennt nicht, es führt weiter.
»Diese kleinen bronzenen Platten, die man in den Gräbern fand«, führe ich das Gespräch weiter, »zeigen Pferde, Raubtiere, Hirscharten. Es werden je zwei dargestellt, die so ineinander verkrallt sind, daß es keinen Sieger geben kann, nur den Tod.«
Auch dieser Satz steht lange im Raum.
Dann setzt Jensen wieder an: »Die Skythen haben übrigens um ihre Grabhügel bis zu zweihundert Reiter und Pferde ausgestopft und, als Leibwache von Stangen gehalten, mit Blick in die Steppe aufgestellt. Wie berichtet wird ...«
Da unterbricht ihn das Telefon.
Ludwig nimmt ab. Wir starren wie gebannt auf sein Gesicht.
»Der Adjutant«, flüstert er uns zu und wiederholt: »Erhöhte Alarmbereitschaft. Verstanden! Ende.«
»Melder zu den Zügen!« ordne ich an. »Gefechtskarren beladen! Abmarsch jederzeit möglich!«
Barth und Wernike schnallen um und gehen. Auch Jensen ist aufgestanden. Durchs Fenster fällt träge Nachmittagssonne auf sein Gesicht, das hager und ein wenig grau wirkt.
»Das jedenfalls«, sage ich, »war keine Stunde wie Mitternacht.«
Jensen sieht mich verwundert, etwas ungläubig an.
»Entschuldigen Sie!« sage ich. »Ich habe in Ihrem Bunker gestern morgen Ihr Blatt gelesen und finde die Zeilen ausgezeichnet. Haben Sie weitergeschrieben?«

»Noch eine Zeile: ›Tage, die nicht mehr zählen ...‹ Aber das wäre ein unreiner Reim«, lächelt er. »Der Schluß fehlt noch.«
Er hat mir die Indiskretion nicht verübelt.
»Dabei bin ich mir nicht einmal sicher, ob ich die Zeilen selbst erdacht oder irgendwo gehört oder gelesen habe. Dennoch sind sie so sehr mein Eigentum, daß ich sie aufschreiben möchte, um sie nie wieder zu vergessen. Vielleicht ist es auch nur das Bild, zu dem ich nun die Worte suche.«
»Das ist hier auch unwichtig«, tröste ich. »Wichtig ist allein, daß es Ihre Züge trägt.«
»Ich bedanke mich für das Gespräch und melde mich ab!«
Er grüßt und geht.
»Alles zählt«, sagt Schultes nachdenklich.
»Es kommt auf den Aspekt an«, meine ich.
In der Tür erscheint Menge. Wegen des feuchten Herbstes bestehen Bedenken über den Zustand der eisernen Rationen. Er fragt, ob er sie noch schnell austauschen könne. Als Ersatz für eine Abendmahlzeit könnten die anderen dann aufgezehrt werden. Wir sind neugierig auf diese Notverpflegung, die bei Androhung von Strafe nicht angebrochen werden darf, die wir unversehrt durch halb Europa geschleppt haben. Er teilt neue Päckchen an die Männer aus.
»Reicht mir ein Beil!« ruft Carl. »Mein Lebtag habe ich so etwas Hartes nicht im Mund gehabt!«
»Nimm Kaffee dazu!« beruhigt ihn Ludwig.
Mitten in die Tauschaktion kommt der Abmarschbefehl.
»Da haben wir's!« ruft Ludwig. »Die gönnen uns nicht einmal dieses harte Zeug.«
»Ablösung bei 81,9.« Ich lege den Hörer auf.
Die Sonne steht tief und blutrot am Horizont. Eine feurige Kontur zeichnet jeden von uns gegen den Schnee ab. Im Süden hört man wieder Gefechtslärm. Dann und wann vereinzelte Granateinschläge. Wir bilden eine lange Kette. Der Kompanietrupp zieht voran, dann folgen die Züge. Die weit auseinandergedehnte Reihe scheint unsre Zahl zu vervielfachen. Hie und da ein kurzer, verhaltener Zuruf. Dann ist jeder mit sich und seinen Gedanken wieder allein. Viele haben Post und Nachricht von zu Hause bekommen, das beschäftigt auf Stunden. Jeder trägt seine

eigene Welt mit sich in die Nacht, die tausend Hände über uns streckt. Ludwig geht jetzt unmittelbar neben mir.
»Bei allem«, sage ich, »haben wir eigentlich noch Glück. Die Einheit, die wir ablösen, soll morgen den Einbruch in ihrem Divisionsabschnitt bereinigen. Die trifft's härter.«
»So gesehen, stimmt das«, meint er.
Es wird kälter. Die graue Reihe ist nicht mehr zu übersehen. Ihre Schatten werden im dunklen Dunst zu nichts.
Punkt 19 Uhr ist die Ablösung beendet.
»Keine Bewegung am Tag außerhalb des Grabens!« schärft mir Hoppe noch einmal ein, dann stapft er nach Norden davon. Sein Händedruck ist fest. Er weiß, wo er mit seinen Leuten hingeht.
Der Szenenwechsel ist beendet. Mir ist klar: Diese Männer entscheiden auch über unser Schicksal. Die Absicht der Russen, uns abzuschneiden und einzukesseln, ist zu deutlich.
Wir stehen noch am weitesten im Osten, das wird einem selbst ohne Übersichtskarte, die wir nicht haben, klar.
Breitenbach meldet, daß die Leitungen zu den Zuggefechtsständen und der Stellung vor 81,9 stehen. Pförtner und Gerhard geben durch, daß alles reibungslos vollzogen wurde.
Ich denke an die Nacht vorher und atme auf.
»Erster Rundgang 21 Uhr!« ordne ich an. »Wer geht mit?«
»Wernike«, sagt Ludwig, »er wird vom Postendienst befreit und führt dann um 1 Uhr mich durch die Stellung.«
Der Kontrollgang verläuft ohne Zwischenfall. Jensen hat die Stellung am Kurgan bezogen, auf eigenen Wunsch, sagt Gerhard. Ich lasse ihn schlafen, gehe aber mit Wernike noch zu den B-Stellen im Kurgan über uns.
Die beiden Feldwebel wissen nichts von der Besonderheit des Ortes.
»Wir hausen in einem Grab?« fragt der eine ungläubig.
»Hoffentlich ist das ohne Vorbedeutung«, meint der andere.
Gefunden haben sie nichts. Auch die Erde an den Bunkerwänden ist gelb ohne jegliche Verfärbung. Aber unter unsren Füßen muß die stille Kammer des toten Fürsten liegen.
»Die Stellung Jensen gefällt mir nicht«, sage ich auf dem Heimweg zu Wernike. »Ich möchte ihn vom Hügel weg nach Norden ziehn und die Stelle in der Nacht mit Horchposten besetzen. Der

Russe weiß so gut wie wir, daß dort oben B-Stellen sitzen. Er wird den Männern keine Chance geben zum Kampf. Die Abwehrschlacht am Kuban steht mir vor Augen, als sie mir das Scherenfernrohr überm Kopf weggeschossen haben. Flankierendes Feuer für 81,9 ist besser als ein von Granaten umgepflügter Stützpunkt. Außerdem ist der Bunker zu groß, wie unser eigener. Wohnluxus ist nicht angebracht. Nur Sicherheit zählt.«

21.12.43

Es wird viel geschossen, aber wir haben keine Ausfälle.

22.12.43

Kurz nach einbrechender Nacht kommt Anruf vom zweiten Zug. Feldwebel Gerhard ist schwer verwundet. Schultes reißt die Sanitätstasche vom Nagel und rennt nach vorn. Bauchschuß. Ich fordere einen Sanka an, der ihn in der Verpflegungssenke, dreihundert Meter hinter der Stellung, abholen soll.
Die Minuten sind endlos. Ausgerechnet Willi Gerhard. Man hat sie alle gern, jeden wie er so ist. Aber mit ihm verbinden mich Erinnerungen an Gießen und den Westwall. Wie oft habe ich mit ihm und Helmut Zöller Schach gespielt, als der ganze Krieg noch ein Spiel war. Es war sein Wunsch, zu mir in die Kompanie zu kommen. Wie kurz war er hier! Auch Helmut Zöller ist an einem Bauchschuß gestorben. Nicht weiterdenken, nicht grübeln!
»Ach, mein Verderben hab' ich mir erfleht, und mir zum Fluche ...«
Woher stammte das nur? Das mußte Schiller sein. Richtig. ›Maria Stuart‹.
Ich warte jetzt draußen am Grabenrand. Dann naht der dunkle Punkt, ab und zu von Feuerstößen begleitet. Wir lagern Gerhard noch einmal kurz im Bunker zum Aufwärmen und Versorgen. Er ist bei voller Besinnung, aber Gesicht und Hände sind blaß und blutleer. Den Gliedern fehlt die Kraft, schwer hängen die Arme in der Decke. Als ich zu ihm trete, leuchten seine Augen. Die letzte Sprache, wenn die Zunge versagt. Ich sitze auf einen Schemel nieder und fasse seine Hand.

»So schnell muß ich wieder weg!« klagt er mit leiser Stimme.
Da klingelt das Telefon. Der Sanka ist abgefahren.
»Schnell!« sage ich zu den Männern. »Wenn schnell geholfen wird ...« Der Rest des Satzes bleibt mir in der Kehle stecken. Ich zeihe mich der Torheit. Aber die Erinnerung. Genauso lag Helmut in der Kate in Kalinowo-Popasnaja am Ortsrand. Und dann haben sie ihn begraben hinten auf einem Friedhof, der wohl längst keiner mehr ist.
Die Männer seines Zuges haben die Bahre aufgenommen, Schultes geht vorweg, ich folge. Jenseits des Grabens gehen wir an die Seite und halten seine Hände, um sie zu wärmen. Von Zeit zu Zeit lösen wir auch die Träger ab. Dann biegt der Pfad in die Senke. Das Brummen des Sanitätswagens kommt näher. Ein letzter Händedruck. Kurzer Abschied für eine lange Zeit.
»Komm gut in die Heimat, und grüß mir Wiesbaden!« rufe ich noch. Dann schlägt die Tür zu. Der Motor springt an, ein sinnloses Winken in die Nacht, das keiner mehr sehen kann. Die Wege haben sich getrennt. Für immer. Aber keiner spricht es aus. Im Bunker ist dieser beklemmende Geruch zurückgeblieben. Wie damals bei Helmut. Ein Geruch, der sich einbrennt und mit der Erinnerung abrufbar ist, ein Leben lang.
Als ich dann durch die Stellung gehe, sind meine Füße schwer wie Blei. Homola ist bei mir. Seine stille Nähe tröstet.
Immer wieder sehe ich Gerhards Gesicht mit den großen Augen. Und wenn man es hundertfach erlebt, ist man hundertfach betroffen. Jedes Mal ist das erste Mal. Es gibt keine Gewöhnung.

24.12.43

Im Aufwachen höre ich draußen einen dumpfen Schlag. Genau an der Stelle, wo ich vorgestern abend auf Willi Gerhard gewartet habe. Ein kurzer Aufschrei, ein Sprung in den Graben, dann ein verbissenes: »Und jetzt erst recht!« Ludwig ist schon draußen. »Komm runter, Mensch!« ruft er. Aber dann wankt Carl, auf Ludwig gestützt, herein. Er preßt die Hand auf die linke Seite. Seine Kleider sind zerzaust. Schultes baut die Bahre auf und bettet ihn. »Er war austreten«, sagt Ludwig.
Ich beiße die Zähne aufeinander. Haben wir nicht im Graben

eine Abortanlage geschaffen? Habe ich nicht ausdrücklich befohlen, daß bei Tagesanbruch keiner mehr den Graben verläßt, es sei denn bei Kampfhandlungen oder zu Hilfeleistungen? Schultes hat ihn freigemacht. Ein kleiner Einschuß, nicht größer als ein Pfennigstück, nicht quer über den Leib wie bei Gerhard. Nachdem der erste Schock abgeklungen ist, wachsen die Schmerzen. Eine Tablette schafft etwas Ruhe.
»Und dabei ist Freitag heute«, murmelt Carl, »mein Glückstag.«
»Und Heiligabend ...« setzt Barth hinzu. Da schweigen sie alle. Es wird ein langer Tag werden, der längste Heiligabend meines Lebens. Mit der Dämmerung wird der Sanka kommen. Aber noch ist Morgen. Mehr und mehr zeichnen die Schmerzen das Gesicht. Daß die Wunde kaum blutet, will mir nicht gefallen. Aber ich kann mit Schultes nicht darüber sprechen. Gegen Mittag schließt Carl die Augen. Ich gebe Schultes ein Zeichen. Er rückt die Kerze weg. Da schlägt der eiserne Unteroffizier die Augen auf und sagt mit flehender Stimme: »Stellt bitte das Licht nicht weg! Ich will das Licht noch sehen, bevor es ganz dunkel wird!« Es schüttelt mich innerlich. Diese großartige Parallele zu jenem anderen Sterben, zu Goethe, der auch mehr Licht zum Sterben brauchte. Oder hatte er mehr Licht gesehen? Kann ein Mensch in wenig Stunden so reifen? Führt der Tod einen Fünfundzwanzigjährigen auf derselben hohen Stufe hinüber wie einen Zweiundachtzigjährigen? Liegt Vermessenheit in diesem Denken? Literarische Sentimentalität? Fragen, die aufwühlen! Und dann die schlichte Antwort für Carl: Was so spontan und echt empfunden wird, kann nur menschlich sein, in der Sterbestube in Weimar nicht anders als im Bunker der Steppe.
Unseren Trost weist er zurück.
»Nein, sagt nichts, mein Gefühl weiß mehr. – Und ich wollte an Weihnachten bei euch sein!«
Ganz still liegt er nun, der rastlose Mann, der immer Arbeit sah und sie anpackte, der vollendete, was er anpackte. Der Unbeherrschte, auf den nach dem Krieg ein Zivilverfahren wartete, der Heimatlose, der nur noch bei uns zu Hause war und sich anschickte, aus diesem Haus zu gehen, dem sich nur eine Alternative noch stellt: Bunker oder Grab. Der Gehetzte, der mich

zu seinem Richter machen wollte, als er fragte: Bin ich ein Mörder?
Schultes feuchtet die Lippen und wischt den Schweiß. Da hebt er den Kopf und sieht sich um.
»Gut, daß ihr noch alle daseid!«
Zähflüssig tropfen die Stunden in das Gefäß des Tages, der Heiliger Abend ist. Von Zeit zu Zeit rufen die Züge an, auch Jensen. Als sie wissen, daß Carl schwerverwundet im Bunker liegt, verzichten sie auf persönliche Gespräche.
Über Mittag setzt wildes Schießen ein, doch ohne Folgen. Auch die Einschläge bei 81,9 richten keinen Schaden an.
Vor Einbruch der Dämmerung zünden wir die Kerzen an. Ludwig und Schultes haben aus Watte und einem kleinen Steppenbusch einen Christbaum gebastelt. Dann lese ich die Weihnachtsgeschichte: »Es begab sich aber zu der Zeit ...« Unteroffizier Carl hört mit. Er hat jetzt die Augen geschlossen und das flackernde Licht spielt auf seinen blassen Zügen wie ein großes Leuchten. Da ist der fremde, nasse, ungemütliche Bunker plötzlich unsere Heimat.
Dann meldet das Bataillon, daß der Sanka unterwegs sei.
»Nun ist es soweit ...« flüstert Carl. Hat Rührung seine Stimme erstickt? Was er noch sagen will, bleibt ungesagt.
Ich gehe zu Carl und drücke ihm die Hand. Sie hat noch Kraft, aber die Unrast ist ihr genommen, das Gehetzte hat sich verflogen. Der Schmerz hat Frieden gebracht.
Dann treten sie einer nach dem andern hinzu. Er nickt bei jedem.
»Die Menschen sind nirgendwo so gut zu mir gewesen wie bei euch.«
Sie tragen ihn hinaus. Alle folgen nach oben.
Für einige Augenblicke bin ich allein. Der Bunker ist noch hell von den vielen Kerzen, die unruhig flackern. Ich öffne die Türe wieder. Kalte Zugluft fällt ein. Fremd liegt die Stille in dem Raum, über den grauen Schlafstellen, dem aufgehängten Koppelzeug, den Gewehren, Maschinenpistolen und dem Schanzzeug in der Ecke.
Schultes kommt als erster zurück. Er ist vorausgeeilt.
»Wie haben Sie das gestern gemeint mit dem Aspekt, auf den es ankomme?« fragt er unmittelbar.

»Wie soll ich es erklären?« suche ich Zeit zu gewinnen. »Vielleicht so. Auf seinem Weg in die Ewigkeit kann der Mensch die Zeit überholen, dann zählt sie nicht mehr.«
Hochbepackt kommen die Männer. Mit Verpflegung und Post hat es auch Schneehemden gegeben. Menge wünscht frohe Weihnacht. Nach dem Essen ziehe ich das Schneehemd über, stecke ein Frontkämpferpäckchen ein für einen, der vielleicht keine Post bekommen hat, hänge die Maschinenpistole um den Hals und gehe. Barth, der mich begleiten wollte, habe ich abgewehrt.
»Nein«, sage ich, »heute nicht, Sie haben Feiertag. Ich gehe allein.«
»Lest eure Post!« sage ich. »Ich melde mich von jedem Zuggefechtsstand. Trinken Sie einen Schluck auf mein Wohl! Bis später!«
Ich will allein sein in dieser Nacht. Der Tag hat mich aufgewühlt wie eine große Schlacht.
Die dünne Schneedecke knirscht. Die Sterne flimmern. Ich suche nach bekannten Bildern, die ich von zu Hause kenne. Links hinter mir das Nordgestirn. Erst später, fast schon auf dem Rückweg, schiebt sich der Orion über den Horizont, kosmischer Vertrauter aus fernen Nächten am Lagerfeuer oder bei einsamen Waldgängen, wann immer ich im Winter unterwegs war.
Und ich denke: Ob Carl schon auf dem Operationstisch liegt?

Nur nicht verlaufen! Heute nacht nicht! Nie mehr! Wenn es mehr Schnee gibt, müssen wir Stolperdrähte spannen wie bei Selenaja. Aus der Erde leiser Gesang. Kein Engelchor, aber mir ist zumut wie einem Hirten, der hingefunden hat, und ich achte kaum auf die Schüsse, die jetzt wieder über die Steppe pfeifen, an mir vorbei. Jede Gruppe feiert auf ihre Weise, manche singen, andere sitzen stumm beieinander. Einen Baum haben sie alle hergerichtet mit Zweigen von daheim, mit Steppenpflanzen, mit Pappe oder Papier. Alle sind stolz auf ihre Ideen, und ich lobe alle.
Als ich vom Kurgan aus zurückgehe, ist die Nacht noch klarer und kälter. Ich stelle den Mantelkragen unter der Kapuze des Schneehemdes, durch das der Ostwind jetzt kriecht, vom kalten Leintuch ermutigt, tiefer und tiefer. Als ich den Orion im Rücken weiß, möchte ich weitergehen nach Westen, hinweg aus der Steppe in die vielleicht auch verschneiten Wälder daheim.

Dann aber denke ich wieder an Willi Gerhard, der jetzt vielleicht mit dem Tod ringt, und an Carl, der vielleicht noch eine Chance hat. Eine große Dankbarkeit kommt über mich. Allein mit Sternen und Steppe, aber auf dem Weg zu den Kameraden.
Breitenbach hat die Glocken der Heimat im Gerät. Die meisten liegen langgestreckt und halten einen Brief in der Hand. Singen kann keiner, aber sie verstehen die Sprache der Glocken.
Dann sitzen wir um den kärglichen Baum. Der Kerzenschein leuchtet hell, leuchtet in unseren traurigen Augen und spiegelt sich im Wasser, das unter dem Rost, der unser Fußboden ist, sich angesammelt hat. Wir haben die Zeltplane, die als Tür dient, zur Seite gerafft, daß Barth, der draußen Wache hält, uns hören kann. Ich sage ein paar Worte, daß es nicht auf den Ort ankomme, wo man ein Fest feiert, sondern daß entscheidend sei, daß das Fest aus uns wachse und auch in denen, die wir verloren haben und nicht vergessen können.
Dann kommt Jensen, uns frohe Weihnacht zu wünschen. Und da singen wir doch, singen mit wunden Herzen die frohen alten Lieder.
Als ich mein Frontkämpferpäckchen vom Bett hole, greife ich den Umschlag, den Menge mir gegeben hat. Natürlich!
»Rufen Sie Pförtner an!« sage ich zu Breitenbach. »Er soll sich hier melden.«
Als er kurz darauf im Eingang erscheint, lasse ich Ludwig neben ihn treten.
»Aufgrund ihrer unermüdlichen Verdienste um die Kompanie werden die Unteroffiziere Ludwig und Pförtner mit sofortiger Wirkung zu Feldwebeln befördert.«
Ich nehme die Sterne aus dem Briefumschlag und drücke sie ihnen in die Schulterklappen.
»Ihr Weihnachsstern«, sage ich beim Händeschütteln. »Möge er ihnen Glück bringen!«

27.12.43

Ich werde am Abend zur Geburtstagsfeier des neuen Bataillonskommandeurs eingeladen. Recht ist es mir nicht. Es mag ein kindisches Gefühl oder übertriebenes Selbstbewußtsein sein: Ich bilde mir ein, wenn ich vorne bliebe, könne weniger geschehen.

Es wird so viel getrunken an jenem Abend, daß ich mich sträube. Natürlich sprechen wir auch über die Lage. Das starre Festhalten an unhaltbar gewordenen Positionen ist Hitlers Strategie. Unsre Aufgabe, die Krim zu schützen, kann seit November nicht mehr wahrgenommen werden. Wir sind der östlichste Zipfel der Front. In der Mitte steht der Russe weit hinter unserm Rücken im Westen. Einen Großangriff können wir mit unseren schwachen Kräften kaum aufhalten. Weit auseinandergezogen sitzen die Widerstandsnester in der Steppe. Die Übermacht ist erdrückend. Auf jede Kugel, die wir hinübersenden, kommen hundert zurück. Die Gruppen sind ausgeblutet, die Kompanien schwach. Ersatz trifft kaum ein. Und dann nach einer Weile: die Gegenoffensive bei Shitomir ist steckengeblieben. Nur wir stehen noch ostwärts des Dnjepr. Jetzt wäre es Zeit zur Frontbegradigung, bevor das Tauwetter einsetzt.
Es wird dann doch noch ein fröhlicher Abend.
Als wir gegen zwei Uhr aufbrechen, liegt Frühdunst über dem Schnee. Leuchtkugeln schimmern milchig in der Steppe.

31.12.43

Trotz der unruhigen Nächte hat es seit Carl keine Ausfälle mehr gegeben, keine Verwundeten, keine Toten bis heute, dem letzten Tag des Jahres.
Auch da geschieht eigentlich nur eines: Die russische Artillerie macht am Mittag einen Feuerüberfall auf den Kurgan. Zwei, drei Minuten, und alles ist wieder still. Der erwartete Angriff bleibt aus. Ich rufe bei den Zügen an. Alles ist in Ordnung, nur Jensen antwortet nicht. Stötzer, der den Zug Gerhard übernommen hat, kann von seinem Gefechtsstand aus nichts Auffälliges feststellen. Nur der Ofen qualmt deutlicher, und das sollte er nicht.
Beim ersten Dämmern steht Gutwald im Bunkereingang. Über sein Schneehemd laufen schwarze Adern wie im Marmor aus Carrara. Sein schwerer Körper zittert, der Stahlhelm ist ihm ins Gesicht gerutscht, dessen Ausdruck sich strafft, als er Haltung annimmt und seine Meldung macht.
»Gruppe Jensen ausgefallen!« würgt er mit tonloser Stimme. »Tot durch Volltreffer.«

»Mensch, Gutwald!« sage ich. »Setzen Sie sich! Was haben Sie da eben gesagt?«
Homola nimmt ihm den Helm vom Kopf und streicht ihm die Haare zurück.
»Volltreffer durch schwere Artillerie«, stammelt Gutwald. »Einschlag 12.35 Uhr.«
Erschütternd, wie er sich an der dienstlichen Meldung festklammert, als müsse er ohne sie ins Bodenlose sinken. Wahrscheinlich hat er sie einen halben Tag immer wieder vor sich hergesagt. Homola schiebt ihm einen Becher hin. Und während er gierig trinkt, gebe ich Ludwig ein Zeichen, Stötzer zu verständigen.
Schultes hat schon die Verbandstasche umgehängt.
Aber Gutwald schüttelt den Kopf: »Da ist nichts mehr zu verbinden«, sagt er bitter, jedes Wort wie gewürgt.
Homola hat ihm ein Brot gerichtet. Er beginnt gierig zu essen. Dazwischen erzählt er schließlich doch.
»Meine MG-Wache begann um zwölf.« Er macht eine Pause.
»Es war so schön gewesen im Bunker. Jensen las uns jeden Tag aus ›Immensee‹. Aber es half nichts, ich war dran. Unteroffizier Jensen hatte vorher gerade die Stelle gelesen, wo Elisabeth singt: ›Sterben, ach sterben soll ich allein.‹ Ja, und nun sind sie alle zusammen gestorben und ich lebe allein.«
Er besinnt sich und macht wieder eine Pause.
»Ach so, Sie wollen den Hergang wissen.«
Die Sätze brechen aus ihm hervor, als habe sein verhaltenes Wesen auf diese eine Stunde hin gelebt.
»Ein Posten schaut oft auf die Uhr. Fünfunddreißig Minuten. Da höre ich drüben die dumpfen Abschüsse, ducke mich in den Graben, schon faucht es messerscharf über mich hinweg zu den B-Stellen. Dann noch einmal und noch einmal. Zwei schwere Brocken torkeln allein hinterher. Einer trifft den Bunker. Ein widerliches Geräusch! Als ich mich aufmache, um nachzusehen, kommt die nächste Lage. Ich presse mich an den Boden des Grabens. Andere versacken im Schnee. Ich arbeite mich mühsam vorwärts. Scharfer Pulvergeruch kriecht mir entgegen. Aber der Zauber ist vorbei. Sie haben sich eingeschossen, denke ich.
Dann bin ich beim Bunker. Die Tür ist in den Graben heraus ge-

flogen, und wo der Bunker war, gähnt nur ein tiefer Krater. Ich rufe ihre Namen, den Unteroffizier und all die andern, aber keiner antwortet. Nur das Feuer knistert im Gebälk. Ich laufe noch einmal nach vorn in die MG-Stellung, überzeuge mich, daß alles ruhig ist, nehme das MG herunter und gehe mit ihm zum Bunker. Ich suche und suche, räume weg und schaffe mir Zugang, bis mich der Qualm vertreibt. – Herr Oberleutnant: keiner. Nur manchmal ein Fuß, ein Arm, ein zerlumptes Fetzchen Wolldecke, ein zerhacktes Gewehr. Und das Feuer züngelt rundum. Mit bloßen Händen wühle ich in den glühenden Hölzern, um die Handschuhe nicht zu verbrennen. – Da regt sich nichts mehr. Weglaufen wäre der sichere Tod. Also nehme ich mein MG wieder mit nach vorn in die Stellung und warte auf die Nacht. Hinter mir die unheimliche Leere und das gefräßige Feuer, in der Nase den entsetzlichen Geruch von verkohltem Holz und Menschenfleisch.«
Er schüttelt sich.
»Es waren die längsten Stunden meines Lebens, die längste Wache«.
Ich lege ihm die Hand auf die Schulter: »Sie haben das Menschenmögliche getan, Gutwald«, sage ich. »Gehen Sie ein paar Tage zum Troß, lassen sich Ihre Ausrüstung ergänzen und dann kommen Sie wieder!«
Ludwig und ich gehen nach vorn. Er kennt Jensens Mutter.
»Barth kann eine neue Gruppe bilden«, überlege ich.
»Wenn jede Gruppe einen Mann abgibt, können wir die Feuerkraft erhalten. Aber der menschliche Verlust ist nicht wiedergutzumachen.«
Wir werden von drüben beschossen.
»Das ist die verflixte Stelle, wo es Stork erwischt hat«, sage ich. Ein paar kurze Sprünge, und wir sind im Graben. Stötzer steht dort, wo einmal der Eingang war. Es schwelt noch, und der Geruch ist kaum zu ertragen.
»Ein schwerer Schlag!« sagt Stötzer. »Gibt es Ersatz?«
»Zunächst müssen wir uns selber helfen. Barth wird eine neue Gruppe bilden. Mehr ist zunächst nicht zu erwarten.«
»Hier weiß niemand mehr, was zu wem gehört.« Stötzer kann es noch kaum fassen. So hart hat der Krieg uns noch nie getroffen.

»Errichten Sie ein Balkenkreuz über dem Eingang, und schneiden oder brennen Sie die Namen der Männer in ein Brett, das wir daran nageln. Vielleicht haben wir irgendwann einmal die Möglichkeit, ein richtiges Grab daraus zu machen.« Ich weiß keinen anderen Weg.
»Wir können die Erde, die wir für den neuen Bunker ausheben, in den Trichter werfen, dann bekommt das Ganze etwas Form. Aber es muß so sein, daß nichts über den Boden ragt, sonst zerschießen es die Russen beim nächsten Feuerüberfall.« Stötzer plant richtig. Drüben sehe ich die Männer Stötzers schon bei der Arbeit am Bunker, den Jensen angefangen hatte. Sie schleppen Balken und füllen Sandsäcke. Lautlos, gespenstig ist das Treiben. Ich schaue noch einmal in den Krater. Verkohlte Strünke ragen aus der zerwühlten Erde und der zerzausten Schneedecke. – Schwarze Asphodelen. – Da liegt er nun mit seinen Kameraden in einer schmalen Kammer neben dem Fürstengrab aus grauer Vorzeit, dort wo die Skythen ausgestopfte Menschen- und Pferdeleiber aufstellten, um Wache zu halten für die Toten, gegen die Weite, gegen die Steppe, gegen die Unrast. Ungereimtes regt sich in mir.
An welcher Stelle der Novelle wird er gerade gelesen haben?
»Kommen Sie«, sage ich, »das Verpflegungsfahrzeug wartet!«
Stunden aus Mitternacht. –
So kann ein Jahr enden.

2.1.44

Es begann ruhiger als erwartet. Der berechnete und unberechnete Feuerzauber verwandelte die Nacht für Minuten in ein buntes Farbenspiel. Ein verspätetes Weihnachtspäckchen mit einem Tannenzweig hat mich heute erreicht. Ich nehme ihn sorgfältig heraus, schlage ein Stück Weihnachtspapier darum und schiebe ihn in die Tasche. Dann stehe ich beim Stellungsgang wie jede Nacht unter dem Kurgan, bei dem kleinen Hügel, unter dem Jensen und seine Männer liegen. Wenn ich nach Hause kommen sollte, werde ich die Storm-Novelle wieder einmal lesen, ganz anders lesen als früher. Das Leben schreibt seine Marginalien. Ich ziehe den Zweig aus der Tasche, fühle das seidige Band, das

Dorothee darumgewunden hat. Ein paar Nadeln fallen beim Auspacken in den frischen Schnee. In einen Riß, der den Querbalken des Kreuzes durchzieht, stecke ich das Stückchen Heimat. Wie die Schwurfinger einer Schattenhand ragen die Ästchen in die schwarzgraue Nacht. Ich verweile noch einige Minuten, als müßte ich doch noch die Stimmen aus der Erde hören. Hinter mir ragt oder duckt sich der Kurgan in die Steppe. Ein Vers Herders fällt mir ein: »... führ uns durch Finsternis zum Licht / bleib auch am Abend dieser Welt / als Hilf und Hort uns zugesellt.«
Ein Lied aus der Konfirmandenzeit. War's ein Gebet? Es war! Dann hebe ich die Hand zum Helmrand. Eine unbefriedigende, kleine Geste am Rand des Ungeheuren.

3.1.44

Ein Granateinschlag bei der Gruppe Barth hat dem Gefreiten Müller beide Füße zerschmettert. So liegt er den ganzen Tag im notdürftig abgedeckten Erdloch, vom Steppenwind nicht erreicht, aber bei zehn Grad Frost. Sie haben ihm eine Decke um die Füße gewickelt. Barth erzählt es mir am Telefon. Ich kann Schultes nicht hinschicken. Er käme nie an. So verbeißt Müller seinen Schmerz und wartet einen langen Januartag lang auf den Abend. Wenn sich einer zu ihm setzt, schickt er ihn bald weg: Der Bunker muß fertig werden. Kann irgendeiner, der nicht dabei war, begreifen, was hier geschieht? In dieser Welt der lauten Töne, der großen Reden, der theatralischen Gebärden, wer wird das Reinmenschliche bewahren und den kommenden Geschlechtern glaubhaft machen?
Obwohl Müller nicht unmittelbar an einer Kampfhandlung beteiligt war, reiche ich ihn, noch während er am Abend bei uns im Bunker liegt, zum EK II ein. Das ist alles, was ich tun kann, und ich weiß, daß es zuwenig ist.
Gefaßt drückt er mir die Hand zum Abschied. Draußen fährt der Sanka vor. Dann tragen sie ihn hinaus in die Nacht.
Homola sieht mich an wie ein waidwundes Tier. Wir haben das Abschiednehmen noch nicht gelernt. Wir wollen es nicht lernen!

5.1.44

Das Feldlazarett teilt mit: Gerhard und Carl sind tot.
Ich mache am Abend meinen Rundgang zum Kurgan. Der scharfe Ostwind pfeift mir ins Gesicht. Es sind Stimmen im Wind, Stimmen von drüben. Doppelbödiger Begriff! Vielleicht Gesang uralter Steppenvölker am Grab ihrer Toten oder Ruf der Toten aus der Tiefe des Hügels? Der Kurgan hat Zeiten und Menschen überdauert und überragt. Er wird auch uns überdauern.

7.1.44

Absetzbefehl für den Abend. Seit Tagen hört man in unserem Rücken von Nordwest anhaltenden Kampflärm. Wir empfinden Glück bei dem Gedanken, aus dieser unheimlichen Stellung herauszukommen. Man schaut oft auf die Karte in solchen Stunden. Noch stehen wir am weitesten im Osten.
Glück habe ich gesagt? So widerstreiten persönliches Gefühl und strategische Einsicht.
Banges Warten. Drüben geht alles seinen gewohnten Gang.
Störfeuer peitscht Schneewölkchen auf, Feuerüberfälle umgeben den Kurgan. Stündlich rufe ich bei den Zügen an. Die Leitungen sind unversehrt. Auch bei Barth ist alles wohlauf.
Mit Einbruch der Dämmerung werden die Telefonleitungen abgebaut. Breitenbach geht mit dem Funkgerät auf Empfang. Nichts Neues. Um 17 Uhr kommen Verpflegungsfahrzeuge und Infanteriekarren. Eine halbe Stunde später melden die Züge planmäßiges Absetzen vom Feind.
Ich nehme die Meldung draußen entgegen, wo Carl seinen Bauchschuß erhalten hat. Bei jedem Geschoß, das vorüberzischt, warte ich auf den dumpfen Einschlag von damals. Aber die Schatten, die auf mich zukommen, bleiben unversehrt.
Ich gehe zum Bunker hinunter. Der Kompanietrupp schließt die dunkle Reihe, die lockere Kette, die westwärts strebt.
Breitenbach lehnt am Türrahmen, das Funkgerät auf dem Rücken.
»Auf!« sage ich. Die Reihe ist an uns.«

Er gibt sich einen Ruck nach vorn und schleppt das Gerät nach oben. Im Bunker erlischt die Kerze. Schwache Glut glimmt noch vom Ofen her. Die Kälte wird zurückkommen.
Ich werfe noch einen Blick ins Dunkel des Raumes, der einmal unser Leben barg und der uns doch nie vertraut wurde. Dann folge ich als letzter.
Breitenbach verlädt sein Gerät auf einen Infanteriekarren. Wir warten, lassen dem Pferd den Vortritt, dann bilden wir den Schluß: Homola, Breitenbach und ich.
Da bleibt Breitenbach plötzlich stehen: »Herr Oberleutnant!«
»Ja, Breitenbach?« frage ich.
»Zurü- zu-zurück in die große Freiheit!« Den Schluß hat er schnell gesprochen und ohne zu stottern. Ich kann sein Gesicht nicht sehen, spüre aber die Ironie, die der Sprachfehler noch zu steigern scheint.
»Ich denke, Sie sind Frankfurter«, sage ich. »Was wollen Sie in Hamburg?«
»So-so-so habe ich's nicht gemeint. Es so-so-sollte auch kein po-po-politischer Witz sein. Das ist nicht Ha-Hamburg, auch nicht das Gasthaus bei Reichelsheim im Odenwald. Ich kann eigentlich ga-gar nicht sagen, wo das ist.«
»Dann verstehen wir uns«, sage ich und lege ihm die Hand auf die Schulter. »Zu diesem Irgendwo wollen wir alle hin. Aber es wird noch viele, viele Nachtmärsche geben.«
»Ja«, sagt er bestätigend. »Aber irgendwann wird es sein.«
Im Rücken pfeift schneidender Steppenwind, treibt und wirbelt Schnee in unser Schweigen.
Freitag ist es. Einer von Carls Freitagen. Aber an dem Friedhof, auf dem er ruht, ziehen Nachhuten vorbei, dem Dnjepr zu.
Hinter uns bricht der Mond durchs Gewölk. Bis Sonntag dürfte Vollmond sein. ›Opfersonntag‹ steht im Kalender. Nicht grübeln!

Der endlose Weg zum Ende

16.1.44

Durch die Steppe gewirbelt wie Schnee und Wind. Endloser Weg zum Ende. Aber wann? Aber wo? Aber wie?
Und doch ist es die Hoffnung, die uns aufrechthält, und der Wille, denen daheim das zu ersparen, was hinter uns kommt.
Brückenkopf Nikopol. Um uns die große Brache, dann und wann von ein paar Äckern durchzogen. Unser Weg führt nach Nordosten. Wir halten das Gebiet wegen der Mangan- und Eisenerze. Aber wir fürchten auch, daß das zähe Festhalten das Gegenteil von dem bewirkt, was man erreichen will. Es steht zu befürchten, daß der Absetzbefehl nicht zu umgehen ist und daß er just dann eintrifft, wenn der Boden grundlos wird.

18.1.44

Die neue Stellung ist gut ausgebaut, doch sind die Bunker zu groß. Man sagt uns, gegenüber liege die 8. russische Gardearmee, der Sieger von Stalingrad. Unruhig ist die Stellung, doch nicht so verlustreich wie die beim Kurgan, bisher jedenfalls. In der Mitte ist ein Maschinengewehrstand mit einer Panzerkuppel überdacht und zieht stets das Feuer auf sich, doch hat noch keine Kugel die Sehschlitze durchschlagen.
Man sagt, daß das Hauptquartier den Brückenkopf halten will, im Klartext: Hitler widersetzt sich dem Rat der Generäle.
Unsere Witterung der Lage sagt uns, daß Absetzen unvermeidbar ist, wenn nicht bald im Norden und Süden die Front stabil wird. Und schließlich ahnen wir, daß Tauwetter und Absetzbefehl zeitlich zusammenfallen.
Einige Kilometer hinter uns liegt Werch Rogatschik. Wie gewohnt ist das Gelände tischeben. Einige Büsche und Bäume an der Straße nach Nesamoshnik helfen bei der Orientierung nach vorn.

20.1.44

Rückzug ist Gleiten auf samtenen Sohlen. Wir haben viel vom Tod gesungen, nun er uns eingeholt hat, schweigen wir ihn tot. Aber man fühlt die kalte Hand auf der Schulter immerfort.
Und doch haben wir das Singen nicht verlernt. Aus jeder Atempause der Unrast wächst bei diesen Männern ein Lied. Im Gesang beschwören sie die Heimat, die jetzt Ferne ist, Glück der Vergangenheit, die wieder Zukunft werden soll: Breitenbachs Land der großen Freiheit. Ihr Gesang ist Selbstbehauptung, Kampfansage gegen den Griesgram und die Lethargie. Den Kopf hängen lassen heißt reif sein zum Untergang. Gegen ihn sträubt sich all unser Wesen.
Es sind keine politischen Lieder mehr, nichts von »... nur gegen England noch und USA ...«. Es sind die alten Lieder des Volkes, die ihre Väter in den Stellungen vor Verdun sangen: »... nicht ich allein hab's so gemacht, Annemarie ...« Leid schafft zeitlose Gemeinschaften.

26.1.44

Seit Tagen haben wir keine Ausfälle, trotz heftigem Beschuß. Glücklicher Zustand! So ist die fremde Stellung bald vertraut geworden. Und doch schwärmen wir immer noch von dem Bunker von Selenaja. Unseren Richtlinien, die ich schon am Kuban ausgegeben hatte, entspricht dieser Bunker nicht. Nicht Wohnraum zuvörderst, sondern Schutzraum sollte er sein.
Wernike fährt in Urlaub. Jeder schreibt noch schnell einen Gruß nach Hause, und alle sehen ihm sehnsüchtig nach.
Es ist warm geworden. Die Erde dampft. Lange Ketten von Schneegänsen ziehen hoch über uns hin. Ihr scharfer Schrei, Künder des Frühlings, gellt über uns und verliert sich dann nach Norden.

27.1.44

Das Studium der Karte zeigt, daß wir fünfundzwanzig Kilometer ostwärts der Dnjeprsümpfe liegen. Am rechten Flügel des Regiments in der Ssaposhnika-Schlucht beginnt das Dorf Werch Rogatschik und zieht sich über fünfzehn Kilometer nach Nordwesten dem Dnjepr zu. Das Wetter ist wieder umgeschlagen. Fünf bis sechs Grad Kälte lassen den Boden hart frieren. Das Dröhnen der Geschütze hallt von weiter her und schärfer durch den Tag.

31.1.44

Im Nordwesten, fast schon in unserem Rücken, jenseits des Flusses ist eine Schlacht im Gange. Das unaufhörliche dumpfe Dröhnen überschattet den Tag. Auch in unserem Abschnitt ist das Störungsfeuer stärker geworden.
Ich habe Blinn für Wernike in den Kompanietrupp genommen. Barth führt eine Gruppe. Für ihn habe ich Strack als Melder eingesetzt. Er ist älter als die anderen und war bisher als Reichsbahnbeamter unabkömmlich. So zwingt die Notwendigkeit zu stetem Wandel der Gemeinschaften, die doch in sich wachsen wollen und Bestand haben. Aber noch sind Ludwig und Schultes und Homola ruhende Pole; alle anderen reihen sich reibungslos ein.

1.2.44

Rauhreifflocken treiben und klammern sich an alles. Selbst meine Anorakkombination ist überkrustet. Schultes hat mich begleitet und sich nach dem Gesundheitszustand der Männer erkundigt. Das stille Strahlen ist wissender geworden.
Meine Stimme macht mir Sorgen. Die tiefen Töne sind weg, und ich spreche ein unfreiwilliges Falsett.

2.2.44

Der Kommandeur war da und hat mir die Beförderung zum Hauptmann mitgeteilt. Eigentlich wäre sie erst im September fällig. Aber nach Gründen der Vorzeitigkeit zu fragen, liegt mir nicht. Feiern ist auch nicht drin. Ich habe nur einen aufgewärmten Tee mit Rum anzubieten: Steppenarmut.

4.2.44

Im Morgengrauen greift der Russe an, ohne Feuervorbereitung, in Bataillonsstärke gegen den mittleren Abschnitt der Kompanie. Pförtner meldet als erster. Wir jagen die roten Leuchtkugeln in den Morgendunst. Als ich nach vorne gehe, ballern die Maschinengewehre gnadenlos. Leichte und schwere Granatwerfer nehmen das Feuer auf, schwere Maschinengewehre bestreichen die festgelegten Flächen. Der erste Ansturm verebbt in geziemendem Abstand. Jetzt erst nehmen von drüben die schweren Waffen das Feuer auf. Die Überraschung ist mißglückt. Ein wütender Geschoßhagel birst um und hinter uns. Ich schicke Homola zum Gefechtsstand zurück, um das Sperrfeuer der Artillerie anzufordern, die wegen des Frühdunstes noch zurückhaltend war. Schwerpunkt ›Heckenreihe‹.
Als die ersten Salven drüben einschlagen, fluten die Angreifer in Richtung Nesamoshnik zurück. Sie werden wiederkommen. Und sie kommen. Aber die schweren Maschinengewehre zwingen sie zu Boden. Da bricht aus den russischen Stellungen rasendes Gewehr- und Maschinengewehrfeuer los und löst das Artilleriefeuer ab.
Die Luft zischt von Eisen, doch unsre Gräben leisten gute Dienste. Nach einer Viertelstunde wird es wieder still. Warmer Wind kommt vom Meer. Wir schwitzen in unsrer Winterbekleidung und nehmen die Stahlhelme ab. Der Boden weicht auf. Guten Tag, Rasputiza!
Die Erde schwitzt und dampft wie wir. Nebelschwaden ziehen über die Steppengräser. Ich gehe zum Gefechtsstand zurück, um zu berichten und Feuer auf Nesamoshnik anzufordern. Im Bunker sitzt Homola, lehnt den Oberkörper an die Wand und streckt das rechte Bein von sich. Hose und Unterhose sind aufgekrempelt, und Schultes legt einen Verband an. Tränen rollen ihm über die blutleeren Backen. Traurig und wortlos sieht er zu mir herüber.
»Karl«, frage ich, »sind die Schmerzen so groß?«
Er schüttelt den Kopf. »Das ist es nicht«, sagt er. »Ich muß jetzt weg und war doch hier daheim.«
»Ist es schlimm?« frage ich Schultes.

»Nein«, sagt er, »ein kleiner Splitter. Er sitzt im Muskelbereich und wird verkapseln. Nach ein paar Wochen wird er wiederkommen.«
»Hast du gehört, Karl?« sage ich – sonst habe ich ihn kaum geduzt – »... nach ein paar Wochen. Das Lazarett wird dir guttun, die Ruhe, die weißen Betten, die Pflege der Schwestern.«
Er läßt mich nicht ausreden »... ersetzt nichts«, sagt er.
»Du mußt dich auskurieren«, sage ich. »Du hast mir doch versprochen, nach dem Krieg, wenn ich ein Haus bauen werde, den Kamin zu richten, ganz so schön wie in den Berliner Villen.«
Da nickt er, und ein Lächeln geht über die blassen Züge. Träume, denke ich, Hirngespinste aus den Kaminabenden. Wer sind wir doch?
Telefon! »Sammelgespräch«, stellt Ludwig fest und hält mir den Hörer hin. Und dann fällt das Zauberwort: ›Damenwahl‹. Da kommt ein Nachsatz: »Melder mit Sonderbefehl für ›Zebra‹ unterwegs. Ende!«
Zebra bin ich oder auch die Kompanie. Abwarten!
»Der Absetzbefehl«, sage ich.
»Wie erwartet«, sagt Ludwig.
»Wie erwartet«, bestätige ich, »mit Einsetzen der Schlammperiode.«
Betretenes Schweigen.
»Es wird Zeit«, sage ich zu Homola. »Mit Fahrzeugen ist nicht zu rechnen. Wie steht es mit dem Laufen?«
Er humpelt ein paar Schritte durch den Bunker und verzieht vor Schmerz das Gesicht.
»Es geht«, sagt er, »aber schlecht.«
»Einen Stock mußt du haben«, stellt Ludwig fest und reißt einen Knüppel aus der Tischplatte. »Das brauchen wir jetzt nicht mehr. Aber vielleicht hilft er dir.«
Homola greift danach, nickt dankbar Ludwig zu. »Schon besser, viel besser.« Freude klingt aus seinen Worten.
»Der Schlamm ist da, Rasputiza, die Tiefe bricht auf«, sage ich nachdenklich.
Und zu Homola: »Jedes Warten erschwert das Gehen. Von Stunde zu Stunde wird der Boden grundloser. Du kannst mit dem Bataillonsmelder zurückgehen. Von dort lasse ich dich abholen.«

Ich schicke die Melder zu den Zügen. Den Männern über Tag viel Ruhe gönnen. Ich selbst nehme mir die Karte vor und studiere sie, genauer gesagt, ich lerne sie auswendig. Was der Sonderbefehl enthält, ist mir klar: Hauptmann Tolk übernimmt die Nachhut. Man hätte schlafen sollen. Aber wer könnte das jetzt! Homola tut mir leid. Er hätte der Ansprache und des Trostes bedurft, aber in solchen Augenblicken tritt das Einzelschicksal in den Hintergrund. Wenig später kommt der Bataillonsmelder mit dem Befehl. Ich überfliege ihn kurz und setze den Melder sofort wieder mit Homola in Marsch. Alle schütteln ihm noch einmal die Hand.
»Komm gut über den Fluß!« sage ich.
»Sie auch, und all die andern auch«, murmelt er vor sich hin, dann humpelt er los. Das graue Gesicht des Tages ist zeitlos. Für einen Augenblick kämpft sich die Sonne trotzdem durch den Nebel, daß die braunschwarze Erde stärker dampft. Wir begleiten Homola bis zum Grabenende. Blinn hilft ihm die paar Stufen hinaus. Wir sehen noch, wie die beiden mit dem Schlamm kämpfen, dann gleitet uns die Sonne von Schultern und Rücken. Nebelschwaden kommen von Süden her und verwischen die Gestalten.
›Damenwahl‹ ohne Damen! Schrulliger Einfall. Aber dann folgt Handfestes: »Das Bataillon setzt sich um 18.00 Uhr planmäßig aus der HKL ab, um im verkleinerten Brückenkopf bei Olgowka neue Stellungen zu beziehen. Jede Kompanie läßt als Nachhut zwei Gruppen zurück, die sich um 23.45 Uhr bei Hauptmann Tolk, dem Nachhutführer, im Bataillonsgefechtsstand melden. Der Nachhut wird ein Fernsprechtrupp mit Funkgerät und eine Gruppe Pioniere zugeteilt. Die Nachhut Tolk setzt sich nach Eintreffen der Kompanienachhuten um 24.00 Uhr vom Bataillonsgefechtsstand ab und schlägt sich nach Olgowka durch. Dort wird Verpflegung bereitgehalten. Die Fahrzeuge der Trosse sind bereits in Richtung Dnjepr in Marsch gesetzt. Decken, überzählige Winterbekleidung und nicht zu befördernde Munitionsbestände sind zu vernichten oder unbrauchbar zu machen.
Die vor uns liegende Aufgabe erfordert von Führung und Mannschaft Mut, Entschlossenheit und Disziplin. Nur so ist sie zu lösen.«
Und dann der Sonderbefehl an mich.
»Dem Hauptmann Tolk ...
Sie übernehmen hiermit die Führung der Nachhut des Batail-

lons. Dazu übergeben Sie vor Einbruch der Dämmerung die Kompanie an Feldwebel Ludwig und melden sich um 17.30 Uhr beim Bataillonsgefechtsstand. Dort ergehen weitere Befehle.«
Ludwig kommt zurück. Vor der Stellung Werberich waren einzelne Schatten aufgetaucht, wahrscheinlich Russen, die sich verlaufen hatten. Sie haben unsre Feuerstöße nicht erwidert.
Ich lasse die Zugführer zur Besprechung kommen. Pförtner übernimmt die Nachhut in der Stellung. Durch vereinzelte Schüsse und Feuerstöße bei ständigem Stellungswechsel ist eine vollzählige Besetzung der Kampflinie vorzutäuschen. Feldwebel Ludwig zieht sich um 18.00 Uhr planmäßig aus der Stellung zurück. Schultes, Blinn und Strack bleiben dann bei mir im Bataillonsgefechtsstand, falls bei Nachhutkämpfen Verwundete zu versorgen sind oder Meldungen zu erstatten. Nur das Notwendigste: keine MG-Kästen, jeder trägt einen Gurt Munition um den Hals. Was an Verpflegung beim Mann ist, muß eingeteilt werden. Vor Olgowka ist keine Verpflegung zu erwarten, und bis Olgowka sind es fünfzehn Kilometer Schlamm!
Dann drehen wir den Kanten Brot, der noch vorhanden ist, dreimal um, um ihn in der Rocktasche verschwinden zu lassen, werfen Decken und überschüssige Munition in die Latrine und glauben bei Ablauf der Zeit alles getan zu haben, was erforderlich ist. Eßvorräte außer dem Kanten Brot werden vor dem Aufbruch verzehrt. Später wird vielleicht keine Zeit mehr dazu sein.
Dann sitzen wir über der Karte. Marschrichtung genau nach Westen. Nach fünf Kilometern ist die Mitte von Werch Rogatschik erreicht. Das sind bei diesen Bodenverhältnissen mehr als zwei Stunden Wegs. Außer einer Buschreihe, die fast senkrecht zur Marschrichtung zieht, ist die Steppe leer. Vor den Häusern der Ortsmitte liegt zu unsrer Linken eine Obstplantage und ein paar hundert Meter weiter der Punkt 69,9 – in der Nacht wahrscheinlich nicht auszumachen. Die Siedlung beginnt südlich von uns in der Ssaposhnika-Schlucht und zieht sich achtzehn Kilometer nach Nordwesten. Am Ende der Siedlung folgt Olgowka mit den neuen Stellungen. Dort wollen wir uns morgen irgendwann wiedersehn. Nebeldunst hängt in den Gräben. Auf Verdacht schießen die Posten Störungsfeuer. Was sie verbrauchen, muß nicht vernichtet werden. An Schlaf ist nicht zu denken.

Noch einmal Rundgang durch die Stellung. Das Fernglas kann zurückbleiben. Ich nehme Pförtner und die beiden Gruppenführer mit, die müssen sich für die Nacht in jeder Stellung auskennen. Das Störungsfeuer nach Absetzen der Kompanie darf nicht stärker und nicht schwächer sein als sonst. Absetzen dann 23.30 Uhr. Der Weg zum Bataillonsgefechtsstand ist ausgepflockt und nicht zu verfehlen.
Man schleppt den schweren Schlamm an den Stiefeln mit. Dann und wann versucht man den Schlick wegzuschleudern, das schafft vorübergehend Luft, kostet aber viel Kraft und hält nicht lang vor.
Um 16.30 Uhr bin ich im Gefechtsstand zurück. Noch ein paar Minuten Ruhe. Ludwig verteilt derweilen Homolas Kerzenvorrat. Hoffentlich ist er schon über den Dnjepr.
Punkt 17.00 Uhr schnallt Blinn um. Ich stecke die Karte weg, hänge Fernglas und Marschkompaß um den Hals, lege das Koppel an, Brotbeutel rechts, Kartentasche links neben der Pistole, Leuchtpistole mit Halterung für Panzermunition auf den Rücken, zwei Handgranaten ins Koppel und die Maschinenpistole in die Hand.
»Bis gleich!« sage ich zu Ludwig und schüttle ihm die Hand.
»Seltsam im Nebel zu wandern …« Wie oft habe ich Hermann Hesses Verse vor mich hin gesprochen daheim. Aber das Wort seltsam wird unsrer Lage nicht gerecht. Bei jedem Schritt geht es um Sein oder Nichtsein. Eine unheimliche Kraft zieht uns nach der Tiefe, und Schritt für Schritt reißen wir uns wieder los.
Obwohl noch Schneefetzen in den Mulden liegen, treibt uns die Schwüle den Schweiß aus den Poren. Dennoch erreichen wir pünktlich den Bataillonsgefechtsstand. Ich melde mich beim Major. Noch ein paar Anweisungen, gute Wünsche, und dann bin ich mit Blinn allein. Die Pioniergruppe liegt im Meldebunker ein paar Schritte weiter. Den Funktrupp habe ich mit zurückgeschickt. Wo in dieser gnadenlosen Schlammwüste sollen die Leute ihr Gerät aufbauen? Wie sollen sie es eine Nacht lang schleppen?
Von Stunde zu Stunde wird der Boden grundloser. Nachhut lebt von der Hoffnung und kalkuliert das Hoffnungslose ein. Sie ist Abschluß und hat abgeschlossen.

Ich gehe nach draußen, spreche mit dem Posten der Pioniere. Bald müssen die Kompanien kommen. Im Süden ist Gefechtslärm. Man rechnet mit Reiterangriffen, hat der Major gesagt. Möglich, daß sie aus der Ssaposhnika-Schlucht das Dorf angreifen.
Ludwig kommt als erster. Er hat den kürzeren Weg.
»Kompanie planmäßig aus Stellung abgesetzt« meldet er, »Feldwebel Pförtner mit zwei Gruppen als Sicherung im Abschnitt verblieben.«
»Danke!« sage ich und spüre, daß ich nur flüstere. Meine Stimme ist endgültig weg. Dabei habe ich keine Halsschmerzen.
Dann ziehen sie vorbei: Graue Schatten im Nebel, und ich winke ihnen mit der Hand zum Abschied. Im Abstand von etwa zehn Minuten folgen die beiden anderen Kompanien. Dann liegt wieder bleierne Stille über der Steppe. Man kann das Störungsfeuer, das sie vorne schießen, nicht hören. Der Dunst trägt die Geräusche nicht.
Ich schaue auf die Uhr. Es ist 18.30 Uhr, und eine lange Nacht liegt vor uns.
Schultes ist jetzt zu uns gekommen. »Tres faciunt collegium«, sagt Blinn.
Von Zeit zu Zeit flackert der Kampflärm im Süden wieder auf und zieht sich nach Westen. Ab neun Uhr rührt sich nichts mehr. Ich sehe gelegentlich bei der Pioniergruppe hinein. Die meisten schlafen. Einige Male gehe ich mit dem Posten auf und ab. Die Welt um uns ist so still, als wären wir die einzigen Menschen weit und breit. Die Augen schmerzen, da sich ihnen nichts bietet als diese grenzenlose graue Unendlichkeit.
Ich gehe zum Bunkereingang zurück und starre über die aufgeworfene Deckung, hinter der sich eine Schneekruste gehalten hat, nach Süden. Doch kein Geräusch, kein Schatten dringt durch Nacht und Nebel.
Blinn und Schultes treten zu mir. Es hält keinen dort unten. Wir schweigen.
Die Luft ist feucht. Langsam setzt Regen ein und nimmt den Nebel mit herunter. Jetzt ist die Nacht stockfinster. Ich ziehe die Kapuze des Anoraks über den Stahlhelm, schlage sie aber schnell wieder zurück. Gehör ist alles in dieser gnadenlosen Nacht.

»Damenwahl«, sagt Schultes wie in tiefen Gedanken, »welch leichtfüßiges Stichwort für diesen schwerfälligen Tanz!«
Wieder und wieder sehe ich nach der Uhr. Es ist, als habe auch die Zeit sich gegen uns verschworen und stünde still, um uns allein zu lassen in dieser hoffnungslosen Steppe. Wir gehen hinunter. Mitternacht ist verstrichen, und noch ist keine Gruppe eingetroffen. Der Regen hat aufgehört, Dunst hebt sich wieder. Kein Lufthauch weht. Die Erde scheint den Atem anzuhalten über dem arg bedrängten Brückenkopf Nikopol. Aus allen Poren der Schneereste und des Steppenlandes schwitzt die warme Taunacht Schwaden, die sich verwirrend, sinnbetörend um uns legen. Gegen 0.30 Uhr metallisches Klirren. Munitionsgurte, die gegen die Gewehre schlagen.
Es ist Pförtner. Gott sei Dank! Ich lasse die Männer in den Gefechtsstand kommen. Sie sinken tonlos nieder, wo sie gerade stehen.
»Es war schwer«, sagt Pförtner, »die Pflöcke im Dunkel zu finden. Und dann der Schlamm!« seufzt er. »Wir haben mehr als eine Stunde gebraucht.«
Eine Viertelstunde später trifft die Nachhut der neunten Kompanie ein. Auch diese Männer nimmt der Bunker auf.
Mit den Zugführern warte ich draußen. Umsonst. Zeit vergeht. Ich lasse Blinn ein grünes Leuchtzeichen schießen. Es steigt senkrecht auf, wird vom Nebel fast erdrückt und erstirbt hilflos im Schlamm. Nichts antwortet. Kein Ruf, kein Leuchtzeichen, kein Gewehrfeuer. Pförtner ruft den Namen des Zugführers, der die Nachhut der elften Kompanie übernommen hat. Schweigen antwortet. Ich kann mich nicht entschließen, die Männer einfach abzuschreiben, obwohl ich weiß, daß Zögern uns alle das Leben kosten kann. Ich weiß mir keinen Rat, als einen Spähtrupp zurückzuschicken. Wenn einer das kann, dann Barthel. Alles Überflüssige lassen die Männer zurück. Wir geben jedem eine Maschinenpistole. Zu vieren gehen sie los. Immer wieder schieße ich in Abständen grüne Leuchtzeichen. Aber nichts antwortet. Die Unruhe wächst. Im Bunker ist die Luft zum Schneiden.
Neben der brennenden Kerze sitzt ein Landser und liest.
»Schlafen Sie lieber«, sagt der Unteroffizier. »Was lesen Sie denn da?«

Der Obergefreite hält ihm das Feldgesangbuch hin.
»Haben Sie in diesem verfluchten Land schon einmal etwas von Christus gesehen?« fragt der Unteroffizier spöttisch. Doch bevor der andere antworten kann, ruft Pförtner von oben: »Barthel ist zurück!« »Fertigmachen!« sage ich. Pförtner wiederholt es, meine Stimme schlägt nicht mehr durch.
»Die ganze Stellung ist leer«, berichtet Barthel. »Eine verlassene Stellung, einfach leer. Wir haben gerufen, geschossen, gewartet. Nichts.«
»Sie und ich«, sage ich, »wir haben unser Möglichstes getan. Nehmen Sie Ihr Gepäck wieder auf, wir setzen uns ab.«
Ich sehe nach der Uhr. Es ist 2.45 Uhr.
»Der verdammte Schlamm«, stöhnt Barthel.
Blinn hat die Pioniergruppe geholt. Die Männer stehen am Eingang.
»Wichtig ist, daß wir zusammenbleiben in dieser stockfinsteren Nacht.« Ich muß eine Pause machen. Die Stimme will nicht.
»Ich gehe mit Barthel voran, Pförtner macht mit den Pionieren den Schluß.«
Dann gehe ich nach oben. Die Kerzen erlöschen hinter mir. Anfangs ahnt man noch etwas wie einen Fahrweg, dann verliert sich auch das. Aber im Südwesten, wo das Dorf liegen muß, hört man fernes »Urrä« von Reitern, denn Infanterie kann bei solchem Schlamm nicht angreifen. Bald verlieren sich in unserem Zug Ordnung und System. Jeder kämpft sprachlos verbissen seinen Kampf mit dem Schlamm. Die Nacht ist undurchdringlich. Immer wieder greife ich nach dem Marschkompaß. Nur nicht zu früh nach links abbiegen!
Die wattierte Hose und der Anorak werden zum Brutkasten. Unter ihnen dampfen die Körper. Oft bleibt einem der Stiefel im Sumpf stecken. Wenn er ihn nicht schnell wieder findet, füllt er sich mit Wasser. Selbst mein Reitstiefel, der doch oben enggeschnallt ist, bleibt im Schlamm stecken. Auf einem Bein balancierend, von den umgehängten Waffen bald nach vorn, bald nach hinten gezogen, taste ich die Schnalle, öffne sie und schlüpfe glücklich wieder hinein. Mit beiden Händen fasse ich den Schaft, bevor er im Schlamm versinkt. Bis die anderen heran sind, bin ich wieder flott.

Immer wieder hebe ich den Marschkompaß und peile ins Nichts. Der Kampflärm zur Linken klingt ferner und ebbt ab. Nur mühsam gewinnen wir Boden. Ich bleibe stehen. Keiner spricht mehr ein Wort. Nur die glucksenden Geräusche sind zu hören, wenn einer seinen Stiefel hochzieht und der Schlamm wieder zusammenklatscht. Einer der MG-Schützen der neunten Kompanie schleppt noch zwei MG-Kästen. Wie betrunken torkelt er auf mich zu.
»Ich kann nicht mehr!« stammelt er und will sich in den Schlamm sinken lassen.
»Nein!« sage ich und greife ihm unter die Arme. »Wer sich hinlegt, kommt nicht mehr auf. Nehmen Sie die Gurte aus den Kästen, wir verteilen sie. Sie müssen durchhalten, sonst sind Sie verloren. Aus diesem Dreck gibt es nicht einmal mehr einen Weg in die Gefangenschaft.« Er stützt sich auf mich. Wir verteilen die Gurte. Die Pause tut gut. Ich gebe ihm noch einen Schluck aus meiner Feldflasche.
Dann geht es weiter, immer der Marschkompaßnadel nach in die Finsternis. Nach einer gewissen Zeit werde ich unruhig. Daß sich der Kampflärm entfernt, ist sympathisch. Aber wenn wir uns dabei vom Dorf entfernen, stoßen wir ins Uferlose. Bis an den Rand der Karte ist da nichts als Steppe, vielleicht einmal ein Stall. Aber der Dnjepr liegt im Westen, und dorthin müssen wir. Ich schätze die Marschgeschwindigkeit auf anderthalb Kilometer pro Stunde. Es ist schon 5 Uhr. Wir müßten längst in der Dorfmitte sein. Doch diese Zweifel sind meine Sache.
Wieder ist eine Stunde vergangen. Ich stoße mit dem Fuß gegen etwas Hartes. Der Munitionskasten, daneben der andere und im Schlamm das Gewehr!
Mein Gott! Wir sind im Kreis gegangen. Vielleicht ist es die Stunde, die uns fehlt, um rechtzeitig die Stellung zu erreichen.
Da fällt es mir wie Schuppen von den Augen: die Handgranaten! Sie haben die Kompaßnadel abgelenkt. Ich torkele noch ein Stück weiter und bleibe stehen. Unsre Spuren hat der Schlamm ausgelöscht. Der Kasten war einsames Merkzeichen in der Unendlichkeit. Vielleicht merkt keiner das Mißgeschick. Ich stecke die Handgranaten in den Brotbeutel, nehme den Stahlhelm ab und orientiere mich neu. Links und weiter nach Westen hin muß das Dorf liegen.

Die Nacht verliert schon an Dunkelheit. Regen klart den Nebel auf – Teufel gegen Beelzebub. Nach einer Viertelstunde zeichnen sich schattenhaft Umrisse von Bäumen ab. Kahle Äste in die späte Nacht gestreckt. Die Obstplantage. Ich lege eine kurze Pause ein. In einer halben Stunde können wir das Dorf erreichen, und wer weiß, was uns dort erwartet. Ich lausche hinüber, kein Kampflärm ist zu hören, kein Hahn kräht, kein Hund bellt. Entweder die Reiter haben sich wieder zurückgezogen, oder sie sind uns voraus und wir bereits hinter den russischen Linien. Als Marschweg ist mir Rogatschik empfohlen, wenn ich das Dorf meide, wird sich niemand daran stören. Wie ich zurückkomme, ist meine Sache.
Da sehe ich, wie die Männer sich aneinanderlehnen, um einen Halt zu finden. Sie brauchen eine kurze Rast, um sich setzen zu können, dazu muß ich ins Dorf.
Der Regen hat aufgehört. Das Morgengrauen kündigt sich an.
In der Dämmerung zeichnen sich jetzt die Häuser von Rogatschik ab. Wir formieren uns zum Angriff, um nicht durch gezieltes Feuer als formloser Pulk hohe Verluste zu erleiden. Die Silhouetten des Dorfes und die kurze Rast haben den Männern wieder Mut gegeben. Der Boden wird fester. Wir kommen schneller voran. Dies eine erste Haus ist ein Haus der Hoffnung, ein sichtbares Ziel nach dieser Nacht des Unbegrenzten.
Und dann erreichen wir das erste Haus. Erschlagene und Gefallene liegen auf der Dorfstraße. Wir sehen jetzt, was wir in der Nacht nur gehört haben. Sowjetische Reiter haben das Dorf überrannt. Als wir uns allseitig sichernd dem Haus nähern, öffnet sich eine Tür. Als wären wir erwartet worden, tritt eine Frau heraus, trägt eine Schürze voll trocknen Brotes und einen Krug voll Milch in der Hand und bittet uns zum Mahl. Während der Krug die Runde macht, schlägt sie mit der freien Hand das Kreuz über uns, wie eine Mutter ihre Kinder segnete in alten Zeiten.
Tränen rinnen im aufkommenden Licht über ihre Wangen, und wenn ich meinen Haufen im Dämmern mustere, könnte ich selber losheulen. Die Überfallhosen sind formlos, durchnäßt, durchgewetzt und zerfetzt, die Gesichter hohl und ausgemergelt. Eine zweite Frau kommt heraus. Auch sie bringt Milch und Brot. Es ist wie drei Jahre zuvor beim Einmarsch in die Ukraine. Und doch

so ganz anders! Die damals bewirtet wurden, waren strahlende Sieger, an die sich eine Hoffnung klammerte, ja mit denen ein Hauch der Freiheit wehte. An uns ist nichts mehr, das nach vorne weist. Nur der Wille ist noch groß, das andere Ufer zu erreichen, auszubrechen aus der Steppe.
Die Männer lehnen an der Hauswand, sitzen, wo sich sitzen läßt. Nur Schultes und Blinn und ich behalten den Umkreis im Auge, weil wir wissen, daß aus jedem Haus Schüsse fallen können.
Was hier aber geschieht, ist mehr, als man hoffen konnte. Und doch kann jedes Verweilen bei unserem Wettlauf mit dem Tod verderblich sein.
Die Krüge sind geleert, die harten Brotkanten zerkaut oder in die Tasche geschoben. Manchem fällt der Kopf hintenüber. Neben dem Schlamm ist der Schlaf nun unser größter Feind. Wach bleiben, um die nächsten Stunden zu überstehen! Drüben jenseits der Straße, die keine Straße ist, sondern schwarze Pampe, grundloser Morast, liegen die toten Kameraden. Wir haben die Kraft nicht mehr, nach ihnen zu sehen, wir haben die Zeit nicht, sie zu bestatten. Gespenstig leer liegen Dorf und Straße im Morgenlicht. Als wir die Frauen nach den Sowjets fragen, deuten sie in die Richtung, in der wir ziehen. Man muß also auf eine Begegnung gefaßt sein. Wir danken für die Wohltat und ziehen weiter. Ich teile die Nachhut in zwei Gruppen zu beiden Seiten der Straße, die breit und unbefestigt ist. Ich gehe mit Schultes und Blinn vorweg bei der rechten Gruppe. In der Nähe der Häuser an den Straßenrändern ist der Weg nicht so grundlos wie in der Mitte. Manchmal sind Bretter oder Knüppel ausgelgt, die man unter der Oberfläche des schwarzen Schlammes fühlt. Vorsichtig sichernd schieben wir uns voran, jederzeit auf einen Überfall gefaßt. Nach einer Weile lasse ich anhalten, um mich zu vergewissern, wie es in den Häusern aussieht. Während die andern draußen sichern, gehe ich mit Blinn hinein.
Das Haus ist leer. In der Stube liegt ein toter Kamerad des Nachbarregimentes IR 36. Kopfschuß. Ich nehme das Soldbuch an mich, knöpfe die Feldbluse auf und breche die Erkennungsmarke ab. In Kleidern und Metall haftet noch ein Rest Körperwärme, aber die Augen sind gebrochen und ein Puls nicht mehr mehr fühlbar.

Soldbuch und Erkennungsmarke, das ist alles, was ich für den Toten tun kann. Ich lese die Anschrift. Ein Sohn der Wetterau. Ein Leben wie tausend andere.
Da wird mir plötzlich klar: Die eine Stunde, die wir im Kreis gelaufen sind, könnte die Stunde unsrer Rettung gewesen sein. Ich höre auf, mit mir zu hadern.
Wir gewinnen auf der Dorfstraße schneller Boden. Mühsam bleibt dennoch jeder Schritt. Nach einer Viertelstunde mache ich wieder eine Pause und trete in das Haus, bei dem wir halten. Am Herd liegt lang hingestreckt eine feldgraue Gestalt. Eine Russin mit zwei Kindern schläft oben auf dem Ofen. Sie schauen mit großen Augen auf mich herab. Der graue Kamerad rührt sich nicht, doch sehe ich, daß er atmet. Ich rüttle ihn.
»Stehen Sie auf, Mann! Der Russe ist hinter uns!« Meine Stimme ist zu schwach. Er wendet sich auf den Bauch, das Gesicht nach unten, und schläft. Wenn ich ihn liegenlasse, geht es ihm wie dem Kameraden vom Nachbarregiment. So greife ich zum äußersten Mittel. Mit dem kalten Lauf der Maschinenpistole kitzele ich ihn am Hals und im Genick und jage einen Schuß in die Decke. Langsam begreift er und kommt hoch.
»Stehen Sie sofort auf!« sage ich. »Wir sind die letzten Deutschen. Die Kosaken sind durchs Dorf geritten. Die Häuser liegen voll toter Landser.« Er torkelt und schließt sich schweigend an.
Längst ist heller Tag geworden. Der nächtliche Nebelspuk in der Steppe ist einem warmen Sonnenmorgen gewichen. Er aber macht die ganze Tragweite des Geschehens sichtbar. Je näher wir dem Fluß kommen, desto mehr Fahrzeuge stehen zerbrochen oder verlassen bei den Häusern oder auf der Straße. Munitionsfahrzeuge stecken im Schlamm fest, verendete Pferde liegen davor. Der Obergefreite, den ich so unsanft aus dem Schlaf gerissen habe, gehört einer anderen Division an. Er weiß nur noch, daß seine Pferde am Abend zuvor zusammengebrochen sind und erschossen werden mußten. Dabei hat er den Anschluß an seine Einheit verloren. Übermüdet hat er sich ins erste beste Haus gelegt.
Die Straße macht jetzt eine Kurve nach links, dann stehen hinter der Biegung keine Häuser mehr. Eine Heckenreihe zieht nordwärts, soweit das Auge reicht. Baumgruppen und Obstgärten beleben das Bild. Meine Karte weist für die langgezogene Siedlung

viele Namen auf: Werch Rogatschik, Novo Snamenka, Baturino, Trud, Georgijewka, Olgowka und auf der anderen Seite Alexejewka, Alexandrowka. Wir sind jetzt in Baturino, dann folgt ein Kilometer freies Feld.
Hinter mir geht der MG-Schütze, der im Bunker in seinem Feldgesangbuch gelesen hat. Der Unteroffizier schleppt sich nach vorn und schiebt sich dazwischen.
»Erinnern Sie sich an das, was wir eben erlebt haben?« fragt der Obergefreite.
»Das mit den beiden Frauen meinen Sie?« fragt der Unteroffizier. »Ja«, antwortet der andere, »Milch und Brot und der Segen auf unseren Weg.«
»Wissen Sie, was das bedeutet?« mische ich mich ins Gespräch. »Wenn einer es gesehen hat und sie verrät, sind sie heute abend tot.«
»Wenn ich es nicht erlebt hätte, ich würde es nicht glauben«, sagt der Unteroffizier und fährt dann fort: »Ja, Frank« – damit meint er den Obergefreiten –, »so könnte das sein: Ich habe heute Christus in Rußland gesehen.«
Dann kämpfen wir schweigend weiter gegen den Schlamm. Lärm zur Linken könnte von den durchgebrochenen Kosaken kommen, die in die Steppe abgebogen sind, weil sie das Dorf leer wähnen. Mit uns rechnet keiner mehr.
Bei der nächsten Pause kommt Blinn wieder nach vorn.
»Man müßte hundert Hände haben«, meint er.
»Nein«, sage ich, »für uns wäre das alles nur Ballast. Es gibt Situationen im Krieg, da gilt nur das nackte Leben. Ein Freund hat mir geschrieben, er ist beim Rückzug im Dezember nackt durch den Dnjepr geschwommen. Wir hoffen, daß uns das erspart bleibt.«
Aber dann werde ich mir selber untreu. In einem Hof in Trud steht ein Lkw, mit funkelnagelneuen Funkgeräten. Wir machen eine Pause. Einer versucht ihn flottzumachen. Die Aussicht, das letzte Stück noch zu fahren, belebt die Geister und stirbt doch schnell. Der Tank ist leer. Man könnte versuchen, ihn in Brand zu setzen, aber dann ginge das Haus, neben dem er steht, ebenfalls in Flammen auf. Wahrscheinlich blieb er deshalb auch unversehrt. Ein paar Frauen haben sich um uns geschart. Wir holen eines der neuen Geräte herunter, drücken es ihnen in die Hand

und nehmen sie mit auf unsre abenteuerliche Reise. Nach einer halben Stunde Wegs lasse ich sie durch zwei neue Trägerinnen ablösen.
So erreichen wir gegen Mittag Olgowka und die neue HKL. Ich entlasse die Männer zu ihren Einheiten, suche den Bataillonsgefechtsstand auf, um unsere Rückkehr zu melden. Die fehlenden Gruppen sind nicht eingetroffen, sie bleiben in der Steppe verschollen.
Soldbuch und Erkennungsmarke des Toten gebe ich auf der Schreibstube ab, damit sie an die Einheit weitergeleitet werden. Dann mache ich mich mit Blinn auf den Weg zur Kompanie. Wir rühren nicht einmal mehr das Essen an. Todmüde sinken wir, am Ende unsrer Kraft, in die feuchten Panzerdeckungslöcher.

6.2.44

Noch in der Nacht werden wir wieder herausgezogen, um im verkleinerten Brückenkopf bei Schewtschenko neue Stellungen zu beziehen. Mitten im Marsch auf freiem Feld erhalte ich den Befehl, zur Lagebesprechung zum Regimentsgefechtsstand zu kommen. Die Kompanie solle derweilen bei einer Feldscheune warme Verpflegung empfangen. Ich mache mich mit Blinn auf den Weg, das Regiment zu suchen. Der leichte Nachtfrost hat den Boden gangbar gemacht, doch bald bricht die Sonne durch und weicht wieder das Erdreich auf.
Die Sonne aber ist nicht unser Freund. Sie zieht Schlachtflieger an, die uns immer wieder in den Schlamm hinunter zwingen.
Schließlich erreichen wir das Regiment.
Der Oberst erläutert die Lage. Im Zuge der Absetzbewegungen wird meine Kompanie zuerst bei Schewtschenko Stellung beziehen. Mit Beginn der Abenddämmerung des 7. Februar löst sich die Kompanie unbemerkt vom Feind, um einen letzten verkleinerten Brückenkopf an der Konkabrücke zu bilden. Während die übrigen Einheiten der Division sich absetzen, hält die Kompanie den Brückenkopf und die Brücke bis 24.00 Uhr, trifft jenseits der Brücke auf einen Pionierzug, der die Sprengung vorbereitet hat, erreicht nach der Sprengung gemeinsam mit den Pionieren das Ostufer des Dnjepr, wird dort von Schlauchbooten

aufgenommen und übergesetzt. Nach Erreichen des Westufers bezieht sie vorbereitete Stellungen bei Michailowka.
Der Oberst führt noch aus, daß das Unternehmen ›Damenwahl‹ gegen den Willen Hitlers durchgeführt wird und deswegen die Verspätung eingetreten sei. Hitler wollte von hier aus Gegenschläge führen. Die Vorstellung hat etwas Absurdes.
Auf der Suche nach der Kompanie folgen wir einer Heckenreihe. Unweit der Sowchose, wo die Feldküche uns erwartet, haben Einschläge der Bordkanone eines Schlachtfliegers das Ackerland aufgewühlt. Die Toten liegen noch, wie sie gefallen sind.
Der erste ist Arnold, der liebe Junge aus Bayern, der in den Kämpfen vor Krymskaja zum Mann geworden war. Nun schauen seine blauen Augen starr in den ungetrübten Himmel. Auf der anderen Seite der Hecke liegt Reisinger. Auch er vom Kubanersatz, ebenso jung und frisch wie Arnold. Das Gesicht zur Seite gewendet, ruht er friedlich und still wie in tiefem Schlaf.
Wir sehen uns traurig an. Blinn flüstert die Namen der Toten und schüttelt den Kopf. Wir verweilen einen Augenblick stumm, dann schließen wir ihnen die Augen und gehen zur Sowchose hinüber. Ludwig kommt mir mit traurigem Gesicht entgegen.
»Kompanie befehlsgemäß hierhergeführt. Zwei Tote und zwei Verwundete durch Fliegerangriff!«
»Wir haben die Toten gesehen und die Blutlachen. Aber wer sind die Verwundeten?« frage ich.
»Unteroffizier Schultes und Steininger«, antwortet er ebenso beklommen, dann fügt er hinzu: »Armschuß und Beinschuß – Bombensplitter.«
Menge meldet, daß keine warme Verpflegung ausgegeben werden könne, da die Feldküche einen Volltreffer erhalten hat. Nur die Kanister mit warmem Kaffee sind unbeschädigt. Dann gehe ich zu Schultes. Er sitzt in der Scheune der Sowchose an die Wand gelehnt und reibt sich die Hand des getroffenen Arms, der durch den Verband offenbar schlecht durchblutet ist. Steininger liegt neben ihm im Stroh und schläft. Schneider von der Feldküche hat einen Splitter in die Schulter bekommen und reibt sich ebenfalls den Arm.
Blinn und ich strecken uns todmüde zu den andern ins Stroh. Post ist nicht mehr über den Fluß gekommen. Alle Bewegung von Fahrzeugen geht nach drüben.

Kaum habe ich eine halbe Stunde geschlafen, weckt mich Ludwig. Einsatzbefehl vom Bataillon: Ablösung schon bei Einbruch der Nacht.
Ich nehme die Karte. Sechzehn Kilometer. Das bedeutet Abmarsch bei Tag und Fliegerangriffe. Wir müssen die Gruppen weit auseinanderziehen und uns erst im Einsatzgebiet sammeln. Die Toten sind inzwischen eingeholt. Sie müssen mit den Verwundeten warten, bis es dämmrig wird.
Menge hat mit Kesseln und Töpfen der Sowchose doch noch ein warmes Essen auf die Beine gebracht. Der Abschied von den Verwundeten und Toten fällt schwer. Mit dem Sanitätsunteroffizier Schultes verliert der Kompanietrupp ein Stück seiner Seele. Zu Gesprächen hat uns im Einsatz der letzten Tage die Zeit gefehlt. Aber allein menschliche Gegenwart kann viel bedeuten.
Ein Händedruck zum Abschied, und dann trennen sich unsere Wege. Abschiedsschmerz und Erwartung neuer Leiden schleppen wir als Ballast mit uns, aber auch die Hoffnung, all das werde einmal einen Sinn gefunden haben, wenn wir begreifen, was wir jetzt nicht wissen können.
Die Schlachtflieger haben andere Ziele ausgemacht. Wir kommen unbehelligt am späten Nachmittag am Sammelpunkt an.
Die Nacht wird wieder kalt, die Erde gefriert, Sterne heben sich in den verblassenden Abend. Sie geleiten uns bei den nächtlichen Gängen durch die Stellungen, geleiten Schultes auf dem Weg in die Heimat, geleiten Arnold auf dem Weg zu seinem Leutnant.

7.2.44

Am Vormittag lege ich mit den Zugführern die Stellungen des letzten Brückenkopfes Nikopol fest. Wir schanzen uns am Hang fünfhundert Meter oberhalb der Konkabrücke ein. Dann gehe ich mit Strack an den Fluß hinunter, wo die Pioniere bereits in Stellung gegangen sind. Der Leutnant meldet mir, daß alles vorschriftsmäßig und mit größter Sorgfalt vorbereitet sei. So gut, meint er, daß man damit zwei Brücken sprengen könne.
Ich lasse mir die Übersetzstelle zeigen, wo schon die Pontons für uns bereitliegen.
Das Gelände zwischen Konka und dem eigentlichen Dnjepr ist

sumpfiges Inselland. Der Fahrweg, mit Stämmen und Astwerk ausgelegt, die im schwarzen Schlick abgesackt sind, von unzähligen Rädern immer und immer wieder durchgemahlen, ist kaum noch gangbar. Rechts und links des Morastes breiten die Pioniere neues Buschwerk für die Männer aus, die in der Nacht zurückgenommen werden.

Dieses Sumpfeiland, das sich noch weit nach Norden erstreckt, soll ein bewährtes Lager der Partisanen gewesen sein, so, wie es einst die Kosaken beherbergte. Buschwerk wuchert über feuchtem Grund zwischen Tümpeln und Wasseradern. Dann stehen wir am Ufer des Flusses. Silbergrau hängt der Himmel überm träge fließenden blaugrauen Wasser. Drüben, weit drüben streckt sich im Dunst das andere Ufer. Fast zum See aufgestaut wirkt der riesige Fluß, und wir begreifen unsre Abgeschiedenheit. So sind zwei tiefe Wasser wohl zwischen dir und mir ... Volksliedklänge, Anruf aus fernen Tagen, Träumerei am Dnjepr. Das Wasser ist doppelt so breit wie damals bei Krementschug, wo wir mit Sturmbooten in Begleitung der Kameraleute der Wochenschau das Ostufer stürmten. Zweieinhalb Jahre ist es her. Über den Rückzug heute nacht wird keiner berichten. Vielleicht ist der Mond unser stummer Zeuge, wenn das Gewölk sich lichtet. Jetzt aber mag es bleiben und uns vor Schlachtfliegern bewahren.

Am Mittag erhalten wir Verpflegung aus Kanistern.

Später klart es auf. Dünne Wolkenschleier treiben nach Osten. Doch am Himmel herrscht Ruhe. Landeinwärts steigt das Gelände leicht an. Im Nordosten ragen drei Grabhügel über den Horizont. Steppengräber der Skythen oder Goten, wer wüßte es. Sicher ist, daß sie als Sieger starben. Besiegten baut man keine Hügel.

Die Männer sind mit dem Schanzen fertig und ruhen sich aus. Am Nachmittag beginnt es bei den Stäben zu bröckeln. Wer nicht unbedingt gebraucht wird, geht zurück, damit das Übersetzen reibungslos vonstatten gehen kann. Schubweise werden sie hinübergerudert. Beim ersten Dämmern erscheint der Oberst mit seinem Regimentsstab. Ich melde ihm, daß der verkleinerte Brückenkopf besetzt und die Sprengung der Konkabrücke vorbereitet sei. Ich begleite ihn dorthin und nehme bei der Brückeneinfahrt meinen Platz. Ludwig leitet inzwischen den Gefechtsstand beim Dorfanfang.

Kompanie um Kompanie zieht vorbei. Flüchtiges, freudiges Wiedersehn mit alten Bekannten. Ich registriere und warte. Vorbei, vorbei. Ich wünsche dem Oberst gute Überfahrt. Das Regiment ist zurück. Es fehlt der rechte Nachbar. Dann kommt der Oberst vom IR 36 und geht unruhig zwischen uns und seinen Offizieren auf und ab. Es ist 22.00 Uhr. Nun kommen die ersten Gruppen und Kompanien. Er atmet auf. Wir auch.
»Wann ziehen Sie Ihre Leute zurück?« fragt er mich.
»Spätestens 23 Uhr«, sage ich. »Falls Ihre Leute zurück sind, früher.«
»Wann sprengen Sie die Brücke?« forscht er weiter.
»Wenn meine Leute drüben sind, spätestens 24 Uhr.«
»Mir fehlt noch ein Zug. Notfalls müssen Sie warten.«
»Wir haben hier am Ufer noch Kähne bereitgestellt für Versprengte«, sage ich. »Wenn ich nicht rechtzeitig sprenge, bekomme ich Schwierigkeiten. Aber noch haben wir Zeit. Der Russe drängt noch nicht nach.«
In den Häusern des Dorfes sind alle Bewegungen erstorben. Strack ist die Straße aufwärts gegangen und kommt zurück. Gespenstige Ruhe rundum. Nur der Oberst geht unruhig auf und ab, hin und her, bleibt stehen und horcht in die Nacht. Kein Kampflärm, keine Leuchtzeichen, nichts. Unruhig zieht auch das Gewölk über den fast vollen Mond. Silbrig glitzert sein Licht in Flußwasser und Tümpeln und erlischt im nächsten Wolkenzug. Ein stumpfer Glanz spielt um die Strohdächer der Hütten über uns.
Und die Zeit vergeht, nur angefüllt von unsrem Warten, vom Bangen um das Leben von Kameraden, fruchtloses Warten wie zwei Nächte zuvor.
Ich gehe mit Strack nach vorn. Bleiches Licht liegt überm Hang und den Grabhügeln oben in der Steppe. Ludwig schickt die Melder an die Züge. Wir räumen den Brückenkopf.
Ich gehe als erster hinunter, um zu sehen, was sich an der Brücke getan hat. Der Pionierleutnant steht noch an seinem Platz diesseits und wartet auf meine Weisung. Auch der Oberst ist noch da. Er steht jetzt wie versteinert zwischen seinem Ordonnanzoffizier und dem Kompaniechef, zu dem der fehlende Zug gehört.
Ich melde ihm, daß ich den Befehl zum Räumen des verkleiner-

ten Brückenkopfes gegeben habe. Er schüttelt unwillig den Kopf.
Bewegung im Dorf.
»Es sind meine Leute«, sage ich.
Dann kommen sie aus dem Schatten der Häuser. Gruppe um Gruppe, und Ludwig meldet, daß das Absetzen planmäßig vollzogen ist.
Ich verteile die Männer zunächst hinter den Pionieren, um Nachzüglern gegebenenfalls Feuerschutz zu gewähren. Es ist 23 Uhr.
Wir stehen wortlos am Ostufer der Konka.
Der Oberst hat den Stahlhelm abgenommen, hält die Hand ans Ohr und starrt in die Nacht.
Im Dickicht jenseits der Konka schnarren Nachtvögel.
Nach einer Viertelstunde wendet sich der Oberst brüsk.
»Gehen wir!« befiehlt er seinen Offizieren. Und zu mir gewandt:
»Sprengen Sie zum letztmöglichen Zeitpunkt!«
»Wir haben noch eine Dreiviertelstunde, wenn es geht, will ich warten.« Ich schicke den Leutnant zu den Sprengkommandos. Allein lehne ich jetzt am Geländer und lausche in die Nacht. Nichts. Sogar die Vögel im Sumpf sind wieder still geworden. Warten ist Einsamsein. Zwischen den winterkahlen Ästen der Erlen im Ufergebüsch sinkt der Mond.
Langsam gehe ich über die Brücke zurück. Mein Schritt klingt hart auf den ausgefahrenen Bohlen und Balken. Und fast liebevoll streiche ich über das Geländer der Brücke, deren Stunden gezählt sind. Noch einmal warten wir, dann schicke ich die Kompanie zu den Schlauchbooten, um sich zum Übersetzen fertigzumachen.
Der Leutnant und ich suchen mit den Gläsern das andere, das Ostufer ab.
Ich schaue auf die Uhr. Es ist kurz vor Mitternacht. Dann setze ich das Fernglas wieder ab. Oberhalb der Häuser sind jetzt schwache Bewegungen zu erkennen. Ob es die Männer vom Nachbarregiment sind? Dann verschwinden die Gestalten im Schatten der Häuser und kommen herab ans Ufer. Man kann sie nicht mehr sehen, aber Stimmen werden laut, russische Stimmen. Kein Zweifel. Und doch warte ich noch einmal. Dann werden drüben Befehle gegeben, die wir nicht verstehen. Auf der Brücke werden Schritte hörbar. Sie setzen zum Sturm an. Da gebe ich den Befehl zur Sprengung.

Eine gewaltige Detonation erschüttert die Nacht. Balken werden durch die Luft geschleudert, Bretter wirbeln und rauschen hoch über uns und klatschen dann ins Wasser oder in den Schlick. Wir kauern hinter Baumstämmen und hoffen, verschont zu bleiben. Drüben ist's für Augenblicke still geworden. Wieder hört man dann Befehle, und einzelne Garben zischen herüber. Die Pioniere raffen ihr Gerät zusammen.
»Auf!« sage ich. »In die Boote!«
Im Laufschritt geht es ans Dnjeprufer. Meine Leute warten schon. Die Pioniere tauchen die Ruder ein, die ersten Boote stoßen ab. Ich schiebe Strack ins Boot, dann springe ich nach.
Wir lösen uns aus dem Ufergebüsch und gewinnen Fahrt. Weit liegt der schimmernde Fluß in klarer Nacht. Mondscheinfahrt! Näher zeichnet sich das steile Ufer vor uns. Strohdächer ziehen den Strand entlang. In der Mitte des Stromes driften wir südwärts ab und erreichen auf unterschiedlicher Höhe das Ufer.

8.2.44

Unser Boot ist gelandet, wo meine neue Stellung liegt. Diese Stellung werde ich so nicht beziehen. Schade um die Arbeit. Wer hier gebaut hat, hat nie in vorderster Linie gekämpft.
Unten am Fluß liegen die Häuser von Michailowka, sauber, friedlich, ein Idyll. Hinter dem Dorf die steile Sandwand, und oben, von Dorf und Flußufer entfernt, ist auf der Höhe ein Grabensystem ausgehoben. Kaum einen Meter hinter dem sandigen Rand sind Graben und Stellungen. Ein Schuß schwerer Artillerie läßt Steilwand und Stellungen in die Tiefe rutschen und reißt die Männer mit. Mein Gefechtsstand mittendrin, Eingang zur Feindseite; ein Maschinengewehr genügt, uns in Schach zu halten. Von der Stellung sieht man das Vorfeld bis zur Mitte des Stromes. Was unten vorgeht, ist nicht auszumachen. Schnell disponiere ich um und lege auch meinen Gefechtsstand hinunter ans Ufer. Bewegung bei Tag ist auch dort nicht möglich, um nicht die Stellungen zu verraten.
Auch dieser Abschnitt ist für meine Kompaniestärke viel zu groß. Wieder bauen wir, um uns einzurichten. Mein Gefechtsstand ist ein Haus, das hinter einer Sanddüne liegt und von drüben nicht eingesehen werden kann. Zwei junge und eine ältere

Frau wohnen darin. Ihr Wohnzimmer ist unser Lager und Heim. Die Frauen sind zurückhaltend, aber nicht unfreundlich. Als wir am Abend zusammensitzen und singen, kommen ihre Gesichter überrascht und lächelnd hinter dem Ofen hervor.

Es könnte schön sein hier, wenn nicht eine große Sorge auf mir läge. Ein Gespräch mit der B-Stelle der Artillerie hat ergeben, daß die Beobachter einen großartigen Blick aufs andere Ufer haben, bei den Geschützen aber nur fünf Schuß Munition vorhanden sind. Zuviel ist drüben zurückgeblieben, aber Schlamm ist auch in unserem Rücken.

Mein Rundgang am Abend wird zum Erlebnis. Nach Monaten eintöniger Steppenlandschaft dieser großartige Fluß! Der Vollmond über dem silbernen Wasser verdrängt vorübergehend die Sorge und berauscht mit Erinnerungen.

Die Russen haben inzwischen im Inselbuschwerk leichte Pak aufgefahren und schießen auf alles, was sich bei uns am Tag bewegt. Unsere Maschinengewehre bleiben dagegen wirkungslos. Das Pakfeuer bringt sie zum Schweigen und zwingt sie zum Stellungswechsel. Ohne Erfolg bitte ich um Artillerie oder Granatwerferunterstützung. So picken sich die Russen Ziel um Ziel heraus.

Ich kann genau beobachten, wo die Geschütze stehen, aber unser Feuer bringt nichts. Besonders eifrig beschießen die Russen den Kamm oben, wo die Stellungen hätten sein sollen. Über die Wirkung des Beschusses kann ich wenig ausmachen, da zwischen den Stellungen große Strecken freien Geländes sind.

Vorfrühling ist es, klar und warm und blau, und in der Luft spielen Mückenschwärme. Manchmal treibt gurgelnd ein Wasserstrudel vorbei. Man möchte sich so treiben lassen im schnellen Gang der Wellen, irgendwohin.

Die drüben aber zeigen, daß nicht Zeit zum Träumen ist. Sie sind hellwach, und unsre schweren Waffen schweigen.

Die untergehende Sonne wirft warmes Licht über den Fluß und die Häuser am Strand, dann fällt der lange Schatten des Hochufers über alles und beschließt den Tag. Um fünf Uhr beginnt die Nacht. Ich versuche Briefe an die Eltern der Gefallenen. Die Kerze flackert. Der Posten meldet: Keine besonderen Vorkommnisse. Um Mitternacht will ich meinen Rundgang machen.

Die Essenholer melden sich gegen acht Uhr und gehen nach oben. Neun Uhr nachts.
Nach einer halben Stunde stürzt Blinn herein: »Der Russe ist durch!« Ich springe auf und greife nach der MP.
»Nein«, sagt er, »oben am Hang. Sie sind uns begegnet, als wir schon auf dem Rückweg waren. Wir haben uns still verhalten und sind schnell in die Stellung gelaufen. Sie müssen im Nachbarabschnitt oder an unsrem rechten Flügel gelandet sein. Die Gruppe Buttler ist aufgerieben. Mehr weiß ich nicht.«
Er stellt die Kochgeschirre ab und wirft die Brote auf den Tisch. Ich eile hinaus. Der Fluß zieht still vorüber wie am Nachmittag. Ich ordne erhöhte Alarmbereitschaft an und melde dem Bataillon. An einen Gegenstoß ist mit meinen schwachen Kräften nicht zu denken. Ludwig löst mich draußen ab. Wir essen schnell eine warme Suppe und machen uns zum Kampf bereit, der jederzeit losbrechen kann. Verwunderlich ist nur, daß wir keinen Schuß gehört haben. Die Posten beteuern es. Den Frauen im Haus hat sich unsre Unruhe mitgeteilt. Ängstlich und auch ein wenig wehmütig sehen sie von der Ofenbank aus uns hilflos zu.
Ich gehe wieder hinaus. Die unheimliche Stille verbirgt viel. Die Laute, die man vom Hang her vernimmt, sind russische. Dann bleibt es ruhig. Ludwig berichtet, daß vom Bataillon gemeldet wird, der Pionierzug treffe in Kürze zum Gegenstoß ein.
Der Pionierzug, denke ich, das ist nicht viel, genügt aber vielleicht, um für eine Nacht die Durchbruchsstelle zu besetzen, wenn die durchgebrochenen Teile hinten abgefangen werden.
Gegen Mitternacht trifft der Pionierzug ein. Der Major ist selbst mitgekommen und befiehlt mir, ebenfalls am Gegenstoß teilzunehmen. In meinem Gefechtsstand besprechen wir kurz die Lage. Die Stärke der durchgebrochenen Teile ist ungewiß.
Ludwig bleibt mit dem Kompanietrupp als Rückensicherung in den vorbereiteten Stellungen.

10.2.44

Der Mond verblaßt schon, als wir losgehen. Der Major, der Leutnant und ich bilden die Spitze. Auf dem Weg bis zum nächsten Haus erhalten wir kein Feuer. Mir Hurra stürmen wir und blei-

ben im Schutz der Hütte liegen, um zu verschnaufen und uns weiter zu orientieren. Das Pakfeuer hat uns bisher keine Verluste gebracht. Ich liege an der vorderen Hausecke und beobachte. Die Männer finden an der Gartenmauer und am Hang Deckung. Vom nächsten Haus, wo die Stellung der Gruppe Buttler war, erhalten wir Feuer aus Maschinenpistolen. Der Pionierleutnant kauert neben mir. Wir wollen ein Maschinengewehr einsetzen und dann die Stellung stürmen.
Da schlägt an der hinteren Hausecke eine Pakgranate ein. Der Major schreit auf. Der Pionierleutnant stürmt mit seinen Leuten nach vorn. Ich springe zu dem Major. Ein Splitter hat ihn am Knie getroffen. Ich ziehe ihn in den Schutz einer niederen Gartenmauer, sehe mich nach Hilfe um. Wir sind allein. Noch einmal überprüfe ich das Haus mit Blicken. Nichts zeigt sich. Allein kann ich den schweren Körper nicht bis zum Gefechtsstand schleppen. Wir brauchen vier Mann des Kompanietrupps, um ihn in einer Zeltbahn abzutransportieren. Ich sage es ihm und springe sofort zurück. Schon wird es dämmrig. Sie können mich vom anderen Ufer ausmachen und nehmen sofort das Feuer auf. Pakgranaten zischen an mir vorbei und bersten in der Steilwand. Wenn ich allein durchkomme, ist es immer noch fraglich, ob die Bergungsgruppe mit dem Verwundeten es schafft.
Atemlos erreiche ich den Gefechtsstand. Ludwig steht vor der Haustüre und erwartet mich. Schon im Laufen höre ich ihn rufen.
»Absetzbefehl!« ruft er noch einmal. »Soeben durchgekommen.«
»Der Major liegt verwundet da vorne. Erst müssen wir ihn bergen.«
»Vier Mann mit Zeltplane nach vorn! An der Gartenmauer hinter dem ersten Haus liegt er mit Beinverletzung!«
Die Melder springen los. Pakfeuer umzischt sie. Mir bleibt nicht einmal Zeit, ihnen nachzusehen. Hedwig, der neue Sanitätsunteroffizier, mit Blinn, Strack und Wernike vor seiner ersten Bewährung. Ludwig hat schon die Züge informiert. Ich schicke ihn nochmals los, um die Männer alle zum Gefechtsstand zu holen. Dann fordere ich beim Bataillon ein Fahrzeug, um den Kommandeur abzutransportieren. Mit meinen Leuten will ich dann das Fahrzeug decken.
Hinter meinem Gefechtsstand kommt der Sandweg steil vom

Hang herab. Oben lasse ich den Zug Pförtner in Stellung gehen, Herold behalte ich unten als Nachhut.
Das Telefon schrillt. Der Adjutant. Ich unterrichte ihn über die Verwundung des Majors, kann aber über die Schwere nichts sagen.
»Das Fahrzeug ist unterwegs«, sagt er. »Wir bauen ab.« Die Leitung ist tot. Einsam stehe ich in dem trostlos unordentlichen Raum. Nichts ist hier mehr an seinem Platz. Nebenan sitzen die drei Frauen und sehen wortlos herüber. Auf der Ofenbank eng aneinandergeschmiegt, hocken Angst und Trauer zwischen ihnen.
Ich greife nach den wichtigsten Dingen, trenne die Leitung vom Feldfernsprecher ab und hänge den braunen Bakelitkasten über die Schulter.
Unruhe treibt mich hinaus. Mit aller Kraft schieben sich die Männer mit dem verwundeten Kommandeur durch das Pakfeuer heran. Einige Minuten später meldet Pförtner, daß sich sein Zug gelöst hat und die Sicherung des Wegs am oberen Hang übernimmt. Herold trifft ebenfalls ein und geht beim Gefechtsstand in Stellung. Unsre Augen hängen voll Sorge an den Männern des Bergungstrupps. Da jagt ein Fahrzeug den Sandweg herunter auf uns zu. Eine Staubwolke steigt hoch. Die Düne vor dem Gefechtsstand verbirgt uns und gibt Feuerschutz. Noch einmal denke ich, oben am Hang wäre ich hilflos preisgegeben. Wir wenden das Fahrzeug. Ludwig und ich gehen den Männern entgegen, heben den Verwundeten auf das Fahrzeug, der Fahrer schwingt die Peitsche und jagt den Hang hoch, doch bald fallen die Pferde in Schritt. Noch einmal ballern alle Maschinengewehre ungezielt ins Buschwerk des Dnjepr-Eilands, wo die Pakgeschütze in Munition schwimmen müssen. Sie halten jetzt auf unsre Düne. Das gibt dem verwundeten Major Entlastung und einen Vorsprung. Als das Fahrzeug am oberen Rand des Steilhangs verschwindet, folgen wir.
Oben schaue ich noch einmal mit dem Glas nach der Stellung Buttler. Sie ist einwandfrei von Russen besetzt. Auch der Pionierzug ist nicht zu sehen.
Das Fahrzeug mit dem verwundeten Major ist stehengeblieben. Zu schwer mahlt der Sand in den Speichen. Ich suche mit dem

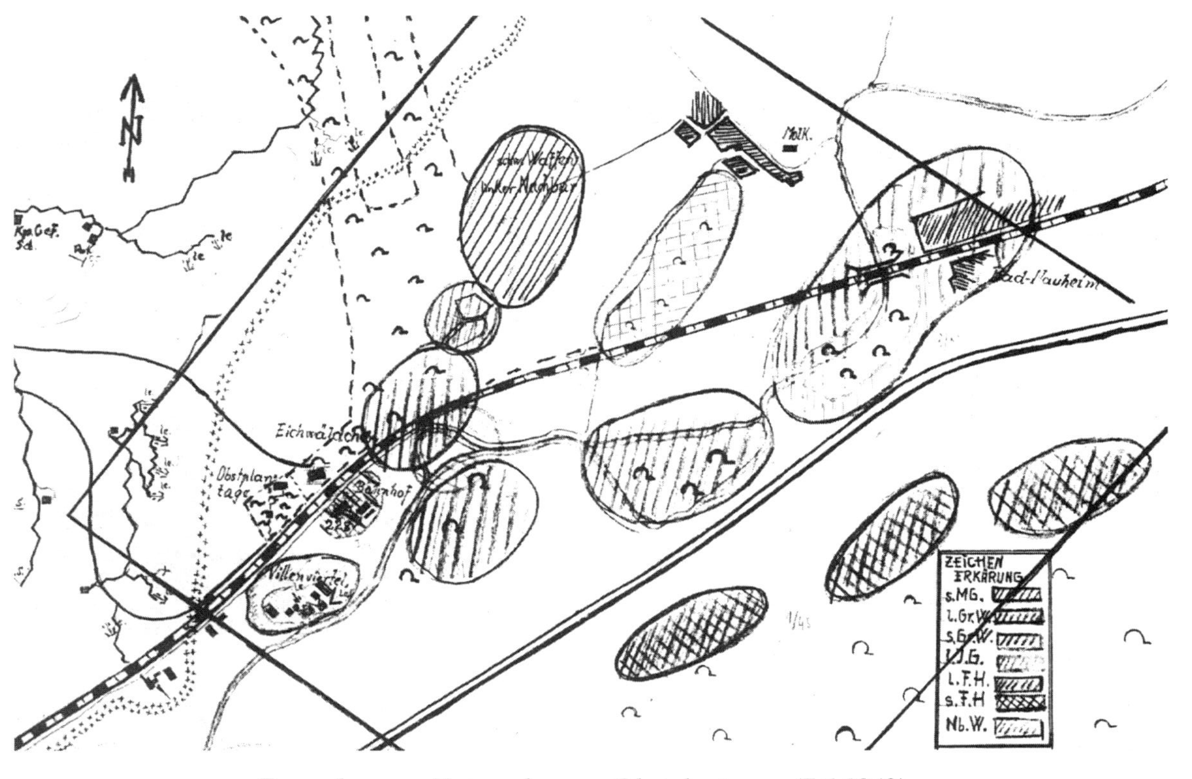

Feuerplan zu »Unternehmung Obstplantage« (7.6.1943)

Meeresbucht bei Taganarch (9.9.1943)

Tempel über Kertsch (14.9.1943)

Kurgane in der Ukraine (20.12.1943)

Szapetnaja mit Bug (24.3.1944)

Hof bei Slobozia (9.7.1944)

Letzte Stellung des Regiments am Dnjestr (Blick auf die Dnjestrniederungen) (11.8.1944)

Porträtskizze (10.4.1943)

Glas die Fläche des Hochufers ab. Weder Freund noch Feind ist auszumachen. Wir bilden mit dem verwundeten Major die Nachhut.
Und immer, wenn das Fahrzeug an Boden gewinnt, setzen auch wir uns ab.
Der Russe ist mit dem Ausbau des Brückenkopfes beschäftigt und folgt uns nicht. Der Himmel ist klar. Schlachtflieger werden bald über die Buschreihen und Häuser huschen.
Langsam bessert sich der Weg, und das Fahrzeug gewinnt Vorsprung. Wir verlieren es bald aus den Augen. Breitenbach hat den Befehl gebracht, daß ich mich in Anastasijewka einigeln soll. Anastasia. Ist das nicht der Name der umstrittenen Zarentochter?

11.2.44

Der Vollmond ist unser Freund. Früh verrät er uns die Vorbereitung zum nächtlichen Angriff auf unser Dorf. Wir schlagen die Russen ohne Verluste zurück.
Der Widerstandswille der Kompanie ist ungebrochen. Am Nachmittag ziehen wir uns in die Schluchten bei Sclotaja Balka zurück und bauen uns dort Stellungen aus. Das Gelände ist wild zerklüftet, Buschwerk erschwert die Sicht, gewährt aber ein wenig Schutz vor dem eiskalten Ostwind. Bis zum Abend haben wir behelfsmäßig einen kleinen Bunker gebaut. Der Stellungsgang wird schwierig. Die Zwischenräume von Stellung zu Stellung sind wie immer sehr groß. Bizarr gewachsenes Gehölz und unregelmäßig zerschnittenes Gelände, in dem die Schattenspiele des Mondes geistern, geben der Landschaft etwas Romantisches.

12.2.44

Am frühen Morgen greift der Russe an. Trotz des schwierigen Geländes können wir ihn ohne eigene Verluste zurückschlagen. Das Gefecht zieht sich hin. Unterstützung schwerer Waffen gibt es nicht mehr. Dafür ist der Verbrauch von Handgranaten groß. Als ich gegen Mittag zum Gefechtsstand zurückkomme, treffe ich auf einen abgehetzten Bataillonsmelder.

»Befehl vom Bataillon!« stammelt er atemlos. »Absetzen um 12.00 Uhr!«
»Es ist schon zehn Minuten nach zwölf«, stelle ich fest.
»Ich hatte den weitesten Weg. Ich habe es nicht mehr geschafft.«
Er tut mir leid.
»Ist gut!« sage ich beruhigend. Erleichtert verschwindet er rückwärts im Gestrüpp.
Ludwig schickt schon die Zugmelder los.
»Meldung über vollzogene Absetzung hier im Gefechtsstand!« rufe ich ihnen nach. Ruhe behalten, sage ich mir, keine kopflose Flucht. Und zu Ludwig gewandt: »Wir gehen als letzte.«
Schreckliche Minuten des Wartens. Nach einer Viertelstunde meldet Herold, daß sich der Zug planmäßig abgesetzt hat.
»Allgemeine Richtung«, kann ich ihm sagen: »Westen. Ziel unbekannt.«
Irgendwo werden wir irgendwann irgendwie wieder Anschluß finden.
»Im offenen Gelände die Gruppen weit auseinanderziehen!« rufe ich ihm noch nach. Er hebt die Hand, daß er verstanden hat, und schaut nicht mehr zurück.
Kurz darauf kommt auch Pförtner. Ich setze mich mit dem Kompanietrupp ans Ende.
Bald folgt aber tischebenes Gelände, offen und versumpft. Da wir als letzte Einheit zurückgehen, sind wir von den Flanken her russischem Feuer ausgesetzt. In einigem Abstand sind die Verfolger schon auf gleicher Höhe. Ich lasse Ludwig rechts dem Zug Herold folgen und setze mich selbst hinter den Zug Pförtner.
Das Gelände ist erbarmungslos offen. Es gibt kein Halten, kein Deckungnehmen im aufgeweichten Schlickboden, nur weiter! Wortloser Kampf mit dem Morast, eiserner Wille, irgendwo anzukommen. Der schwere Boden verzehrt unsre Kräfte. Von beiden Seiten erhalten wir Maschinengewehrfeuer. Dann schießt sich aus dem Buschrand hinter uns Pak ein. Aufspritzt der schwarze Schlick. Die Granaten versacken aber wirkungslos im Schlamm.
Da erhält Strack einen Gewehrschuß ins Knie und bleibt stehen. Schnell hole ich ihn ein, lasse allen Ballast abwerfen. Zum Verbinden ist hier nicht der Platz. Weiter, weiter! Das Gewehr dient als Stab, mit der linken Hand packt er meine Schulter, ich lege

meinen rechten Arm um seine Hüfte. Ich weiß, wir bilden ein lohnendes Ziel, aber weiter, weiter! Zurückbleiben heißt sterben, heißt erschlagen werden wie ein Tier. Das Zischen und Pfeifen der Geschosse steigert sich, aber sie können nur aus der Hüfte schießen, und die Pakgeschütze müssen schon am Ende ihrer Reichweite sein. Die Einschläge bleiben hinter uns.
Da zeichnet sich am Horizont eine Heckenreihe ab. Ein Ackerrain läuft durchs Gelände. Ein Ziel wird sichtbar.
Bald tauchen die ersten unsrer Männer dort ein, und bald schützt uns ihr Feuer vor den anrückenden Verfolgern, die uns in dreihundert Metern Abstand auf den Fersen sind. Sie bleiben zurück, ja werden in den Schlamm heruntergezwungen. Erschöpft und beglückt erreiche ich mit dem Verwundeten die Zwischenstellung.
Hedwig verbindet ihn, und Wernike geht mit ihm weiter. Ich gehe zum Zug Herold, um nach Ludwig zu sehen. Aber niemand weiß, wo er abgeblieben ist. Der Ruf: »Feldwebel Ludwig zum Chef!« bleibt ohne Echo. Ich suche mit dem Glas das Gelände ab. Nichts. Ich hatte mich noch durch Zuruf mit ihm verständigt, dann hat der Verwundete mich ganz in Anspruch genommen.
Ich suche fieberhaft. Irgendeine Spur müßte doch sichtbar sein in diesem ebenen Sumpfgelände. Ich verstehe die Welt nicht mehr. Ein Suchen ist angesichts der Verfolger unmöglich, zumal sich nirgends eine Spur erkennen läßt, kein dunkler Fleck, kein Hilferuf. Nichts. Wir können nur wenige Minuten halten, um Wernike und Strack eine Chance des Vorsprungs zu geben, dann müssen wir weiter, bis irgendwann einer sagt, wo wir bleiben sollen. Ich schaudere vor dem Gedanken, ohne Ludwig weiterzugehen. Was soll ich seiner Frau und den Kindern schreiben? Ist vermißt nicht noch grausamer als tot? Ich habe ihn verloren, einfach verloren. Nein, mehrfach verloren! Er war mir wie ein Bruder.
Da dröhnt Motorengeräusch von Süden. Schlächter! Kein Zweifel, wir sind das Ziel, das sie suchen. Die Heckenreihe, an der wir Atem schöpfen wollen, ist ihre Leitlinie. Ein verwegener Gedanke meldet sich zugleich.
Ich gebe der Kompanie Befehl, kehrtzumachen und nach hinten in die Luft zu feuern. Ich stecke hastig eine grüne Leuchtpatrone in die Pistole und drücke ab.
Schon sind sie heran. Das Leuchtzeichen hat sich zur Erde ge-

senkt und verpufft im feuchten Grund. Man fühlt die Räder der Flugzeuge über Kopf und Rücken rollen, gewärtig, jeden Augenblick von der Bordkanone oder einer Bombe zerfetzt zu werden. Aber nichts geschieht. Sie ziehen hoch und drehen ab.
Noch einmal machen wir kehrt und jagen dem Iwan eine Breitseite hinüber, dann stehen wir auf und gewinnen, durch das kahle Astwerk spärlich gedeckt, die nächste Ebene. Und niemand folgt.

13.2.44

Tage des Mangels. Es mangelt an Schlaf, Munition. Die Verpflegung läßt nach. Unsre Kleidung starrt von Schmutz und ist durchgescheuert. Russische Flieger jagen uns ungefährdet. Unbrauchbar geworden sind die Klappspaten, so daß wir uns mit Seitengewehr und Eßlöffel Mulden aus der Erde kratzen, um eine Stellung zu haben.
Auch meine Stimme ist weg. Das Seltsame ist, daß ich weder Fieber noch Halsschmerzen spüre. Post bleibt aus.
Wir sind ein verlorener, verlassener, vergessener Haufen. Es ist schwer, bei soviel Hilflosigkeit an den Sieg zu glauben. Aber noch viel schwerer ist es, sich vorzustellen, was nach einem verlorenen Krieg sein wird. Hinter uns folgt die Rache und hat ein unmenschliches Gesicht. Leute vom Zug Herold haben beobachtet, wie Russen einem Verwundeten einer Nachbareinheit mit dem Gewehrkolben den Schädel eingeschlagen haben. Das stärkt den Mut des Widerstandes.
An einer Rollbahn sind wir in Stellung gegangen. Rollbahn sagt nichts über die Qualität einer Straße, ist schwarzer Morast, aus dem von Zeit zu Zeit Überreste eines Fahrzeugs ragen, meist bis zur Unkenntlichkeit verstümmelt, abgewrackt.
Der Schlamm ist Herrscher über beide Heere, das schafft uns Atempausen.

14.2.44

Der Winter kommt zurück. In der Nacht hat es geregnet, gegen Morgen setzt der Frost ein. Die flachen Gruben, die wir gestern als Deckungslöcher geschürft haben, vertiefen wir jetzt mit dem

Seitengewehr, indem wir Karos ausstecken und absprengen. Die Rollbahn bei Pokrowka gleicht einer Mondlandschaft.
Granaten lassen schwarze Trichter im gefrierenden Morast zurück. Niemand legt sich hin. In geziemendem Abstand stehen drüben die Russen. Die Fronten sind eingefroren. Wir schießen nicht, weil Munition knapp ist. Sie werden's drüben aus demselben Grunde nicht tun. Vielleicht ist es sogar ein Hauch Humanität, der uns beide wie zu einem unausgeschriebenen Waffenstillstand bewegt. Oder auch zweckbedingtes Übereinkommen, da man sich selbst nicht in den gefrierenden Schlamm legen will. Die große Gefahr ist, daß man apathisch wird, abgestumpft im Nichts der grauen Tage, daß einer die Augen so lange offenhält, bis sie sich nicht mehr von alleine schließen. Schlaf ist Raub, den man irgendwo begeht, indem man sich schnell für Minuten anlehnt an irgend etwas oder an irgend jemand. Wer sich mit durchnäßten Kleidern auf die Erde legt, holt sich den Tod. Scharf weht der Wind. Steppenwind, der den Dnjepr übersprungen hat.

15.2.44

Etwas ist anders geworden im gnadenlosen Rhythmus des Wartens. Es hat geschneit. Wir wenden unsre Anoraks oder Feldblusen wieder um, daß die ehemals weiße Seite wieder nach außen kommt. Die gefrorene Regenschicht, die jetzt nach innen kühlt, schneidet noch stundenlang in Rücken und Leib.
Es wird schwer, ein aufmunterndes Wort an die Männer zu sagen. Nur Sachbezogenes zählt. Nüchternheit des Überlebenwollens. Und doch läßt sich nicht vermeiden, daß unsre Gedanken mit dem Wind westwärts wandern, weit, weit nach Westen. Das ist legitim.

16.2.44

Wir haben Schanzgerät bekommen und fangen an, Bunker zu bauen. Der wievielte es ist in diesem Krieg? Wer fragt danach! Wenn er nur für eine oder zwei Nächte Schutz bietet, hat er sich gelohnt. Weit sind die Träume vom Spätherbst vor Selenaja. Und die Männer?

Die Kälte verschärft sich schnell. In den offenen Panzerdeckungslöchern brennen wir am Tag offene Feuer und wärmen uns daran. Einzige Freude in dieser Trostlosigkeit sind die Frontkämpferpäckchen, die uns statt der ausbleibenden Post zugeteilt werden. Die Hände, die die Schokolade zum Mund führen, riechen nach Erde und Rauch. Wie schwarz sie sind, sieht man bei Nacht nicht. Aber die auf der Zunge zergehende Schokolade durchrieselt uns wie ein Gruß aus einer anderen Welt. Die Bartstoppeln sind zentimeterlang. Das bißchen Kaffee ist zum Rasieren zu schade. Wir werden es mit Schnee versuchen. Aber das hat Zeit.
Der Hauptfeldwebel in seiner exakten Kleidung sticht gegen uns gewaltig ab. Ich muß lächeln, wenn ich mir vorstelle, wie das in einer Kaserne ablaufen würde. Aber hier muß er Nachsicht üben. Vielleicht leidet er an unserem Aussehen mehr als wir selber.

17.2.44

Und wieder fällt die schaurige Wucht des russischen Winters über uns. Sturm pfeift über unsere Stellungen und die Rollbahn hinter uns. An einem übriggebliebenen Telefonmast hängen Reste von Drähten, die der Wind immer wieder mit scharfem Knall gegen das Holz peitscht. Manchmal ist ein Sirren und Summen in ihm, als schwirrten längst verklungene Stimmen, die ihn auf ihrem Weg in die Weite streiften, zu ihm zurück und umkreisten ihn in magischer Verbannung.
Er muß fallen, denn er dient Zielansprachen beim Feuer der schweren Waffen, außerdem brauchen wir ihn beim Bunkerbau. Was übrigbleibt, wird Brennholz. Alle seine Nachbarn sind diesen Weg gegangen.
Am Abend sitzen wir am Feuer, das wir in der Bunkergrube entzündet haben. Morgen soll Deckenmaterial kommen.
Hedwig ist zur Sanitätseinheit zurückversetzt worden. Feldwebel Menzel ist zur Frontbewährung als künftiger Truppenarzt an seine Stelle getreten. Ich lasse ihn von seinem Studium und von zu Hause erzählen. Er hat es am nötigsten, die Trostlosigkeit des Augenblicks zu überspielen. Doch der Fabrikantensohn fügt sich glänzend ein bei uns, die wir Räubern ähnlicher sehen als Soldaten. Die Gesichter, die das Feuer spärlich beleuchtet, sind unra-

siert und ein wenig verkrustet, aber die Augen sind dankbar auf ihn gerichtet. Einer erzählt von daheim.
Da meine Stimme aussetzt, habe ich mir das Sprechen abgewöhnt. Händedruck und Auf-die-Schulter-Klopfen ersetzen das Gespräch. Es ist bewundernswert, mit welchem Gleichmut die Männer ihr Schicksal meistern. Was werden diese Tiefs im Leben aus ihnen machen?

18.2.44

Gegen Morgen werden wir überraschend vom IR 36 abgelöst. Fast ist es schon Tag. Aber der Wind bleibt unversöhnlich kalt. Der eiskalte Regen peitscht durch ihn hindurch und gefriert sofort, wo er aufschlägt. Eis umgibt unsre Stahlhelme wie ein Lichtkranz. Zeltplanen und Kleider klirren wie Metall.
Eine weitere Gruppe von Ablösenden begegnet uns schon bei Helligkeit mitten im Feld. Kaum ein Wort, das hinüber- oder herüberfliegt. Ein stummes Nicken bekundet schicksalhafte Verbundenheit.
Da hören wir, vom Wind zerrissen, das Bellen eines Hundes. »Sawake!« sagt einer und sagt es freudig, denn wo ein Hund bellt, muß ein Haus sein.
Mühsam erklettern wir bei dem glatten Boden eine Geländewelle. Schweiß und Regennässe vermischen sich auf der Haut und ergeben eine säuerlich-stumpfe Ausdünstung.
Da hebt Blinn jubelnd die Hand. »Ein Dorf!« ruft er.
»Pokrowka«, flüstere ich. Aber die meisten haben uns nicht verstanden. Erst als alle auf der Höhe des Kammes sind, begreifen sie. Wenn einer ausrutscht oder fällt, machen sie ihre trockenen Späße. Das hat der Anblick des armen Dorfes Pokrowka bewirkt. Jedes Haus ist magisches Ziel für den, der durch die Heimatlosigkeit treibt. Schwacher Schein aus dürftiger Behausung kommt zu uns wie Trost von Sternen, nur näher, greifbarer, glaubhafter. Jede Hütte ist Hort der Hoffnung.
Der Melder des Bataillons weist uns eine Hütte zu. Ein Haus für eine Kompanie, das sind fünfzig Männer. Aber sie fragen nicht, sie schimpfen nicht, sie drücken sich wie selbstverständlich zusammen, schnallen ab und schlafen schon im Niedersinken ein.

Der Hauptfeldwebel fragt nach der Ausgabe von Verpflegung, heißem Tee, Marketenderware. Ich winke ab. Später. Stahlhelm und Brotbeutel als Kopfkissen, sind sie eingeschlafen und liegen Mann bei Mann.
Allmählich begreift der Hauptfeldwebel, daß auch ich nur schlafen will. Enttäuscht zieht er sich zurück.
Die nassen Kleider dünsten im geheizten Raum. Ich öffne noch einmal die Tür, um frische Luft hereinzulassen. Dann sinke auch ich auf dem schmalen Streifen zwischen Menzel und Blinn in traumlosen Schlaf.
Draußen regnet es und friert weiter. Im Wind klirren die Äste der Bäume und Sträucher wie silbernes Glockenspiel. Gräser und Buschwerk starren in Eis. Von drinnen eine Märchenwelt. Aber draußen! Als wir um 13.00 Uhr zur Feldküche gehen, hat es geschneit. Das Eis unter dem Schnee macht das Gehen zum Gleiten. Wer nicht hinaus muß, bleibt im Haus. Essenholen wird zum Problem, aber alle schaffen es. Tee mit Rum und Marketenderwaren machen den Tag zum Fest.
Scherze bleiben nicht aus, wo junges Volk zusammensitzt.
»Mensch!« sagt Junge, der unverwüstliche Berliner, »es muß schlimm mit uns stehen. Die Zahlmester haben nich jenuch Sprengstoff, um det Zeug beim Absetzen in die Luft zu jagen. Da schicken sie's nach vorn für die Landser. Det will schon wat heßen!«
Alle lachen.
Aber doch ist Munition nach vorn gekommen. Jeder füllt nach. Die MG-Schützen gurten die Kästen wieder voll.
Junge wiegt sein Koppel mit den schweren Patronentaschen in der Hand und kommt zu dem Schluß: »Eenen Vorteil hat der Mangel schon: Er trägt sich leichter.«
Der Abend gehört den Liedern. Es tut weh, nicht mitsingen zu können.

19.2.44

Ersatz trifft ein. Fünf Mann pro Kompanie. Unter den jetzigen Bedingungen eine Gruppe. Wildenauer ist dabei, den ich vom Kubanbrückenkopf her kenne. Er wird die Stelle Stracks über-

nehmen. Dann bekommt jeder Zug noch zwei Mann. Es wird noch enger im Haus.
Die Dorfstraße von Pokrowka ist breit wie alle Dorfstraßen in Rußland. Der Schnee hat sie verweht. Als ich zum Troß gehe, verschwinden Menschen, Tiere und Fahrzeuge nach wenigen Metern im weißen Treiben, das über Straße und Häuser tanzt. Es ist zehn Grad unter Null, und der Wind schneidet scharf ins Gesicht, daß man den Ohrenschützer hochzieht, um Erfrierungen vorzubeugen.
Der Tag gehört der Ruhe. Zwar ist die Enge hinderlich, doch finden sich immer Wege, in einer Ecke zu schreiben oder zu lesen oder Skat zu spielen.
Als dann am Nachmittag doch Post eintrifft, ist die Freude bei vielen vollkommen. Wieviel Erde braucht der Mensch? Tolstoi hat die Frage gestellt. Wir haben noch weniger als der Bauer Pachom in seinem Grab, aber wir sind es zufrieden. So täglich am Rande des Seins ändern sich die Maße.

20.2.44

Tage wie im Paradies. Polarer Kälteeinbruch ist von drinnen gesehen ein herrliches Spiel. Doch wir leben in der Gewißheit, daß das Schöne nur ein Geschenk für Stunden ist, Urlaub auf Abruf.
Das Essen nimmt noch seinen Lauf, dann schrillt das Telefon. Alarm. Abmarsch sofort. Wir werden in eine Stellung bei der Rollbahn eingewiesen, die gar keine Stellung ist. Abgesetzt, irgendwo im unendlichen Raum. Nachbarn sollen dort irgendwo im Dunst zu finden sein. Kein Bunker, kein Panzerdeckungsloch. Aber ein riesiger Strohhaufen bildet die Mitte. Dort buddeln wir uns Löcher, in die wir schlüpfen können gegen Beschuß und Kälte. Alles, was die Männer vorne ausheben, wird vom Schnee wieder zugeweht. Dennoch lasse ich die Schanzarbeiten forcieren, gehe von Stellung zu Stellung, obwohl heller Tag ist. Ausruhen bedeutet Erfrieren, bedeutet Tod. Turnusmäßig schicke ich die Gruppen zum Strohhaufen, um sich für eine Stunde aufzuwärmen. Es ist zum Verzweifeln. Manche haben keine Wolldecke mehr. Andere haben keine Handschuhe. Manchen fehlt beides.

Ich habe meine Decke nach vorn gegeben und kauere frierend im Stroh. Wie ein verirrter Wandrer kreise ich durch die Stellung, um die Männer wach zu halten und ihnen zu zeigen, daß ich die Schlaflosigkeit der Nacht mit ihnen teile.
Als der Morgen dämmert, erkennt man in etwa dreihundert Metern die Schatten russischer Soldaten, die ebenfalls im Gelände stehen. In der Nacht sind sie näher gerückt, darum schießt unsre Artillerie einen Feuerüberfall. Daraufhin fluten sie zurück. Später werden sie von einem Politruk wie eine Herde wieder nach vorn getrieben. Wie eine Schneewolke ziehen sie über die Fläche, triften als Menschenpulk auf uns zu. Vermummte Gestalten, ragende Gewehrläufe. Die Zahl ist nicht auszumachen, vielleicht hundert, vielleicht mehr. Später melde ich achtzig. Nach Angriff sieht es nicht aus. Keiner schießt. Auch wir haben das Feuer eingestellt. Ein seltsames Manöver. Ein Aserbeidschaner hat uns am Morgen gesagt, sie wollten alle überlaufen wie er, aber die Kommissare verhinderten es.
Jetzt sind sie vor der Gruppe Schulken, ohne daß etwas geschehen wäre. Die Männer ziehen sich zur Gruppe Barth zurück. Als sich die Russen am zurückgelassenen Gepäck zu schaffen machen, lasse ich Warnschüsse abgeben und, als das nichts nützt, gezieltes Feuer. Wie sie gekommen, fluten sie zurück, eine Wolke, vom Wind verweht. Einen Toten lassen sie zurück, und einem Russen können wir den Weg abschneiden. Wir bringen so viel aus ihm heraus, daß die Russen seit drei Tagen kein warmes Essen mehr bekommen haben. Als Verpflegung hält uns der Mann, ebenfalls aus dem warmen Aserbeidschan, einen Maiskolben hin. Die Feldflasche ist leer. Wir geben ihm ein Stück Brot. Erschütternd sind die Hände, die es entgegennehmen. Handschuhe hat auch er nicht, und die Spitzen seiner Finger sind schwarz bis ans mittlere Glied. Was wir für Schmutz gehalten haben, sind Erfrierungen.
Der Sturm steigert sich. Die Sicht reicht kaum fünfzig Meter. Wie kalt es ist, können wir nur ahnen: Vielleicht zwanzig Grad, vielleicht auch dreißig. Jeder Posten muß bei halbstündiger Ablösung freigeschaufelt werden, aber der Wind gibt kein Pardon. Meine Stimme müßte behandelt werden, aber ich kann die Männer jetzt nicht verlassen, zumal ich keine Schmerzen verspüre.

Obwohl es sinnlos scheinen mag, dränge ich darauf, die Stellungen auszubauen. Der Mensch braucht ein greifbar nahes Ziel in solchen Situationen und Bewegung.

22.2.44

Unser größter Feind ist die Apathie. Manche stehen teilnahmslos im Gelände. Man muß sie wachrütteln und zur Arbeit ermuntern, fast antreiben, sonst erfrieren sie.
Am Abend macht Unteroffizier Barth einen Spähtrupp und bringt zwei Gefangene mit. Essenholer, die er auf dem Weg zu ihrer Stellung abgefangen hat. Treu und brav halten sie in jeder Hand drei Kochgeschirre, und unsre Höhle im Stroh riecht bald nach »Woscht«, der russischen Kohlsuppe. Als wir ihnen andeuten, sie dürften alles essen, sehen sie sich und uns zunächst ungläubig an, lassen sich dann aber dankbar lächelnd nieder und leeren jeder zwei Gefäße. Barth, der seit vier Wochen Unteroffizier ist, erhält eine Anerkennung des Regiments.

23.2.44

Am Morgen werden wir abgelöst und ziehen in langer Reihe nach Pokrowka. Alle Häuser sind jetzt überfüllt. Niemand hat Quartier für uns bereit. Wir verteilen uns und drängen uns zwischen die andern. Ich schicke Menzel durch die Häuser, daß er Hände und Füße inspiziert. Schlaf tut not.
Mitten in der Nacht kommt Befehl vom Bataillon, ich solle zur Übernahme einer neuen Stellung bei Michailowka als Erkunder und Einweiser abreiten. Der Punkt 2,5 westlich Michailowka ist als Mitte des Bataillonsabschnittes gedacht. Alle drei Kompanien gehen zum Einsatz.
Der Schneesturm hat aufgehört. Sanft stäubt der Schnee unter den Pferdehufen. Die Unteroffiziere der Kompanien, die ich einweisen soll, sind ebenfalls beritten.
In einer Hütte Michailowkas zeige ich ihnen den angewiesenen Abschnitt auf der Karte, dann reiten wir die künftige Stellung ab. Ich entscheide mich für die Mitte, weil ich von dort die Senke be-

herrschen kann, die vor uns liegt. Hier ist auch der Angriff zu erwarten. Dann schicken wir die Pferde zurück. Mit Herold zusammen kennzeichne ich die Zug- und Gruppenabschnitte.

24.2.44

Im Morgengrauen erscheinen die Kompanien. Die Höhen sind blankgefegt. Sofort beginnen die Schanzarbeiten. Jeder Mann ein Panzerdeckungsloch, mehr ist nicht zu schaffen.
Morgen fangen wir vielleicht Bunker an, und übermorgen geht es zurück. Erbarmungsloser Rhythmus des Absetzens.
Über Tag bleibt es ruhig. Bei Nacht fühlen Stoßtrupps vor. Wir schlagen sie zurück.

25.2.44

Die Sonne wärmt gegen Mittag wohlig den Rücken. Dann greifen zweihundert Mann unsre Stellungen an. Noch bevor der erste aus der Senke hochkommen könnte, haben die Maschinengewehre das Ihrige getan. Die Masse flutet über die Höhe zurück. Tote und Verwundete bleiben zwischen den Linien.
Nach einer Stunde versuchen sie es wieder. Diesmal auf breiter Front. Auch rechts und links von uns gellen die heiseren ›Urrä‹-Rufe. Der Zug Herolds schlägt den Angriff im Schwerpunkt eisern ab. Wieder bricht die Welle zusammen und flutet zurück. Pak- und Granatwerferfeuer bringt Verwundete. Bei Tag können die Männer die Stellung nicht verlassen, also heißt es warten bis zur Dunkelheit.
Besorgt beobachte ich, wie der russische Angriff rechts und links von mir Erfolg hat. Rechts hänge ich in der Luft, links biegt der Abschnitt jäh nach hinten aus. Wieder brechen sie über die Höhe gegen meine Stellung. Wieder sind der Hang und auch die Mulde mit Toten und Verwundeten übersät, und wieder rettet sich der Rest über den Kamm nach hinten.
Ich orientiere mich nach den Seiten hin und fürchte eingeschlossen zu werden. Doch kommt die Front offenbar zum Stehen, da die Reserven der Russen erschöpft sind. Die Männer sind voller Zuversicht.

Als ich zurückkomme, verlassen Menzel und Blinn ihre Deckungslöcher. Der Russe macht eine Feuerpause. Im Schutz eines Ackerrains besprechen wir die Lage. Schon steht die Sonne tief im Westen. Da faucht eine Granate an meinem Kopf vorbei, daß ich den Windhauch verspüre, und krepiert mitten zwischen uns. Ich werde nach vorn geschleudert und schlage hart auf das gefrorene Erdreich.

Für Sekunden muß mein Bewußtsein ausgesetzt haben, denn als ich wieder zu mir komme und mich aufsetze, sehe ich Blinn in einigem Abstand, der nach hinten läuft und sich den Kopf hält. Menzel liegt zwei Meter neben mir auf dem Rücken. Seine hellen Augen sehen starr in den Himmel.

Ich krieche zu ihm, fühle den Puls, knöpfe Mantel und Feldbluse auf und sehe, daß ein Splitter mitten ins Herz gedrungen ist.

Wernike und Wildenauer kommen herzu. Wir bedecken ihn mit seiner Zeltplane, um ihn am Abend mit den Fahrzeugen zurückzubringen. Wildenauer sieht mich groß und verwundert an.

»Ich habe geglaubt, Sie seien auch tot. Blinn hat es uns zugerufen.« Noch immer benommen, kann ich selbst kaum fassen, daß ich noch lebe. Das Zischen an meinem Kopf will nicht enden.

Aber es bleibt keine Zeit zum Grübeln. Mit ›Urrä‹ brechen die Russen wieder über den Kamm gegen unsere Stellungen vor. Diesmal liegt der Schwerpunkt beim Zug Pförtner. Aber auch die Gruppen Barthel, Barth und Gutwald halten sich bestens. Zwar graben die Russen sich jetzt unter großen Verlusten in der Senke ein, aber sie bleiben doch im Abstand von zweihundert Metern. Da kommt ein Melder vom Bataillon. Schüsse aus der Flanke zwingen ihn öfters in Deckung. Dann ist er heran.

»Absetzen!« keucht er, »bei Einbruch der Dunkelheit: Iltisstellung.«

»Das heißt also gleich?« frage ich zurück. Er nickt, verschnauft eine Weile und will nach hinten. Ich sehe auf die Uhr.

»Sind die andern schon beim Absetzen?« rufe ich ihm nach.

»Ich weiß nicht«, ruft er zurück, »aber ich glaube, die warten auf Sie.«

Dann rennt er um sein Leben, verschwindet im Schatten, den die Abendsonne in die Mulde wirft.

Vor uns und in den Flanken ist es ruhig geworden. In der Däm-

merung könnte das Absetzen nicht verborgen bleiben. Ich sehe auf die Uhr.
»Absetzen in einer halben Stunde!« sage ich zu Wildenauer. »Gehen Sie zu Pförtner, ich gehe zu Herold. Die Verwundeten sind so schnell wie möglich hierherzubringen oder nach hinten in Marsch zu setzen. Zeitvergleich: 17.25 Uhr. Absetzen: 18.00 Uhr.«
Und dann zu Wernike: »Nehmen Sie Menzels Soldbuch und alle persönlichen Dinge aus seinem Gepäck und den Taschen, brechen Sie die Erkennungsmarke ab. Wir können ihn nicht mitnehmen. Wir werden auf dem Rückweg kämpfen müssen.« Er hat verstanden.
Herold hat vier Verwundete, die aber gehen können. Ich warte und nehme die Männer mit zurück zum Gefechtsstand.
Wildenauer hat sich schon zum Abmarsch fertiggemacht und sitzt neben dem Toten. Ohne Fahrzeug schaffen wir den Abtransport nicht. Dann ist es besser, ihm gleich seine Ruhe zu lassen, als ihn unterwegs irgendwo ablegen zu müssen.
Ich sehe mir die Verwundeten an. Mildner Kopfstreifschuß, Strauß Oberarmdurchschuß, Mechtinger Unterarmschuß, Hilbing Splitter in der Schulter.
Die Verbände sind notdürftig angelegt. Der sie verbessern könnte, liegt tot zu unsern Füßen. Wildenauer hat sich die Verbandstasche umgehängt. Auch Wernike bringt drei Verwundete zurück. Ich setze ihn mit den Männern in Marsch.
Wildenauer und ich bleiben allein bei dem Toten zurück. Stumm sehen wir zu ihm hinab, dann gehe ich noch einmal zu meinem Panzerdeckungsloch, taste die Ränder ab, ob etwas vergessen wurde.
Ich muß mir einen Ruck geben: »Wir müssen Menzel hierlassen. Am besten«, sage ich, »legen wir ihn in sein Panzerdeckungsloch.«
»Ins Grab, das er sich selbst geschaufelt hat«, stellt Wildenauer fest.
Wir heben den steifgefrorenen Körper auf eine Zeltplane, wickeln ihn ein und schleppen ihn zu seiner Stellung: Dort lassen wir ihn langsam hinab, werfen Erde nach und stehen salutierend noch einen Augenblick still. Dann gehen wir der ersten Gruppe

entgegen, die sich vorne gelöst hat. Pförtner meldet. Von links kommt auch Herold.
»Äußerste Ruhe«, flüstere ich, »und Kampfbereitschaft.« Wir sind quasi Nachhut, und ich vermute, daß der Russe die Zange schließen will.«
»Menzel ist tot«, flüstere ich Herold zu. »Wir haben ihn in sein Panzerdeckungsloch gelegt, dort ruht er gut.«
Er geht noch die paar Schritte hinüber, ohne stehenzubleiben streift er das Grab. Abschied im Vorübergehn. Dann folgen wir den andern.
Lautlos tasten wir den Pfad, den wir beim Einrücken in die Stellung getreten haben. Keiner spricht, aber alle sind hellwach, bereit, sich zu wehren, sobald es notwendig wird. Aber in der Mulde zieht Dunst auf, verbirgt uns und den Feind und erstickt die Geräusche.
Iltisstellung, geht es mir durch den Kopf. Bei der Besprechung vor zwei Tagen war die Rede davon. Klingt gut! Aber was wird sich hinter dem Wort an Wirklichkeit verbergen? Panzerdeckungslöcher wie hier? Das kann schon viel sein. Vielleicht aber auch nur eine imaginäre Linie auf der Karte.
Nach einer halben Stunde glaube ich, daß wir der Zange entgangen sind, und setze mich wieder an die Spitze. Einweiser gibt es nicht. Da wird jeder Schritt ein Tasten ins Ungewisse. Befehle gibt nur der Marschkompaß, und ich trage Sorge, daß nichts ihn irritiert.
Hunger ist unser Begleiter in der Nacht. Wenige Kilometer vor uns rollen Feldküche und Verpflegungsfahrzeuge nach Westen.
Nach jeder Mulde, deren Dunst uns verbirgt, steigen wir auf zu mondlos schwarzer Nacht. Ein paar Sterne schimmern hinter den dünnen Wolkenschleiern, vereinsamt und nicht als Teil eines Sternbildes erkennbar. Im raschen Zug des Gewölks scheinen sie selbst auf der Flucht, irrend und ohne Ziel – wie wir?
Freund und Feind scheinen gleich weit und unsere schweigsamen Schatten das einzige Leben im frostig-finsteren Raum.
Bevor wir in den Dunst der nächsten Senke eintauchen, hebe ich den Marschkompaß, korrigiere meine Schritte nach rechts, das heißt nach Norden hin und steige abwärts.
Einsamkeit des Nachhutführers. Niemand gibt ihm Zeichen oder

Befehle. Alle Entscheidungen sind einsam und tragen das Zeichen des Endgültigen, kaum korrigierbar und absolut. Wenn er Glück hat, ist nichts zu entscheiden als der rechte Weg. Aber das kann schon viel sein. ›Der Nachhut flicht die Nachwelt keine Kränze.‹ Das war einmal Schiller. Und daß Blinn die ›Mimen‹ durch ›Nachhut‹ ersetzt hat, wer wollte ihm das hier verübeln! Jetzt ist auch er wohl auf dem Weg durch die Nacht im Sanka oder wer weiß wie.
Die Männer lassen sich fallen, wo sie stehengeblieben sind. Ich taste die Karte. Wildenauer zündet ein Streichholz an. Man kann sich bei seinem Schein nur flüchtig orientieren.
»Hier etwa müssen wir sein«, flüstere ich, »und dort etwa müssen wir hin.« Ich schätze noch drei Stunden.
Und dann geht es weiter. Aus dem Dunst in die Neumondnacht, vom Wellenkamm ins Wellental nach Westen.

26.2.44

Mitternacht ist vorbei. Unsre Kräfte gehen zur Neige. Ich frage mich, ob wir noch auf dieser Erde sind, so leblos, so monoton, so unwirklich ist das Land, so lautlos und in sich versunken die Nacht.
Kein Hund bellt, kein Vogel weint.
Da ruft uns eine Stimme aus dem Dunkel an. Wildenauer gibt die Parole. Der Einweiser. Wir sind am Ziel: Iltisstellung.
Panzerdeckungslöcher, mehr als wir besetzen können. Das Essen in den Kanistern ist kalt geworden, aber daneben stehen Öfen.
Wir schleppen die Kanonenöfen in die Panzerdeckungslöcher und wärmen die Suppe auf. Jeder trägt herbei, was er findet: Papier aus dem Brotbeutel, dürres Gras und manchmal auch einen Ast. Dann schlafen wir bis in den Morgen.
Vorm Hellwerden gehe ich die Posten ab. Vom Feind ist nichts zu hören. Erst die Tageshelle läßt drüben Stimmen wach werden, und als der Dunst ganz verzogen ist, sehen wir, wie der Russe sich in etwa zwölfhundert Metern Abstand eingräbt. Außer einzelnen Feuerüberfällen mit Granatwerfern und Maschinengewehren bleibt es ruhig.

27.2.44

Die Sonntagsüberraschung durfte nicht ausbleiben. Als die Sonne noch so tief steht, daß sie uns blendet, greifen hundert Mann meinen Abschnitt an. Umsonst. Die Männer sind hellwach. Zweihundert Meter vor unsrer Stellung bleiben sie liegen. Ihre Verluste sind hoch. Einzeln springen sie in die Ausgangsstellung zurück. Zehn Tote liegen über die Senke verteilt zwischen Ackerschollen und Schneemulden. – Sonntag morgen. Keine Glocke läutet.
Wir haben nur einen Verwundeten. Er kann bei Tag zurückgehen. Vorfrühlingswetter. Das Panzerdeckungsloch ist eine wunderbare Liege.

28.2.44

Tauwetter, Absetzwetter, Wetter für Nachhuten. Aber wir werden ausgespart. Die Nachbarkompanie übernimmt. Sogar ein Gefechtsfahrzeug hat uns erreicht, so daß wir Decken und Gerät verladen können. Wieselstellung! Es klingt wie Selbstironie. Wildenauer spricht's aus: Schnell besetzen und schnell wieder verlassen, flink wie ein Wiesel.
Aber die Pferde machen nicht mehr mit. Der Boden ist zähflüssig, durchgemahlen und wieder erstarrt. Bis an die Nabe versinken die Räder im Schlamm. Die Pferde schaffen es nicht mehr und bleiben stehn. Sie sehen nicht rechts noch links, nicken apathisch mit dem Kopf und rühren sich nicht von der Stelle.
Also sind wir gemeint. Bis zu den Knien stehen wir in eiskaltem Schmelzwasser und zähem Schlamm, greifen in die Speichen, drücken am Wagenkasten, an Runge und Lisse und schieben Wagen und Pferde voran. Für eine Weile legen sich die Pferde wieder ins Geschirr. Dann wieder dasselbe Stehenbleiben, Kopfnicken, Abschalten.

29.2.44

Schmerz sticht mir im Hals und schnürt mir die Kehle zu. War bisher nur die Stimme ausgeblieben, so ist jetzt alles wund. Jeder Schluck, jeder Bissen schmerzt. Die Wieselstellung besteht aus

nassen Löchern. Mein Kopf wird heiß. Fieber schüttelt mich. Ich übergebe die Kompanie an Herold und gehe nach Nowo Kamenka zum kleinen Troß. Als ich mich beim neuen Kommandeur, den ich von Selenaja her kenne, abmelde, lobt er die Männer und bedankt sich für den Einsatz bei Michailowka.
»Wir haben nur das Selbstverständliche getan«, sage ich.
»Ja«, sagt er, »so sieht das wohl von vorne aus. Aber wenn Sie nicht gehalten hätten, wäre der Durchbruch der Russen vollkommen gewesen.«
Die wenigen geflüsterten Worte haben mich angestrengt. Ich hebe die Hand zur Mütze und bitte, mich verabschieden zu dürfen. Er drückt mir fest die Hand und wünscht gute Besserung. »... und schnelle ...!« fügt er noch hinzu.
Ortmann, der den kleinen Troß führt, weist mir eine Schlafstelle in seinem Quartier zu, bringt heißen Tee und den Bataillonsarzt. Hedwig ist wieder zur Kompanie versetzt und verbringt den Tag bei mir.

1.3.44

Die Tabletten haben das Fieber heruntergedrückt, der Schlaf den Körper gestärkt. Am Mittag gehe ich nach vorn. Zögernd ist der Russe gefolgt und hält sich in geziemendem Abstand.

3.3.44

Ich schaffe es nicht mehr. Diphtherieverdacht meint Hedwig. Ich gehe zum Bataillonsarzt.
»Sofort zurück!« ordnet er an.
Post ist gekommen. Brief einer ›Unbekannten‹ an den Leutnant Tolk.
»Ich lag krank zu Bett und zweifelte ...« Dann schreibt sie, daß sie einen Brief erhalten habe mit einem Sonderdruck von drei Gedichten, die Fritz vor zwei Jahren in beschränkter Anzahl gedruckt und unter Freunden verbreitet hatte.

»... Da sah ich auf einmal Ihre Welt vor mir. Sie gab mir neue Kraft. Es dankt Ihnen recht herzlich dafür

eine Ihnen Unbekannte«

Ich hole das leicht zerknitterte Blatt aus der Kartentasche. Eigentlich kenne ich jedes Wort, aber ich will es noch einmal, wieder einmal lesen. Lesen, wie die Unbekannte es las, und den Trost empfinden, den sie darin gefunden hat. Aber vielleicht ist das schon Trost genug, daß jemand sich davon getröstet fühlte. Und ich höre die Stimme der Unbekannten, die meine Worte spricht:

»Dennoch muß das Herze tief und gründig
alle Unrast überdauern ...«

Dann schüttelt mich das Fieber, und ich schlafe ein.

7.3.44

Die Symptome der Krankheit laufen den Diagnosen des Arztes zuwider. Russische Diphtherie, meint er, deren Verlauf und Kennzeichen nicht dem uns bekannten Bild entsprechen.
Absetzen steht bevor. Die Kompanie erwartet mich, zumal Herold seine Einberufung zur Waffenschule erhalten hat. Stötzer ist wiedergekommen und übernimmt Herolds Zug.

9.3.44

Die Trosse werden zurückverlegt. Ich marschiere mit Herold nach Beswodny. Ich schleppe mich vorwärts, um die Pferde zu schonen.
Wieder ein Brief von einem Menschen, den ich nicht kenne. Jensens Mutter antwortet auf die Nachricht vom Tod ihres Sohnes. Es ist die Schrift einer alten Gräfin, wie man sie aus Lehrbüchern der Graphologie kennt: Gleichmäßig, groß, sicher, Ausdruck einer starken Persönlichkeit, wohlgeformt, mit Sinn fürs Ästhetische.
»Ihre Zeilen haben mir die schmerzlichste Kunde gebracht, und doch kann ich nur voll Dankbarkeit an Ihren gütigen Brief denken, aus dem so viel Mitgefühl für mein großes Leid spricht ...«
Ich atme auf. So war der schweren Pflicht doch ein Funke Trost entsprungen, den ich mitgeben wollte.
Und sie fährt fort: »Eine Welt von Glück, Freude und Hoffnung geht mit ihm unter ...«
Dann aber kommen die vielen Fragen, die eine Mutter bewegen

und auf die ich keine Antwort weiß. Ob er das Fernglas erhalten hat, das sie ihm mit viel Mühe besorgt habe, ob er ihren Abschiedsbrief noch in der Brusttasche trug oder sein Notizbuch, ob ein Kamerad am Grabe gesprochen habe und was der Inhalt seiner Rede war. Und nach Ludwig fragt sie, den sie kennt.
Nun muß ich ihr die ganze Wahrheit schreiben: keine letzten Worte, kein Soldatenfriedhof, keine Rede, nicht eigentlich einmal ein Grab. Nur ein stilles Abschiednehmen von ihm und den anderen an einem Kurgan in der russischen Steppe, wo die Leiber sich in der Erde und mit der Erde vermengten. – Volltreffer mit Spätzündung. Es wird kein gütiger Brief mehr sein, und daß er tröstet, glaube ich nicht.
Auch Ludwig kann ihr nicht antworten: vermißt bei Skaschenaja Balka, und Schultes nicht: durch Fliegerbombe verletzt bei Olgowka.
Ich selber liege im Fieber, und die Front geht zurück, weit weg von den Toten.

10.3.44

Die Männer des Dorfes werden evakuiert. Erschütternde Szenen spielen sich vor meinem Fenster ab. Ein Mann wirft sein weinendes Kind hoch, wirbelt es durch die Luft, schaukelt es dann in den Armen und singt ihm ein Wiegenlied.
Auch der Mann aus unserem Haus muß weg. Er baut sich militärisch vor mir auf, macht eine Ehrenbezeigung und drückt mir fest die Hand. Alter Kosakengeist. Hut ab vor diesen Männern! Heftiges Weinen der Frauen, als er geht, doch am Abend ist das Haus wieder voll Lachen. Unergründliche russische Seele.

11.3.44

Vom Fieber geschwächt, mit heißen Wangen und weichen Knien, trete ich den Rückmarsch mit dem Troß an. Winogradowka, Orianda, Ingulez.
Prischib: gutes Quartier, gute Verpflegung. Pro Mann zwei Frontkämpferpäckchen und drei Tafeln Schokolade. Das gab es noch nie. Junge hat recht: Es muß schlimm um uns stehen.

13.3.44

Es ist sonnig und warm draußen. Der Frühling kündigt sich an. Nein, nicht träumen! Gegen Mittag kommt der Oberst mit dem Regimentsarzt, beugt sich zu mir herab, als ich aufstehen will, und sagt:
»Bleiben Sie! – Wir sind eingeschlossen. Heute nacht brechen wir aus. Ich brauche Sie.«
Unsre Stellungen liegen ostwärts des Wissun. Der Feind drängt von der Bahnlinie Beresnegowata mit starken Kräften vor. Der Oberst macht einen großen Bogen mit der Hand von Norden nach Westen.
»Mamtschurija, Jawkino, Krassnyj Staw, Pokrowskyj in unserem Rücken sind bereits in russischer Hand. Vor der Werewtschina-Schlucht sperrt Sumpfgelände den Weg, das westlich von Krassnyj Staw in einen See übergeht. Am Südrand des Sees ist eine Brücke, die einzige weit und breit über den Sumpf. Wir brauchen sie unversehrt für unsre Fahrzeuge und Trosse. Ihr Auftrag: Die Brücke finden, besetzen und halten, bis Verstärkungen Sie ablösen. Feindstärke unbekannt. Zu Ihrer Entlastung führt das erste Bataillon einen Ablenkungsangriff auf Krassnyj Staw. Beginn 24 Uhr. Zur gleichen Zeit müssen Sie die Brücke stürmen. Auf keinen Fall früher. Der Gefechtslärm von Krassnjy Staw ist für Sie das Zeichen zum Angriff.« Er faltet die Karte zusammen, breitet sie dann aber doch noch einmal aus und fährt fort:
»Sie übernehmen Ihre Kompanie um 16 Uhr bei Punkt 2,5, das ist nördlich der Hügelgräber, die sich oberhalb der Prischibschlucht hinziehen.
Ihr Angriffsziel ist von dort genau dreizehn Kilometer entfernt. Marschkompaßzahl 18. Die Nachbardivisionen treten zur gleichen Zeit zum Ausbruch an. Westlich des Sumpfes sind bereits russische Panzer gesichtet worden, machen Sie sich auf Begegnungen gefaßt.
Es gilt das Letzte: Durchbruch oder Sibirien. Ich verlasse mich auf Sie. Und nun, Doktor, tun Sie das Ihre!«
Nach dieser klassischen Wendung geht er zur Tür.
»Es ist doch alles klar? Die ganze Division muß über diese Brücke!«

»Sehr klar, Herr Oberst«, flüstere ich hilflos, fühle das Brennen im Hals und die Mattigkeit in den Gliedern.
Dann kommt der Arzt zu mir herüber, klopft den Rücken ab, fühlt den Puls, hört die Herztöne, schüttelt den Kopf und gibt mir eine Diphtheriespritze, zwei andere hinterdrein zur Kräftigung und gegen das Fieber. Auch für ihn gilt es das Letzte.
»Schlafen Sie noch ein wenig«, meint er, »das gibt Kraft.«
Da wird einem die Verantwortung für die Rettung einer ganzen Division übertragen, und die Reaktion soll ein erquickender Schlaf sein. Ich denke an das Gespräch mit dem Oberst vor der Schlacht bei Krymskaja. Wie sich die Dinge gewandelt haben! Ich erinnere mich auch an das Gespräch mit dem Bahnhofskommandanten in ... der Name ist fort! ...: statt nach Stalingrad in den Kaukasus. Immer diese Alternativen: Durchbruch oder Sibirien.
Ich hole den Brief meiner Mutter aus der Kartentasche. Sie hat Losungsblätter der Brüdergemeinde beigefügt, und ich lese für diesen Tag: »Wenn tausend fallen zu deiner Seite und zehntausend zu deiner Rechten, so wird es doch dich nicht treffen ...«
Das Wort tröstet, aber ich denke an die zehntausend zur Rechten. Wer bin ich, daß ich ihr Schicksal nicht teile?
Dann trinke ich heißen Tee mit Rum und schließe die Augen für eine Stunde. Aber ich sehe mit geschlossenen Lidern: die Grabhügel bei 2,5, das weglose Gelände ohne Orientierungspunkte – eine weiße Fläche auf der Karte –, die Brücke, den Sumpf, und das Fieber brennt in den Gliedern ...
Schließlich stehe ich auf, nehme ein Blatt Briefpapier aus der Kartentasche und schreibe. Ich weiß, wie Mutter Jensen auf ein Wort von mir wartet. Zwar kann der Brief nicht zurück, solange ich die Brücke nicht genommen habe. Aber wer weiß, ob ich ihn je schreiben werde, wenn ich es jetzt nicht tue.
»Sehr verehrte gnädige Frau!« Ich sehe alles wieder vor mir, den Kurgan, den Bunker, die verkohlten Balken, das eingeebnete Grab mit dem Tannenzweig. Nein. Ich habe keine Rede gehalten. Reden halten die andern. Wenn es sein muß und der Schmerz des Todes uns nicht übermannt, nehmen wir auch stumm Abschied von uns selber.
Ich gebe dann Ortmann den Brief. Für alle Fälle.

Schon geht der Nachmittag zur Neige. Ich überprüfe die Marschkompaßzahl, präge mir das Gelände nach der Karte ein, obwohl nichts Einprägsames zu entdecken ist.
Ein letzter Schluck heißen Tees, dann gehe ich hinaus.
Im Ostwind schwimmt eine hohle Stimme: Die russische Propaganda will uns ängstigen. Weinerlich – pathetisch, ermahnend und erinnernd hallt es von der Höhe herüber: Stalingrad – Staalingrad!
Ich muß an unsre Freilichtaufführung des ›Jedermann‹ denken. Dieselbe dumpfe Stimme: Jeee-der-mann! Jee-der-mann! Ruf des Todes.
Und doch gibt es nichts, das unsren Kampfwillen mehr bestärken könnte als dieses Wort Stalingrad.
Mahnend steht das Kreuz der Windmühle gegen den Abendhimmel. Ich folge der tief eingeschnittenen Balka nach Nordwesten, vom Schatten der Schlucht verborgen, von den starren Balken der Mühle überragt. Ich biege in einen Seitenarm ab und sehe, wo er ausläuft, die Grabhügel aus der Ebene ragen. Vierhundert Meter weiter duckt sich das letzte Grab in die Abendsonne. Dort warte ich.
Mit dem Glas suche ich von der leichten Erhebung aus das Land im Westen ab. Solange das späte Licht mir etwas zu sehen erlaubt, will ich mir einprägen, was einprägsam ist. Feuchtes, schwarzes Ackerland soweit das Auge reicht. Kein Baum, kein Haus, kein Strauch. Ein Horizont wie mit dem Lineal gezogen.
Jetzt werden die Männer sich absetzen, in einer halben Stunde können sie hier sein. Jenseits der Balka ruft noch immer die Stimme des Würgers ihr Stalingrad in den Wind.
Das Warten macht die Mattigkeit bewußt.
Dann sehe ich im Osten Stahlhelme. Stötzer kommt mit der Kompanie. Wir treten pünktlich um 16 Uhr den Marsch nach Westen an.
Der Abend ist schwül. Oder ist es das Fieber in meinem Körper? Leichter Dunst steigt aus dem Erdreich.
Je dunkler die Nacht wird, desto unruhiger wird sie. Irrlichtern gleich gehen rundum Leuchtkugeln hoch und erlöschen wieder. Ich brauche kein Zeichen, das mich verrät. Mein Vorteil muß die Überraschung sein.

Schwer klebt das aufgeweichte Ackerland an den Stiefeln. Jeden Augenblick auf feindliches Feuer gefaßt, die Gewehre im Anschlag, tasten wir uns ins Dunkel. Wernike und Wildenauer hinter mir, dann Stötzer. Dahinter in langer Reihe die Gruppen, jederzeit bereit, rechts oder links auszuschwenken und in Stellung zu gehen oder einfach stehenzubleiben und aus der Hüfte zu schießen.
Wortlos stapfen wir dahin. Von Zeit zu Zeit bleibe ich stehen und peile im Dunkel etwas an, das ich nicht sehe. Allgemeine Richtung: 18. Mehr Tasten als Wissen um den Weg. Immer vorwärts, der unbekannten Stelle im Dunkel entgegen, wo die Brücke sein muß. Hier wird die Grenze menschlichen Könnens und Führens offenbar. Gefühl ist alles, Intuition, nicht Führen, sondern Geführtwerden. Was wir uns später als Können zurechnen, ist jenes kleine Quentlein Glück, jener Stern hinter den Wolken, den wir nicht sehen.
Meditation. In vielen der Männer wird Ähnliches vorgehen. Alle verbindet ein Wille: die Brücke. Das ist der einzige Weg in die Freiheit.
Die Marschgeschwindigkeit mag kaum zwei Kilometer in der Stunde betragen. Peinlich genau halte ich nach fünfzig Minuten die Pause ein. Die Anstrengung des Gehens ist ungeheuer. Wir dürfen nicht erschöpft das Ziel erreichen. Mein Fieber hat sich gelegt, aber der Körper ist ausgebrannt und matt.
Mechanisch setze ich Fuß vor Fuß, starre auf den Kompaß, lausche ins Dunkel. ›Zehntausend zu deiner Rechten …‹ Das Wort sitzt fest wie eine Melodie, die man tagelang mit sich herumträgt. Wie lang sind Vorfrühlingsnächte! Schneegänse kreuzen unsern Weg hoch droben im Dunkel. Nordlandfahrer auf dem Weg zur Heimat.
Fuß vor Fuß setzen und glücklich sein, wenn drüben niemand auf uns wartet. Illusion. Wenn so viel an der Brücke hängt, wie der Oberst mir erklärt hat, ist sie natürlich besetzt und wird verteidigt.
Fast sieben Stunden stapfen wir schon im Weglosen. Das Ziel kann nicht mehr fern sein, wenn wir Richtung gehalten haben.
Da taucht eine dunkle Reihe vor mir auf. Die Heckenreihe. Sie ist nicht besetzt.

»Sechs Siebtel des Wegs haben wir«, flüstere ich Wildenauer zu. »In einer Stunde sind wir da.«
Letzte Pause, dann formiere ich die Kompanie zur Schützenkette. Stötzer rechts, Pförtner links, treten wir an. Nichts Auffälliges rührt sich im Westen. Schweigend tasten wir uns voran.
Kurz vor Mitternacht bricht rechts Gefechtslärm los. Nach wenigen Minuten geht ein Strohdach in Flammen auf. Sie erleuchten gewaltig die Nacht und spiegeln sich noch in unseren Gesichtern. Da sehe ich rechts von mir die Brücke. Gestalten laufen unruhig auf ihr hin und her. Ich kann es selbst kaum fassen: Nur knapp zweihundert Meter mögen es sein, die wir zu weit nach links gekommen sind bei einem Marsch von fast acht Stunden.
Im Glas kann ich erkennen, daß die Besatzung sich lediglich nach Norden orientiert, nach den Kämpfen um Krassnyj Staw. Sie zeigen uns den Rücken.
Als wir auf fünfzig Meter heran sind, eröffne ich das Feuer. Dann fällt unser ›Hurra‹ aus der Mitternacht auf die Brücke, den Sumpf, den See. Mit letzter Kraft stürzen wir vorwärts.
Zwanzig, dreißig Schatten huschen im Schein meiner Leuchtkugel hin und her. Unser massives Feuer, aus dem Hüftgelenk abgegeben, fegt die Brücke leer. Als wir sie erreichen, fliehen die Schatten nach Krassnyj Staw im Schilfgras am Seeufer entlang.
Nichts bleibt zurück als die unversehrte Brücke. Kein Feuer schlägt uns entgegen. Ich gehe mit Pförtner zum andern Ende der Brücke. Alles ist unversehrt. In unsern Herzen jubelt die Freiheit.
Das vereinbarte Leuchtzeichen: zwei grün, zwei rot, zwei grün. Stötzer und ich schießen gleichzeitig. Zwei grün. Dann klatschen die leeren Hülsen ins Wasser. Dasselbe in Rot. Und dann wieder grün. Gebannt starren wir in das milchige Dunkel im Osten. Nichts antwortet. Was ist geschehen? Einen Melder kann ich nicht schicken, ein Funkgerät habe ich nicht. Noch einmal! Da schimmert weit hinten im Dunst ein schwacher grüner Punkt, ein roter folgt, dann wieder ein grüner. Sie haben verstanden. Das Zeichen der Freiheit hat das Dunkel durchbrochen. Wir atmen auf.
»Was die dahinten jetzt denken?« fragt Wildenauer. Ich nicke mit dem Kopf. Die Frage bedarf keiner Antwort.

Im Norden brennt immer noch das Haus in Krassnyj Staw, gespenstischer Schein tanzt über der Ebene. Maschinengewehre rattern, einzelne Schüsse dazwischen. Man merkt, daß der Kampflärm mehr nach Westen vorrückt, das heißt für uns erhöhte Wachsamkeit. Die abgedrängten Teile der Russen können nur nach Norden oder Süden den See umgehen. Kampf mit vertauschten Fronten.

14.3.44

Um 3 Uhr morgens erstirbt der Kampflärm. Krassnyj Staw ist genommen. Gleichzeitig treffen der Bataillonsstab und die Kompanien bei der Brücke ein. Ich habe sie inzwischen begutachtet, soweit ich es als Laie verstehe. Sie ist aus massivem Holz, doch sind die Bohlen stark zerfahren, so daß es fraglich ist, ob Panzer oder schwere Geschütze sie passieren können. Für unsre Troßfahrzeuge gibt es keine Probleme.
Ich werde mit meiner Kompanie nach Süden abgedreht, um beiderseits der Schlucht zu sichern. Was als Schlucht ausgewiesen ist, hat nichts Bizarres, keine Steilwände, ist eine versumpfte Geländesenke, die ein Fußgänger ohne Schwierigkeit durchwaten kann.
Im Morgengrauen tauchen am Westrand der Schlucht zwei russische Panzer auf. Hinter dem Grabhügel des Mog Popowa machen sie halt, drehen ab und rollen schließlich auf Pokrowskyj zu nach Süden davon.
Ich suche mit dem Fernglas die Umgebung ab. Das Feld, das noch vor Stunden weglos und menschenleer war, ist jetzt mit Fahrzeugen übersät, die zur Brücke hindrängen.
Ich strecke mich in eine flüchtig ausgehobene Sandkuhle am Rand der Schlucht. Die Morgensonne wärmt allmählich den Rücken. Von Krankheit und Nachtmarsch übermüdet, schlafe ich ein, traumlos in einen sonnigen Morgen.
Um 11 Uhr weckt mich Wernike. Die letzten Fahrzeuge der Division haben die Brücke passiert, was noch folgt – und die Reihe ist endlos –, gehört zu Nachbardivisionen, denen der Durchbruch nicht gelungen ist. Der Befehl zum Weitermarsch liegt vor.
Frühlingshaft warm und klar ist der Tag.

Da bricht Entsetzliches über uns herein. Deutsche Soldatengräber am Rand des Weges sind aufgescharrt. Die Toten liegen verstümmelt und entstellt im Gelände verstreut. Warum bleibt niemand stehen und gräbt sie wieder ein? Keiner von uns käme auf den Gedanken, ein Grab aufzuwühlen. Wo liegt der Sinn solchen Tuns? Wir begreifen nicht, wir verweilen nicht, wir ziehen schweigend weiter. Uns gilt der Einsatzbefehl. Schwacher Trost. Das fade Gefühl bleibt, und der Tod sitzt uns im Nacken.
Vom Meer zieht graues Gewölk auf. Als wir am Nachmittag nach Süden abdrehen, regnet es in Strömen. Es regnet auch noch, als wir am Abend nahe der Bahnlinie nach Nikolajew in Stellung gehen. Ich erhalte den Auftrag, die HKL des Bataillons festzulegen. Schon ist die Nacht undurchdringlich. Mit dem Marschkompaß gehe ich die Linie ab und markiere notdürftig die Grenzen. Dann lasse ich die Einweiser im Dunkel allein.
Entkräftet und durchnäßt, sinken wir in den aufgeweichten Grund. Halbstündlich werden die Wachen abgelöst, weil keiner mehr in der Lage ist, die Augenlider länger aufzuhalten.

15.3.44

Noch in der Nacht setzen wir uns ab. Hinter uns zieht schon die ganze Nacht eine endlose Kolonne von Fahrzeugen der Nachbardivision, die uns gefolgt ist, nach Westen. Bei der Rast auf dem Hof Luxemburg erhalte ich den Befehl, den Zug Stötzer der Nachhut der siebten Kompanie des Nachbarregiments IR 36 zu unterstellen. Mir verbleiben noch dreizehn Männer als Kompanie.
Es regnet wieder, als wir am Nachmittag weitermarschieren. Bald stoßen wir auf die Wagenkolonne. Fahrzeug steht neben Fahrzeug. Die Brücke über den Ingulez ist verstopft. Trostlos und unaufhörlich peitschen die Regensträhnen auf Pferde, Fahrer und auf die Wagenplanen. Es gibt kein Vor und kein Zurück für die eingekeilten Trosse, nur Warten und Regen. Eisiger Wind pfeift von Osten her, schlägt Wellen auf den Pfützen am Weg und singt sein Lied am Stahlhelmrand.
Auch der Russe steckt hinter uns im Schlamm fest, das schafft

uns Luft, in einem Bauernhaus unterzutreten. Die großen schönen Räume stehen im Gegensatz zu den üblichen Hütten und zeugen vom Wohlstand eines deutschen Siedlers. Die Luft ist zum Schneiden.
Draußen heult der Schneesturm. Unberechenbares Land. Von Zeit zu Zeit dröhnt die Explosion einer Geschützsprengung.
Wir genießen die stickige Wärme des Raumes und ahnen, daß hier einmal menschliches Glück wohnte. Jetzt sind die Bewohner in eine Ofenecke zusammengerückt.
Da wird es ganz still. Einer vom Troß einer anderen Einheit hat den Wehrmachtsempfänger eingeschaltet: Soldatensender Belgrad. Der Klang der Stimme Lale Andersens verzaubert für Minuten diese müden, gehetzten und fast zerlumpten Männer, die der Wind hier zusammengewirbelt hat. Als dann das Trompetensignal des Zapfenstreiches ertönt, singt Wunderlich mit heller Stimme: »… Soldaten müssen nach Hause gehn …«
Da springt Junge, der Berliner, auf und rennt zur Tür.
»Wohin wollen Sie denn?« ruft Unteroffizier Klasen ihm nach.
»Nach Hause gehn!« antwortet er verschmitzt.
»Da hätt'st du früher aufstehn müssen«, sagt Gutwald mitleidig. »Heute schaffst du das nicht mehr!«
Und dann lachen sie alle.

16.3.44

Gegen 1 Uhr geht ein Rufen über die Fahrzeugkolonne. Die Fahrer wecken sich gegenseitig und ziehen an. Die Pferde haben die Nacht über im Geschirr gestanden, um jederzeit losfahren zu können. Einige der Männer eilen nach draußen, um Anschluß mit den Fahrzeugen zu halten. Wir holen die Sicherungen ein und rücken nach Ingulka vor. Langsam geht es, ganz langsam, und viele Pausen sind dabei. Schneesturm drängt uns zum Fluß. Obwohl Nachhut, schauen wir doch unentwegt nach dem Dorf und der Brücke. Es müßten Übermenschen sein, die uns in diesem Schlamm überholen wollten.
Eine Akazienhecke zieht sich am Wegrand hin. Morgengrauen. Wir sind am Rand des Hochufers. Fahrzeugknäuel, Häuser mit blauen Rauchfahnen, dahinter die Brücke, der Fluß.

Die Straße macht eine scharfe Kurve nach rechts, den Steilhang abwärts, und biegt dann im Dorf links zur Brücke ein.
Das Tageslicht enthüllt ein Bild des Jammers. Uniformen und Winterbekleidung sind verschlammt, zerfetzt, durchgescheuert. Viele verlieren im Schlamm ihre Stiefel. Einige haben sie ausgezogen und gehen barfuß im eiskalten Schmelzwasser.
Als Junge habe ich den Bericht Friedrich Pepplers aus den Jahren 1812 bis 1814 gelesen, später die Tagebücher des Grafen Ségur vom Rückzug Napoleons. Aber noch ist der Geist meiner Männer ein anderer. Noch halten sie den Kopf hoch, und von Auflösung kann keine Rede sein.
Gesprengte Geschütze stecken im Morast der Straße. Im Vorbeigehen streiche ich mit der Hand über ein Rohr. Vielleicht ist es das Metall von Glocken, die einmal die Menschen zu Freud oder Leid zusammengeführt haben.
Bei den Häusern finde ich den Kommandeur und melde ihm die Ankunft der Nachhut. In Kandybino beziehen wir Quartier. Endlich können wir uns wieder einmal waschen und rasieren. – Stötzer ist zurück. Es fehlt der Obergefreite Siepen.

18.3.44

In der Nacht marschieren wir weiter bis Ssebino, dort wird ein Brückenkopf für den Bugübergang gebildet. Da der Kommandeur erkrankt ist, werde ich mit der Führung des Bataillons beauftragt. Auch meine Gesundheit ist noch angeschlagen.
Es gibt Streit mit der Nachbardivision über die Abschnittsgrenzen. Ich lege in der Nacht mit dem Marschkompaß die HKL des rechten Flügels fest. Der Russe schiebt seine Infanterie von Schmidtowka her in den Balkas vor. Zu Kampfhandlungen kommt es noch nicht.

19.3.44

Gegen Abend greift der Russe in Bataillonsstärke meinen Kompanieabschnitt an. Leutnant Ott, der die Kompanie übernommen hat, bringt ihn vor der Kampflinie zum Stehen. Ich bin glücklich: Meine Stimme kommt wieder, langsam und wie von weit her.

21.3.44

Bei stockfinsterer Nacht – es geht auf Neumond zu – räumen wir und gehen über den Bug. Im Süden brennt Nikolajew. Gegen Morgen errreichen wir Morosowka, um Sicherungsaufgaben zu übernehmen.

22.3.44

Das Dorf wird von Wehrfähigen evakuiert. Der Mann aus meinem Quartier kommt zurück, er hat eine verkrüppelte Hand. Seine Frau ist darüber hoch beglückt. Plötzlich spricht sie Deutsch und fragt mich, ob wir Arbeit für sie hätten. Bei der Unterhaltung gesteht sie mir, daß ihr eigentlicher Mann Fliegeroffizier bei der Roten Armee ist. Ob er noch lebt? Sie zieht die Schultern hoch und lacht.

Am Abend

Ich habe die Kompanie wieder übernommen. Siepen ist nicht eingetroffen. Beim Kerzenschein entwerfe ich den Bericht über den Verlust eines Maschinengewehrs 42 an das Bataillon, und Stötzer legt mir die Zusammenhänge dar. Da seine Männer schon von den vorhergehenden Strapazen übermüdet und völlig erschöpft waren, gestattete der Führer der 7. IR 36, den Obergefreiten Siepen mit seinem Maschinengewehr und zwei Munitionskästen auf ein Verwundetenfahrzeug zu verladen, das von der ersten Sanitätskompanie zugeteilt worden war.
Nur noch mit sich selbst befaßt, verloren die Männer das Fahrzeug aus den Augen.
Fahrzeug und Männer sind in der Steppe verschollen.

Alle Unrast überdauern

23.3.44

Ein Feldpostpäckchen mit Post geht zurück. Obenauf der Brief jenes fremden Mädchens oder der jungen Frau, den ich seit Wochen mit mir getragen habe. Auf dem Umweg über eine Unbekannte entdecke ich mich selber wieder: Alle Unrast überdauern! Es gilt! Ungern ziehen wir am Abend nach Ssapetnaje um. Wenige hundert Meter unter uns zieht der Fluß nach Süden, fast vierzehnhundert Meter breit. Man hört kein Rauschen, sieht kein Aufblitzen von Wellenkämmen.
Ich teile die Abschnitte uferwärts zu. Dann gehe ich mit Wernike noch einmal den Fluß entlang. Wie auf einem nächtlichen Wanderweg stapfen wir den sandigen Leinpfad dahin. Man hört das leise Gurgeln des Wassers, das stumpf und träge durch die Nacht zieht.
Als wir zum Gefechtsstand zurückkommen, hat Stötzer, der seit dem Eintreffen von Leutnant Ott den Kompanietrupp führt, alles bestens eingerichtet. Seine ruhige, stille Art strömt auf die Umgebung aus. Solche Männer sind Gold wert im Wirbel des Geschehens.
Ich lösche die Kerze und schlafe.

24.3.44

Strahlende Märzsonne weckt mich in der Frühe. Dennoch weht draußen ein scharfer Wind vom Fluß herauf. Frische eines Frühlingsmorgens empfängt mich, als ich vor die Türe trete und zum Bug hinunter schaue. Unwirklicher Friede strahlt über dem Land. In der Nachbarschaft krähen die Hähne, Menschen machen sich bei ihren Häusern zu schaffen, graben die Gärten um, als habe der Krieg sie nie berührt. Freundlich begrüßen sie den Neuling, von dem sie nichts wissen und den sie mit ihrem Gruß sich vielleicht gewogen machen möchten.
Ich bespreche mit Stötzer, wo wir einen Schutzbunker zur Vorsicht ausheben können und Stellung zur Verteidigung, dann gehe

ich zu den Zugführern. Ich ermahne sie, bei Schanzarbeiten am Tag größte Vorsicht walten zu lassen.
Nichts zeigt sich drüben. Immer wieder suchen wir die flachgestreckten Ufer im Osten ab. Weit ziehen sich die Hänge im frischen Grün des sprossenden Grases über der Häuserzeile von Petrowskoje und den Baumgärten. Dahinter wieder muß Ssebino liegen mit der Balka.
Wildenauer hat meinen Anorak in einen Zuber gesteckt und gießt mehrfach frisches Brunnenwasser nach, so daß er tatsächlich innen wieder weiß erscheint. – Meine Stimme ist wiedergekommen. – Ein Aufatmen geht durch uns. Ich habe an den Wänden ein paar Dürer-Karten aufgehängt, die ›Drahtziehermühle‹, den ›Hasen›, den ›Veilchenstrauß‹ und ›Ritter, Tod und Teufel‹. Ein kleiner runder Tisch mit einem schweren Eichensessel füllt die Mitte. Tischdecke ist ein grüner Teppich mit bunten geometrischen Mustern. Tamara hat ihn mir gebracht, die Tochter des Hauses. Nur sie geht ungezwungen bei uns ein und aus. Wir sollen uns als Gäste bei ihnen wohl fühlen. Jeden Handgriff nimmt sie Wildenauer ab, deckt den Tisch, spült das Geschirr und sitzt am Abend, als wir singen, bescheiden in der Ecke und lauscht. Es ist, als seien wir lang erwartete geladene Gäste, nicht ans Ufer gespültes Kriegsvolk.

25.3.44

Die Post hat einige Briefe für mich. Dorothee berichtet vom Wachsen ihres Jungen. Ich gönne ihr das Glück. Mutter meint, meine Nachrichten seien spärlicher geworden. Kein Wunder. Ich werde heute wieder schreiben. Meine Schwester teilt mir mit, daß das Gerücht umgegangen sei, ich wäre am Dnjepr gefallen. Aber dann sei Anfang März ein Luftpostbrief gekommen und habe alles geklärt. Und einen Traum teilt sie mit, den sie am 13. März in der Nacht hatte. Von der Tagesarbeit ermüdet, war sie früh schlafen gegangen. Um zehn Uhr wachte sie von einem beängstigenden Traum auf, schrieb das Geträumte nieder, und das war Folgendes: Sie sah mich krank und allein in der Steppe liegen, während ein Rudel Wölfe einen Ring um mich bildete, der enger und enger gezogen wurde. Sie schlief dann wieder ein.

Um Mitternacht erwachte sie erneut und schrieb den zweiten Teil des Traumes nieder: Ich hatte mich erhoben, war furchtlos auf die Wölfe zugegangen, hatte sie mit drohender Gebärde verscheucht und den Ring durchschritten.
Rätsel der menschlichen Psyche, mehr als unsre Schulweisheit sich träumen läßt! 13. März – der Tag, sogar die Uhrzeiten stimmten.
Und dann der letzte Brief. Die Schrift ist mir unbekannt, eine Jungmädchenschrift. Flugplatz Gelnhausen zeigt der Stempel. Absender: Willi Gerhards Frau. »... so kurz war das große Glück. Ich bin noch so jung, mein Leben sollte erst beginnen ... Schreiben Sie mir aus den letzten Tagen ...«
Überm Fluß lacht die Sonne. Ein Buchfink hüpft im Baum vor meinem Fenster. Schneidend scharfer Wind nimmt sein Lied hinweg. Der Friede könnte ausgebrochen sein, wie die Männer oft sagen, aber von Norden, wo Nowo Odessa liegt, dröhnt dumpfer Kampflärm her. »... mein Leben sollte erst beginnen ...« Um Trost ist mir sehr bange. Aber ich muß schreiben. Doch immer wieder ist es dasselbe, dieselben Wünsche, dieselben Fragen. Unsre Wirklichkeit ist nüchterner. Unsre Wege sind imaginäre Linien im Weglosen, in dem einsame Weiler und Hütten Inseln des Trostes sind. An einem Soldatenfriedhof sind wir nie vorbeigekommen.
Tamara bringt den Morgenkaffee in zarten Porzellantassen. Sie bemerkt die geöffneten Briefe, die ich zusammenfalte und zur Seite lege, und sieht mich fragend an. Dann nimmt sie wie eine Gastgeberin mir gegenüber Platz und lächelt. Lächelt zu meinem Schweigen, lächelt zu jeder Bewegung, steht dann leise auf und läßt mich allein.
Ich mache eine Pause und sehe nach dem Platz, wo sie noch eben gesessen hat. Und da weiß ich es wieder: Agnes Miegel, ›Die Mär vom Ritter Manuel‹.

> ... »und stammelte, eh er die Augen schloß:
> ›Tamara!‹ Und er starb ...«

Es gibt Worte großer Dichtung, die wie Sternstunden unser Leben durchziehen, abrufbar und zu steter Gegenwart bereit.
Dann kommt Stötzer zurück und meldet, daß der Stellungsbau gute Fortschritte macht. Und alle hoffen auf ein Bleiben in diesem schönen Streifen Land am großen Strom.

Am Nachmittag sitzen wir mit den Zugführern zusammen, spielen Schach und Doppelkopf und können doch den Kampflärm im Norden nicht überhören.
Dann schreibe ich Briefe. Den schwersten zuerst. Letzte Worte – wie wir ihnen nachforschen, sie fast erzwingen wollen, um wissender zu werden, wie die Metaphorik der Sprache uns dabei Dimensionen öffnet, deren der Sterbende sich vielleicht selbst nicht bewußt war. Carl, der das Kerzenlicht brauchte, um nicht allein zu sein.
Aus der hinteren Kartentasche hole ich wieder das Blatt mit den Versen vom Sommer 42. Alle Unrast überdauern … Ich rufe es mir zu wie die Ritter ihren Chri in den Reiterschlachten des Mittelalters.
Am Frühmorgen gehe ich durch die Stellungen am Ufer. Bei Pförtner warte ich dann den vollen Tag ab. Der Morgenwind kommt aus den Weiten der Steppe und ist gnadenlos kalt. Aber das milde Licht früher Stunden, das friedlich über Fluß und Ufern liegt, hat ihn um Wochen überholt. Ich gehe durch die Gärten zurück. In den schwellenden Knospen der Pfirsichbäume verbirgt sich der Frühling. Hell leuchtet das Land. Der Wind treibt Wellen quer zur Strömung herüber an unser Ufer. Silbern perlen die Kämme im Sonnenlicht. Gelbe Gräser und Schilfrohre wogen auf den Eilanden beiderseits in Ufernähe. Nichts treibt auf der Oberfläche, die schwerblütig zum Meer drängt.
Der Kampflärm im Norden, der am Morgen wieder eingesetzt hat, warnt uns vor falschen Träumen.
Hinterm Haus am oberen Ende der Gartenmauer kann man nach Norden sehen, aber der Fluß macht einen Bogen nach Westen und verbirgt so sein diesseitiges Ufer. Auch in Petrowskoje ist nichts Auffälliges erkennbar. Das Dorf liegt verschlafen in der Sonne.

27.3.44

In der Frühe stehe ich wieder oben und schaue lange hinüber. Da tritt Tamara neben mich. Sie sagt kein Wort. Ihr Auge sucht die Ferne. Ich reiche ihr das Glas. Ein glückliches Lächeln, ein dankbares Nicken. Die Sonne liegt hell in ihrem blonden schweren

Haar. Ihr dunkles Auge irrt über die Gärten, die Hänge, das Wasser. Dann reicht sie das Glas zurück, lächelt zum Dank und geht unauffällig, wie sie gekommen, zum Haus zurück.

28.3.44

»... und meines Bleibens ist auf Jahre nicht ...« – Hölderlin. Es kommt schnell und ernüchternd. Abmarsch am Abend. Auch dieses herrliche Land müssen wir verlassen. Wie soll das enden?
Sogleich werden die Schanzarbeiten eingestellt und Vorbereitungen für den Abmarsch getroffen. Schon am Morgen ist mir aufgefallen, daß der Kampflärm sich gelegt hat, im Norden ist Stille. Ich studiere den Weg. Die nächste Stellung, die wir beziehen sollen, liegt fast fünfzig Kilometer im West-Süd-Westen. Rasnopol. Die Orts- und Siedlungsnamen erfüllen mich mit Neugierde und Schwermut zugleich: Halbstadt, Sonnenberg, Karlsruhe, Katerinental, Speyer, Landau, Sulz, Johannestal, Rohrbach, Worms, Neumünden, Hof Trautmann, Schatz, Frunse, Neufeld, Hoffnungsfeld.
Wieviel Schicksal hinter diesen Namen. Hier einmal verweilen und forschen dürfen! Der Krieg hat's immer eilig.
Während ich die Bilder von den Wänden löse und meine spärliche Habe in den Taschen verstaue, bemächtigt sich meiner eine ungeheure Freudigkeit, wie sie mich vor Jahren überkam, wenn wir zur großen Fahrt rüsteten. Es lächelt in mir, und ich singe. »Heia, nun zieht unsre Schar nach der Heimat ...«
Tamara deckt den Tisch zum Abendbrot. Die Verpflegung ist früher gekommen, weil sich die Trosse mit beginnender Dunkelheit absetzen. Sie sieht mich traurig an und fragt, ob wir weggehen. Ich darf es ihr nicht sagen und lächle nur wissend. Sie kann mich nicht verstehen und geht verwirrt hinaus.
Draußen dämmert es schon. Der Buchfink schaukelt noch einmal neugierig vorm Fenster und fliegt davon. Im schweren Eichensessel lehne ich mich entspannt zurück.
Eine seltsame Ruhe ist über mich gekommen.
In einer halben Stunde lösen sich die Züge. Hinterm Haus wartet schon der Rappe, den mir Menge geschickt hat. Wildenauer streichelt ihm die Blesse. Er wiehert nicht, ist ganz still, als begriffe er

die Lage. Ich gehe hinaus. Es dunkelt schon überm Fluß. Leuchtzeichen steigen an beiden Ufern hoch und verlöschen im Wasser.
»Als wollten sie sich Lebewohl sagen«, meint Stötzer.
Der kühle Abendwind trägt russischen Gesang herüber, zerreißt ihn aber auf dem Weg durch Gärten und Gehöfte.
Die Zugführer melden die planmäßige Loslösung aus den Stellungen. Ich lasse Leutnant Ott die Spitze übernehmen und werde selbst als letzter gehen. Ich binde den Rappen los und sitze auf. Stötzer, Hedwig und die beiden Melder sind schon gegangen. Einen Augenblick verharre ich noch, schaue zum Fluß hinab und nach drüben. Das Klappern der MG-Kästen und Stahlhelme verklingt hangaufwärts. Da wiehert der Rappe. Als habe er sie gerufen, tritt Tamara unter die Tür.
»Sie gehen weg«, sagt sie in flüssigem Deutsch.
Das Tier macht ein paar Schritte auf sie zu. Im Dunkel leuchtet ihr schönes stilles Gesicht. Ohne eine Antwort abzuwarten, fragt sie weiter: »Werden die Bolschewisten nach Ihnen kommen?«
Ich nicke stumm. Sie schaut zur Seite.
Da beuge ich mich herunter und fasse ihre Hand: »Leb wohl, Tamara!« Sie lächelt müde und traurig herauf.
»Ihre Stimme, Ihr Lachen, Ihr Singen werden nie aus diesem Haus fortgehen«, flüstert sie.
Da lasse ich ihre Hand los und wende das Pferd. Ein letztes Winken, aber sie hebt die Hand nicht hoch, will ihren Traum nicht beenden. Noch einmal drehe ich mich um. Eine weiße Gestalt lehnt am Türpfosten und schaut hilflos in die Nacht, hangwärts, wohin ich jetzt reite, der letzte Deutsche auf dem Weg nach Westen. Morgen früh oder in der Nacht werden sie drüben in die Kähne steigen und über den Fluß rudern.
Wie ein Nachen, der sich gegen eine unsichtbare Flut aufbäumt, kreuzt der schmale Mond die Ebene. Irgendwo dort hinten wartet Tamara, aber die Landstraße hat mich wieder.

29.3.44

Es wird eine kalte Nacht. Der frischgewaschene Anorak duftet Häuslichkeit. Aber uns hält es in keinem Haus. Als der dürftige Mond im Dunst versinkt, bemerkt keiner den Verlust. Anfangs

haben wir auf das bleiche Gestirn gestarrt als einem Wegweiser nach Westen.
Manchmal überhole ich im Trab die Reihe der Männer, um den Weg zu erkunden oder nach den anderen Kompanien zu sehen, aber die Nacht ist leer, kontaktarm und stumm. Wir ziehen so einsam durch das flache Land wie vorhin der Mond über den Himmel. Unsere Gefühle sind nicht abgestorben. Ein Rest von Jugend, den vor drei Jahren ein alter polnischer Bauer an uns bewundert hat, ist geblieben. Und durch den monotonen Trott auf dem hartgefrorenen Boden fliegen Schimpf-, aber auch Scherzworte hin und her. Alle großen Wege laufen von Nord nach Süd oder Südosten auf Nikolajew zu. Uns bleiben jetzt nur noch Trampelpfade oder Ackerfurchen, dann wegloses Land. Vier Balkas zerschneiden die Ebene. Wir durchqueren sie nördlich von Halbstadt gegen elf Uhr, nördlich von Sulz um drei Uhr und um fünf Uhr und steigen um acht nach Johannistal ab, wo uns das Verpflegungsfahrzeug erwartet.
Ich gebe den Rappen, den wir abwechselnd geritten haben, mit zurück zum Troß. Mit den Fahrzeugen treten wir den Weitermarsch an. Munitionskästen und einen Teil der Maschinengewehre lasse ich verladen. Die Züge marschieren beiderseits der Karren, um schnell die Waffen greifen zu können.
Der Boden taut auf. So wird das letzte Stück Weg schwer und mühsam.
Einen Kilometer ostwärts von Rassnopol verzeichnet die Karte einen Grabhügel mitten auf der Straße. Das wird mein neuer Gefechtsstand.
Längst ist der Mittag vorbei, als wir übermüdet in die Panzerdeckungslöcher fallen.
Fast zwei Kartenblätter haben wir in der Nacht durchquert. Luftlinie fünfundvierzig Kilometer. Aber die Balkas zwangen uns zu Umgehungen, so daß es über sechzig Kilometer waren. Noch liegt mir das westliche Anschlußblatt nicht vor, aber ich weiß, wenige Kilometer hinter dem Kartenrand verläuft der Liman, ein Meeresarm, der weit ins Land reicht, weit nach Norden hin. Zum Durchschwimmen zu breit. Eine erbarmungslose Grenze ohne Sturmboote. Dennoch richten wir uns zur Verteidigung ein.
Die Verfolger sind noch nicht heran.

Gegen 10 Uhr rücken von Johannestal auf demselben Weg, den wir gekommen sind, russische Vorhuten an. Artilleriefeuer bringt sie zum Stehen. Zwei Kilometer vor unseren Stellungen graben sie sich ein. Jetzt arbeiten wir mit Hochdruck, um die Kampfstände zu verbessern.
Punkt 12 Uhr ruft der Regimentskommandeur an: »Kompanie sofort übergeben und beim Regimentsgefechtsstand melden. Absetzen der Kompanie um 13.30 Uhr.«
Ich lege den Hörer härter auf als sonst, lasse Leutnant Ott kommen und mache mich mit Wildenauer auf den Weg zum Regiment.
Warm scheint die Sonne, als wir den Weg hinuntergehen nach Rassnopol. Hier haben Deutsche gesiedelt. Hühner und Gänse tummeln sich in der Sonne, Schweine wälzen sich wohlig grunzend in den Suhlen. Frühling und wie im tiefsten Frieden. Wann habe ich das letzte Dorf mit Hühnern, Gänsen und Schweinen gesehen?
Ein zartblau getöntes Haus ist Regimentsgefechtsstand. Sauber, geräumig und voller Sonne die Zimmer. Die großzügig eigene Bauweise ist mir neu: Rundbogendurchgänge von Raum zu Raum, gepflegte Böden.
Der Adjutant erhebt sich und kommt mir entgegen. Wir haben uns lange nicht mehr gesehen. Seine knabenhaft schmale Hand legt sich fest in die meine.
»Sonderkommando«, sagt er, und um seinen Mund spielt ein melancholisch zartes Lächeln. Kommentarlos öffnet er die Tür, und ich stehe vor dem Regimentskommandeur. Der neue Oberst ist kürzer angebunden, sachlich in seiner Aussage, klar im Ton, als käme er frisch von einer Waffenschule. Es ist schwer zu unterscheiden, ob seine Worte Feststellungen oder Befehle enthalten.
»Das Regiment setzt sich um 13.30 Uhr ab«, beginnt er unvermittelt.
»Am hellen Tag?« unterbreche ich ihn spontan.
Er nickt. Das ist Kommentar genug. Wir sehen auf die Karte. Nördlich und südlich ziehen schmale Sumpfstreifen, die im Süden in einen Bach übergehen. Einige Kilometer im Westen ver-

läuft ein breites Sumpfgebiet, das im Süden in den Liman einmündet, der sich ins Schwarze Meer hinunterzieht.
»Absetzen ist nur nach Süden möglich«, erklärt der Oberst. »Von der jetzigen Front bis zum Übergang bei Neusatz«, er zieht eine neue Karte hinzu, »sind es fünfundzwanzig Kilometer. – Sie übernehmen die Nachhut und halten mit zwei verstärkten Kompanien bis 24 Uhr die Stellung!«
Wir schauen einander unsicher an. Himmelfahrtskommando, denke ich.
»Dann erreiche ich vor Tagesanbruch die Übersetzstelle nicht«, stelle ich fest. Der Oberst greift zum Telefon und läßt sich das Armeekorps geben. Er fragt noch einmal zurück, ob es nicht 22 Uhr hätte heißen müssen. Er sieht undurchdringlich zur Decke. Dann sagt er noch einmal: »24 Uhr!« und beugt sich wieder über die Karte.
»Treffpunkt Kairy«, fährt er fort. Der Zeigefinger weist auf das Dorf.
»Das sind vom Übergang aus noch einmal neun Kilometer«, überschlage ich. »Wäre eine Nordumgehung des Liman nicht möglich?« frage ich weiter. »Wir könnten dann gut fünfzehn Kilometer einsparen und vier bis fünf Stunden früher am Ziel sein.«
»Erstens«, sagt der Oberst, »ist das Sumpfgelände im Frühjahr sicher unpassierbar, und Sie haben Fahrzeuge dabei. Zweitens ist die gesamte Lage im Norden unklar. Gehen Sie davon aus, Ihre linke Flanke ist offen. Rechts soll die 302. Division stehen. Verbindung mit ihr gibt es nicht. Und drittens hat das Armeekorps, dem Sie als Nachhut unmittelbar unterstehen, es so angeordnet.«
Draußen scheint strahlend die Sonne. Tausend Augenpaare, deutsche und russische, sehen jetzt nach dem Westhang, wo in endloser Kette die Fahrzeuge dahinschaukeln auf der ausgefahrenen staubigen Straße oberhalb des Zarenatals nach Neusatz und Kairy.
»Pünktlich um 24 Uhr also!« wiederholt der Oberst. »Und nun zu Einzelheiten. Außer der dritten und der elften Kompanie unterstehen Ihnen ein Pi-Zug und ein Zug leichter Infanteriegeschütze. Nachdem die Kompanien sich vom Feind gelöst haben, sprengen die Pioniere diese Steinbrücke in Ortsmitte.« Er deutet

durchs Fenster, wo eben Fahrzeuge des Regimentsstabs über die Zarena rollen.
Ich melde mich ab und gehe hinüber, um mit den Männern die Lage und den Auftrag zu besprechen. Als ich den Absetztermin nenne, sehen mich alle ungläubig an. Der Infanteriegeschützzug hat nur noch fünfzig Schuß Munition. Das reicht für leichtes Störungsfeuer bis Einbruch der Dunkelheit. Bei massiertem Angriff ...? Ich erwarte keine Antwort.
Um 13.30 Uhr verabschieden sich der Oberst und der Adjutant. Pünktlichkeit. Alles hat sein Maß, seine Zeit, seine Berechenbarkeit. Das Unberechenbare bleibt bei mir zurück.
»Mach's gut!« sagt der Adjutant und schüttelt mir die Hand.
Ich bin allein. Wenig später marschiert draußen meine Kompanie, und ich bin froh, daß sie heute nicht dabeisein muß.
Von der Tür aus winke ich ihnen zu. Sie lachen, und einige winken zurück. Noch zwei Kompanien, dann wird es ganz still in den Straßen. Auch die Bevölkerung weiß, was vorgeht, und bleibt in den Häusern.
Um 16.15 Uhr kommt der erste Funkspruch. Der Russe ist von Johannestal her im Anmarsch. Erst sechzig, dann hundertfünfzig bis zweihundert Mann. Die Infanteriegeschütze schießen sich ein. Der Angreifer bleibt liegen. Ein zweiter Angriff aus der Mulde von Nowo-Ssuchino her wird von der elften Kompanie zurückgeschlagen. Dann brechen sie in Scharen aus der Balka von Ossnova her gegen die dritte Kompanie vor. Es gelingt ein Einbruch, und ich nehme die Front auf die letzte Höhe vorm Dorf zurück.
Es ist 17.00 Uhr. Wie soll ich dieser Übermacht bis Mitternacht standhalten?
Jetzt nehmen die Russen das Dorf mit Maschinengewehren und schweren Waffen unter Feuer. Granateinschläge umgeben den Gefechtsstand. Erste Verwundete treffen ein. Die dritte Kompanie hat Ausfälle. Um nicht umgangen zu werden, nehme ich die Front auf die Höhe des Dorfrandes zurück.
Links kämpft Leutnant Vial erbittert. Ich lasse die Pioniere an der Brücke in Stellung gehen. Links drängen neue Angreifer aus der Mulde nach. Ein Spähtrupp hat das Dorf umgangen und den angeblich ungangbaren Sumpf durchwatet. Salven von Maschinenpistolen pfeifen mir um die Ohren, als ich mich mit den Pio-

nieren über die Sprengung der Brücke unterhalte. Wir feuern mit allen Gewehren.
Inzwischen hat der Infanteriegeschützzug seine letzte Munition verschossen. Ich lasse die Stellung räumen und behalte die Fahrzeuge für den Verwundetentransport zurück.
Es dunkelt schon. Ich gehe mit dem Gefechtsstand ans westliche Ufer. Zunächst sind alle Verwundeten bei den Fahrzeugen zu sammeln. Jetzt schießen die Russen ein Strohdach in Brand, daß es hell das ganze Dorf, das Tal und die Höhen hinter uns beleuchtet. Schwarze Schatten huschen im Norden durch die Senke, die man als unpassierbar geschildert hat. Sie umgehen uns. Die Pioniere ballern los, die Schatten zerstreuen sich. In Kürze sind wir eingekesselt. Haus um Haus kommt der Kampflärm vom Ortsrand her näher. Die dritte Kompanie schlägt sich hervorragend, aber die Zahl der Verwundeten wächst. Sie müssen über die Brücke zurück. Ich gebe den Kompanien den Befehl, sich abzusetzen. Es ist 19.30 Uhr. Die Elfte soll als erste zurück, um auf der Höhe Feuerschutz für die Dritte zu übernehmen.
Nun hält die Dritte nur noch einen Brückenkopf von hundert Metern Tiefe. Die letzten Verwundeten werden geborgen und die Fahrzeuge in Marsch gesetzt, ein einziges behalte ich zurück für alle Fälle. Granatwerfer- und Pakfeuer konzentriert sich jetzt auf die Brücke, noch haben wir keine Verluste. Langsam wird die Lage äußerst ernst. Nur noch die Straße nach Süden ist frei. Wenn sie die besetzen, gibt es kein Zurück mehr. Ich werde unruhig. Die elfte Kompanie müßte längst hier sein, aber rechts der Dorfstraße zeigt sich nichts. Mit Leutnant Vial kauere ich bei der Brücke neben dem Pionierfeldwebel, der die Zündschnur bereithält. Jede Minute kostet Zeit und Kraft und Menschen. Bis 24 Uhr wäre keiner von uns mehr hier, es sei denn tot oder gefangen. Da sehe ich, wie sich dunkle Schatten rechts aus den Häuserreihen lösen und durch den Sumpf waten. Ich gehe hinüber, finde schließlich den Kompanieführer der elften Kompanie, der mir meldet, daß sich seine Männer planmäßig vom Feind abgesetzt haben. Ich lasse ihn auf der Höhe in Stellung gehen, um uns vor Umzingelung zu sichern. Ein Schwerverwundeter wird noch über die Brücke getragen und zum Fahrzeug gebracht, dann rufe ich die Männer der dritten Kompanie zurück. Einzeln springend überqueren sie die Brücke.

Dann nehmen sie das Feuer nach Westen auf. Leutnant Vial und ich sind die letzten. Wir gehen in Deckung.
»Sprengen!« rufe ich dem Pionier zu. Bange Sekunden. Eine riesige Stichflamme schießt in den Himmel, ohrenbetäubendes Dröhnen im Tal. Steine rauschen durch die Luft oder pfeifen an uns vorbei. Überstanden! Kopf hoch! Die Brücke ist nicht mehr.
Wie ein Paukenschlag hat die Detonation die Kampfhandlungen beendet. Wir hängen die Maschinenpistolen um und setzen uns langsam ab. Von drüben Lärm und Hundegebell, im Norden Schreie und einzelne Schüsse. Was dort vorgehen mag? Dort ist niemand mehr von uns. Sie durchkämmen das Dorf und nehmen Quartier. Beruhigt stapfen wir den Hang hoch, nehmen das Fahrzeug mit dem Schwerverwundeten in die Mitte und ziehen nach Süden.
Die Nacht ist stockfinster. Im Sumpf zieht weißer Nebel auf. Wer sich umwendet, bemerkt, wie in Rassnopol in den Häusern Lichter aufblitzen und uns nachwinken. Sie richten sich ein zur Nacht.
Nach einer Stunde treffen wir in der Siedlung Zaregol, einem Dorf von wenigen Häusern, die Fahrzeuge mit den Verwundeten. Sie müssen versorgt werden. Wir igeln uns bei einer kleinen Hütte ein. In der Ecke des armseligen Raumes sitzt zitternd eine alte Frau, während die Sanitäter ihrem Handwerk nachgehen. Stöhnen und Blutgeruch füllen die Stube. Manchmal muß ich wegsehen, besonders bei alten Bekannten. Ein tröstendes Wort, ein Abschied bei Nacht, ein Nimmerwiedersehn.
Bis wir weiterziehen, ist eine Stunde vergangen. Die Hoffnung wächst, weil wir auch beim Verweilen keine Feindberührung mehr hatten. Weiter durch diese stockfinstere Nacht, die durch die Sumpfnebel aus der Tiefe her seltsam transparent wird: Die Elfte gefechtsbereit voran, dann das Dutzend Fahrzeuge und dann die Dritte stark angeschlagen, aber frohen Muts.
Ritz hat bei Zaregol mit einem Pferd gewartet. Ich reite bald voraus, bald hinterher, spreche den Verwundeten Mut zu, lasse von Zeit zu Zeit einen aufsitzen, der am Ende seiner Kräfte ist.
Nach Süden geht der Marsch. Manchmal klingt der Name Odessa auf.

31.3.44

Undine, mein Rappe, ist müde und stolpert viel. Ich sitze endgültig ab und gehe nach vorn. Unter uns im Sumpfnebel der Frühe liegen Dörfer. Ich weiß es vom Studium der Karte. Aber der ausgefahrene Weg am Hang ist trocken und übersichtlicher.
Mitternacht ist längst vorbei. Wir marschieren ohne Pause, um vielleicht noch vor Tag den Übergang über den Liman zu schaffen. Seit zwölf Stunden bin ich ohne Verbindung mit dem Regiment. Von der Lage dort unten ist mir nichts bekannt. Die Marschkompaßzahl heißt Hoffnung.
Ein paar Hütten ducken sich dunkel in den Hang. Mein verlorener Haufen zieht achtlos vorbei. Gegen 3 Uhr stoßen wir auf Nowo Petrowka. Ich habe mir den Namen gut gemerkt, weil zwei Kilometer hinter dem Dorf der Weg rechts abbiegt nach Neusatz. Wir haben zwei Drittel des Wegs zum Liman geschafft.

Seltsame Unruhe in der Siedlung mahnt zur Vorsicht. Ich lasse anhalten und gehe mit Wildenauer allein vor. Schon sind wir auf wenige Meter an das erste Haus heran und ducken uns an den Zaun. Pferdegewieher und metallisches Klicken aus nächster Nähe. Aber es ist auf der anderen Seite des Hauses, und wir können immer noch nicht ausmachen, wer hier eintrifft oder aufbricht. Männer hantieren schweigend irgendwo. Der Atem stockt. Da zerschneidet ein klares Kommando die Nacht: »Anfahren!«
Wir springen beglückt nach vorn. Das ist der Anschluß an die Nachhut der Nachbardivision.
So groß also war die Lücke. Geschlossen, vorbei!
Wieder lasse ich eine Stunde rasten, nur die Fahrzeuge mit den Verwundeten rücken nach kurzer Pause weiter, um den Anschluß an die Nachbardivision zu erreichen und bei Tagesanbruch bereits am andern Ufer des Liman zu sein, bevor Flieger den Übergang behindern. Ein Feldwebel führt die Kolonne.
Seltsamerweise sind die Häuser noch von Nachzüglern verschiedenster Truppenteile belegt. Während die elfte Kompanie die Sicherung übernimmt, schieben wir uns dazwischen, in jede Lücke, und schlafen. Bald graut der Morgen, und als wir weiterrücken,

ist draußen bereits heller Tag. Nach einer halben Stunde biegt der Weg, wie es die Karte zeigt, rechts ab nach Neusatz.
Überwältigt bleiben wir stehen.
»Thalatta!« ruft Leutnant Vial. »Das Meer!«
Unter uns, etwa vier Kilometer entfernt, liegt der Tiligulskij Liman im Morgenlicht, weit, hell und ungetrübt blau wie der Himmel. Das macht Mut und weckt die Schläfrigsten auf.
Noch sonniger und strahlender ist der Tag, als wir eine Stunde später über den Liman ziehen. Blaue Fluten umspülen rechts und links den Damm. Fischreiher streichen über uns hin, silberne Pfeile im Licht des Morgens. Hauch einer ungeheuren Freiheit weht durch die Morgenbrise. Ohne daß es irgendeiner befiehlt, fangen die Männer an zu singen, als öffne sich drüben eine neue Welt.
Bei Kalinowka am Westufer machen wir Pause. Wir haben die Fahrzeuge mit den Verwundeten wieder eingeholt, der Bataillonsarzt sorgt sich um sie und veranlaßt den weiteren Transport. Riesige Herden von Pferden und Kühen sind vor dem Ort zusammengetrieben. Evakuierte Zivilisten sitzen teilnahmslos dazwischen. Der Pferdetausch ist in vollem Gang, als wäre es ein Jahrmarkt.
Im Kübelwagen fährt der Regimentskommandeur heran und hält inmitten des Gewirrs von Menschen- und Tierstimmen. Ich melde ihm. Ein Lächeln geht über sein Gesicht, als er uns wiedersieht. Die erste Frage: »Wann haben Sie sich abgesetzt?«
»20.15 Uhr«, sage ich knapp.
»Und warum?« forscht er weiter.
»Weil wir im Norden und Westen umgangen waren und hohe Verluste hatten.«
»Gut«, sagt er erleichtert. Man hatte uns wohl abgeschrieben. Dann erstatte ich Bericht. Aber ich spüre, daß er weiterdrängt. Ich begreife auch, daß diese Situation, das Feilschen der Männer, die wahllos gelagerten Zivilisten und Soldaten, eher einem Zigeunerlager gleicht als den Vorstellungen eines Obersten entspricht.
Auch mir ist dieses Treiben peinlich. Ich dränge ebenfalls weiter, einer Ruhe entgegen und meiner Kompanie, die ich irgendwie finden muß. Was uns vierundzwanzig Stunden aufs engste ver-

band, wird sich lockern. Wir werden auseinandergehen in den Alltag des Krieges.
Sonne, Wind und Meer: so liegt die Welt unter uns, als wir den Hang hoch ziehen nach Kairy. Wir fühlen uns frei und gelöst. Wie ein Spuk der Nacht ist Rassnopol vergessen, und wir zerkauen beim Singen den Staub der Straße nach Kairy.
Ein Händedruck. Leutnant Vial biegt ab. Die Pioniere begleiten ihn. Mit dem Rest melde ich mich beim Bataillon zurück. Am Spätnachmittag rücken wir weiter nach Petrowskoje, um neue Stellungen am Liman zu beziehen.
Unterhalb des sandigen Steilhangs, wo ich eingewiesen werde, zieht sich fünf Kilometer breit das Wasser dahin, wo die Karte nur sumpfig feuchten Grund angibt. Drüben sehe ich mit dem Glas die Russen vorgehen. Es könnten dieselben Einheiten sein, die uns und denen wir bei Rassnopol zugesetzt haben. Sie begrüßen uns mit Pakfeuer, das aber wie springende Fische im Wasser wegtaucht.

2.4.44

Die nicht auskurierte Krankheit meldet sich wieder. Ich verlege meinen Gefechtsstand in ein Haus. Die Frauen sind freundlich und arbeitsam. Wir schlafen in weißen Betten, umhegt wie daheim.
Der Bataillonsarzt hat mir Tabletten gegeben gegen das Fieber. Aber das Fieber ist nur Nebenerscheinung zu etwas, das nicht zu diagnostizieren ist. Eigentlich gehöre ich ins Lazarett.
Sonntag. Ein Schneesturm hat uns den Traum vom Frühling genommen. Dichte Flocken treiben vorm Fenster. Am Mittag stehe ich auf und schreibe Briefe. Dann lese ich in einem kleinen Heftchen, das mir Fritz geschickt hat, Eichendorff-Gedichte – während draußen der russische Schneesturm tobt. Eigentlich kenne ich sie alle auswendig, und doch lese ich sie wie eine Neuentdeckung.
»… und meine Seele spannte weit ihre Flügel aus, flog durch die stillen Lande, als flöge sie nach Haus.«
Dieser Bildvergleich, dieses ›als‹ mit dem Konjunktiv entspricht unsrer inneren Situation. Tun wir nicht alles, als ob …?

Graugelbes Gewölk wirft neue Schauer übers Land. Es wird dunkel im Raum. Ich lege mich wieder und schließe die Augen. Am Abend gehe ich vor in die Stellung und schicke Leutnant Ott zurück.
Der Sturm fegt vom Steilhang Schnee und Sand herunter. In einem engen Erdloch kauere ich mit Wildenauer. Ein paar Dutzend Meter unterhalb klatschen die Wellen ans Ufer. Die Sicht reicht kaum zwanzig Meter weit. Wenn sie jetzt kämen wie am Dnjepr ...
Wir ziehen eine Zeltplane über uns und schlafen.

3.4.44

Da der Schneesturm auch heute anhält, kann man nicht sehen und nicht gesehen werden. Das Ufer drüben ist unendlich weit. Ich gehe am Morgen die Stellung ab. Wanderung am Strand.
Die MG-Posten über mir im Hang hat der Schnee halb verweht. Ich schüttle die Zeltplanen frei und jage einige Feuerstöße übers Wasser. Aber niemand antwortet.

4.4.44

Eine Schnapszahl meint Wernike. Wir kauern um einen kleinen Kamin. Der Schnee um uns her ist naß, die Füße stehen im Schlamm. Nur gebückt können wir sitzen, denn der Unterschlupf ist ärmlich. Aber ich lasse nichts ändern. Heftiger Gefechtslärm im Nordwesten ist ein deutliches Warnsignal.
Um 13.30 Uhr kommt kurzfristiger Absetzbefehl für 14.00 Uhr. Kaum, daß der Melder noch durch die Stützpunkte kommt.
Wie auf Bestellung läßt um 14.00 Uhr der Sturm nach, der Himmel klart auf, und unser Ufer liegt offen und weit einsehbar in der Sonne. Es taut, als wir abrücken. Die Fahrzeuge stauen sich schon in Petrowskoje. Russische Artillerie beschießt das Dorf. Überall stoßen Fahrzeugknäuel aufeinander und streben nach Süden.
Ich hatte ein paar Strümpfe zum Trocknen im Quartier zurückgelassen und gehe noch einmal vorbei. Soldaten fremder Einheiten drängen sich im Hof. Einer ist dabei, die Kuh aus dem Stall

zu zerren. Der Jammer der Frauen ist erschütternd. Da sieht die Mutter mich kommen, eilt auf mich zu, stürzt vor mir nieder, umklammert meine Knie und schluchzt: »Pan, pan, corowa!« (Herr, Herr, die Kuh!)
Ich fühle, daß ich für erwiesene Gastfreundschaft etwas tun muß.
»Lassen Sie die Kuh zurück!« befehle ich dem Obergefreiten.
»Ich habe den Auftrag, alles Vieh mitzunehmen«, sagt der Mann trotzig.
»Das ist mein Quartier«, sage ich, »und der Befehl ist mir unbekannt!« Der Mann sieht mich entgeistert an.
»Bringen Sie die Kuh zurück!« befehle ich ihm.
Unwillig löst er den Riemen von der Runge und schiebt das magere Tier in den Stall zurück. Der Fahrer zieht an, die Situation ist geklärt. Eigentlich hatte ich nur die Strümpfe und die Eichendorff-Gedichte holen wollen.
Ich gebe der Frau das Zeichen zum Aufstehen. Sie küßt mir die Hände, ich kann es nicht verhindern. Die Tochter bringt mir die zurückgelassenen Gegenstände.
»Spassiba, pan, spassiba!« (Danke, Herr, danke!) ruft es hinter mir her. Beide stehen an der Türe und winken.
Vielleicht hätte ich hart bleiben müssen um ihretwillen. Wenn das Vieh aus den anderen Ställen mitgenommen wurde und nur ihre Kuh zurückbleibt, kann man ihnen einen Strick daraus drehen: Kollaboration. Ein tödliches Wort. Ich denke an die mysteriösen Schreie und Schüsse im nächtlichen Rassnopol.
Bald habe ich die Kompanie eingeholt und ziehe sie weit auseinander. Granaten pfeifen über uns hinweg. Bei einer Brücke massiert sich das Feindfeuer. Die Kolonne hinter uns hat Verluste.
Eine Stunde südlich von Kairy biegen wir gegen Abend nach Westen ab. Die Fahrzeuge rücken in Dreierkolonne nebeneinander langsam vor. Jenseits der großen Straße, die nach Odessa führt, ist das Artilleriefeuer beendet. Längs einer Heckenreihe ziehen wir der untergehenden Sonne entgegen. Dann biegt der Weg wieder scharf nach Süden. Im späten Licht erkennen wir die Häuser vom Nowyj. Das Dorf legt sich im Hufeisen, das nach Norden offen ist, um einen kleinen See. Wir rasten am Ufer. Die Pferde werden getränkt. Fast eine Idylle.
Dann geht es weiter: Schewtschenko, Kossjany. Auch diese Orte

liegen um einen kleinen Teich. Im Morgengrauen erreichen wir die Bahnlinie nach Odessa und gehen bei Nowo Schampoly in Stellung.
Aus dem leicht gefrorenen Boden scharren wir eine Mulde zum Schießen und zum Schlafen.
Um 8 Uhr gibt der Posten Alarm. Der Russe greift an. MG-Garben zischen über die Dächer und klatschen gegen die Hauswände. Ich klettere auf einen Strohhaufen, um Übersicht zu haben.
In dichten Scharen drängen sie in tausend Meter Entfernung über den Bahndamm. Unser konzentriertes Feuer wirft sie zurück.
Auch die nächste Welle kommt nicht voran. Angriff auf Angriff wird abgeschlagen. Ich habe vier Verwundete.
Da kommt der Befehl vom Bataillon: Absetzen um 12 Uhr. Als der Melder mich erreicht, ist es 11.50 Uhr, und ich erkenne, wie die Nachbarn rechts und links bereits im Aufbruch sind. Wir sollen als Nachhut bis 12.30 Uhr halten. Bevor ich die Männer verständigen kann, greift der Russe an.
Es mag ein Bataillon sein, vielleicht auch zwei.
Als beide Wellen am Bahndamm in unserem Feuer liegenbleiben, rufe ich die Männer zurück. Der Russe sieht es und folgt. Es ist 12.30 Uhr. Die Gefahr, abgeschnitten zu werden, wächst. Aber noch größer ist die Gefahr, daß aus dem Absetzen Flucht wird.
Gegen alle Spielregeln und Befehle treffe ich eine einsame Entscheidung. Mit Sierks Maschinengewehr gehe ich am Dorfende in Stellung, lasse die Gruppen an mir vorbeiziehen mit dem Auftrag, jenseits des Ortes vom Rand einer Senke aus mir Feuerschutz beim Absetzen zu geben. In solchen Fällen hilft nur das Beispiel.
Dann eröffne ich das Feuer, zwinge die Angreifer in den Schlamm, wechsle vier-, fünfmal die Stellung, um eine größere Besetzung vorzutäuschen, und gewinne der Kompanie wertvolle Zeit.
Wo einer im Feld oder bei den Häusern sich erhebt, habe ich ihn im Visier. Ihr Feuer liegt noch auf meiner ersten Stellung. Granatwerfer streuen das Dorf ab. Banges Warten. Wann werden sie sich neu formiert haben und geschlossen stürmen?
Da ballern in meinem Rücken die Maschinengewehre meiner

Leute los. Noch einen Gurt schieße ich leer und laufe um mein Leben. Erst spät hat der Russe mich ausgemacht. Kurz vor der Senke holt sein Feuer mich ein. Das nasse Erdreich spritzt hinter mir auf. Triefend von Schweiß und außer Atem, haue ich mich in eine Ackerfurche. Ein kurzes Verhoffen, ein letzter Sprung. Neben Wunderlichs MG rutsche ich in den Graben.
Nach kurzem Verschnaufen rücken wir unbehelligt ab, ein verschworener Haufen, auf Tod und Leben zusammengeschweißt.
Der Tag ist diesig und warm. Viel Kraft kostet jeder Schritt in dem aufgeweichten Grund, Kraft und Schweiß. Chutor Lenina lassen wir links liegen und streben übers freie Feld der Raschkowa-Senke zu. Einsam stapfen wir durch das öde Ackerland, jeder schweigend in sich versunken, um uns die Leere, die undurchsichtige Weite, das Nichts. Weit voraus die andern. Disziplin und Mut der Verzweiflung halten uns zusammen. Und eben das war es, was ich erreichen wollte.
Nach mehr als zwei Stunden stoßen wir auf eine dünnbesetzte Auffangstellung. Die Männer sehen uns ungläubig an, als wären wir vom Mond herabgekommen. Niemand wußte von uns, niemand hat uns erwartet. Eine fremde Einheit. Ein Glück, daß wir uns früh genug erkannten.
Schließlich finden wir auch das Bataillon. Der Kommandeur bespricht mit mir den Einsatz für die Nacht. Mein Auftrag: Tarasowka-Alexandrowka halten, bis alle Fahrzeuge und Geschütze abgeflossen sind, dann als Sicherung folgen.
Wir gehen in Stellung. Der Abschnitt ist groß und unsre Zahl gering. Die Stützpunkte liegen bei den Häusern und haben sumpfiges Wiesengelände vor sich. Nicht unpassierbar, das wissen wir längst, das steht nur in den Legenden der Wanderkarten.
Dann kommt die Verpflegung. Wir richten uns ein zur Nacht. Ich mache noch einen Rundgang durch das Dorf. Langsam schieben sich die Fahrzeuge im Dunkel nach Westen. Beruhigt gehe ich zu meinem Gefechtsstand zurück, um ein paar Stunden zu schlafen. Kaum habe ich mich ausgestreckt, da rattert draußen im Hof eine russische Maschinenpistole. Partisanen! Wir greifen die Waffen und stürzen hinaus. Wie ein Spuk ist alles verschwunden. Wir kämmen vorsichtig die Gärten ab. Nichts! Schulken kommt mit Dorfmann uns entgegen. Der Rest seiner Leute ist tot. Partisa-

nenüberfall aus dem Hinterhalt. Alle Nachforschungen bleiben ergebnislos. Um zwei schlafende Männer zu erschießen, bedarf es nur eines einziges Mannes.
Am Dorfrand steckt das Verpflegungsfahrzeug noch in der Kolonne. Wir laden die Toten auf und kehren in die Stellung zurück. Ich muß für die Nacht die Kompaniemelder bei Schulken mit einsetzen.

6.4.44

Links neben uns tobt ab Mitternacht heftiger Kampflärm. Von den Grabhügeln vor Blagojuro erhalten auch wir heftiges Feuer und müssen einen Verwundeten zurückbringen. Die Fahrzeugkolonne gewinnt langsam Abstand vom Ort. Ich denke daran, mich bald abzusetzen, zögere aber, weil die Häuser die besseren Verteidigungsmöglichkeiten bieten.
Da treffe ich auf der Dorfstraße den Melder: »Sofort Absetzen!«
Unser Weg biegt zur Rollbahn ein, dort steckt alles trostlos im Dreck fest. An einer Heckenreihe bringe ich die Männer wieder in Stellung. Hier hatte die Nachbarkompanie mit dem Bataillonsstab schwere Kämpfe zu bestehen.
Vom Dorf her drängt jetzt der Russe in Stärke von zweihundert Mann nach. Die Geschütze an der Straße kommen nicht mehr voran und sollen gesprengt werden. Mit vereinten Kräften bringen wir sie in Stellung und jagen die letzten Granaten dem Angreifer entgegen. Auch das Feuer der Kompanie zwingt ihn zum Abdrehen. Das Ziel der Russen ist die Übersetzstelle. Da ich die Fahrzeugkolonne sichern soll und nicht weiß, wer drüben im Norden die Sicherung übernommen hat, schieße ich zur Warnung Leuchtzeichen für den unbekannten Nachbarn. Die rote Leuchtkugel bringt Unruhe in die Trosse. Die Fahrer helfen sich gegenseitig mit letzter Kraft und gewinnen talwärts Boden. Pferde brechen im Schlamm zusammen, Fahrer rennen kopflos umher.
Dann plötzlich ein dumpfes »Hurra!« aus der Tiefe, das langsam hangaufwärts Boden gewinnt.
Schubweise setzen wir uns mit den Fahrzeugen ab. Kompanien eines Nachbarregiments kommen uns von unten her entgegen,

um einen letzten Brückenkopf zu bilden. Ich mache am halben Hang einen Bogen nach rechts um das Dorf, weil ich wissen möchte, was drüben geschehen ist. Tote Russen liegen über den Hang verstreut.
Unten empfängt uns der Bataillonsführer. Durch das Leuchtzeichen gewarnt, hat er den Angreifer erkannt, Stab und was er greifen konnte zum Gegenstoß versammelt und ist dem talwärts drängenden Russen entgegengestürmt. Das Chaos der Vernichtung ist abgewendet.
Für die Nacht wird mir die Sicherung eines Dorfes zugeteilt, von dem man nicht weiß, ob es schon von Russen besetzt ist. Der letzte Streifen Abendrot verglimmt im Westen, als wir die ersten Häuser von Stolypino erreichen. Wernike ist bei mir, die Kompanie ist noch nicht heran. Schneeflocken wirbeln im scharfen Wind. Wernike ist am Ortsrand zurückgeblieben, um die Züge zu empfangen. Ich gehe ein Stück in die Ebene nach Osten, um das Vorland zu begutachten. Lang fällt mein Schatten vor mir her, bald wird er erlöschen.
Plötzlich dringt mir ein markerschütternder Schrei entgegen wie der Todesschrei eines unbekannten sterbenden Tieres. Ich bleibe wie angewurzelt stehen. Etwas Hohes, Dunkles schaukelt auf mich zu. Mir schlägt das Herz am Hals. Ich entsichere und warte. Dann rufe ich das unbekannte Wesen an. Keine Antwort, keine Regung, nur noch einmal der markerschütternde Schrei, jetzt ganz nah. Da erkenne ich die Silhouette eines Kamels. Ein Reiter sitzt obenauf. Freund oder Feind? Soll ich schießen? Kamele habe ich noch bei keinem deutschen Troß gesehen. Da aber der andere friedlich bleibt, beruhige ich mich und gehe ihm entgegen. Er trägt eine deutsche Uniform, ist Hilfswilliger einer anderen Division und bedeutet mir radebrechend, daß er sich verlaufen habe.

7.4.44

Am Morgen ziehen wir uns nach Nowo Dimitrowka zurück. Sicherungen und Fahrzeuge verschiedener Divisionen sind hier zusammengepfercht. Ein Durchbruchsversuch der Nachbardivision ist mißlungen. Gegen Mittag setzt sich das Regiment ab. Ich

erhalte unterwegs den Befehl, mich beim General zu melden. Mit Undine trabe ich voraus. Als ich den Gefechtsstand betrete, platze ich unversehens in eine peinliche Szene. Auf dem Flur fährt der General seinen Burschen an:
»Soll ich etwa mit diesen alten Stiefeln in russische Gefangenschaft gehen?«
»Nein«, sage ich, »Herr General, das wollen wir gerade verhindern.« Halb wütend, halb mitleidig sieht er mich an.
»Wer sind Sie denn?«
Ich melde mich vorschriftsmäßig: »Hauptmann Tolk zum Empfang eines Sonderauftrags zur Stelle!«
Er schlüpft in seine neuen Stiefel, sieht mich noch einmal mißtrauisch an und führt mich an seinen Kartentisch, informiert mit großzügiger Handbewegung über die Feindlage und erteilt mir den Sonderauftrag, mich mit meiner Kompanie und den Trossen nach Budjatschki durchzuschlagen, dort zu sichern und zu halten, bis das Regiment nachkommt, das eigene Sicherungsaufträge erhalten hat. Beim Abenddämmern nähern wir uns dem Dorf. Ich lasse die Trosse anhalten, die Fahrer in Stellung gehen und taste mich mit meiner Kompanie vor. Das Dorf ist völlig leer von Soldaten, doch sollen die Nachbardörfer von Russen besetzt sein, wie die Einwohner sagen.
Als ich die Trosse einweise und die Kompanie zur Sicherung einteile, holt uns der General mit seinen Offizieren ein.
»Was machen Sie hier?« fährt er mich an. »Sie sollten das Gelände oben von durchgebrochenen Teilen säubern.«
»Verzeihen, Herr General«, sage ich ruhig, »ich habe den Befehl erhalten, die Trosse nach Budjatschki zu bringen und dort zu sichern. Das kann ich aber nur, wenn ich bei den Fahrzeugen bleibe.«
Der General wendet sein Pferd und reitet wortlos davon.

8.4.44

Vor Tagesgrauen greift der Russe auf der linken Flanke an. Trosse und versprengte Einheiten drängen in wilder Eile aus dem Dorf.
Schon sind die ersten Häuser besetzt, da ziehe ich zwei Gruppen

rechts aus ihren Stellungen und mache mit dem Kompanietrupp zusammen einen Gegenstoß. Im Schwung des geballten Angriffs werfen wir die eingedrungenen Teile zurück und halten die nachdrängenden auf Abstand vom Dorf. Hinter der Gartenmauer am Dorfrand gesellt sich ein Artilleriebeobachter zu mir. Sie haben in Winogradar einen liegengebliebenen Zug mit Artilleriemunition ›erbeutet‹. Bei nur drei Mann Verlust weisen wir Angriff auf Angriff zurück. Sobald überm Dorf das ›Urrä!‹ ertönt, schießt die Artillerie Salve um Salve. Die Maschinengewehre tun den Rest.
Am Nachmittag haben wir noch einen Toten. Als Unteroffizier Becker aus meinem Gefechtsstand geht, erhält er einen Kopfschuß. Hedwig kümmert sich sofort um ihn, aber es gibt keine Hilfe mehr. Der Schock sitzt uns für den Rest des Tages in den Gliedern. Wir bringen ihn zu einem Gefechtsfahrzeug.
Noch vor Einbruch der Dämmerung kommt der Absetzbefehl. Nickel sichert mit seinem Zug noch eine halbe Stunde, dann löst auch er sich ohne Ausfälle.
Granaten und Maschinengewehrgarben zischen von drei Seiten her über uns hin. Durch einen schmalen Schlauch fließen wir nach Süden ab und marschieren in eine helle Osternacht.

9.4.44 / Ostersonntag

Noch ist der Schlamm nicht völlig ausgetrocknet. Wenn es die Lage erlaubt, stiehlt jeder sich ein paar Augen voll Schlaf. Aber die Losung heißt: Heraus aus der tödlichen Umklammerung!
In Freudental gehen wir am Mittag in Stellung. Über die Höhe ziehen endlose russische Kolonnen nach Süden. Die Lage ist völlig verworren. Reste vieler Einheiten haben sich im Dorf zusammengefunden. Zu unserm Glück auch eine Batterie 8,8-Flakgeschütze, denn aus der russischen Marschkolonne lösen sich drei Panzer mit aufgesessener Infanterie. Zwei werden schon am Hang abgeschossen, der dritte rollt gerade auf meinen Gefechtsstand zu. Er macht halt und feuert. Die Einschläge bersten im Hof und an der Hauswand. Es wird gefährlich für uns. Als er wieder anfährt, trifft ihn eine 8,8-Flakgranate. Qualmend bleibt er liegen. Ein Mann steigt aus und will hangaufwärts fliehen, aber

Barths Männer haben ihn schnell gefaßt. Hoch steigt die schwarze Qualmwolke in den Osterhimmel.
Am Abend setzen wir uns hinter das Dorf ab, um dort noch vier Stunden zu halten. Panzer beschießen uns auch noch beim Weitermarsch nach Süden, doch sie verfolgen uns nicht.

10.4.44 / Ostermontag

Josefstal. Es mutet schon feiertäglich an, dieses deutsche Siedlungsland. Schöne Gehöfte beiderseits der mondhellen Straße. Eine kleine schmucke Kirche zwischen Bäumen – Dorfbarock wie daheim. Fahrzeuge sind ringsum abgestellt und warten weiterer Befehle. Wir marschieren sofort in die Stellungen. Hinter uns folgen Trosse und Geschütze, die einen Ausweg suchen. Da brechen russische Panzer in den Ort ein, feuern auf die Fahrzeuge und auf unsere Stellungen. Schwere Maschinengewehre streuen die Mulde ab. Wir müssen uns eingraben, wo wir liegen oder stehen. Eine Lücke von sechshundert Metern klafft zum rechten Nachbarn.
Nachdem die Panzer sich zurückgezogen haben, bleibt nur das Strichfeuer der Maschinengewehre, das den sonst ruhigen Tag begleitet. In der Nacht schließen wir die Lücke, das bedeutet, wir vergrößern die Abstände von Stellung zu Stellung in einem Gelände, das von Gräben, Senken und Buschwerk durchzogen ist. Wir schanzen und schießen viel, um eine große Besetzung vorzutäuschen. Die Munitionslage ist günstig, da die geräumten Depots in Winogradar der Artillerie und uns traumhafte Bestände eröffnet haben.

11.4.44

Panzer und Granatwerfer, aber auch schwere Maschinengewehre eröffnen das Feuer am Morgen. Splitter, Zweige, Äste und Erde rieseln auf uns herunter. Um den großen Abschnitt halten zu können, habe ich den Kompanietrupp in vorderster Linie mit eingesetzt. Das nimmt mir den Überblick und bindet mich an die Stellung. Aber Überblick ist in diesem Gewirr von Büschen und Senken sowieso Illusion.

Um 8 Uhr greift der Russe auf der ganzen Breite meines Abschnittes an. Das schwere Maschinengewehr hinter mir leistet vorzügliche Arbeit. Dennoch schieben sich die Angreifer bis zwanzig Meter an meine Stellung heran. Mit Handgranaten treiben wir sie wieder zurück.
Beim Zug Nickel gelingt ein Einbruch. Ich habe keine Reserven. Jeder muß sich festkrallen, wo er steht. Verlassen der Stellung bedeutet Tod. Die Gruppe Klasen rechts neben mir schlägt sich großartig. Dreißig Tote liegen vor der Stellung. Auch was vor meinem Kompanietrupp geschehen ist, läßt sich nur ahnen. Jedenfalls ist der Angriff zum Stehen gekommen.
Noch habe ich keinen Überblick, aber auch unsre Verluste müssen hoch sein. Aufs neue tauchen vor uns im Gebüsch Angreifer auf. Am Nachmittag schweigt das schwere Maschinengewehr. Um 19.00 Uhr setzt sich das Bataillon ab. Ich habe jetzt, seit Einbruch der Dämmerung, einen Überblick. Das schwere Maschinengewehr hinter mir ist durch Volltreffer ausgefallen. Wir versorgen die Verwundeten. Zehn weitere Verwundete melden die Züge. Um sie alle bergen zu können, mache ich freiwillig Nachhut. Drei Männer müssen getragen werden, die anderen schleppen sich zurück. Zum Kämpfen sind kaum noch Arme frei. Schon sind die meisten am Hang über uns versammelt. Oben wartet ein Fahrzeug. Die Gruppe Gutwald steht noch aus. Mit Hedwig und Wernike kümmern wir uns um den Verwundeten Bergmann, der bei großem Blutverlust nicht mehr allein gehen kann. Noch einmal rufe ich Gutwald zu, sich abzusetzen. Da zischt ein Feuerstoß unsres MG 42 herüber, weitere folgen. Ein dumpfer Schlag neben mir. Hedwig bleibt mit Kopfschuß liegen. Wernike und ich bringen zuerst Bergmann zum Fahrzeug und kehren mit Stötzer und Klasen zurück, um Hedwig zu bergen. Umsonst. Die Stelle, wo wir ihn zurückgelassen haben, ist leer. Ist er weitergeklettert? Haben die Russen ihn geholt? Ich rufe halblaut. Wieder Feuer unsres eigenen Maschinengewehrs aus der Stellung Gutwald.
Jede Hoffnung erstickt im Feuer der eigenen Waffen. Wir müssen aufgeben. Mühsam und am Ende unsrer Kräfte schieben wir uns den Hang hinauf. Ich kämpfe mit der Mutlosigkeit, der Resignation. Wieder ist außer den Verwundeten eine ganze Gruppe verloren und der Sanitätsunteroffizier. Gutwald – einziger Überle-

bender beim Volltreffer am Kurgan – jetzt mit der ganzen Gruppe verschollen. Vielleicht Gefangenschaft? Leutnant Ott hat die Fahrzeuge schon in Marsch gesetzt, als wir zurückkommen. Ich schaue auf die Uhr: 23.15 Uhr. Wir sind vier Stunden hinter den anderen Kompanien. Und als ich die Männer aufstehen und antreten lasse, erschrecke ich noch mehr. Kampfstärke: zwei Offiziere, drei Unteroffiziere, zwölf Mann. Diese magische Zahl läßt mich nicht los. Immer wieder dieses Ausgeblutetsein bis auf zwölf.

12.4.44

Bei Tagesgrauen erreichen wir Franzenfeld, wo am Tage zuvor ein durchgebrochenes Kavalleriekorps vernichtet wurde: Menschenleiber, Pferdeleiber, Fahrzeugtrümmer, zerstreutes Gerät. Trotzdem gönnen wir uns eine Pause. Die Pferde des Verwundetentransportes sind ebenfalls erschöpft.
Noch sind wir ohne Kontakt zu anderen Einheiten. Als wir weitermarschieren, sehe ich in der aufgelockerten Reihe ein schwarzes Pferd. Ich bleibe stehen. Junge, unser ›Icke, icke‹, schleppt das ausgemergelte, kraftlose Tier hinter sich her. Sein Gesicht strahlt.
»Junge«, sage ich, »was wollen Sie denn mit dieser Mähre?«
»Sagen Sie man das nicht, Herr Hauptmann«, meint er voller Besitzerstolz, »der zieht mir!«
»Ganz recht«, sage ich, »aber nach hinten.«
»Macht nichts, Herr Hauptmann! Aber er zieht!«
Da lachen sie alle hellauf, und Wunderlich intoniert: »Mamatschi, schenk mir ein Pferdchen, ein Pferdchen wär' mein Paradies …«
Über all diesem Spott begreife ich, was diese Begegnung mit dem Tier dem Großstadtjungen bedeutet, und gehe lächelnd wieder nach vorn.
Leutnant Ott bleibt schweigend neben mir. Ihm ist nicht zum Scherzen zumute. Sein erster großer Einsatz. Fünf Mann zählt sein Zug noch. Und einmal sagt er mit tränenerstickter Stimme wie ein trotziger Junge, man müsse sich fast schämen, übriggeblieben zu sein. Ich tröste ihn, so könne man nicht denken.
»Wer bleibt oder übrigbleibt, entscheiden nicht wir«, sage ich.

Im zerklüfteten Gelände stoßen wir auf eine Häusergruppe, ›Alexandrogilf‹. In Klammern steht auf der Karte der deutsche Name ›Alexanderhilf‹. Wir rätseln, ob sich ein Stoßgebet oder ein Dank dahinter verbirgt.

Als ich mich am Mittag beim Bataillon melde, ist bereits entschieden, daß wir als Regimentsreserve in den Häusern von Ovidiopol Quartier beziehen. Die Pause reicht für ein paar Augen voll Schlaf, zum Auffüllen der Munitionskästen und für einen Schlag warme Suppe.

Aber bald kommt der Sicherungsauftrag im Nordosten der Stadt an der Straße nach Baraboi.

Nach Lösung der übrigen Einheiten soll ich mich um 20.30 Uhr beim Bahnhof melden zur Einweisung in eine Stellung zehn Kilometer südlich bei Rokssoljany. Vereinzelte Fahrzeuge und versprengte Gruppen von Nachzüglern schleppen sich an uns vorbei. Dann bleibt es still.

Um 20.00 Uhr rücke ich Richtung Bahnhof Ovidiopol ab. Nacht über der zerstörten Stadt. Leere Straßen, gespenstische Fassaden. Keine Lichter, keine Menschen, keine Stimmen, nicht einmal ein Hund.

Wir sehen schon von weitem den Bahnhof brennen. Züge mit wertvollen Gütern und Munition stehen in Flammen. Niemand hatte Zeit, sie auszuladen, und es gab keine freie Strecke mehr, sie zu bergen.

Von Zeit zu Zeit erschüttern Detonationen die Luft, dann wieder knattert Gewehrmunition. Ich suche den Einweiser. Aber nirgends regt sich etwas. Nur der flackernde Schein des Feuers täuscht Leben vor. Ich verstehe, daß ein Einweiser dieser seelischen Belastung von Einsamkeit und Gefahr nicht standhalten konnte.

Dennoch rufe ich, und eine Stimme antwortet, aber es ist keine Menschenstimme, sondern das Wiehern eines Pferdes. Das Wiehern bewegt sich nicht von der Stelle und wird von Rascheln und Klirren von Drähten begleitet. Dann stehe ich vor der dunklen Gestalt, greife mit der einen Hand das Halfter und befreie mit der anderen die linke Vorderhand des Tieres. Behutsam lösen wir uns aus dem Gewirr umgestürzter Masten und Drähte, die chaotisch den Bahnhofsplatz bedecken. Ich streiche dem Tier über die

Blesse und klopfe mit der flachen Hand den Hals, um Freundschaft zu schließen. Es nickt noch ein wenig aufgeregt und folgt mir dankbar.
Die Männer staunen. Junge, dem sie inzwischen die alte Mähre abgeschwatzt haben, drängt sich heran. »Herr Hauptmann, darf ich den führen?« fragt er freudig.
»Du darfst«, sage ich. Warten ist sinnlos.
So ziehen wir los durch die tote Stadt. Die allgemeine Richtung ist Süden. Neben den Nagelstiefeln klappern die Pferdehufe. Noch gestern wurden hier Fahrzeuge und Truppen übergesetzt, auch bei Rokssoljany war noch Fährbetrieb. Nun liegt das breite Mündungsgebiet des Dnjestr hinter uns, ein unüberschreitbares Hindernis. Was bleibt, ist die schmale Straße durchs Wasser bei Bugas. Sie führt dreizehn Kilometer durchs Meer. Wir marschieren längs des Ostufers. Manchmal schimmert zarte Helligkeit über der Tiefe.
Vor Rokssoljany treffen wir auf das Bataillon und werden in die Stellungen eingewiesen. In dem verbleibenden Zipfel ostwärts des Flusses drängen sich Einheiten verschiedener Divisionen. An den Leuchtzeichen im Osten erkennt man, daß der Russe nur zögernd folgt. Nur bei der Nachbardivision weiter im Süden ist Kampflärm hörbar.
Beim ersten Morgengrauen bewundern wir unsre Beute der Nacht. Ein prächtiger Falbe, um den uns alle beneiden. Soll ich ihn ›Ovid‹ nennen, weil wir uns in Ovidiopol getroffen haben? Ich will ihn ›Falbe‹ nennen, das ist weniger anspruchsvoll.

13.4.44

Hell scheint die Sonne überm Land und wärmt den Weinberg auf, in dem wir in Stellung liegen. Als Regimentsreserve sind wir nicht an Kämpfen beteiligt, sondern sichern nur rückwärtig. Schon auf dem Nachtmarsch habe ich die Kompanie neu organisiert. An Ersatz ist nicht zu denken. So bestehen meine sechs ›Gruppen‹ jeweils nur aus zwei MG-Schützen. Das bedeutet für die kleinen Abschnitte, die ich zahlenmäßig noch besetzen kann, eine erhöhte Feuerkraft. Das Bataillon wird wieder von Panzern angegriffen. Wir wären mittendrin, wenn nicht …

Am Abend setzen wir uns ab. Ich habe mir den Falben bringen lassen. Ich lasse auch Junge aufsitzen. Er gibt keine heroische Figur ab.
»Der wirft dir ab!« frotzeln die andern.
»Dann laß ihn mal!« kontert Junge gelassen und schlenkert mit den Beinen.
Stalinorgeln und Artillerie beschießen die Marschstraße, doch kommen wir ohne Verluste zum Damm. Nach Mitternacht lugt zeitweise ein spärliches Mondviertel durch die Wolkenrisse. Schwermütig schimmert das Meer. Wir haben russischen Boden verlassen. Vor uns liegt rumänisches Staatsgebiet: Bessarabien. Rechts das Mündungsgebiet des Dnjestr und links das Schwarze Meer. Müde stapfen wir dahin, noch von den vergangenen Tagen gezeichnet.
Da hebt hinter mir eine einsame Stimme an zu singen. Wunderlich ist's, der ausspricht, was wir alle fühlen: »Do sswidanija Ukraina, do sswidanija, do sswi- do sswidanija ...« (Auf Wiedersehen Urkaine!) Schnell fallen alle ein. Das Singen läuft nach vorn und nach hinten den Damm entlang, ein nicht enden wollender Refrain. Erst nach einer ganzen Weile schweigen sie wieder. Galgenhumor oder Dank an ein Land, dem wir mit seltsamer Haßliebe verbunden waren und dessen Menschen wir so gut verstanden in ihrer Demut, ihrem Stolz, ihrer Menschlichkeit, ihrer Enttäuschung, ihrem Leid.

14.4.44

Als wir nach drei Stunden das jenseitige Ufer erreichen, bricht hinter uns die Morgensonne aus dem Dunst. Möwen streichen schreiend über uns und die Fischerhütten neben der Straße. Silberne Fischreiher steigen auf und stürzen auf die Beute nieder.
Auf staubiger Straße geht der Marsch bei heller Frühlingssonne durch ein sorgfältig bebautes, friedliches Land, das uns heimatlich anmutet, weil es übersichtlich gegliedert ist im Wechselspiel der Felder, maßvoll ohne die Unendlichkeit der gnadenlosen Weite.
In einem sauberen Quartier in Akkerman finden wir freundliche Aufnahme.

15.4.44

Am frühen Morgen reite ich aus der Stadt, um mit Verbindungsleuten der Bataillone und des Regiments, zu denen später die Verbindungsleute der Kompanien stoßen, Quartier zu machen. Unser Ziel ist Cair. Falbe hat sich gut an mich gewöhnt. Er offenbart sich als ausgezeichneter Läufer und Springer. Wer vorher sein Reiter gewesen sein mag? Ich bin glücklich, daß mir diese Phase des Krieges Zeit für ihn läßt.
Plötzlich in Cair wird der Lebensrhythmus ganz anders. Die alte Ordnung der Wochentage ist wieder spürbar. Ungeachtet der erwarteten Einquartierung, werden Straßen und Höfe gekehrt und Häuser geputzt. Es ist Sonnabend. Fast fühle ich mich als Störenfried in dieser ungebrochenen Folge des Selbstverständlichen.
Drei Straßen ziehen längs von Nord nach Süd und fünf von Ost nach West. Die schmucke Kirche liegt in der Ortsmitte. Meine Arbeit wird durch diese klare Gliederung erleichtert. Regimentsstab mit dreizehnter und vierzehnter Kompanie bleiben in Ortsmitte, das erste Bataillon im Norden, das dritte im Süden.
Nach dem Erleben der letzten Wochen erscheint das alles so unwirklich. Erinnerung an eine uralte bessere Welt. Die Frauen setzen die Häuser in besten Zustand. Wir kommen als Gäste. Selbst die Pferde müssen den Wandel spüren. Die Ställe sind schön und groß.
Unser Quartier ist ein blitzsauberer Bauernhof. Eine Kastanie hinter dem Hoftor breitet im Sommer Schatten über den Eingang und die schmale Nordfront des Wohnhauses. Das Gästezimmer mit drei Betten ist für uns gedacht. Seit Hedwig fehlt, sind wir nur zu viert. Für Wildenauer, den Jüngsten, holen wir ein Sofa aus der geräumigen Wohnstube.
Nachmittags treffen die Kompanien ein. Am Abend sitze ich mit Menge zusammen. Wir überprüfen die Ausfälle der letzten Wochen und erinnern uns an alle, die wir drüben gelassen haben in Gräben und Gräbern. Dann die Verwundeten. Auch ihre Zahl ist groß. Am längsten aber verweilen wir bei den Vermißten. Menge liest sie alphabetisch vor: Böhm, Gutwald, Schubert, Schulken,

Sierk, Vogel. Hedwig ist noch nachzutragen. ›In Rußland vermißt‹ – ein hartes Wort!
Manchmal bedeutet es Gefangenschaft, manchmal Tod. Aber immer Leiden.
Wir melden die Gefechtsstärke der Kompanie weiter: 2:3:12 – zwei Offiziere, drei Unteroffiziere und zwölf Mann. Es bleibt dabei. Man könnte sie in einem einzigen Zimmer unterbringen nach bisheriger Gepflogenheit. Aber hier sind wir Urlauber mit allem Komfort.
Als wir hinaustreten unter den mächtigen Kastanienbaum, läuten im Dorf die Glocken. Ich sehe noch einmal nach dem Falben im Stall. Er wiehert mir freudig zu. Wenn ich ein Stück Zucker hätte! Dann sitzen wir im Hof zusammen. Über uns die mächtigen Knospen der Kastanie. Wildenauer hat ein Päckchen mit einer Mundharmonika erhalten und spielt unablässig vor sich hin.

16.4.44

Am Morgen ruft der Adjutant an.
»Der Oberst hat eine Frage an dich. Meldung 11.00 Uhr im Gefechtsstand.«
»Darf man wissen, welche Frage das ist?« forsche ich zurück.
Da tut er sehr wichtig, wie es seines Amtes ist, aber nicht ohne ein leicht ironisches Lächeln, wie ich weiß.
»Es geht um eine wichtige Entscheidung. Eine Schicksalsfrage, wenn du so willst. Aber du weißt: Ein Adjutant hat zu sagen, was gesagt sein muß, aber dabei nicht auszuplaudern, was andere sagen wollen.«
»Sehr weise«, sage ich, »fast die Hintergründigkeit eines Orakels. Also bis gleich!«
Bevor ich gehe, mache ich noch eine Runde durch den Stall, wo die zum Hof gehörenden und unsre Pferde sauber gepflegt nebeneinanderstehen. Überrascht erkenne ich die junge Bäuerin, die hoch in anderen Umständen ist. Sie schmiegt sich an den Hals des Falben und tätschelt ihm die Nüstern.
»Ein schönes Pferd«, sage ich voll Besitzerstolz.
»Schönes Pferd«, wiederholt sie und lächelt und streichelt ihm die Blesse. – Ich gehe zum Regiment.

Der Adjutant sitzt über Karten und Meldungen. Er versucht im Kriegstagebuch das Geschehen der letzten Wochen aufzuarbeiten.
»Geschichte eines Regiments«, sagt er und weist mit lässiger Handbewegung auf Blätter und Skizzen, die über den Tisch verteilt sind.
»Wenn ich das alles überblicke und zusammenfasse, meine ich, ich schriebe dein Tagebuch. Kein Tag, keine Seite, auf der nicht dein Name erscheint.«
»Übrigens«, weiche ich aus, »habt ihr daran gedacht, meinen Bataillonsführer zum Ritterkreuz einzureichen? Dieser Gegenstoß bei Ignatowka hat viel Menschen und Material gerettet. Wir säßen heute hier nicht beisammen, wenn der Russe durchgekommen wäre.«
»Du hast recht«, bemerkt er, »so hat mir das noch keiner gesagt.«
»Du weißt«, fahre ich fort, »auch ihm liegt es fern, Herold seiner Taten zu sein, drum sage ich es dir. Ich bin nachher mit meinen Leuten über die Kampfstätte gegangen, ich habe gesehen, was los war. Nur so zur Erinnerung. – Aber nun die Schicksalsfrage.«
Er lächelt wieder geheimnisvoll überlegen und weist mich mit der Hand zur Tür des Obersten. Ich klopfe und trete ein.
»Ich wollte Sie fragen, oder besser, ich wollte Ihnen vorschlagen, aktiver Offizier zu werden.«
Wir schweigen.
»Sie haben darüber noch nicht nachgedacht?«
»Ehrlich gesagt, nein.«
»Überlegen Sie es sich. Ich mache nicht jedem das Angebot.«
»Ich weiß die Ehre zu schätzen, Herr Oberst, aber ich muß dankend ablehnen.«
»Müssen Sie?«
»Mein Herz gehört der Literatur, Herr Oberst. Ich liebe Gedichte und Dramen und die großen Romane der Weltliteratur. Solange Krieg ist, werde ich das graue Kleid tragen, aber dann möchte ich zurück in die Welt der Geisteswissenschaften.«
»Sie sind sich Ihrer Aussage ganz sicher?« fragt der Oberst nach.
»Ganz sicher, Herr Oberst!«
»Ich hatte übrigens eine ganz besondere Ausbildung für Sie im

Auge. Sie wissen, daß Ihr ›Unternehmen Obstplantage‹ als Beispiel moderner Taktik an einer Waffenschule gelehrt wird?«
»Herold hat es mir geschrieben«, bestätige ich.
»Trotzdem?«
»Trotzdem, Herr Oberst.«
Draußen auf der Dorfstraße ist tiefster Frieden. Buntgekleidete Mädchen gehen eingehängt in breiter Linie spazieren, frischgewaschene und rasierte Soldaten ebenfalls.
Den Nachmittag verbringe ich am Schreibtisch, später in der Schreibstube, wo seit Wochen Dinge liegen geblieben sind. Die ganze Bürokratie fällt über einen her, die einen vorn im Einsatz nur am Abend flüchtig streift. Aber immer wieder die Nachricht an die Angehörigen der Toten und Vermißten.
Der Russe hat bei Ciuburciu einen Brückenkopf gebildet. Am Nachmittag kommt Marschbefehl für den Abend.
Die Unruhe des Aufbruchs konnte der Bevölkerung nicht verborgen bleiben. Im Wohnzimmer sitzen die Frauen beieinander und erzählen. Da wir immer durch dieses Zimmer müssen, wenn wir kommen oder gehen, werden wir manchmal einbezogen. So berichtet die junge Frau, daß ihr Mann, der Hofbauer, Unteroffizier in einem rumänischen Kavallerieregiment ist, das am Dnjestr im Einsatz steht.
Als ich beim Aufbruch mit Beckmann in den Stall gehe, um nach dem Falben zu sehen, finde ich sie wieder an den Hals des Tieres gelehnt. Mit der Hand steckt sie ihm einen Zuckerwürfel zu. Sie geht, als wir kommen, zu ihren Pferden und verläßt dann den Stall.
Noch vor Dunkelheit brechen wir auf.

18.4.44

Wald, lang entbehrter Wald. Am Morgen weckt der Pirol, Weidkätzchen blühen, und erste Schmetterlinge tanzen. Wieder die Fichten oben rauschen hören, wenn man die Augen schließt, den würzigen Waldboden atmen, im Moos liegen und die Käfer und Ameisen vorbeihasten sehn! Meine Handvoll Männer ist eingebettet zwischen Wurzeln und Sträuchern, Wunderlich singt, und Wildenauer spielt die Mundharmonika.

Ein Telefongespräch beruft mich zum Regiment. Der Regimentsgefechtsstand ist in einem Gutshof einige Kilometer rückwärts untergebracht. Ich lasse mir den Falben bringen und reite los. Als ich den Wald verlasse, tauchen zum erstenmal russische Flieger auf. Sie ziehen westwärts in Richtung Ploesti. Jacobsen reitet neben mir, er pflegt den Falben. Im Stall des großen Gutshofes bringt er die Pferde unter, während ich zum Wohnhaus gehe.
Der Adjutant meldet mich beim Kommandeur. »Übergeben Sie die Kompanie an Leutnant Torsten, der vom Urlaub zurück ist, sofort und für immer!« Der Oberst macht eine Pause. Ich sehe ihn entgeistert an. Dann fährt er lächelnd fort: »Sie übernehmen die dreizehnte Kompanie vorübergehend, um mit dem Einsatz der Infanteriegeschütze vertraut zu werden. Das Regiment geht am Brückenkopf Ciuburciu in Stellung. Sie übernehmen in den Morgenstunden beim Forsthaus Raskaiti.«
Seine letzten Worte gehen im Motorengebrumm angreifender Jagdbomber unter. Detonationen erschüttern das Haus, die Fenster klirren. Wir sehen entsetzt nach draußen. Wo die Ställe liegen, hundert Meter hangabwärts, schwirren Balken und schlagen Flammen hoch. Mein Falbe, denke ich. Aber der Oberst fragt: »Ist noch etwas unklar?«
»Ja«, sage ich, »Herr Oberst, muß das sein?« Ich zögere. »Diese Monate haben mich mit meinen Männern verbunden ...«
»Ich verstehe das«, sagt der Oberst. »Aber wir sind Soldaten, Tolk. Tun Sie, was Ihnen befohlen wird!«
Ich melde mich ab. Er reicht mir die Hand: »Sie werden mich noch verstehen.«
Beim Adjutanten wartet schon Leutnant Torsten auf mich. Als wir ins Freie treten, kommt Jacobsen aufgeregt zu uns herauf.
»Unsere Pferde sind zerrissen. Volltreffer!« ruft er schon von weitem. »Nicht einmal die Sättel konnte ich retten. Das Heu hat Feuer gefangen.«
Noch immer schlagen hohe Flammen im Gebälk empor.
»Ist nichts übriggeblieben?« frage ich Jacobsen.
»Nichts!« sagt er und schluckt.
Das Wiehern des Falben werde ich im Traum noch hören, was da unten übriggeblieben ist, muß ich nicht gesehen haben.

Ich schicke Jacobsen zum Troß zurück und mache mich mit Torsten allein auf den Weg. Während wir über seinen Urlaub und die Einsätze der Kompanie in den letzten Wochen sprechen, formen meine Gedanken eine stumme Frage. Was hat die junge Bäuerin gerade mit diesem Tier so seltsam verbunden? Ich erzähle Torsten von dem Falben, wie ich ihn gefunden und jetzt verloren habe. Der Krieg hat's gegeben, der Krieg hat's genommen. Aber man geht von einem Tier nicht weg wie von einer verlorenen Sache.
Auf dem langen Weg zum Wald wird in mir die Frage groß: Was sage ich den Männern, wenn ich sie jetzt verlassen muß?
Die Abendverpflegung kommt früher. Menge hat die Fahrzeuge selbst geführt. Er legt mir noch ein paar Unterschriften vor, Auszeichnungen für Männer vorn und bei den Trossen. Er hat von meiner Versetzung erfahren und spricht sein Bedauern aus. Auch die Männer wissen inzwischen, was bevorsteht.
Um 18.00 Uhr ist die Kompanie auf einem Waldweg angetreten. Mit dem Hauptfeldwebel und den beiden Fahrern sind es genau zwanzig Mann. Leutnant Ott meldet. Sie stehen in einer Reihe, und ich lasse sie rechts und links einschwenken. Meine Stimme verträgt laute Rede nicht, und außerdem ist mir danach nicht zumut. Ich erinnere mich an solche Kompanieübergaben, bei denen die polterndsten Rauhbeine mit tränenerstickter Stimme abbrachen und weggingen. Und das mitten im Frieden.
Daß es ein Abschied im Wald wird, freut mich besonders. Mit ihm bin ich schicksalhaft von Kindheit her verwachsen. Er birgt und umhüllt und dämpft das Laute. Dann beginne ich, und die Worte stellen sich ein, als hätte ich sie im Konzept und auswendig gelernt. »Männer! Es ist ein weiter Weg, der hinter uns liegt, seit ich die Kompanie übernommen habe. Das war vor Krymskaja vor einem Jahr. Von denen, die dort kämpften, ist keiner mehr unter euch. Wenn ich die großen Tage der Kompanie aufzählen wollte, müßte ich viele Namen nennen. Ich nenne keinen, weil ich keinen vergessen möchte, und eine Liste habe ich nicht. Viele sind gekommen und gegangen, viele geblieben. Und an die, die wir drüben lassen mußten, wollen wir jetzt besonders denken. Nie hatten wir Zeit dafür, nur im stillen und jeder für sich haben wir ihrer gedacht. – Wir, die wenigen, die

übriggeblieben sind, haben uns durch die Steppe und die widrigsten Umstände hindurchgeschlagen. Fast grenzt es an ein Wunder, daß wir unversehrt sind, und ich weiß, daß jeder sein Letztes geben mußte, um heute hier zu sein. Aber es ist nicht unser alleiniges Verdienst. Die Toten waren so tapfer wie wir, kannten dieselben Freuden und Leiden und trugen dieselbe Hoffnung in sich. Mein Dank an euch ist deshalb auch in erster Linie ein Dank an sie. Wir haben viel gegeben, sie alles. Aber auch die Verwundeten, die vielen Verwundeten, sollen nicht vergessen sein in dieser Stunde.
Ihr wißt, weswegen ich euch zusammengerufen habe. Es war nicht mein Wunsch, von euch wegzugehen, und ich habe gezögert, aber wir sind Soldaten und müssen dort unsre Pflicht tun, wohin man uns stellt. Es wird Ersatz kommen in den nächsten Tagen und die stark gelichteten Reihen auffüllen. Die Gesichter der Männer wechseln, das Gesicht der Kompanie muß bleiben, auch unter Leutnant Torsten. Das verpflichtet. Ich danke euch für die Einsätze bei Tag und Nacht, danke auch denen, die in harter Arbeit, im täglichen Kampf mit Kälte, Schlamm, Mangel uns vorne nie im Stich gelassen haben, dem Hauptfeldwebel, der Schreibstube, den Fahrern und allen, die für unsre Versorgung aufkamen. Nur dem Zusammenspiel aller verdanken wir, daß wir heute noch hier stehen. Wir wollen weiterhin unsre Pflicht tun, wo immer es sei. Was wir gelitten und erduldet haben: Es war für unser Land.«
Ein Kauz schreit in der Tiefe des Waldes, als ich jedem einzelnen die Hand schüttele. Abendwind rauscht durch die Baumwipfel.

19.4.44

Das Forsthaus Raskaiti liegt einsam im Wald. Während die zehnte Kompanie zum Einsatz bei Ciuburciu marschiert, reite ich mit Undine zum neuen Gefechtsstand. Der Frühling drängt das Grün in die Wälder. Amseln und Pirole umjubeln mich. Im Forsthaus ist's still. Nur die Hunde bellen, als ich vorüberreite. Im Waldbunker, gut getarnt und versteckt, übernehme ich die Kompanie.

20.4.44

Am Abend teilt mir der Regimentskommandeur mit, daß mir für die Kämpfe bei Michailowka eine Anerkennungsurkunde aus dem Führer-Hauptquartier verliehen worden ist.
Bei der Arbeit in der Kompanie bin ich überrascht, wie selbstverständlich man den Nichtfachmann als Chef akzeptiert.

30.4.44

Wir sind frontnäher umgezogen. Unser Gefechtsstand liegt in einem Waldtal. Über uns am Hang eine saftgrüne Wiese, unter uns Mischwald, zarte Birken vor dunklen Nadelwäldern. Weißdornhecken blühn am Waldrand, und das Tal ist voller Vogelstimmen.

5.5.44

In der Frühe werde ich zum Regimentskommandeur gerufen. In Gegenwart von Adjutant und Ordonnanzoffizier überreicht er mir das ›Deutsche Kreuz in Gold‹.
»Für die Nachhuten«, fügt er hinzu. Dann bittet er mich noch zu einem Gespräch.
»Ich habe den Befehl erhalten, einen Offizier zum NSFO (Nationalsozialistischer Führungsoffizier) zu ernennen. Ich habe an Sie gedacht.«
»Zum Politruk (Politoffizier in der Roten Armee)«, sage ich, »eigne ich mich schlecht ... Ich ...«
»Ich verstehe. Und gerade deshalb meine ich ja ...« unterbricht er mich. Ich sehe ihn verständnislos an.
»Sie werden das später vielleicht begreifen. Im übrigen gebe ich den Befehl an Sie weiter und ernenne Sie. Hier ist Material.«
Aus dem Stoß von Broschüren ziehe ich ein Heft heraus. Eine ›Stürmer‹-Ausgabe nach Inhalt und Sprache. Achtlos werfe ich es zurück.
»Und was soll ich mit diesem Zeug anfangen?« frage ich.
»Was Sie verantworten können«, sagt der Oberst und wendet sich ab. Ich habe verstanden.

Am Abend bei der Einweihung des Bunkers geht das Paket durch den Kamin.

6.5.44

Anruf des Adjutanten: »Du stehst im Verdacht, gegen 3 Uhr in der Frühe vor dem Kommandeurbunker gesungen zu haben: ›Nur der Freiheit gehört unser Leben ...‹«
»Ich bedanke mich für die hohe Meinung, die man von mir hat. Es war mir eine Ehre!« kontere ich ebenso verschmitzt. »Schade, daß ich nicht selbst auf diese Idee gekommen bin!«
Wir lachen beide.

9.5.44

Mein neuer Arbeitsbereich erfordert viel Bewegung, Geländeinformationen, Geschützstellungen, Beobachtungsposten, Troßstellungen, Besuche bei den Bataillonsführern. So bin ich viel mit Undine unterwegs. Ein Jauchzen jeder Ritt durch die blühende, duftende Welt. Selten begegnete mir der Frühling so unmittelbar wie hier. Üppig blühen fremde Blumen in Wald und Wiese, bekannte und unbekannte Vögel singen. Der Zauber der Waldnächte ist voller Vergangenheit: Kranichstein, und die Nachtigallen schlagen wie zu Hause beim Schloß in den alten hohen Tannenbäumen neben dem Falltor. Allein bin ich heute durch die Vollmondnacht gegangen. Man schenkt sich weg an eine fast vergessene Harmonie der Welt.

10.5.44

Die Besprechung galt der Bereinigung des Brückenkopfes Ciuburciu. Etwas eigen berührte es mich schon, als der Einsatz der Bataillone und Kompanien besprochen wurde und ich an ganz anderer Stelle erschien. Erst bei der Schwerpunktbildung der Feuerüberfälle vorm und beim Angriff war ich angesprochen. Munition ist reichlich vorhanden. Eine wichtige Aufgabe und doch die leise Wehmut, nicht vorne mit dabeizusein.

13.5.44

Heute wurde im Sturmangriff der Brückenkopf Ciuburciu beseitigt. Am Nachmittag begleitete ich den Kommandeur durch die russischen Stellungen. Wir untersuchten auch das Hinterland, um die Wirkung meiner Geschütze zu begutachten. Die Schlucht, die meine schweren Infanteriegeschütze unter Feuer hatten, barg auch den Regimentsgefechtsstand. Eine ganze Bibliothek von Romanen, Gedichtbänden, Propagandaschriften wirr durcheinander. Unser Angriff kam so überraschend, daß viele nackt ins Wasser sprangen und den Fluß durchschwammen. Auch Frauen gerieten in Gefangenschaft. Die Adjutantin war wie der Oberst selbst betrunken. Sie hatten den Fall von Sewastopol gefeiert.
Ein schmales Buch mit Kinderliedern stecke ich als Erinnerung in die Kartentasche. Kinderlieder zwischen Handgranaten!
Am Nachmittag treffen wir mit den gefangenen Offizieren zusammen. Ein Oberleutnant mit stechend-schwarzen Augen fällt durch seine übertriebene Arroganz auf. Wir fragen ihn durch den Dolmetscher, was er von der Lage allgemein hält. Ohne uns anzusehen, schnarrt er seinen Vers: Den Krieg wird gewinnen, wer das letzte Bataillon siegreich aufs Schlachtfeld wirft. Und dieses Bataillon wird russisch sein. – Es ist bewußt oder unbewußt die Sprache Hitlers.
Als wir über seine Aussage lächeln, wendet er sich hochnäsig ab, um uns zu ignorieren.
Wie sich die Russen gegenüber einem solchen Gefangenen benehmen würden? Ist er so sinnlos verbohrt in seine Ideologie, daß ihm seine Lage nicht bewußt wird, oder glaubt er so fest an unsre Humanität, daß er sich diese Frechheit erlaubt?
Und doch ist trotz aller Schablonenhaftigkeit etwas Imponierendes an diesem Mann; sein Auftreten wie ein Fürst, die nervöse Feinfühligkeit offenbaren Charakter.

14.5.44

Die Veränderung der Frontlinie macht neue Beobachtungsstellen und Geschützstellungen notwendig. Mit den Zugführern bin

ich auf dem Weg zur Höhe 107,5, von der aus man das jenseitige Ufer des Dnjestr einsehen kann. Durch den deutschen Graben gehen wir nach vorn und wechseln dann zur alten Stellung der Russen. Wahnsinniger Gestank empfängt uns, als habe die Pest hier gehaust. Da liegen ihre eigenen Toten vor der Stellung, schwarz, vom Ungeziefer zerfressen, ohne daß auch nur eine Handvoll Erde über sie geworfen wäre. Als wir im Graben weitergehen, schauen Arme und Füße aus dem Sand. Sie haben ihre Toten einfach feindwärts vor die Brüstung geworfen und leicht mit Erde bedeckt.
Wir halten die Taschentücher vor die Nase. An der Ecke des Grabens hängt der Kopf eines Toten aus der Brüstung.
Es ist nicht zum Aushalten an dieser Stätte des Grauens! Wir klettern hoch und gehen übers freie Feld. Auf der Höhe müssen wir wieder zu Boden. Russisches Pakfeuer vom jenseitigen Ufer. Der Blick über die Flußniederungen ist großartig, aber die Einschläge vertreiben uns. Beim Zurückkriechen greife ich die schon vergehende Hand eines Toten. Da schüttelt es mich. Ich springe trotz Pakfeuer auf und laufe den Hang hinab.

20.5.44

Das Zwischenspiel bei der Infanteriegeschützkompanie ist beendet. Der Führer des dritten Bataillons fährt in Urlaub. Ich vertrete ihn. Der Gefechtsstand liegt im Keller eines wohlhabenden Hauses in Raskaiti. Häufige Feuerüberfälle haben das Dorf mitgenommen. Enorme Verwaltungsarbeit, aber sie macht Freude.

25.5.44

Am Mittag setzt uns der Russe einen Volltreffer aufs Haus. Da wir im Keller arbeiten und schlafen, hat niemand Schaden genommen. Beim Rundgang durchs Dorf entdecke ich einen deutschen Friedhof. Man sieht, daß die Gräber, bevor die Menschen evakuiert wurden, noch frischen Blumenschmuck erhalten haben.

28.5.44

Pfingstsonntag. Wir liegen als Reserve im Wald. Ein einsames Forsthaus ist mein Gefechtsstand. Im Wehrmachtsempfänger läuten die Glocken einer deutschen Dorfkirche. Zu Mittag werden die sauberen Räume fast festlich hergerichtet. Ich habe alle Offiziere und Offiziersanwärter zu einem kleinen Imbiß eingeladen.
Das weiße, handgewebte Leinenzeug der Försterin schmückt den Tisch. Wo die Einwohner sein werden? Gerade in solchen Stunden denkt man auch an sie.
Festliche Musik zum Mittag füllt das Haus. Mit dem strahlendblauen Himmel und dem Rauschen des Frühlingswaldes vollendet sie das Glück der Stunde. Es ist noch so viel Steppe in uns, daß wir den Wald und das blitzsaubere Land wie ein Märchen erleben.
Am Nachmittag kommt der Oberst und verleiht mir für einunddreißig Nahkämpfe die ›Nahkampfspange in Silber‹. Dann bittet er mich, ihn auf einem Erkundungsritt zu begleiten.
Wir verlassen den Wald und reiten auf der Straße nach Purkari. Dort besteht noch ein russischer Brückenkopf, der bereinigt werden soll. Und er teilt mir mit, daß ich mit dem Bataillon diese Aufgabe bewältigen soll. Wir lassen die Pferde in einer Mulde zurück und gehen das letzte Stück zu Fuß. Bei Beschuß durch Pak und Maschinengewehre erreichen wir den Graben der vordersten Stellung. Der Kompanieführer weist uns in Gelände und Feindbesetzung ein. Am Abend fertige ich nach Karte und Beobachtung eine Lageskizze an und entwerfe den Angriffsplan.

29.5.44

Skizzen und Angriffsbefehl sind fertig und vom Regimentskommandeur genehmigt. Die Männer vom Stab haben mustergültig einen großen Sandkasten aufgebaut und nach Anschauung und Karte das Gelände akkurat nachgebildet. Noch am Abend spiele ich mit den Offizieren der Stäbe und den Beobachtern der schweren Waffen das Unternehmen durch, von der Feuerglocke am Anfang bis zum Erreichen des Ufers und dem Niederkämpfen der schweren Waffen jenseits des Flusses. Auch der Termin steht schon fest. Am Morgen des 6. Juni soll der Schlag geführt werden.

30.5.44

Ersatz ist eingetroffen. Homola ist wieder dabei. Es tut mir weh, ihn allein zur Kompanie gehen zu lassen. Aber da ich keine feste Bleibe habe, kann ich ihn nicht behalten, auch möchte er wieder nach vorn.

3.6.44

Erinnerungen an das Unternehmen ›Obstplantage‹ stellen sich ein. Wie damals ist es eine Vollmondnacht. Gegen 3.30 Uhr wird der Mond untergehen, zehn Minuten später ist Sonnenaufgang. Die letzte Phase der Bereitstellung muß sich also bei Monduntergang vollziehen.

5.6.44

Gegen Mitternacht brechen wir auf, um in die Bereitstellungsräume zu marschieren. Die Nacht ist lau und mondhell. Schweigend ziehen die Kolonnen der Straße nach Purkari zu. Ich reite an der Spitze des Bataillons. Jede Einzelheit rufe ich mir ins Bewußtsein. Meine größte Sorge ist, daß die Pakstellungen am Waldrand beim ersten Feuerüberfall zerschlagen werden, das erspart uns viele Verluste. Aber das alles ist vielmals besprochen.
In den Weizenfeldern links und rechts des Weges spielt der Nachtwind. Blütenstaub füllt die Luft. Lange Schatten folgen uns längs der Straße. Gutmütig lächelt das Gesicht des Mondes herab und senkt sich dem Westen zu. Aber es wird noch drei Stunden dauern, bis er am Horizont versinkt. Die Luft ist frisch und schwer. Hinter mir mischen sich Blütenstaub und Straßenstaub.
Die Verantwortung! Jedesmal lastet sie neu.
Die linke Hand hält lässig den Zügel. Ich beuge mich vor und streiche mit der rechten die dunkle Mähne, klopfe den warmen

Pferdehals. Nahes Leben ohne Todesahnung. Fülle des Seins, Unschuld des Tieres in einer schuldverstrickten Welt!
Eine Nacht zum Nachdenken, eine Nacht zum Träumen? Aber hinter mir blitzen die Waffen im Mondlicht. Mit mir reitet und hinter mir spannt sich die feurige Kraft des Angriffs.
In gestrecktem Galopp jagt ein Reiter querfeldein, schwimmt durch die wogenden Felder, prescht über die Wiese: »Hauptmann Tolk!« Ich straffe die Zügel und halte an. Der Reiter, ein Unteroffizier vom Regiment, hält neben mir.
»Der Angriffsbefehl ist widerrufen! Die Einheiten kehren sofort in ihre Ausgangsräume zurück!«
Bin ich erleichtert oder enttäuscht? Ich weiß es nicht.
»Was bedeutet das?« frage ich zurück.
»Im Westen«, sagt er, »muß etwas geschehen sein.«
»Die Invasion?« forsche ich weiter.
»Wahrscheinlich«, sagt er, »die Invasion. Aber wir wissen alle nichts Genaues.«
»Von wem kommt der Befehl?« frage ich weiter.
»Von der Division. Der General ruft Sie zurück.«
Ich bitte die Offiziere nach vorn und informiere sie über die Lage. Die Entscheidung bahnt sich an. Wir alle fühlen es.
»Also kehrt!« sage ich. »Bald werden wir mehr wissen.«
»Wenn wir nicht ein paar hundert Meter hinter der Front wären, würde ich jetzt befehlen: ›Ein Lied!‹« Torstens trockener Humor trifft die Stimmung. Den Männern wird es nicht anders gehen.
Schweigend zieht die Kolonne in die Waldnacht zurück, aus der sie gekommen ist. Vor uns im Westen steht der Mond schon tief. Groß und rot leuchtet er über dem blauschwarzen Rand der leicht gewellten Ebene. Dann wenden wir uns von ihm ab.
Etwas Entscheidendes muß geschehen sein. Im Morgengrauen tauchen wir im Wald unter. Nachtigallen schlagen im Gehölz.

22.6.44

Vor drei Jahren begann der Kampf im Osten, nachdem Stalin zuvor Finnland überfallen hatte. Fast auf den Tag genau war Napoleon 1812 in Rußland einmarschiert. Der Zeitpunkt soll bewußt gewählt worden sein, ›um die Geschichte zu korrigieren‹! Korrigieren? Wenn wir unterliegen sollten, wird es ein furchtbares Ende sein. Napoleon hatte das Glück, Fürsten zu Gegnern zu haben. Im Frieden von Paris war Frankreich Tausende von Quadratkilometern größer als zu Beginn der Revolution, und England gab ihm seine Kolonien wieder. Unserem Jahrhundert ist königliches Denken fremd.

24.6.44

Ausrüstung und Ausbildung müssen verbessert werden. Abends feiern die Kompanien wie im Frieden. Beim Regiment war heute ein abendliches Gartenfest mit rumänischen Gästen. Lampions brannten, Regimentsmusiker spielten, wir sangen.
Ich bin glücklich, wieder im Vollbesitz meiner Stimme zu sein. Doch Sorge bereitet nun auch die Lage im Westen. Die Wälle brechen.

25.6.44

Auch an die russischen Helfer bei den Trossen werden Auszeichnungen verteilt. Wir geben ihnen beim Bataillonsstab ein Fest. Maruzia, die bei der Feldküche hilft, Timofei, Anatol und Iwan, die Pferde und Fahrzeuge betreuen, sitzen stolz bei uns am Ehrentisch. Auf Gedeih und Verderb mit uns verbunden, teilen sie unser Schicksal.

9.7.44

Ich habe gestern das Bataillon wieder übergeben und wohne nun etwas abseits von Slobozia in einem Haus ganz allein. Führerreserve. Oft hat man sich aus dem Gewühl in diese Einsamkeit gesehnt, jetzt ist sie fremd und drohend. Das Vergangene arbeitet an mir und ich an ihm. Der Skizzenblock tröstet ein wenig.

10.7.44

Zeit zum Überdenken. Da liegt der Brief von Willi Gerhards Frau: »... Er nahm das Leben ernst, wenngleich er immer fröh-

lich war. Nie fand man bei ihm etwas Halbes ...« Glückliche Menschen, die das voneinander sagen können.
Etwas anderes geht seit Tagen mit mir noch um. Die unvollendeten Zeilen des Germanistikstudenten Jensen. Woran feilte er noch, als ihn die Pflicht abrief? Hat er vielleicht später doch die Zeile gefunden, die ausstand? Liegt sie mit ihm begraben bei dem Punkt 81,9, dem Kurgan?
Soll ich es versuchen?

»Schwarze Asphodelen,
Stunden aus Mitternacht,
Tage, die nicht mehr zählen,
Leben, erfüllt und vollbracht.«

Ist die Aussage stimmig? Überschneiden sich hier zwei Welten? Ist der Gegensatz zwischen erster und letzter Zeile zu stark, zu wenig glaubhaft? Sollte man Unvollendetes unvollendet lassen?

13.7.44

Eine neue Aufgabe füllt meine Tage: Ausbildung der Kriegsoffiziersbewerber. Mangel an Lehrbüchern ist durch Erfahrung zu ersetzen. Aber alles will durchdacht und gestaltet sein. Heute morgen war Prüfung im Gelände. Am Nachmittag war Reitjagd durch Wiesen und Wälder. Nach Verleihung des Jagdbruchs durch den Kommandeur versammelten wir uns am Abend vor einer großen Leinwand im Freien, sahen die Invasionswochenschau und den Film ›Manege‹.

20.7.44

Beim Ausrücken zu einer Regimentsübung, bei der ich das erste Bataillon führe, erreicht uns die Nachricht vom Attentat auf Hitler. Unsre Gefühle sind sehr zwiespältig. Kapitulation bedeutet für uns Ausgeliefertwerden an den Russen, und das will keiner von uns, vom einfachsten Mann bis zum höchsten Offizier nicht. Ohne ideologischen Ballast wissen wir genug von dem, was hinter uns kommt.

22.7.44

Kammermusik: Mozart, Schubert, Haydn, Händel, Wolf. Die Stimme Irmgard von Römers verklärte die Stunden. Wir sind es noch!

25.7.44

Auffangstellungen werden gebaut, also rechnet man mit einem Großangriff. –
Auch Schultes schreibt. Nach Ausheilung seiner Verwundung wurde er n. z. v. erklärt (nicht zu verwenden). Auf deutsch: aus der Wehrmacht ausgestoßen, da Angehöriger des Jesuitenordens. Wahnsinn einer Ideologie, die den Besten die Gemeinschaft verweigert. Uns war er Kamerad und wird es bleiben. Der Orden der Opfernden und der Geopferten fragt nicht nach dem Woher oder Wohin, fragt nur nach dem Menschen selbst.

30.7.44

Morgen übernehme ich das erste Bataillon.

3.8.44

Wir sind wieder im Einsatz beim Krankenhaus Purkari. Heftiger Regen geht übers Land, Gewitterregen. Vor uns liegen die Sümpfe und Niederungen des Flusses, die große Dnjestrschleife, blühende Gärten, als wären sie noch gestern bearbeitet worden, verlassene Häuser, goldgelbe Felder, die niemand mäht, und natürlich die Gräben und Stellungen, die wir übernommen haben.
Lange sitze ich über der Karte. Dreißig Kilometer hinter uns liegen alte deutsche Siedlungen. Lichtental, Friedensfeld, Gnadenfeld. Namen voller Helligkeit und Hoffnung.

8.8.44

Der General hat mich besucht, mein alter Oberst aus den Kubantagen, nicht mehr der General mit den schlechten Stiefeln, seines Bleibens war nicht lange.

»Herzlichen Glückwunsch zum Geburtstag!« sagt er. Ich danke.
»Ich habe eine Überraschung für Sie«, sagt er geheimnisvoll und überreicht mir eine Flasche Krimsekt.
»Danke, Herr General!« sage ich und prüfe das Etikett.
»Ich habe etwas anderes mit Ihnen vor.«
Ich biete ihm einen Stuhl an und setze mich ebenfalls.
»Wie lange sind Sie jetzt in Rußland?« fragt er väterlich.
»Seit dem ersten Tag, Herr General.«
»Dann wird es Zeit, daß Sie einmal herauskommen«, sagt er nachdenklich.
»Wie soll ich das verstehen, Herr General?« frage ich.
»Um es kurz zu machen: Sie übergeben morgen das Bataillon an den Regimentsadjutanten, der braucht als Berufsoffizier praktische Erfahrung in der Truppenführung vorne. Sie melden sich am 12. bei mir ab und fahren nach Bastogne zum Lehrgang für Bataillonskommandeure. Ist das keine Überraschung?« Er lächelt.
»Ein Geburtstagsgeschenk sozusagen.«
Ich ahne, daß Bastogne eine Chiffre ist für Abschied auf immer.
»Freuen Sie sich nicht?« fragt er beinahe enttäuscht.
»Ich weiß nicht, Herr General, aber auf alle Fälle bedanke ich mich für Ihre gute Absicht mit mir«, antworte ich zögernd.
»Sie mögen denken, ich komme immer nur zu Ihnen, wenn entscheidende Auseinandersetzungen bevorstehen. Damals vor Krymskaja hat unser Gespräch uns beiden geholfen. So sehe ich es heute. Sie haben Ihre Auffangstellung bekommen und ich eine Lektion in Menschenkenntnis und Stellungsbau. Was die Frucht dieses Gespräches sein wird, vermag ich nicht abzuschätzen. Vielleicht erfahren Sie es früher als ich.« Er erhebt sich, setzt die Mütze auf und geht zum Bunkerausgang.
Ich folge ihm dann noch ein paar Schritte im Graben.
»Danke«, sagt er, »bereiten Sie die Übergabe vor. Ich finde meinen Weg.«

10.8.44

Was mir begegnet, trägt das Gesicht des Abschieds. Ich fühle deutlich, von Bastogne führt kein Weg hierher zurück.
Später Rundgang. Schön ist die Mondnacht über Purkari. Man

wird im Graben zum Erdgeist, der zwischen Gräsern, Halmen und Wurzeln wandelt. Mohnblumen neigen sich herunter, und der Nachtwind rauscht im reifen Weizen, Nachtgetier huscht vorbei, und manchmal stellt sich am Grabenrand ein Hamster auf, der um seine reiche Ernte bangt, und faucht einem böse ins Gesicht, daß man erschrickt, jedesmal wieder, um sich dann auszulachen.
Gegen Mittag kommt Wilhelm, der Adjutant, mich abzulösen.
»Ich soll den Helden von Purkari ersetzen«, sagt er jovial.
»... verhinderten Helden«, verbessere ich. »Der Held ist der Invasion zum Opfer gefallen.« Wir schütteln uns die Hände und lachen beide.
»Hier ist alles zwei Nummern kleiner als beim Regiment«, sage ich, »aber doch noch drei Nummern größer als ganz vorne.«
»Man wird sich einrichten«, sagt er gespielt gönnerhaft.

11.8.44

Gegen Morgen besuche ich noch einmal meine alte Kompanie: Torsten, Ott, Stötzer, Homola, Barthels.
Als ich Homola die Hand schüttele, sagt er noch einmal: »Chef, wenn der Krieg herum ist, baue ich dir einen Kamin, so schön, so groß wie in den Berliner Villen.« Seine Augen sind naß.
»Wenn der Krieg vorbei ist«, bestätige ich und muß mich umdrehen. Von Häusern träume ich nicht. Zu weit ist dieser Weg.
Am Melderbunker des Bataillons treffe ich Breitenbach. Er sieht nach den Dnjestrniederungen und hat mich nicht bemerkt. Durch eine Senke leuchtet die Biegung des Stromes, dahinter Sümpfe, Wassertümpel, Buschwerk, Dörfer und gilbendes Korn. Zarte Wolken ziehen über den blauen Himmel, der die Landschaft verklärt.
»Das Land der großen Freiheit«, sage ich lächelnd, ihn an seine Bemerkung beim Kurgan erinnernd.
Er dreht sich überrascht um und lächelt: »Bei-beinah. Aber der Ma-main ist do-doch schöner!«
Am Mittag beim Troß des Bataillons.
»Henkersmahlzeit«, sagt der Hauptfeldwebel und schickt Maruzia mit einem Teller Suppe. Der Tisch ist weiß gedeckt. Maruzia

stellt den Teller vor mich hin und lächelt. Dann tritt sie behutsam, zögernd zurück, faßt plötzlich meinen Kopf von hinten und zieht ihn an ihre Brust.
»Maruzia ljubit Hauptmann (Maruzia liebt den Hauptmann)«, stammelt sie, eilt dann, ohne sich umzusehen, hinaus. Ihr blondes Haar schimmert noch in der Sonne, die durch die Tür fällt, dann ist sie verschwunden.
Als ich das Pferd besteige, um zum Regiment und zur Division zu reiten, hängt sie im Garten Wäsche auf und winkt von fern. Ritz begleitet mich und wird das Pferd dann zurückführen. Der kleine Zwischenfall mit Maruzia am Mittag hat mir wieder einmal gezeigt, daß man sich nicht aus Situationen und Bezügen allein löst, sondern immer von Menschen, deren Gefühle man kaum kennt und von deren tiefstem Wesen man kaum eine Ahnung hat.
Die Sonne brennt. Vom Hufschlag wirbelt Staub hoch.
Der Abschied vom Regiment ist knapp und soldatisch. Dann schicke ich Ritz mit den Pferden zurück. Ein Meldefahrer nimmt mich mit zur Division.

12.8.44

Letztes Gespräch beim General.
Sorge spricht aus seinem reifen Gesicht und aus seinen Worten.
»Die Lage ist kritisch«, beginnt er. »Starke Einflüsse auf den rumänischen König drängen zum Waffenstillstand oder sogar zum Frontwechsel. Nur Antonescu steht noch auf unsrer Seite. Wie lange er sich halten kann, ist fraglich. Das Ungewisse unsrer Lage wird erkennbar, wenn man bedenkt, daß wir als südlichste deutsche Einheit zwischen Rumänen eingesetzt sind, ohne Verbindung zum eigenen Heer. Rechts Rumänen, links Rumänen und die Donau im Rücken. Wenn nun die Dämme brechen, was bleibt uns dann? Alle Befehle erhalte ich von Rumänen. Wenn keine mehr kommen? Wenn man uns in eine Falle lockt?«
Ich weiß keine Antwort. Der General ist aufgestanden.
»Zum Durchschlagen fehlen uns Panzer und Luftunterstützung, zum Übersetzen Fähren oder Schiffe. Bleibt nur die Hoffnung!«
Der General kommt einen Schritt auf mich zu.

»Fahren Sie! Fahren Sie noch heute, und grüßen Sie mir Deutschland!«
»Ich wünsche Ihnen und der Division bis zum Wiedersehen alles Gute!« Was hätte ich sonst sagen sollen!
Der General dankt mit einem Kopfnicken. Ein Händedruck, ich bin entlassen. Schwer ist mein Weg im Wirbel der Menschen, im Staub der Straßen, in der glutheißen Sonne, unerträglich die Nacht in der verwanzten und verlausten Baracke.

13.8.44

Ich sitze in einem Zug. Alles, was ich weiß, ist, daß ich fahre: Rumänien, dann Ungarn, später Wien und rastlos weiter ins Reich.

16.8.44

Spät am Abend klingle ich. Die schwere Eichentür öffnet sich. Wie immer: Mutter. Keine Heimkehr, Zwischenstation auf einem endlosen Weg, auf der Suche nach dem Land der großen Freiheit.

20.8.44

Bastogne ist zur Illusion geworden. Das Wehrbezirkskommando Kassel leitet mich nach Döberitz weiter: Zwischenlehrgang.

29.8.44

Es liegt wie Blei in meinen Gliedern. Der Lehrgang war Leerlauf. Mit einem Urlaubsschein für sechs Tage und dem Befehl, mich dann in Ohrdruf zu melden (weiterer Lehrgang!), fahre ich nach Hause.

3.9.44

Pünktlich um 12 Uhr am Sonntag überfällt mich das große Schütteln. »Malaria«, beruhige ich Mutter. Der Hausarzt, da nicht zuständig, verweist Vater aufs Lazarett in Darmstadt. Aber ich wehre ab. Der Verlauf der Krankheit ist mir bekannt. Morgen werde ich fieberfrei sein und nach Ohrdruf fahren. Übermorgen wird das Fieber wiederkommen, und man wird mich nach Friedrichsroda ins Lazarett einliefern.

15.9.44

Über eine Woche habe ich im Delirium gelegen, jenseits von Raum und Zeit. Abgedunkeltes Einzelzimmer in der Villa Römhild. In Fieberträumen waren sie mir alle nah: die Berge und Wälder des Kaukasus, der feuertrunkene Abend am Meer, die winterlich-trostlose Steppe, die goldenen Weizenfelder beiderseits des Dnjestr, Ludwig, der Unermüdliche, Homola, der Treueste der Treuen, wie er am Feuer kniet, Schulz, der Jesuitenpater, Rehmann und Stötzer, die Zugführer, Breitenbach, der mit den Händen sprach, Jensen, der Student, Blinn, der Geigenspieler, Kreilein, der Adjutant, der mich abgelöst hat, und der General, dem ich verdanke, jetzt hier zu sein.
Nun bin ich wach und sehe sie immer noch. Aber ich werde sie nie wiedersehen. Die Steppe hat zurückgeschlagen.
Traurige Gewißheit: Die 9. ID mit den Regimentern 36, 57 und 116 ist untergegangen, Darmstadt vor drei Tagen als riesige Fackel verglüht.
Geblieben ist Kranichstein als ferne Hoffnung diesseits der Steppe.

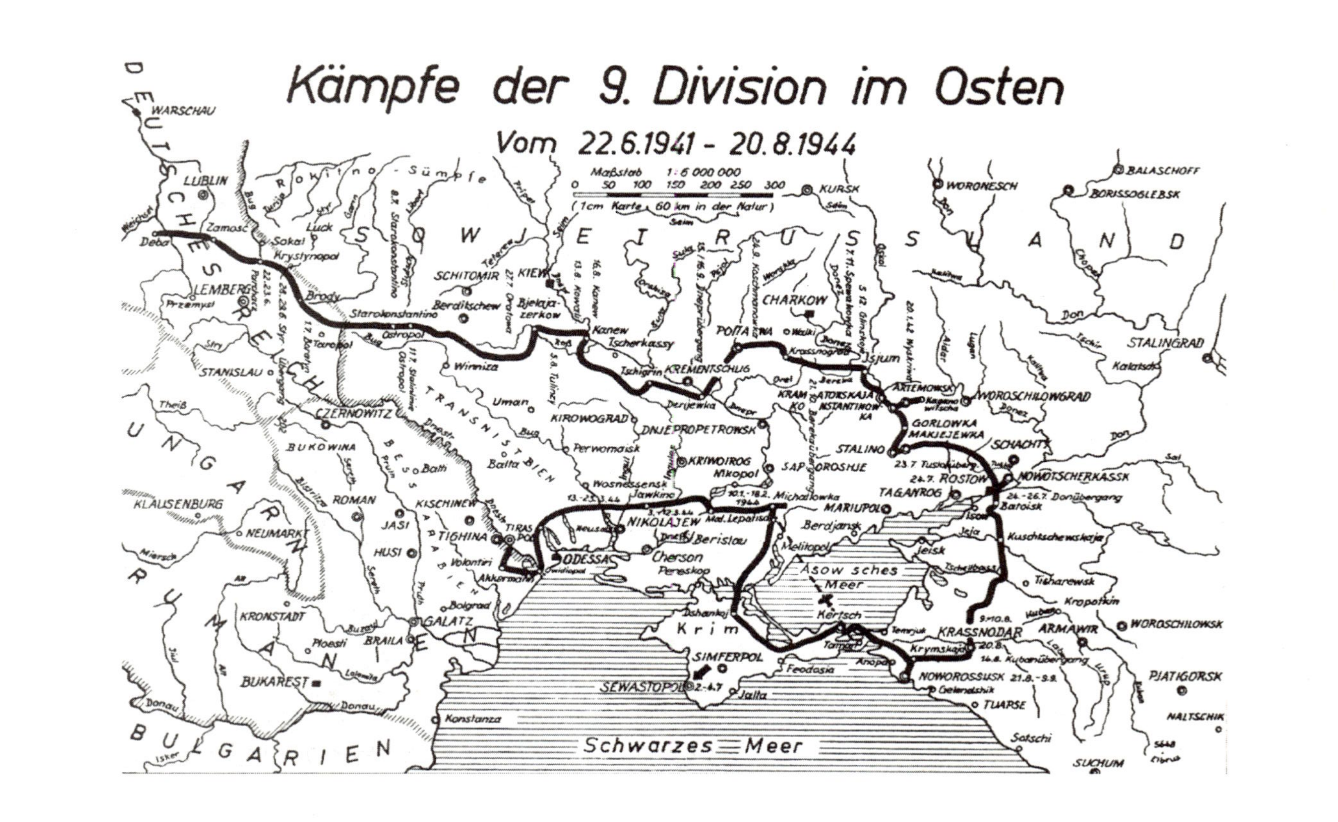
Kämpfe der 9. Division im Osten
Vom 22.6.1941 - 20.8.1944
Maßstab 1: 6 000 000
0 50 100 150 200 250 300
(1cm Karte 60 km in der Natur)
DEUTSCHES REICH
SOWJETRUSSLAND
UNGARN
RUMÄNIEN
BULGARIEN
TRANSNISTRIEN
BESSARABIEN
BUKOWINA
Krim
Asow sches Meer
Schwarzes Meer
WARSCHAU
LUBLIN
LEMBERG
KIEW
SCHITOMIR
CHARKOW
KURSK
WORONESCH
STALINGRAD
KREMENTSCHUG
DNJEPROPETROWSK
KRIWOIROG
SAPOROSHJE
STALINO
ROSTOW
TAGANROG
MARIUPOL
NIKOLAJEW
ODESSA
CZERNOWITZ
KISCHINEW
TIGHINA
GALATZ
BUKAREST
KLAUSENBURG
SIMFERPOL
SEWASTOPOL
KRASSNODAR
NOWOROSSIJSK
ARMAWIR
WOROSCHILOWGRAD
WOROSCHILOWSK
PJATIGORSK
NOWOTSCHERKASSK
SCHACHTY
ARTEMOWSK
TUAPSE
SUCHUM

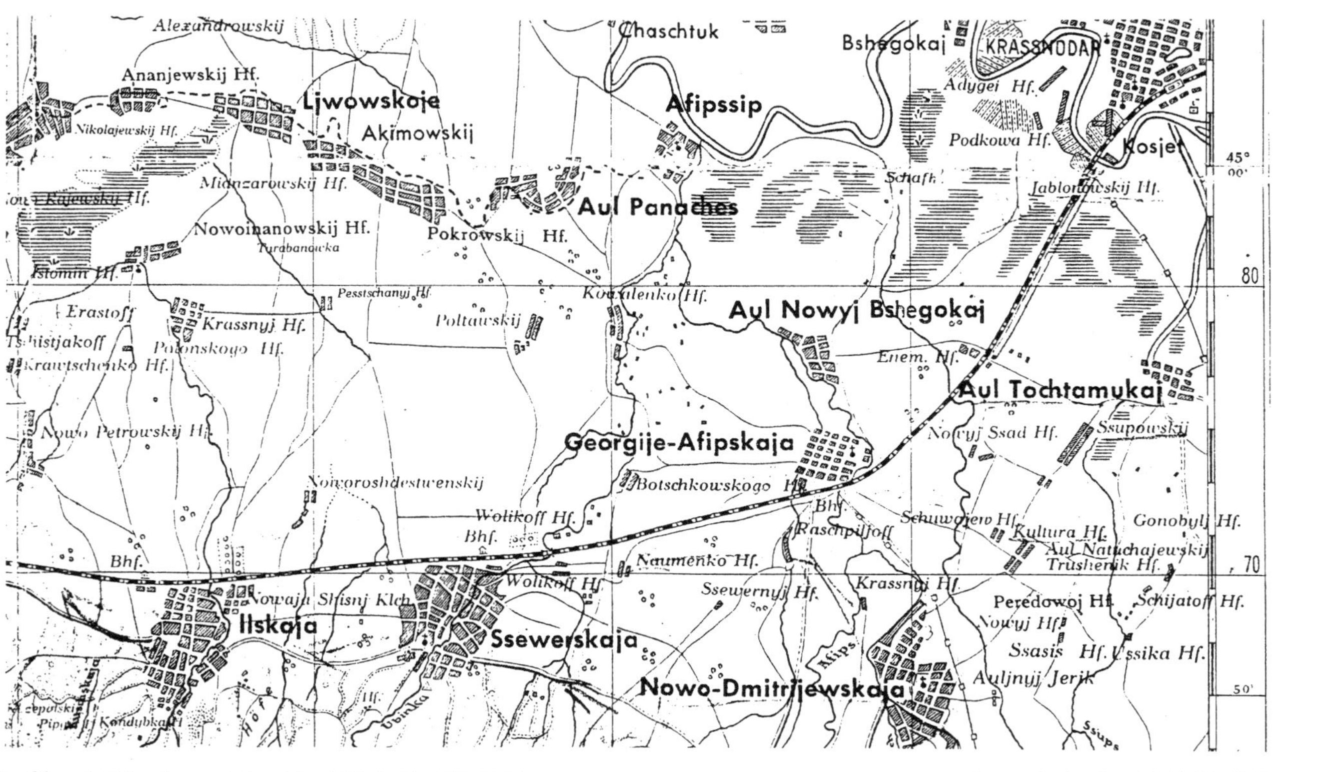

Rußland (Kaukasus) 1 : 200 000 L-37-XXVII   Ausschnitt 1   13.8.1942 ff.

Rußland (Kaukasus) 1 : 200 000 *Ausschnitt 2* *21.8.1942 ff.*
L-37-XXVII

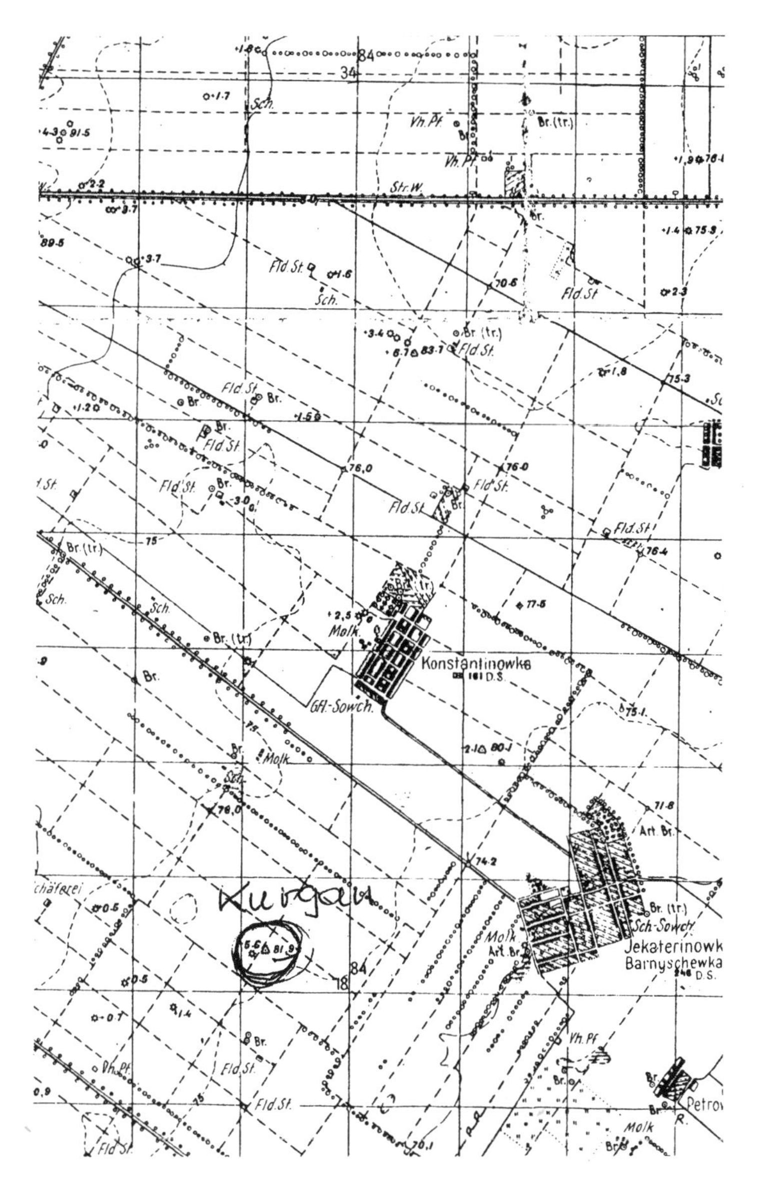

L-36-33 Werch Rogatschik 1 : 100 000
(Der Kurgan 20.12.1943 – 7.1.1944)

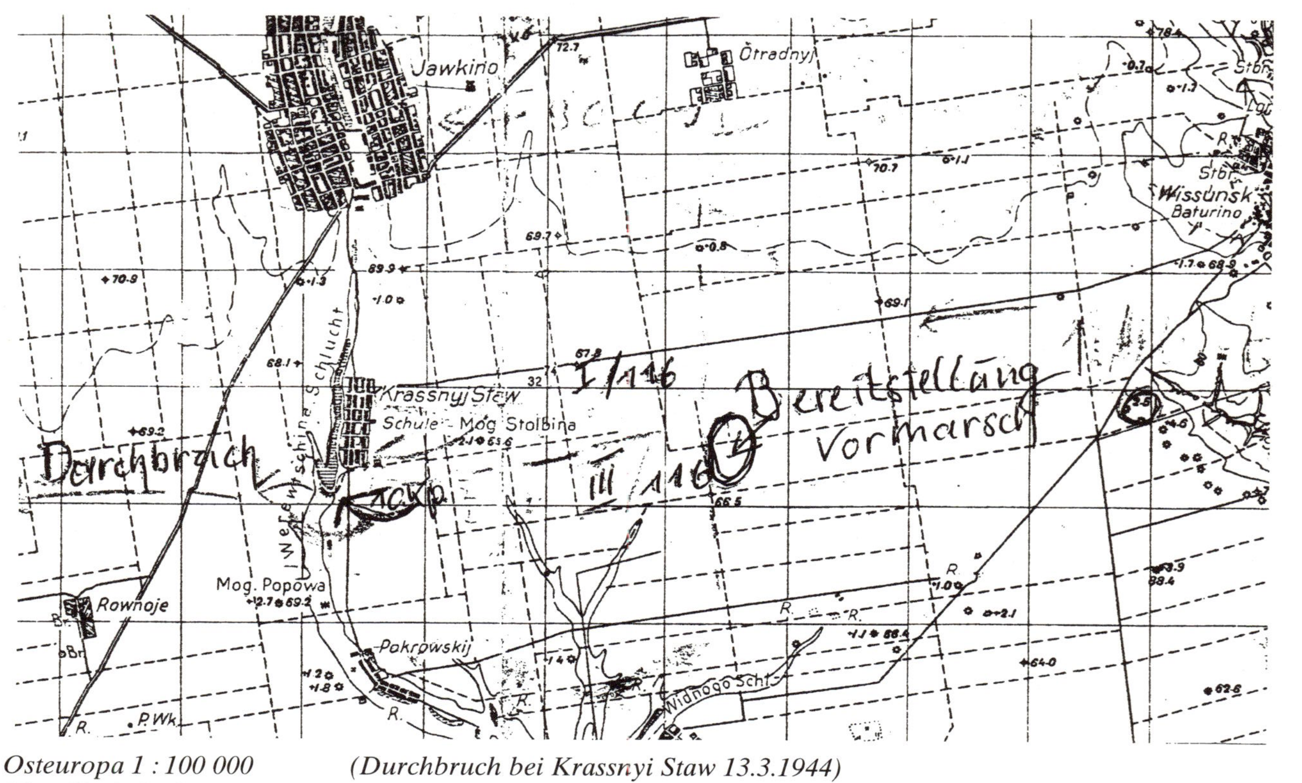

Osteuropa 1 : 100 000 *(Durchbruch bei Krassnyi Staw 13.3.1944)*
Blatt Nr. L-36-30 Beresnegowata

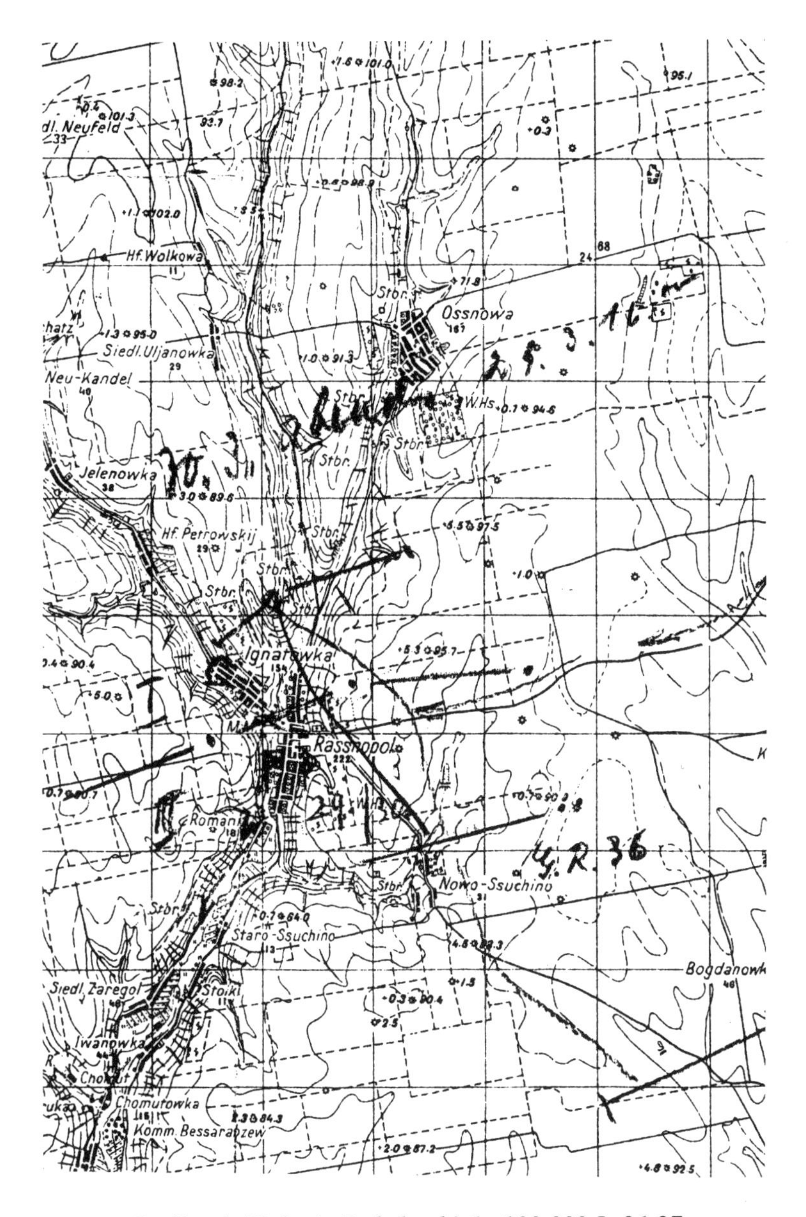

Rußland (Kolonie Rohrbach) 1 : 100 000 L-36-27
(Rasnopol 30.3..1944)